(地図：イギリス・アイルランド）

主な地名：
- スコットランド
- ヘブリディーズ諸島
- マン島
- アイルランド海
- アイルランド共和国
- ベルファスト
- ブリストル海峡
- イギリス海峡
- チャネル諸島
- フランス
- 北海
- ノース海峡

都市：
- キングストン・アポン・ハル
- ミドルスブラ
- ヨーク
- ランカスター
- プレストン
- リヴァプール
- マンチェスター
- ウェイクフィールド
- リーズ
- ブラッドフォード
- シェフィールド
- チェスターフィールド
- リンカン
- ダービー
- ノッティンガム
- バーミンガム
- コヴェントリー
- レスター
- ノリッジ
- イプスウィッチ
- チェルムズフォード
- ケンブリッジ
- ノーサンプトン
- オックスフォード
- ロンドン
- ドーヴァー
- カンタベリー
- ブライトン
- ポーツマス
- サウサンプトン
- ウィンチェスター
- レディング
- ソールズベリー
- ウースター
- グロスター
- ブリストル
- カーディフ
- ニューポート
- スウォンジー
- スタフォード
- チェスター
- ドンカスター
- エクセター
- プリマス

イングランド
ウェールズ

100km
50
1:5,000,000

JN280512

イギリス文化事典
British Cultural Studies

橋口 稔［編］

大修館書店

は　し　が　き

　この事典は，初めは「イギリス事典」として，社会と文化をあらゆる面から捉えようと，今井宏氏の協力を得て100以上の項目を立てて計画された。20年以上前のことである。
　しかし，いくつかの項目について，思うように原稿を集めることができなかった。歳月の流れる中で，特に政治や経済に関連した項目においては，早くに書かれた原稿は加筆や訂正が必要となり，事典として成立させることの困難を思い知らされることになった。そこで，社会の項目はその多くをあきらめることにして，文化の項目を中心に編集し直して，出版することにした。
　この事典では，現在の事情を説明することに重点が置かれてはいない。それぞれの項目において書かれているのは，主としてルネサンス以後のことについての歴史的な説明である。変化の速い現代においては，最新の情報は事典にではなく，べつの所に求められることになるであろう。

　この事典が対象にしている地域は，日本では普通「イギリス」と呼ばれている。しかし，このイギリスに当たる原語は，England であったり Britain であったり United Kingdom であったりする。よほど正確を期さないと，つねに意味にずれが生じていることになる。
　イギリスという言い方は，幕末のポルトガル語から来たものとされていて，本来はイングランドを意味していたのであるが，その後ブリテンや連合王国の意味でも使われるようになってしまっている。
　この事典においては，表題は「イギリス文化事典」としてあるが，本文においては，イギリスという表現はできるだけ使わないように配慮されている。イギリスの漢字表現である英吉利から派生している英国という表現もできるだけ避けるようにしてある。England をイングランドと訳すことはもちろん，

i

Britain をブリテンと訳すことを基本にしようと考えたからである。

　イングランドはブリテンの一部にすぎないが，ブリテンの中心をなす部分であるから，イングランドをもってブリテンを代表させることもできなくはない。近代国家としての連合王国の歴史を辿ってみるならば，イングランドがウェールズを併合する形で，16 世紀の前半に連合王国が成立した。18 世紀の初めにはスコットランドとの連合ができて，グレイト・ブリテン連合王国となった。

　19 世紀にはアイルランドも併合した連合王国となったが，20 世紀になってアイルランドは独立し，その一部である北アイルランドが連合王国に残る形になっている。連合王国と呼ぶ場合でも，このように時代によって相違のあることを頭に入れておかねばならない。

　ブリテン全体を総合的に捉えようとするのならば，イングランドのことだけでなく，ウェールズやスコットランド，そしてアイルランドのことも，充分に説明しなくてはならない。言語にしてからが，イングランド語である英語だけでなく，ウェールズにおけるキムルー語とスコットランドにおけるゲール語についても触れることが必要になる。ブリテン島における三つの国とアイルランドを，それぞれに説明した上で，そこにある共通点と，異なる面を明らかにしなければならないであろう。

　それでも，繰り返して言えば，この地域において，中心的な役割を果たしてきたのはイングランドであった。実際のところ，この地域における文化について語るとするならば，まずイングランドから始めることになる。この事典においても，大部分がイングランドについての説明になっている。その意味では，主としてイングランドを意味するイギリスを対象とした「イギリス文化事典」だということになろう。

　こういう事典を作ろうという計画の背後には，地域研究という考え方があった。この考え方がわが国に入ってきたのは，アメリカとの戦争に負けた以後のことである。地域研究は，アメリカにおいてアジアやアフリカを対象にしてきた学問であった。それは主として先進国が後進地域を対象とする学問であった。

　アメリカもまたある意味では後進国であったから，アメリカを対象にする時

には，この研究方法は有効であった。しかし，ヨーロッパの国々を対象にした時，この方法がうまく機能したかどうかは疑問である。

　戦前の日本において，ヨーロッパの国々についての研究は，法律，政治，経済，歴史，文学というふうにそれぞれの分野で縦割りで行なわれていて，横のつながりはほとんどなかった。地域研究という考え方が横のつながりをつけようという動きを生み出したことは，有益であった。しかし，先進国の社会や文化は複雑にいりくんでいるから，これを単純化して説明することはむずかしい。

　地域研究という方法は，ヨーロッパの国々に対しては必ずしも効果を挙げなかったと言わねばならない。この事典においても，最初に意図したような総合的なものにはならなかったが，それでも，一つの試みとしてそれなりの意義はあった，と考える。

　イングランドについては，近年，多くの見聞記や滞在記が書かれていて，新しい情報を提供してくれている。しかし，この事典が与えるような書物による知識はまたべつの意義を持っている。最近はまた，機器によって得られる情報が便利なものになっている。書物が置かれている位置は危うくなっているかに見えるが，それでもまだ充分その価値はあることを，この事典も示すであろう。

　この事典の原稿のために利用された参考文献については，編集の最終段階がきわめて短い時間になったために，整理が間に合わなかったので，巻末につけることをせずに，別の形を考えることにした。ブリテン研究のための図書を集めた文庫のようなものが，どこかの図書館につくられることを期待したい。

　計画がたてられてから実現するまでに，あまりに長い歳月がかかったために，執筆者には大変な迷惑をかけてしまった。また，編集の過程では，一部の執筆者と大修館書店の編集者から多大の援助を受けた。末尾ながら，感謝の意を表します。

2003 年 4 月 12 日

橋口　稔

編　者

橋口　稔

執　筆　者
（五十音順）

青木　康　（立教大学教授）	塚本明子　（東京大学名誉教授）
秋山　嘉　（中央大学教授）	角田俊男　（武蔵大学教授）
今井　宏　（元東京女子大学名誉教授，2002年没）	行方昭夫　（東京大学名誉教授）
臼杵英一　（大東文化大学教授）	橋口　稔　（東京大学名誉教授）
大澤吉博　（東京大学教授）	福田眞人　（名古屋大学教授）
太田昭子　（慶応義塾大学教授）	牧野陽子　（成城大学教授）
小川　浩　（東京大学教授）	松野和彦　（名古屋外国語大学教授）
川西　進　（東京大学名誉教授）	松野妙子　（東京家政学院大学助教授）
木畑洋一　（東京大学教授）	山田晴通　（東京経済大学助教授）
坂本ひとみ　（東洋女子短期大学教授）	山内久明　（放送大学教授）
佐藤和哉　（日本女子大学助教授）	山本史郎　（東京大学教授）
滝口明子　（東京外国語大学非常勤講師）	

目　次

はしがき　*i*
執筆者一覧　*iv*

〈地誌〉
　1　　　地理　　Geography　　*3*
　2　　　気候　　Climate　　*8*
　3　　　暦　　Calendar　　*12*
〈言語〉
　4　　　古英語　Old English　　*18*
　5　　　中英語　Middle English　　*22*
　6　　　近代英語　Modern English　　*27*
〈教育〉
　7　　　学校制度　Schools　　*32*
　8　　　大学　　University　　*37*
　9　　　パブリック・スクール　Public School　　*50*
　10　　法学院　Inns of Court　　*57*
〈ジャーナリズム〉
　11　　新聞　　Newspaper　　*65*
　12　　雑誌　　Magazine　　*71*
　13　　出版　　Publishing　　*75*
　14　　放送　　Broadcasting　　*80*

〈学問〉
15	科学	Science	*82*
16	思想	Thought	*91*
17	医学	Medicine	*100*

〈芸術〉
18	音楽	Music	*106*
19	美術	Fine Art	*113*
20	演劇	Theatre	*123*
21	映画	Cinema	*132*
22	建築	Architecture	*142*
23	デザイン	Design	*160*

〈児童〉
24	児童文学	Children's Literature	*169*
25	童謡	Nursery Rhyme	*174*

〈衣食住〉
26	住居	Housing	*178*
27	家具	Furniture	*189*
28	衣服	Clothing	*201*
29	食物	Food	*216*
30	飲物	Drinks	*226*
31	酒	Alcoholic Drinks	*232*
32	食器	Tableware	*234*
33	食事	Meal	*238*

〈生活〉

34	結婚	Marriage	*242*
35	葬式	Funeral	*248*
36	病気	Disease	*251*
37	祭り	Festival	*255*
38	姓名	Name	*267*
39	度量衡	Weights and Measures	*271*
40	スポーツ	Sports	*281*
41	ゲーム	Game	*293*
42	社交	Society	*299*
43	宮廷	Court	*304*

〈宗教〉

44	国教会	Established Church	*308*
45	非国教徒	Noncomformist	*320*

〈法〉

46	法曹	Lawyer	*323*
47	陪審	Jury	*327*
48	警察	Police	*331*
49	税	Tax	*334*

〈軍事〉

50	戦争	War	*341*
51	陸軍	Army	*349*
52	海軍	Navy	*351*

〈海外〉
53	植民地	Colony		*354*
54	外交	Diplomacy		*363*

〈社会〉
55	農業	Agriculture		*368*
56	道路	Road		*372*
57	船	Ship		*382*
58	鉄道	Railway		*388*
59	運河	Canal		*397*
60	郵便	Post		*401*

事項索引（和文）　*409*
事項索引（欧文）　*423*
人名索引　*430*

イギリス文化事典

地　誌

1. 地　理　Geography

ブリテン諸島

　ブリテン諸島 (the British Isles) は，グレイト・ブリテン島 (Great Britain) とアイルランド島 (Ireland) と，多くの小島から成り立っている。グレイト・ブリテン島は，イングランド (England)，ウェールズ (Wales)，スコットランド (Scotland) の3つに分かれている。小島の中で主要なものとしては，イングランドに近い島としてワイト島とマン島とシリー諸島があり，スコットランドの沖合のものとして，ヘブリディーズ諸島，オークニー諸島，シェトランド諸島がある。

　ブリテン諸島は，ほぼ北緯50度から61度の間に存在している。グレイト・ブリテン島は59度までの間に入っており，さらにイングランドとなると56度までの間に入る。緯度からすると北海道よりもはるかに北に位置するが，海流のために冬の寒さがきびしくない。

　ブリテン諸島は，大陸棚の上に載っていて，周囲の海は水深が浅く，200メートル以下である。ブリテン諸島は，氷河時代には大陸とつながっていた。その後大陸棚が沈んで，大陸から完全に分離したのは，今から8000年くらい昔のこととされている。ドウヴァー海峡からイングランド海峡に面する海岸に白堊の崖 (white cliff) があるのは，沈下の際に地層が浮きでたものである。

　なお，イングランド海峡の大陸に近いところに，チャネル諸島がある。チャネル諸島とマン島は行政上特殊な位置にあり，連合王国には含まれない。

地誌

ドウヴァーの町の白堊の崖

グレイト・ブリテン島の山

　グレイト・ブリテン島において，標高400メートル以上の山があるのは，スコットランドとウェールズと，イングランド北部に限られている。イングランドの中部から南部にかけては，概してゆるやかな丘の連なる平地である。

　スコットランドには，ベン・ネヴィス（Ben Nevis，標高1343メートル）を最高峰として，ベン・マクドゥーイ（Ben Macdui，1310）を初め，標高1000メートルをこえる山がたくさんある。ウェールズでは，カンブリア山脈（Cambrian Mountains）のスノウドン（Snowdon，1085）がいちばん高い山である。

　イングランドにおいては，高い山はペナイン山脈（the Pennines）と湖水地方（Lake District）に限られているが，それでも標高1000メートルをこえる山はない。湖水地方のカンブリア山地（Cumbrian Mountains）のスコーフェル・パイク（Scaffell Pike，979）がいちばん高く，ヘルヴェリン（Helvellyn，950），スキドー（Skiddaw，931）がこれに次ぐ。ペナイン山脈では，北部のクロス・フェル（Cross Fell，893）がいちばん高く，ミクル・フェル（Mickle Fell，790）

がこれに次ぐ。ペナイン山脈はイングランド中部まで延びているが，そこでいちばん高いのはピーク (the Peak, 636) と呼ばれる山である。

イングランドの川

　イングランドには，東へ，西へ，南へと流れるたくさんの川がある。イングランドは大陸棚の上にあるために，潮の干満の差が大きく，満潮時には船が内陸まで航行できる利点がある。18世紀後半には，川と川をつなぐ運河が数多く造られて，すぐれた交通機関となった。

　イングランドは，ハンバー川（Humber）とテムズ川（Thames）によって，北部と中部と南部に分けることができる。ハンバー川の北が北部，テムズ川までが中部（the Midland），テムズ川の南が南部ということになる。

　イングランドの北部においては，スコットランドとの国境沿いにチェヴィオット丘陵(Cheviot Hills)があり，ほぼ中央を北から南へペナイン山脈が走っている。その西側が湖水地方でカンブリア山地がある。

　チェヴィオット丘陵から流れでる川としては，コケット(Coquet)，北タイン(North Tyne) 等がある。

　ペナイン山脈から東へ流れる川としては，北からまずタイン(Tyne)，ウィア(Wear)，ティーズ（Tees），グリータ（Greta）がある。さらにスウェール(Swale)，ユア（Ure)，ニッド（Nidd)，ウォーフ（Wharfe)，エア（Aire)，ダーウェント（Derwent）があり，その一部はウーズ川（Ouse）となってヨーク市を流れ，ハンバー川の河口に注ぐ。

　ペナイン山脈から西へ流れる川としては，北端にイーデン（Eden）があり，南端のランカシャーにはリューン（Lune)，リップル（Ribble）がある。湖水地方には，ダーウェント川（Derwent）等がある。

　ペナイン山脈は，イングランド中部の北寄りのところまで延びてきている。そこから東へ流れる川としては，ドン（Don）とトレント（Trent）がある。イングランド中部の北寄りの地方は，北部の南寄りの地方とともに，炭田のある地方で，産業革命以後には産業の中心地となった。西へ流れる川としては，マージー（Mersey）がある。

地誌

　中部の北東部にはリンカン高原（Lincoln Wolds）があり，その南側の海岸沿いの地方は，かつてフェン（the Fens）と呼ばれる沼地であった。この地方を流れる川としては，ウィザム（Witham），ウィーランド（Welland），ニーン（Nene）がある。

　イングランド中部の南西にはコッツウォルド丘陵（the Cotswolds）があり，南東にはチルターン丘陵（the Chiltern Hills）がある。コッツウォルド丘陵の北側沿いに流れるエイヴォン川（Avon）は，ウェールズとの国境沿いを北から流れてきたセヴァーン川（Severn）と合流してブリストル湾に注ぐ。テムズ川も，コッツウォルド丘陵に発していて，初めは南東に流れ，やがて東に向かって流れるようになり，ロンドンを横断して，さらに東進して海に注ぐ。

　イングランド中部の南東部には，海に張りだした形で，イースト・アングリア（East Anglia）と呼ばれる地方がある。この地方を北に向かって流れる川としてウーズ（Ouse）があり，ケンブリッジを流れるキャム川（Cam）もこの川に合流する。（このウーズ川はヨークを流れるウーズとは別の川である。）イースト・アングリアを東または南東に向かって流れる川としては，イェア（Yare），ウェイヴニー（Waveney），ストゥア（Stour），コルン（Coln）等がある。

　イングランド南部の東側には，ノース・ダウンズ（North Downs）とサウス・ダウンズ（South Downs）という2つのなだらかな丘陵がある。ウェイ川（Wey）等北へ向かって流れる川は，テムズ川に合流するか，テムズ河口に注ぐ。東へ向かって流れる川としては，キャンタベリーを通って流れるストゥア川（Stour）がある。（このストゥアはイースト・アングリアの同名の川とは別の川である。）南に向かって流れる川としては，ウーズ（Ouse），アラン（Arun），テスト（Test），エイヴォン（Avon）等がある。（これでウーズ川は3つあり，エイヴォン川も2つあることになる。）

　イングランド南部の西側を南に流れる川としては，まずストゥア（Stour）がある。（これでストゥア川も3つになる。）西側のはずれはコーンウォール（Cornwall）と呼ばれる半島である。コーンウォールを南にながれる川としては，エクス（Exe）とテイマー（Tamar）があり，北に流れる川としては，トリッジ（Torridge）とトー（Taw）がある。ブリストル湾の付け根にあるブリ

地 理

サセックスのウーズ川

ストル市には，南からエイヴォン川が流れこんでいる。ちなみに，エイヴォン，テムズ，ウーズ等，川の名前の多くはケルト系の言語に由来するという。

面　積

ブリテン諸島の面積はつぎのとおりである（km^2）。

	1978 年	1981 年
グレイト・ブリテン	229,988	230,033
イングランド	130,438	130,478
ウェールズ	20,769	20,766
スコットランド	78,781	78,789
アイルランド	83,013	──
エール（アイルランド）共和国	68,893	──
北アイルランド	14,120	14,121
連合王国	244,108	244,157

（橋口　稔）

地誌

2. 気候 Climate

　ブリテン諸島が位置する北緯50度から61度という緯度は，日本付近ではサハリン北部に相当する。しかし，大陸の西岸に存在し，ケッペン気候区の西岸海洋性気候のために，大陸の東岸にあるサハリンや日本とちがって，気候は全体におだやかで，季節の変化も小さい。メキシコ湾流と偏西風に一年中さらされるために，アルプス以北のヨーロッパ大陸各地に比較すれば，冬は日照量が乏しいにもかかわらず，気温は相対的に高い。古代以来，北ヨーロッパからブリテン諸島への民族移動が続いた理由の一つは，穏やかな冬の気候にあったとも言われている。

　偏西風の運ぶ湿気などの影響や活発な気団の動きによって年間を通じていつでも降雨があり，常時湿度が高く，曇天の日が多く極端に日照が少ない。このため，ジェントルマンの雨傘に象徴されるように，天気は変わりやすい。「ここには気候はなく，あるのは天気だけだ」という皮肉な言葉も耳にされる。

　乏しい季節変化の中で例外なのが5月の春の訪れとそれに続く短い夏である。特にイングランドの5月は，民俗行事などにおいて重要な月であり，華やいだ祝祭のイメージに満ちている。5月を迎える喜びは古くから俗謡や詩などのテーマとしてよくとりあげられる。

気温

　ブリテン諸島の気候は季節変化に乏しく，気温にも大きな動きはない。表1は，ロンドンの月平均気温の変化を，年平均気温がほぼ同じである秋田市と比較し，さらに東京の数値を参考として加えたものであるが，月平均気温の最高値と最低値の差である年較差を見ると，秋田や東京に比べてロンドンの値はかなり小さい。気温から見る限りロンドンの冬は東京の冬程度だが，夏の方は釧路の夏か東京の秋程度にしかならない。

気　候

月	ロンドン	秋田	東京
1	4.2	−0.7	4.1
2	4.4	−0.6	4.8
3	6.6	2.4	7.9
4	9.3	8.5	13.5
5	12.4	13.9	18.0
6	15.8	18.3	21.3
7	17.6	22.6	25.2
8	17.2	24.3	26.7
9	14.8	19.4	23.0
10	10.8	13.0	16.9
11	7.2	7.1	11.7
12	5.2	1.9	6.6
年平均	10.5	10.9	15.0
年較差	13.4	25.0	22.6

表1　各月平均気温　　（単位°C）

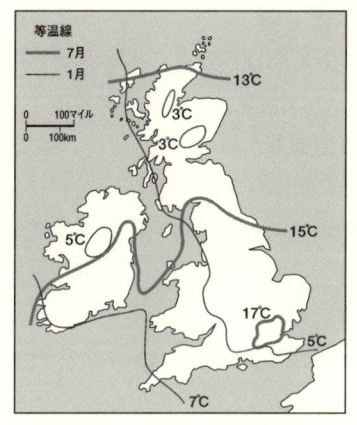

図1　1月と7月の等温線

　ブリテン諸島の気温のもう1つの特徴は，等温線の走り方が夏と冬とで大きく違うという点である。図1に示された夏（7月）と冬（1月）の等温線の概略を見ると，夏には単純に南高北低になっていた気温が，冬になると大西洋側で相対的に高くなり西高東低に近い状態に変化したことがわかる。(海上の気温は夏には相対的に低く，冬には高くなるのでアイルランド海の等温線は折れ曲がった形になっている。)これは夏の間は日照量の影響のかげに隠れている海流や偏西風の影響が冬になると顕在化するためであり，ブリテン諸島全体についてもグレイト・ブリテン島だけについてもあてはまる現象である。この気温の季節変化によって，グレイト・ブリテン島は，相対的な冷夏寒冬の北東部・冷夏暖冬の北西部・暑夏寒冬の南東部・暑夏暖冬の南西部の4気候区に分割される（図2参照）。したがってグレイト・ブリテン島の中ではロンドン（年較差13.4度）を含む南東部が最も年較差が大きく，逆に冷夏暖冬の北西部ではヘブリディーズ諸島北部のルーイス島のストーノウェイ（Stornoway）（年較差9.0度）をはじめ年較差が小さい。

地　誌

雨・雪・霧

　特定の雨期がなく，一年中いつ雨が降ってもおかしくないのがブリテン諸島の気候の特徴であるが，意外なことに降水量そのものはさほど多くない。日本では梅雨や台風の影響もあり，降水量は平野部でも北陸・西日本では年間 2000 mm，東日本でも 1000 mm を越えるのが普通なのに対し，ブリテン諸島では 1000 mm 以上を記録する観測点は全体の 3 分の 1 程度しかなく，その分布にはかなりの偏りがある。年間降水量の分布を見ると降水量の多い地域は山地の西斜面ばかりになっているが，これは湿った偏西風が山地にぶつかり生じた地形性降水（図 3）が風上になる西斜面に集中するためであり，スコットランド西部・湖水地方・ウェールズ西部などの山地では 2000 mm 以上の降水量も珍しくない。湖水地方の滝や湖の豊富な水量も，こうした地形性降水量によって供給されているのである。

　降水量の上では大きくはないが，イングランド中部から南東部にかけての内陸部の地域では，ひと夏に 15 日から 20 日程度の雷雨がある。この雷雨は地表近くの空気が熱せられて上昇気流が生じ，対流性降水が起こるものである。

　グレイト・ブリテン島では，コーンウォール半島や海岸部などごく一部を除いて年に 10 日以上の降雪があるが，本格的な積雪地はスコットランド西部の山地などに限られている。これは冬期に気温が西高東低になるため（図 1），地形性降水（雪）の生じる地域の気温が十分下がらず雪が残りにくいためである。スコットランドのテイ川（Tay）上流のグランピアン高地（Grampian Highlands）では 150 cm 程度の積雪がある。

　すでに気温の季節変化によってグレイト・ブリテン島を 4 気候区に分けたが，これに降水量の多寡を考慮すると，6 気候区を設定することができる（図 2）。各気候区界は絶対的なものではないが，同一気候区内では，地形・植生・土地利用など景観の類似点がよく見られる。

　霧はこの国の気候を特徴づける大きな要素である。日照時間や地表の状態などとの関係から全体的に湿度の高いグレイト・ブリテン島では，しばしば霧が発生するがその形態は一様ではない。ロンドン盆地のような内陸部で晩秋から初冬にかけて大規模に発生するのが，地表付近の空気の湿気が冷えて霧になる

放射霧で，高気圧の動きによって長期間続くこともあれば都市の排煙などと結びついてスモッグを作ることもある。ロンドン名物の霧は放射霧であるが，都市化の進行などにより，大規模な霧の発生は少なくなってきている。

　北海沿岸部などでは，晩春から初夏にかけて移流霧が発生する。移流霧は暖く湿った陸地の空気が冷たい海上の空気と接触して発生する海上の霧である。さらに，丘陵地や山地では秋や冬に「丘の霧」（hill fog）と呼ばれる現象があるが，これは低層雲が低く垂れこめたもので，本来の意味の霧ではない。　　（山田晴通）

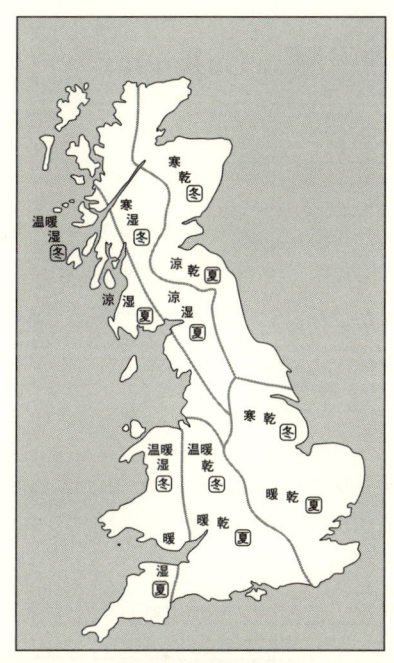

図2　気候区分図

図3　地形性降水

地 誌

3．暦 Calendar

　暦としては，ユリウス暦と，これに修正を加えたグレゴリウス暦が用いられてきている。それは，太陽や月の運行に合わせて日常生活を営むためのものであるが，同時に，教会の年中行事と密接に結びついていて，宗教的な色彩も色濃く持っている。

ユリウス暦
　ユリウス暦(Julian Calendar)は，紀元前46年に，ローマの政治家ユリウス・カエサルが，それまでローマで行なわれていた暦法を改正して制定した暦である。それは，1年を365.25日とする太陽暦であって，平年は1年を365日とし，4年に1度閏日（leap day）を1日設けるものである。
　もっとも，初めのユリウス暦では，閏日を3年に1度としていたのを，ユリウス・カエサルの養子であるアウグストゥスが4年に1度に改めた。さらにまた，初めは奇数月をすべて31日とし，2月を29日（閏年30日）としていたのを，アウグストゥスがつぎのように（次ページ）改めたのである。
　7月のQuintīlisがJūliusに，8月のSextīlisがAugustusに変えられたのは，それぞれJulius Caesar, Augustusの名を取ったものである。英語の月名はすべてラテン名から来ている。ユリウス暦以前のローマの暦では，新年がJānuāriusではなくMārtiusから始まっていたので，ラテン語の月名には，Quintīlis以下は5から10までの数が付いていた。その点で，現在日本で行なわれている1月，2月という月の呼び方と似ていなくはないが，数がずれていることを銘記しておく必要があろう。
　ユリウス暦は，1年を365.25日と計算して閏日を4年に1度設けていたが，実際には，1年は365.2422日であり，1年につき0.0078日長かったことになる。そのため，400年に3日くらいの割合で，暦上の春分の日と，実際に昼と夜

の長さが等しい日との間に誤差が生じるようになった。

Jānuārius（January　1月）	31日
Februārius（February　2月）	28日（29日）
Mārtius（March　3月）	31日
Aprīlis（April　4月）	30日
Māius（May　5月）	31日
Jūnius（June　6月）	30日
Jūlius（July　7月）[Quintīlis]	31日
Augustus（August　8月）[Sextīlis]	31日
September（September　9月）	30日
Octōber（October　10月）	31日
November（November　11月）	30日
December（December　12月）	31日

グレゴリウス暦

　キリスト教の教会において最も重要な祭である復活祭（Easter）の日は，毎年春分の日を基点にして定められることになっている。春分の日は，教会暦（Ecclesiastical Calendar）において，大変重要な意味を持っているわけである。そこで，ユリウス暦にあらわれた春分の日の誤差は，その暦の重大な欠陥として意識され，早くから教会を中心にして改める試みがなされてきた。

　16世紀にもなると，その誤差は10日に達していたので，ついに時のローマ教皇グレゴリウス十三世は，1582年10月4日のつぎの日を10月15日とすることによって，その誤差をなくすことにした。併せて，西暦紀元の年数が4で割りきれる年は閏年とするが，100で割った商が4で割りきれない年は平年とすることにして，将来の誤差を防ぐことにした。これがグレゴリウス暦（Gregorian Calendar）である。

　グレゴリウス暦は，イタリア，フランスといったカトリック国では直ちに採用されたが，これがブリテンで採用されたのは，250年もおくれた1752年であった。シェイクスピアの時代を考える時，季節の変化にも，今日の暦とくら

べて10日ほどずれがあったことを心にとめておく必要がある。

　1752年に，9月2日のつぎの日を9月14日とすることによって，グレゴリウス暦に切りかえられた。18世紀までには，さらに1日誤差が生じていたので，10日ではなく11日飛ばしたのである。

新年の初めの日

　この1752年にブリテンでは，それまで新年の初めの日が3月25日であったのを，翌年から1月1日にするように改められた。

　1066年のノルマン人の征服までは，新年の初めの日は，クリスマスの日12月25日であったという。これは，キリストの生誕の日を新しい年の初めとしたもので，暦がキリスト教と密接に結びついていたことを示している。ノルマン人による征服の後，新年の初めの日は1月1日に改められたが，その後，ヘンリー二世の即位の後，1155年からは，3月25日が新年の初めの日とされるようになった。それは，キリスト教の年中行事として，キリスト生誕のクリスマスの日よりも，受胎告知の日のほうを重要視したものであったろう。

　このように1155年から1752年まで，新年は3月25日から始まっていたから，1月1日から3月24日までの日付については，年を間違えないようにする必要がある。1625/26といった書き方がされていることもあるが，これは古い暦では1625年，新しい暦では1626年ということになる。

週

　1週間(week)が7日とされたのは，新月からつぎの新月までの約29日を4つに分けたものであろう。古代バビロニアに始まり，ユダヤの暦をとおして，ローマの暦に入ったものとされている。今日行なわれている曜日の名称は，ローマで起こったものである。プトレマイオスの天文学にしたがえば，地球から距離の遠い順序は，土星，木星，火星，太陽，金星，水星，月である。この土木火日金水月の順序を，土から始めて，3つ目毎を取って行くと，土日月火水木金となる。（3つ目毎を取ることになったのは，古代ローマでは1日を24等分して，それぞれの時間にも惑星が当てて考えられていたために，24を7で割る

と3が余り，つぎの日は3つ目の惑星の時間から始まることになるからであるとされている。）

　この順序で考えれば，土曜日が週の最初の日であり，安息日も土曜日であった。しかし，キリスト教では，キリストが復活したのが日曜日であったところから，日曜日が週の最初の日となり安息日になったものであろう。

　曜日のラテン語の名称は，すべて惑星の名をそのまま取っているが，英語では，日月土を除いて，他はそれぞれ，火はチュートン神話，水はゲルマン神話，木金は北欧神話の神の名から取られている。

diēs sōlis（day of the sun）	Sunday　　　日曜日
diēs lūnae（day of the moon）	Monday　　　月曜日
diēs Martis（day of Mars）	Tuesday（day of Tiu）火曜日
diēs Mercurii（day of Mercury）	Wednesday（day of Woden）水曜日
diēs Jovis（day of Jove）	Thursday（day of Thor）木曜日
diēs Veneris（day of Venus）	Friday（day of Frigg）金曜日
diēs Saturni（day of Saturn）	Saturday　　　土曜日

復活祭

　復活祭（Easter）の復活日（Easter Day）は，春分の日以降にあらわれる満月のつぎの日曜日と定められている。それは3月22日から4月25日までの間の或る日となるという。さらに，復活日をもとにして決められる，いわゆる「移動祭日」（movable feasts）がある。主なものを挙げれば，「四旬節」（Lent）は，復活日に先立つ日曜日を含まぬ40日であって，「聖灰水曜日」（Ash Wednesday）から始まり，この日から復活日までは46日あることになる。聖灰水曜日の前日は「懺悔火曜日」（Shrove Tuesday）である。「受苦日」（Good Friday）は，復活日の2日前であり，「昇天日」（Ascension Day）は，復活日後40日目の木曜日である。「聖霊降臨日」（Whitsunday）は，復活日後50日目の日曜日である。

地誌

季節

　3月25日が新年の初めの日とされたのは，季節の循環において，冬の後に来る春を1年の初めとする考え方と結びついていたからであろう。ブリテンではふつう，2月3月4月が春，5月6月7月が夏，8月9月10月が秋，11月12月1月が冬とされてきた。

　イングランドにおける日の出と日の入りの時間を，季節によってみると，ほぼつぎのようになる。

	日の出	日の入り
3月	6.00	6.10
6月	3.45	8.20
9月	5.40	6.00
12月	8.00	3.50

　現在「春」を意味する英語は 'spring' であるが，これは16世紀になってから使われるようになった語であって，それは「年の源」(spring of the year) とか「夏の源」(spring of the summer) という言い方から生まれてきたものであろう。15世紀以前においては，「四旬節」を意味する 'Lent' が春の意味でも使われていた。

　この国の冬は長い。一方，夏はさわやかで，一年でいちばんよい季節である。Summer が，長い冬の後に来る，草木の芽の萌え出る季節であったのだろう。13世紀頃の 'Sumer is icumen in'（「夏は来りぬ」）という歌における 'Sumer' は，春を含んだ夏であったように思われる。春は，夏の源となる短い期間にすぎず，Lent の46日くらいとされていたのであろう。夏は，夏至すなわち昼がいちばん長い日を中心に持っている季節である。Midsummer というのは，文字どおり，夏の中心，夏至のことであり，Midsummer Night というのは，Christmas Eve がクリスマスの前夜であるように，夏至の前の夜のことである。Midsummer Eve は，妖精たちが浮かれ騒ぐ晩だとされており，シェイクスピアの『夏至前夜の夢』(*A Midsummer Night's Dream*) は，この伝説を下敷きにしている。

　春を意味する 'spring' が16世紀からの言葉であるように，秋を意味する

懺悔火曜日の行事：アッシュボーンのストリート・フットボール
(Royal Shrovetide Football, Ashbourne, Derbyshire)

'autumn' も14世紀頃から使われ始めた言葉である。それに対して，'summer' と 'winter' は，いずれも古英語の時代から使われてきた言葉である。このことは，イングランドの季節が，夏と冬ははっきりした特徴を持っているのに対して，春と秋がはっきりした特徴を持たない季節であることを示しているように思われる。

(橋口　稔)

言　語

〈英語の歴史〉
古英語（Old English）　　　　7世紀頃から1100年頃まで。
中英語（Middle English）　　　1100年頃から1500年頃まで。
近代英語（Modern English）　　1500年頃から現在まで。

4．古英語　Old English

英語の系譜

　英語に限らずヨーロッパからインドに至る地域の言語はほとんどすべて，元来共通の先祖（これを印欧［インド・ヨーロッパ］基語と呼ぶ）から分かれて出来たものである。これら同族の言語を総称して印欧（インド・ヨーロッパ）語族といい，通例12の語派に分類される。英語はそのうちのゲルマン語派に属し，オランダ語，ドイツ語などとともに西ゲルマン語として分類され，また北欧諸語（＝北ゲルマン語。ただしフィンランド語は除く）とも同族関係にある。ちなみに，英語の歴史に大きな影響を及ぼしたラテン語，フランス語は別の語派（イタリック語派）に属する。

　英語の歴史は，ドイツ北部一帯に居住していたゲルマン3部族（いわゆるアングロ・サクソン人）がブリテン島に渡来した5世紀中葉（当代の歴史家ビードによれば449年）に始まる。ただし現存の最古の文献は7世紀末からのもので，狭義の英語史はその後の約1300年ということになる。このうち1100年頃までを古(期)英語（OE＝Old English）と称する。

方　言

　古英語にはノーサンブリア，マーシャ，ウェストサクソン，ケントの4方言（最初の2つはアングリア方言ともいう）が認められるが，豊富な文献を有するのはウェストサクソン方言のみである。この方言は，その地域にあたるウェセックス(西サクソン)王国がアルフレッド大王(9世紀後半)以後イングランドの政治的・文化的中心となったことなどから，古英語後期には標準文語となった。一方その後の発達との関連でいえば，標準現代英語の基盤は後述のごとく(→中英語)，15世紀のロンドンを中心とする中部方言（古英語のマーシャ方言に対応）であり，古英語期の標準語との間に断絶があることは注意を要する。

文　法

　古英語は一見したところ，同じ英語とは思えないほど現代英語とは異なっている。これは一つには現在のアルファベットにはない文字(þ, ð, æ など)が頻出するせいでもあるが，更に語形，文法の面でも重要な相違がある。即ち，ドイツ語が今日に至るまでそうであるように，この時代の英語はゲルマン語本来の屈折言語としての性格を保ち，豊富な語形変化の複雑な体系を有する。

　例えば名詞は性（男・中・女性），数（単・複数），格（主・対・属・与格）に応じてさまざまに語尾が変化する。これらの変化型は強変化と弱変化に大別される。例：強変化男性名詞 stan 'stone'：stan（単主），stanes（単属），stane（単与），stanas（複主・対），stana（複属），stanum（複与）；弱変化女性名詞 sunne 'sun'：sunne（単主），sunnan（単対・属・与，複主・対），sunnena（複属），sunnum（複与）。stan 型の変化は今日の規則複数の原型であるが，古英語では全名詞の約3分の1に過ぎない。他方弱変化名詞はその後しだいに強変化型に移行し，今日では oxen, children など少数の不規則複数にのみ残っている。このほか語幹の母音変異(umlaut)によるウムラウト複数（現代英語の foot‒feet, mouse‒mice などはその名残り）などの小型も存在した。

　形容詞もそれが関係する名詞・代名詞の性・数・格に応じて変化するが，その統語的位置（指示詞の後か否か，など）により強変化と弱変化に分かれる。例：（強変化）「良い人」god mann（男・単・主），godne mann（男・単・対），

godum menn（男・単・与）；（弱変化）「その良き教え」seo gode lar（女・単・主），þære godan lare（女・単・属与），þa godan lara（女・複・主対）。

　動詞には，過去・過去分詞形を歯茎音（[d, t]）を添加して作る弱変化（lufian 'love' - lufode（単），lufodon（複） - gelufod 型など計 3 類）と語幹母音の交替によって作る強変化（drifan 'drive' - draf（単），drifon（複） - gedrifen 型など計 7 類）があり，現代英語の規則・不規則動詞の区別はここに由来する。そしてそれぞれが時制（現在・過去），人称（一・二・三人称），数（単・複数），法（直説法・仮定法・命令法）に応じた活用変化をする。

　そのほか代名詞(現在の I, my, me；we, our, us, などや who, whose, whom はその名残)，指示詞，数詞も変化する。

　このような特徴を持つ古英語は，英語史の上で「屈折の豊富な時代」と呼ばれ，その後の「屈折の水平化の時代」（中英語期），「屈折の消失の時代」（近代英語期）と区別される。

　屈折語尾が豊富でそれによって文法的関係を表わすから，古英語では語順には決定的な重要性はない。現代英語では The king killed the bear. と The bear killed the king. では名詞の位置だけで全く意味が異なるが，古英語では動詞の前後に関係なく，名詞は主語にも目的語にもなりうる。多くの場合，屈折語尾がその役割を明示するからである（「王が熊を殺した」は Se cyning sloh þone beran / þone beran sloh se cyning.「熊が王を殺した」は Se bera sloh þone cyning/ þone cyning sloh se bera. など)。したがって古英語では語順は比較的自由であり，現代英語では許されない語順も珍しくない。同様に助動詞，前置詞なども未だ十分に発達しておらず，これらのいわゆる機能語が現代英語で表わす文法的関係は，やはり主として屈折語尾によって表わされる。つまり単語の辞書的意味と文法的関係が一体として単語それ自体（語幹と屈折語尾）の中に表現される。その意味で古英語は「総合的言語」(synthetic language) であると言われる。英語の文法の歴史は一言でいうならば，そのような特徴から，助動詞，前置詞，語順などによって文法的関係を分析的に表現する「分析的言語」(analytic language)へ至る過程の歴史である。

語彙

　語彙の面でも古英語は大部分ゲルマン系である。また語彙を増大させる方法としても，古英語は本来語の要素を用いる語形成(派生・複合)によることが多く，特に複合語を好んで用いた。こうして brydguma「花婿」(「花嫁」+「男」)，sigefæst「勝利を収めた」(「勝利」+「確固たる」)のような日常語のみならず，例えばキリスト教伝来に伴ってもたらされた新しい事物・概念(例：þrines (= threeness)「三位一体」，leorningcniht (= learning-youth)「使徒」)を表わす語が作られた。複合語はまた詩の用語として多用されるなど，全体として古英語では語形成への依存が，借入に頼ることの比較的多い近代英語とは際だった対照をなしている。このように古英語の語彙を構成していたゲルマン系の本来語の多くはその後廃語となり，借入語にとって代わられた(叙事詩『ベーオウルフ』(*Beowulf*)冒頭の3行の単語で，今日まで残っているのは半数以下である)。

　しかし借入は古英語期において既に始まっている。この時期の借入は次の3つの言語から行なわれた(以下，斜字体以外は現代英語の語形)。

(1) ケルト語：5世紀中葉に大陸から渡来したアングロ・サクソン人は先住のケルト人を征服した。この征服・被征服の関係を反映して，古英語がケルト語から受けた影響は小さい。借入語は主に地名(の一部) (London, York, Thames, Devonshire の Devon など)や地勢・風物を表わす語 (down (丘陵)，Stratford-upon-Avon の Avon (「川」の意)，brock (穴熊) など)に限られているが，少数ながらケルト人の文化的側面を伝える語 (*ancor*「隠者」[現代英語の anchorage を参照]，cross (十字架) など)もある。後者はアイルランド系キリスト教会(そのブリテン島における活動はローマ系教会よりも古い)によって伝えられたもので，大部分はラテン語・ギリシア語起源である。

(2) ラテン語：次の3つの時期にわたって借入された。そのいずれに属するかは，ときに語形(ある発音の変化を被っているか否か)から判定される。

(i) アングロ・サクソン人はすでに大陸時代に，ローマ帝国との通商・軍事を通じてラテン語を取り入れた。例：mile, pound, street (ラテン語の「舗装された(道路)」から)，*ceaster*「都市」(現代英語の地名の要素 -chester として残る。-caster, -cester はその異形)。そのほか butter, cheese, kitchen,

wine, tile などの日常生活に関わる語も含まれている。
(ii) その後ブリテン島渡来後に，先住民族ケルト人（一時ローマ帝国の支配化にありローマ化していた）を通じて若干の語を取り入れた。cat, pot, chest などのほか，monk, minster などキリスト教関係の語が含まれる。
(iii) キリスト教伝来(597)に伴い，主に書き言葉を通じて多数の単語が借入された。したがってキリスト教や学問芸術に関する語が多い。例：abbot, altar, bishop, mass（ミサ），martyr, none（九時課。ラテン語の「9番目の(時刻)」からで，現在の noon はそれからの意味発達），pope, priest, verse, school。ほかに lily, sponge, (*a*)*spendan* 'spend' などもこの時期で，また借入語を語基とする派生（例：martyrdom, *gemartyrian* 'to martyr'。いずれも上記名詞 marty＋本来語の接辞）は，これら借入語の同化の様子の一端を示している。
　（3）古北欧語：8世紀後半に始まるいわゆるヴァイキングの侵入の結果，スカンディナヴィア人が大規模に定住し，特に彼らの居住が協定によって認められたデーンロー地域（イングランド北部・東部）を中心として多数の古北欧語の単語が借入された。元来アングロ・サクソン人とスカンディナヴィア人は民族的・言語的に同じゲルマン系であり，両者が共存融和するうちに自然に借入が行なわれ，広範囲の語にわたった。しかしその大半が文献記録に現れるのはさらに後の時代であり（→中英語），古英語期に属する借入語としては，ヴァイキングの活動に関する語や，両民族の共存上重要であった行政法律用語（例：husband（戸主），law）など僅かな数が挙げられるに過ぎない。　　　（小川　浩）

5．中英語　Middle English

　ノルマン人の征服(1066)の影響が言語にも現れ始める1100年頃（1150年頃とすることもある）から1500年頃までの英語を中(期)英語（ME＝Middle English）と称する。この時期，英語はラテン系の要素の流入により大きな変貌を遂げた。

ノルマン人の征服後の言語状況

　ノルマン人の征服によってフランスのノルマンディー公ウィリアムがイングランド王として即位し，彼に率いられたノルマン人（元来はヴァイキングの一派で，この頃には言語的文化的にフランス化していた）の貴族・軍人・聖職者が国の要所要職を占めた。かくしてこれら上流階級，支配者層の言語，即ちフランス語がイングランドの公用語となり，英語は庶民，被支配者層の言語の地位に置かれることとなった。この二重言語の状態はその後約300年続いた。その間，世代の交代に伴うイングランド人とノルマン人の融和に加えて，政治的・社会的変化によって状況は徐々に英語にとって好転していった。就中，ジョン王がフランス内の領土を失った（1204）ことにより，英仏兼領貴族の多くがイングランドを祖国と定めるようになり，更に百年戦争（1337-1453）がイングランド人の愛国心を高揚させ，英仏分離の傾向を助長した。他方，黒死病の流行（1348-50）後の社会的・経済的変化により農民や商人・職人の力が増し，庶民の言語の重要性が増した。こうして14世紀になると，フランス語はもはや貴族階級にとっても母語ではなく，習得されるべき言語となる一方，1362年には国王の議会開会演説が英語で行なわれ，また法廷の言語も英語と定められるに及んで，イングランドの言語はノルマン人の征服後300年にして英語に再統一された。しかし，こうして英語が復権を果たしたときには，フランス語の影響でその姿は一変していた。

発音・綴字

　フランス語の影響の一つは綴字にみられる。ノルマン人写字生によってフランス語式の綴字法がもたらされ，現代英語の綴字に近づく結果となった。例えば，(1)発音の変化によって古英語のæは姿を消し，þ，ðも次第にthに取って代わられた。(2) [kw] はquで表わす：queen (OE cwen)。(3) [z] はsのほかzで，[v] はuかvで表わす（古英語ではs, fが有声無声両音を表わした。

u, v の区別が確立するのは近代英語以降）。(4) ［uː］は ou で表わす：hous 'house'（OE hūs）。(5) 縦の字画の続く m, n, v, w の前後では紛らわしさを避け，u の代わりに o を用いる：comen 'come'（OE cuman）。

　綴字だけでなく発音自体にも変化が生じた。上記(1)の æ の変化 (>a) 以外に母音の変化から 1, 2 例を挙げると，古英語の［ɑː］は［ɔː］となった：OE stān > ME stōn（ただし北部方言では無変化。ME［ɔː］は後に［ou］となる：→近代英語）。また，2 音節語中の開音節（母音で終わる音節）の短母音は長音化した：OE băcan 'bake' > ME bāken。他方，屈折語尾では m は n に変化し，また無強勢の a, o, u, e は全て e（あいまい母音［ə］）に水平化されたため，-an, -on, -um などの語尾は全て -en となり，更に n が消失して，最終的には -e という単一形となった（この -e も中英語末期以後，次第に黙音となった）。この変化は文法にも大きな影響を及ぼした。

文　法

　中英語の文法の歴史は屈折語尾の単純化の歴史である。発音の項で述べた無強勢音節の弱音化により，たとえば名詞の語尾は主格単数のほかは，-es（単属；複主・対）と -e（単与・複与など）に水平化され，-e も最終的には中英語末期以後に黙音となった。格変化が衰退に向かっただけでなく，屈折語尾が担っていた性の区別も消失し，自然性による代名詞との一致が一般的となった。同時に古英語の名詞の性による複数語尾の区別は失われ，大半の名詞が類推によって -es に統一されたほかは，若干の -en 形（古英語の弱変化の発達）などを残すのみとなった。形容詞にも同様の単純化が生じ，性・格を問わず，無屈折形と -e（弱変化及び複数形）の 2 つにまとめられ，更にこの -e も中英語末期に消失し，今日同様，無変化となった。更に動詞においても，人称の区別が次第に単純化され，不定詞の語尾は -an > -en > -e となり，直説法・仮定法の区別も失われる（この傾向は既に古英語から始まっている）などの変化がみられた。

　このような屈折語尾の体系の崩壊は他方，統語上の変化と不可分の関係にある。主語と目的語の区別を表した格変化が失われた反面，S-V-O などの語順が次第に確立し，機能的にそれに取って代わるようになった。あるいは与格語尾

が消失した代わりに前置詞の用法が増大し，仮定法語尾が衰退した一方，法助動詞 (shall, will, may, can など) の発達が一層明晰な表現を可能にした。加えて shall, will による未来表現，完了形なども次第に発達し (ただし進行形の本格的な発達は近代英語期)，屈折による現在・過去時制に概ね限られていた古英語よりも豊かになった。このような統語法の発達を単純に屈折語尾の代替，即ちその消失の結果と見なすことには問題があるが，結果的にみて前者が後者に取って代わる方向に進んだことは明らかである。即ち英語の大きな流れとしては，総合的言語から分析的言語へ移行していたのである。

語 彙

　古北欧語及びフランス語からの借入で，この時期英語の語彙は大幅に増大した。フランス系借入語は究極的にはラテン語に由来するが，ラテン語から直接借入された語も少なくない。しかしラテン語からの借入が中心となるのはルネサンス期 (→近代英語) である (以下，借入語の例は現在の語形)。
 (1) 古北欧語からの借入語：古英語期のヴァイキングの侵入・定住の影響は，借入語の形で中英語期に入って本格的に現れ始める。その数はフランス語の場合ほど多くはないが，基本語・日常語が多数含まれているのが特徴である。例：(名詞) egg, skin, sky, window；(形容詞) ill, low, weak；(動詞) cast, get, take, want；(代名詞) they, their, them；(前置詞) till, fro；(接続詞) though。一般に民族が接触交流した場合，借入は一方の優れた文化・風物を表わす語について行なわれるもので，このような機能語を含む基本語の借入は異例である。つまりそれだけ，同じゲルマン系の文化的言語的背景を共有するイングランド・スカンディナヴィア両民族の融和・交流が進んでいたのであり，フランス語の場合とは対照的である。けだし，借入語の内容は民族の接触の状況を反映する。
 (2) フランス語からの借入語：ノルマン人の征服後の英仏二重言語の状況の結果，膨大な数のフランス後が借入された (例えば，14 世紀後半のチョーサーの『キャンタベリー物語』(*The Canterbury Tales*) の冒頭 4 行の 4 分の 1 弱がフランス系借入語)。その数は中英語期全体で 1 万余，その 4 分の 3 が現在ま

で用い続けられている。特に多いのは政治(government, parliament, minister など)、法律 (court, judge, verdict など)、軍事 (army, battle, serjeant など)、宗教 (religion, clergy, saint など)、学問・芸術 (art, music, palace, study など)、食事・服飾・社交 (dinner, dress, sport, fashion など) に関する語で、そこには当時のフランス人優位の社会状況が反映されている。

　借入語は本来のゲルマン系の語に取って代わったり新語として導入されたほか、本来語と共存したものも少なくない。こうして begin‐commence, hide‐conceal, come into‐enter, kingly‐royal (いずれも後がフランス系) などの同義表現が生じ、中には safe and sound, aim and end のように頭韻で結ばれて慣用句となったものもある。いずれも本来語の方が平易で親しみ易く、借入語は格式張って文語的であり、日本語における大和言葉と漢語の違いに比較される。また、家畜は本来語 (swine, ox, sheep)、その肉はフランス系 (pork, beef, mutton) のような場合もある (これについてはウォルター・スコットの小説『アイヴァンホー』(*Ivanhoe*) に、道化が「イングランド人平民が飼育する間は英語、フランス人貴族の食卓にのぼるとフランス語で呼ばれる」という趣旨のことを言う有名なくだりがある)。このようにフランス系借入語は英語の語彙を増大させ、文体による同義語の使い分けを可能にし、英語の表現能力を一層豊かにした。

方　言

　大別して北部、中部 (これは更に東・西中部に分かれる)、南部、南東部の4方言がある。これらは概ね古英語の4方言 (→古英語) と地理的に対応している。しかし公用語はフランス語であったから、古英語の場合と違い、いずれの方言も標準語としての威信を獲得するに至らぬまま、それぞれ独自の特徴を持つ別個の方言として存在した。その相違は発音、語形、語彙など多岐にわたるが、例えば動詞の三人称単数現在の語尾 -s、代名詞 they, their, them は北部方言 (南部ではそれぞれ -th；hi, here, hem)、she は中部方言、現在分詞 -ing は中・南部方言 (古英語では -ende) が起源である。また古北欧語からの借入語は北・中部方言 (かつてのデーンロー地域に対応) から南に広まったが、フラ

ンス系借入語は逆に南から北に伝播した。

　しかし14世紀末に至って，英語の復権とともに再び標準英語が台頭する。その母胎となったのは，地理的に国土の中間に位置し，首都ロンドンや大学都市オクスフォード，ケンブリッジを抱える東中部方言であった。特にロンドンは国の政治・文化・経済の中心地であり，その言語の重要性が増すに連れて各地でロンドン英語は受容される一方，他地域からの人の流入も多く，特に隣接の南部，ケント地方の方言も混入した。更にキャクストンによる印刷術の導入(1476)以後，印刷本で用いられてロンドン英語は一層普及し，綴字も固定化に向かい，また大法官庁の書記官も綴りや語形変化の統一の上で役割を果たしたと考えられる。こうしてロンドン英語を中心として15, 16世紀に，今日の標準英語の基礎が成立した。

(小川　浩)

6. 近代英語　Modern English

　1500年頃以後の英語を近代英語(Mod E＝Modern English)といい，特に最近の英語を指す場合には現代英語(Present-day English)と呼んで区別する。英語はこの時期までに文法面では基本的に今日と同じになっていたが，発音・語彙はなお重要な変化を被ることになった。また英語の文法，辞書編纂などが，自国語のあり方の問題として国民の間でこの時期重要な関心事となった。

発音の変化

　発音の変化は古英語以来徐々に進行していたが，1400年頃から特に大きな変化が母音に起こった。中英語の長母音は，舌の位置をさらに高めて発音されうるものはすべてそのように変化（高母音化・狭母音化）し，それ以上高母音化しえないものは二重母音化した。すなわち：

```
i:  ⟶  ai           au  ⟵  u:
   ↖                        ↗
    e:                      o:
     ↖                    ↗
      ɛ:                ɔ:
       ↖
        a:
```

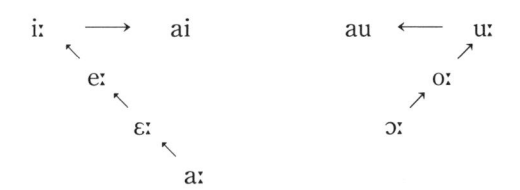

となった（図中の矢印は変化の結果を示すだけで，実際にこの順序で「玉突き」的に進んだのか，むしろ逆方向に進んだのかについては説が分かれる）。こうして，例えば現在の five は ME ［fi:f］から［faiv］，green は ME ［gre:n］から［gri:n］，house は ME ［hu:s］から［haus］，food は ME ［fo:d］から［fu:d］へと，大体シェイクスピアの時代には現在の発音になった。さらに ME ［ɛ:, ɔ:］が高音化した［e:, o:］はその後，前者の一部は［ei］，大多数は［i:］，後者は［ou］となり，今日に及んでいる（例：break［ɛ:］>［e:］>［ei］；sea［ɛ:］>［e:］>［i:］；boat［ɔ:］>［o:］>［ou］。現代英語の綴字 ea, oa は多くの場合，元来は開母音［ɛ:, ɔ:］だったことを示す）。15世紀から18世紀にかけて母音の体系全体に影響を与えたこれら一連の変化を「大母音推移」（Great Vowel Shift）と呼ぶ。それは近代英語をそれ以前の時期から区別する大きな変化であると同時に，現代英語の発音と綴字の乖離の原因の一つともなった。綴字は中英語末期以来固定化に向かい，その後の発音変化を反映しえなくなったのである。

語彙の増大――古典語からの借入

近代英語初期は歴史上ちょうどルネサンスの時期にあたる。文芸復興の機運に乗ってギリシア・ローマの古典が研究・翻訳され，それに伴ってこれらの古典語から大量の語が流入した。その頂点となったのは1550〜1650年の間で，一時的に用いられただけで終わったものも含めて新語のあまりの氾濫ぶりに，これらを「インク壺用語」（inkhorn terms）と呼んで反対する動きも現れ，また劇作家が舞台を利用して，この問題について応酬する「劇場戦争」が行なわれたほどであった。しかし当初は奇異で難解であっても次第に定着した語も少なくなく，結局この時期約1万語が古典語から恒久的に英語に借入され，その語彙を増大させた。いくつか代表的なものを拾うと，ギリシア語からは climax, criterion, drama, idea, pathos, rhythm, cosmos, electric, energy などの文芸用語，専門・科学用語があり，多くはラテン語経由で入った。ラテン語そのものからは, equilibrium, vacuum, species などの科学用語, alibi, caveat, delict などの法律用語のほか, album, circus, genius なども借入された。またその後科学技術の発達によって新語が必要になると，ギリシア語とラテン語を組み合わせた造語が盛んに行われ, microphone, haemoglobin, bicycle, submarine などが生まれた。

　上例からも分かるように，この時期のラテン語からの借入は書物を通して行なわれ，学術専門用語が多いのが特徴であるが，この傾向は既存のフランス系借入語の綴字に対する影響という形でも現れている。例えば現在の debt, doubt は元来は中英語期にフランス語から借入され，それぞれ dette, doute と綴られたが，この時期の古典復興の風潮の下に，究極の語源であるラテン語の debitum, dubitare に合わせて b が挿入され，今日の綴りとなった。また perfect, adventure のように，同様の語源上の再構成が施された（ME　parfit, aventure；ラテン語 perfectus, adventurus）だけでなく，挿入された文字が発音されるようになった例もある。

自国語への関心

　中世のラテン語・フランス語の時代が終わり英語が再び認知されると，人々は改めて思想感情の表現の具としての自国語の不十分さに気付き，その改善に意を尽くした。前項で述べた古典語からの大量の借入もその一つの現れであるが，また正字法，文法，辞書などが 16 世紀から 18 世紀にかけて国民の関心の的となった。

（1）正字法，即ち標準的な綴字の問題は 16 世紀から議論の的であった。中英語末期以来，綴字は次第に固まっていたとはいえ固定化には程遠く，例えばトマス・モア（Thomas More）の『ユートピア』（*Utopia*）の英訳版（1551）では life は life, lyfe, lyffe, liffe, leffe, また enough は enough, enoughe, inough, ynoughe, enowe などと綴られ，人名ですらも本人自身が Shakspere, Shakspeare と二様に署名したほどであった。こうした状況下で，統一的・合理的な

言語

標準的綴字を定め，ラテン語のように安定させようという様々な試みが行なわれた。長母音は二重母音字で表わし語尾の e を削除する案(チーク)，字母を増やし長音記号を用いる案(スミス，ハート，ブロカー)など大胆な改革案が相次ぐ一方，マルカスターのように慣用を重視する穏健な案もあった。その後結局大勢を占めるに至ったのは後者の立場で，常識的な妥協によって次第に落ち着くところに落ち着き，大体 1650 年頃までには今日の綴字の基礎が固まった。

(2) 文法の面でも手本とされたのは古典語であった。古典語は語形変化に富み洗練されているのに対し，英語は語形変化に乏しく粗野で，何が正しい語法かすら定まっていない。文法を確定し言葉の堕落を食い止め，純化し固定化せねばならない，というのが人々の考えであった。こうして 18 世紀にはラウス，プリーストリー，マリーらを頂点とする夥しい数の文法書が出版され，中でもラウスは同世紀中に 22 版を重ねるほどの好評を博した。その基本的態度は，プリーストリーのように慣用を重視する立場もあったが，全体としては，例えば it is の後の目的格は不可（It is I. が正しく，It is me. は誤用）とか，perfect, chief のような絶対概念を表す語の比較変化は不可といった具合に，慣用よりもラテン語への類推や論理に基づいて，正用・誤用を定める規範的なものであった。この規範文法の流れは，19 世紀後半に言語学が発達し，科学文法が現れるまで，この国における文法書の主流を占めることになった。

(3) イングランドにおける辞書は，古英語期のラテン語語彙集にその起源を有する。近世初期における英語辞書編纂はこの伝統を基礎として，羅英辞書，近代語辞書の発達の影響を受け，17 世紀に生まれた難解語辞書として出発した。これは古語やルネサンス期に借入された難解な新語を精選し，これに説明を付す程度のものであったが，次第に充実発展し，ベイリーの辞書(1721)において初めて全語彙収録の方針が採用されるとともに発音・語源が示され，本格的な辞書の嚆矢となった。その後 18 世紀だけでも約 60 種の英語辞書が出版されたが，その頂点をなすのは何といってもジョンソン博士の 2 巻本(1755)である。それは人々が準拠すべき英語の標準を与え，イタリアやフランスのアカデミーにも匹敵する役割を果たした(イングランドでも 18 世紀前半に国語の純化を目的とするアカデミー設立の動きが起こったが，結局実らなかった)だけで

なく，明快な語義区分と古今の作家からの引証という近代的辞書の方法の基礎を築いた。その伝統を継承発展させたのが，世界の辞書史上の金字塔『オクスフォード英語辞典』(*Oxford English Dictionary*)（初版 1884-1928）である。

英語圏の拡大

近代英語初期はまた大航海・冒険の時代でもあった。イングランドがその後しだいに海外貿易を発展させ世界各地に植民地を有するようになるにつれて，英語はヨーロッパのみならず，東洋初め遠隔の国々の言語と接触し，世界中の言語から多数の単語を借入した。それはまた英語圏の拡大の過程でもあった。アメリカの独立と発展によってアメリカ英語が生まれ，オーストラリアやニュージーランドなどでもそれぞれの背景を持つ英語が発展し，英語は今日では文字通り世界語になるに至っている。

世界各地からの借入語をいくつか挙げると，ヨーロッパからは，イタリア語から piano, opera, balcony, volcano, スペイン語から armada, parade, tobacco, mosquito, オランダ語から yacht, dock, easel, sketch, ドイツ語から cobalt, kindergarten, seminar, waltz, フランス語から chef, etiquette, garage, elite（同じフランス語からでも，中英語期の借入語は英語化しているのに対し，これらは綴りも発音も依然フランス語式。前者の例 chief は上掲 chef と同語源）などが借入された。ヨーロッパ以外の地域からの例としては，coffee, turban(トルコ), jungle, pyjamas(インド), bamboo, orangutan(マレーシア), ginseng, tea(中国), chocolate, tomato(メキシコ), kangaroo, boomerang(オーストラリア) などがある。

こうして現代英語の語彙は，ある調査によれば，本来語 25%，フランス・ラテン系 50%，ギリシア系 10%，北欧系 5%，その他 10% という内訳で，借入語が圧倒的に多くなっている。しかし基本語 1000 語に限ってみれば，本来語 55%，フランス・ラテン系 35% などであり，ゲルマン系の語を基本とする本来の性格は変わっていないといえる。

(小川　浩)

教 育

7．学校制度　Schools

　日本の学校教育制度が文部省の管轄下に置かれて中央集権的かつ画一的だとすると，連合王国における初等・中等教育のための学校制度の場合には，なるほど教育省（The Department for Education and Skills）によって指針が示されるとはいえ，非画一的で多様性に富んでいるといえよう。このような違いの背景には，高等教育の場としての大学の場合と同じように，歴史的要因が関わっている。

グラマー・スクール
　連合王国の学校教育制度の中で名称として歴史的に最も古いのが「グラマー・スクール」（grammar school）である。その起源は古く中世に遡るが，その後の歴史の中で複雑な変遷を辿って今日に至っている。「グラマー・スクール」を設立したのは，修道院，大聖堂，職人組合，王侯貴族等であった。「グラマー・スクール」のいくつかは，やがて19世紀になって，いわゆる「パブリック・スクール」（public school）に変身した。「パブリック」という呼び名はまことに紛らわしいが，公立でなく，私立学校（independent school）である。そして，引き続き存続した「グラマー・スクール」は，新たに設立された「グラマー・スクール」とともに，地方自治体の管轄下に入ることとなった。

　「グラマー・スクール」は中等教育のための学校であるが，初等教育はというと，もともとイングランド教会の教区の教会の手で行なわれていた。その後，非国教徒の各宗派や，各種慈善団体も初等教育に携わったが，その運営は容易ではなく，1833年以降，国家の財政援助が行なわれることになった。その後さ

らに，1870年の初等教育法（Elementary Education Act）によって，地方別に教育委員会が設立され，1880年になると，就学が義務付けられた。教会管轄下の学校と教育委員会管轄下の学校との共存ないしは二重組織に見られるような複式制と，国家の介入が遅かったこととが，連合王国の学校教育制度の特徴的な側面であったといえよう。

　19世紀末になって，1899年，中央に「教育局」（The Board of Education）が設置されたあと，1902年，地方別の「学校教育委員会」（school boards）の権限が各地方自治体（county council など）に委譲され，公立学校の名称が"board school"から"council school"となった。また，1918年の「教育法」（Education Act）によって，義務教育修了年限が14歳に定められたあと，1926年，教育省諮問委員会は，公立学校を「初等学校」（primary school）と「近代学校」（modern school）とに分けることの必要を説いた。後者は中等教育のための組織ながら，従来の「グラマー・スクール」とは別系統の学校として成立することになった。しかし，「近代学校」と従来の「グラマー・スクール」とを合わせても，初等教育の修了者の数に及ばないことはいうまでもなく，義務教育修了年限の引き上げ実現の道は遠かった。このような状況の解消のために画期的な役割を果たすことになったのが，1944年の「教育法」であった。

1944年の「教育法」

　この国の学校教育制度は，数世紀にわたる慣行の積み重ねの上に成り立って出来てきたものであった。それに対して，1944年の「教育法」は，国としての教育政策を初めて明確に打ち出し，その後の教育改革の方向付けを示したのであった。この「教育法」の立案に貢献したのは，バトラー教育相（のちに蔵相のほか，ケンブリッジ大学トリニティー・コレッジ学長などを歴任）であった。この「教育法」の主な点を拾いだすと，次のようになる。(1)イギリスにおける教育の促進に対する「教育相」の責任の明確化，(2)地方自治体の教育に対する権限の明確化，(3)初等・中等・高等教育3段階の再編成と，義務教育年限の15歳への引き上げ，などである。1944年の「教育法」により，第二次大戦後の20年間余りを通じて，初等・中等教育の体系は，表1に図解したようになってい

た（次ページ参照）。

　1944年の「教育法」制定当時も今も，義務教育開始年齢は4歳半以上となっているが，その後は，私立，公立の別に従って，学齢の区切りは表1にあるように多様化している。最初の段階で私学に入ると，最終段階まで私学の系列で進むのが通例である。私立と公立の中間的形態の特有の組織として「ダイレクト・グラント・スクール」(direct grant school) がある。これは本来的には私学でありながら，財政的基盤がそれほど無く，国庫補助を受けるところからこの呼び名があったが，1976年この制度は廃止された。

選別か機会均等主義か

　公立の系列の中で，「グラマー・スクール」か，「中等近代学校」(secondary modern school)へのそれぞれの進学は，どのようにして決められたのであろうか。1944年の「教育法」では触れられていないが，従来11歳で受ける「イレヴン・プラス」(Eleven Plus) と呼ばれる試験制度があった。これは全国共通ではなく，各地方自治体教育委員会の管轄の下で施行された。その本来の目的は，児童の学力達成度を測るためのものであったが，やがてこの試験の結果が，進学先が「グラマー・スクール」か「中等近代学校」かの選別のために用いられるようになった。「グラマー・スクール」は私学の「パブリック・スクール」とともに，大学進学の可能性のある有能な生徒を集めたのに対して，「中等近代学校」から大学へ進学する可能性は皆無に等しかった。11歳という比較的早い時期に行なわれる試験による選別が，将来における機会を阻止していた現実は，第二次大戦後の四半世紀を通じて保守党と交互に政権を交替し合いながら連合王国の社会の進路を決定づけた労働党政府の機会均等主義の観点からは許しがたいことであった。1950年代に至って，労働党の文教政策は「イレヴン・プラス」を廃止し，「グラマー・スクール」と「中等近代学校」の区別に代わって，両者を併合した「コンプリヘンシヴ・スクール」(comprehensive school) へと移行させることをもくろんでいた。これは1965年10月の政府通達によって正式に公示された。通達の指針に従って，「コンプリヘンシヴ・スクール」の形態も画一的ではなく，表1にあるように4つの型に分かれている。また，中央集

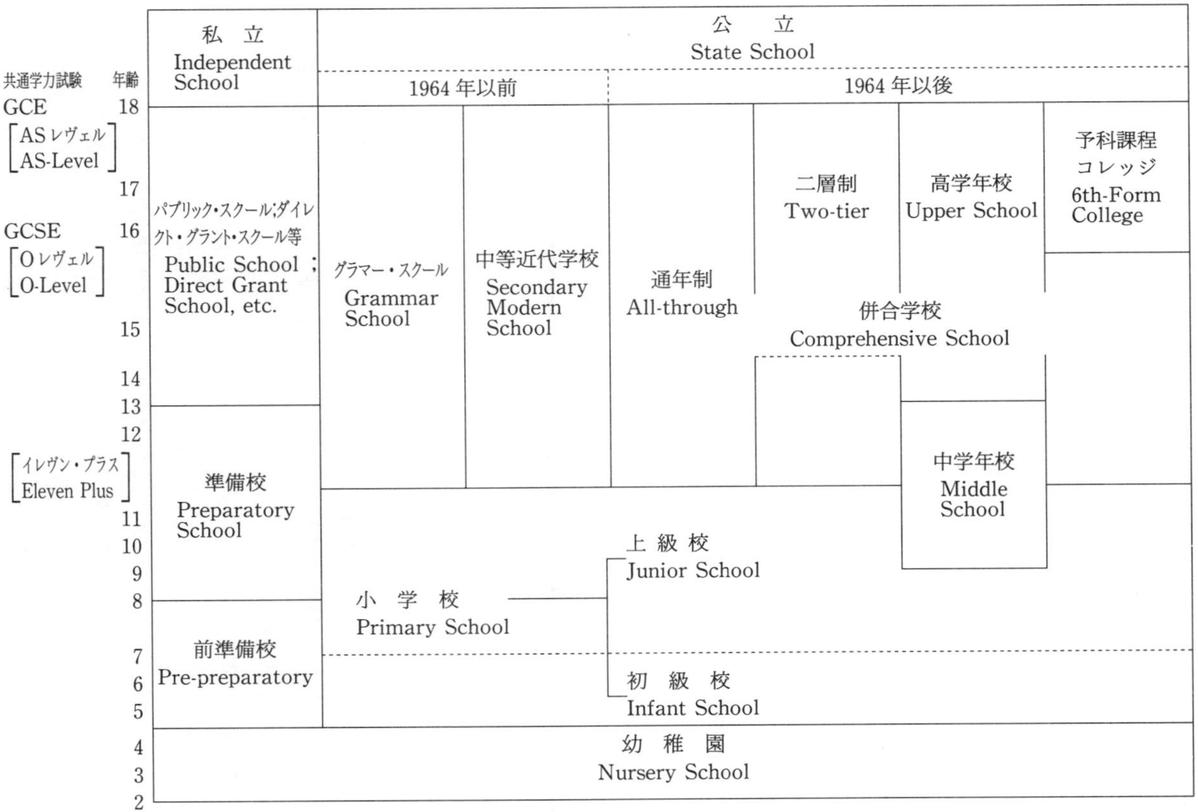
共通学力試験
年齢
GCE
18
AS レヴェル
AS-Level
17
GCSE
16
O レヴェル
O-Level
15
14
13
12
イレヴン・プラス
Eleven Plus
11
10
9
8
7
6
5
4
3
2
私 立
Independent School
パブリック・スクール;ダイレクト・グラント・スクール等
Public School ; Direct Grant School, etc.
準備校
Preparatory School
前準備校
Pre-preparatory
公 立
State School
1964 年以前
1964 年以後
グラマー・スクール
Grammar School
中等近代学校
Secondary Modern School
通年制
All-through
二層制
Two-tier
高学年校
Upper School
予科課程コレッジ
6th-Form College
併合学校
Comprehensive School
中学年校
Middle School
小 学 校
Primary School
上 級 校
Junior School
初 級 校
Infant School
幼 稚 園
Nursery School

表 1　学校教育制度　English Schools

権的でなく，地方自治体教育委員会の自主性を尊重する教育制度の下にあっては，通達が一挙に実現されたわけではなかった。各地方の政治色に従って，「コンプリヘンシヴ・スクール」への移行の度合いはまちまちであるのみならず，1978年以来のサッチャー首相の率いる長期保守党政権下にあっては，「コンプリヘンシヴ・スクール」は退潮傾向を示したとすらいえる。

特質

このように，連合王国の学校教育制度が中央集権制と画一制とを伝統的に免れていて，多様性に富むことが窺い知られるが，同時に多様な中にも連合王国特有の共通性があることも見逃せない。概括化の危険を敢えて冒して，特質を拾いだしてみよう。その1つは教育における自発性の尊重で，知識の押し付けでなく，論理的かつ柔軟な思考によって問題解決に至る態度を養うこと。また，あらゆることを万遍なく学ぶのではなく，限られた分野に関連して学んだ問題解決の方法を，他の分野の問題解決にも応用する能力を養うこと。このことは，たとえば，共通学力試験（GCE＝General Certificate of Education；GCSE＝General Certificate of Secondary Education）制度にも反映されている。GCSEすなわちかつてのOレヴェル（O[rdinary]-Level）試験の試験科目は，日本の中学・高校と同じように多岐にわたっているが，上級すなわちAレヴェル（A[dvanced]-Level）試験の試験科目は，文科系，理科系のいずれかの少数科目に限定して受験するようになっている。国内でも賛否両論あるが，連合王国の教育が「早期専門化」（early specialization）と呼ばれる所以がここにある。この傾向を是正する目的で導入されたのが，上級補完すなわちASレヴェル（A[dvanced] S[upplementary]-Level）試験である。

再び多様性に関して考えると，私学と公立との間には微妙な違いが存在する。「パブリック・スクール」を頂点とする私学の精神は，時代とともに変化してきたとはいえ，ギリシア語・ラテン語を中核とした古典的人文学とスポーツを通じて全人教育を施すことにあった。それがともすれば，伝統的，保守的，理論的，形式的であるとしたら，1960年代，70年代の公立学校では，労働党の文教政策に従って進歩的，革新的，実践的，反形式的な教育が推進されたといえよ

う。そしてサッチャー政権の登場以降は、労働党の文教政策と対立するだけでなく、従来の保守党の文教政策とも異なる実利的、実用主義的教育が実践された。また、10の基礎科目から成る全国統一カリキュラム (National Curriculum) も導入された。大学教育と同様に、学校教育もまた、同時代の社会全体の変化の様相と無縁ではない。

(山内久明)

8. 大学 University

　1990年代において、連合王国には約90の大学 (university) がある。学生数の変化を時代を追って辿ると、20世紀初頭には2万人であったが、両大戦間に5万人に、1960年代初頭に12万人に増加した。因みに、1960年代末までの同年齢層の中での大学進学率は14パーセントであった。その後1970年代前半に24万人になった学生数は、1980年代前半には約30万人に達していた。これで漸く進学率は約20パーセントに相当する。大学の数、進学率、学生数のいずれの点においても、日本よりも少ない。連合王国の大学の独自の現状と生成過程は、その歴史と社会背景に密接に結びついている。

生成と発展

　連合王国の大学は、それぞれの生成過程と特徴に従って、(1)中世に起源を持つオクスフォード及びケンブリッジ両大学、(2)スコットランドの諸大学、(3)ロンドン大学、(4)ウェールズの大学、(5)産業都市の諸大学、(6)第二次大戦後の機会均等主義の社会政策を実現した新しい大学、に大別することが可能である。

　〈中世の大学——オクスフォード及びケンブリッジ〉

　両大学の起源がいつであったか、厳密には定め難い。12世紀初めまでにはオ

教 育

クスフォードには修道院が存在し,そこで神学を中心とした学問研究が行なわれていた。従来,イングランドの神学生はパリ大学に留学する慣行があったが,国王ヘンリー二世とキャンタベリー大司教トマス・ア・ベケットとの抗争の結果,パリ留学の道を閉ざされた神学生がオクスフォードに結集したことが当地の研究者集団の強化に貢献することとなった。

　神学者集団（Gown）と市民（Town）との間には対立がみられたが,その背景にはローマ教皇とイングランド王との対立が控えていた。神学生は教会法の管理下に置かれていたが,1209年市民を殺した神学生が,国王の権限によって裁かれ処刑された事件によって対立が表面化した。処刑に抗議して多くの神学生がパリ,レディング,ケンブリッジに移住（これをもってケンブリッジ大学の起源とする説もある),その結果オクスフォードは一時的に沈滞する。1213年に国王がローマ教皇に屈服し,翌14年,教皇によって最初の特許状が大学に与えられ,総長（Chancellor）が置かれた。

　オクスフォード,ケンブリッジ両大学の特徴の一つとして,大学(University)とコレッジ（College）の二重組織から成り立つことが挙げられる。1249年に創設されたオクスフォード最古のコレッジがユニヴァーシティー・コレッジ（University College, 正式認可は1280年）で,このあとベイリオル（Balliol College, 1263）,マートン（Merton College, 1264）,セント・エドマンド・ホール（St. Edmund Hall, 1269）が13世紀に設立された。他方,1209年に神学生がケンブリッジに移住した時,そこにはそれ以前から修道院が存在していたと推測される。ケンブリッジにおけるコレッジの創設はオクスフォードよりも遅く,イーリー（Ely）の司教ヒュー・ド・ボールシャムによって始められたのがピーターハウス（Peterhouse, 1284）であった。ケンブリッジの場合,エドワード七世の請願により1318年,教皇ヨハネス二十二世が特許状を出したが,管区にあたるイーリーの司教の影響力が強く,大学総長の権限が確立されたのは1430年になってからであった。この頃までには,クレア(Clare College, 1339),ペンブルック（Pembroke College, 1347）,ゴンヴィル・ホール（Gonville Hall, 1348. Gonville and Caius Collegeとして1557年に改組）,トリニティー・ホール（Trinity Hall, 1350）,コーパス・クリスティ（Corpus Christi College, 1352）

オクスフォード大学クライスト・チャーチ・コレッジ

などが設立されていた。

　両大学の特定のコレッジはパブリック・スクールと密接な関係にあり，例えばオクスフォードのニュー・コレッジ（New College, 1379）は，ウィンチェスター（Winchester）の司教ウィリアム・オヴ・ウィカム（William of Wykeham）によって，代表的なパブリック・スクールの一つであるウィンチェスター・コレッジ（Winchester College）と併設されたものである。同様に1441年，国王ヘンリー六世によって，ウィンザーにあるパブリック・スクールとして有名なイートン・コレッジ（Eton College）の姉妹校として，ケンブリッジにキングズ・コレッジ（King's College）が設立された。なお国王によって創設されたコ

教 育

レッジの他の例として，ケンブリッジのトリニティー（Trinity College, 1546, ヘンリー八世）がある。オクスフォードもケンブリッジもともに，次々とコレッジが設立され，16世紀の終りまでには大学としての組織が整備された。

　近代におけるオクスフォード，ケンブリッジ両大学の発展は，それぞれの時代の歴史を反映している。エラスムスが両大学に招かれてギリシア語を講じたことは，ルネサンス期の学芸の興隆を象徴する出来事であった。宗教改革をめぐる新・旧両勢力の対立は大学に混乱をもたらしたが，最終的にはヘンリー八世の王権が大学にも浸透した。エリザベス一世時代には両大学ともに新教の牙城となるが，新たに国教徒とピューリタンとの対立が生じた。ピューリタン革命に際しては，ピューリタンの破壊活動もあって大学は荒廃したが，王制回復に続く時代は，ケンブリッジにおけるニュートンに象徴されるように，近代科学の隆盛が見られた。それに続く18世紀には両大学ともに停滞期を迎えた。19世紀はオクスフォード，ケンブリッジともに改革期にあたり，教科課程の再編成，宗教的自由の実現，公開講座の開設などに加えて，女子教育の必要性が認められ，女子コレッジが創設された。オクスフォードにおけるレイディー・マーガレット・ホール（Lady Margaret Hall, 1878），サマヴィル（Somerville College, 1879），セント・ヒューズ（St. Hugh's College, 1886），セント・ヒルダズ（St. Hilda's College, 1893），ケンブリッジにおけるガートン（Girton College, 1869），ニューナム（Newnham College, 1871）である。

　オクスフォードとケンブリッジの歴史的背景に由来する特色の一つは，自律性の強いコレッジと大学の二重構造に求められる。コレッジは分野の異なる教師（fellow）と学生とが集まって形成する知的生活共同体である。コレッジには古式ゆかしい晩餐（Hall）の習慣が今も存続する。また両大学の教育の中核をなす「個人指導」（オクスフォードではtutorial，ケンブリッジではsupervisionと呼ぶ）はコレッジの責任において行なわれる。原則的には教師1人対学生1人で，毎週定期的に学生の書いた小論文について批判検討が行なわれる「個人指導」こそは，論理的思考と自己表現の修練のための最善の方法であろう。大学の管轄する「講義」への出席が任意であるのに対して，「個人指導」は義務付けられている。コレッジの独自性は今日もなお保たれているが，20世紀に入っ

エディンバラ大学

てからは，教科課程と試験に対する責任を含む大学の権限が強化された。第二次大戦後の社会の機会均等主義実現の動きは両大学にも及び，学生数の増加，学生の社会背景と出身校の多様化，コレッジの増設，1970年代に始まる女子学生増員と共学化の推進など，目立った変化が見られる。

〈スコットランドの諸大学〉

連合王国全体でオクスフォード，ケンブリッジ両大学に次いで古いのは，スコットランドの諸大学である。中世のスコットランドは，大学教育の場を最初はオクスフォード，ケンブリッジに求めていたが，イングランドとの政治的・宗教的関係の悪化に伴い，パリ大学に依存する慣わしがあった。しかし，フランス国内の政情不安定により，スコットランド自体で大学教育を行なう必要に迫られた。1410年パリ仕込みのスコットランド神学生が教え始めたのが，スコットランド最古のセント・アンドルーズ (St. Andrews) 大学の始まりである。以後，グラスゴウ大学(Glasgow, 1451)，アバディーン大学(Aberdeen, 1495)，

エディンバラ大学（Edinburgh, 1583）と続く。

　このような背景の故に，スコットランドの諸大学は大陸の大学に倣ってつくられたもので，今日に至るまでイングランドの大学との間に一線が劃されている。オクスフォード，ケンブリッジの停滞期にあたる18世紀にも，ハッチソンとその弟子で『国富論』の著者のスミスを擁するグラスゴウ大学が光彩を放ち，またエディンバラ大学の医学はヨーロッパの最高水準に達していた。

〈ロンドン大学及びダラム大学〉

　オクスフォード，ケンブリッジ両大学は，長らく2つの点で閉鎖的であった。第1に国教主義の立場に立って非国教徒に対して排他的であったこと，第2に，支配階級の子弟の教育と，聖職者と官僚の養成のために主として機能していた。労働者階級は言うに及ばず，中産階級の子弟にとっても進学の道は狭かった。このような閉鎖性に対する反撥として，18世紀には，プリーストリーが教えたウォリントン・アカデミー（Warrington Academy）のような非国教徒のための教育機関が各地に存在した。同じように，国教主義に対する反撥という形で，ミルやベンタム等の尽力によって，1826年ロンドンにユニヴァーシティー・コレッジ（University College）が設立された。逆に非国教主義に対抗する形でキングズ・コレッジ（King's College, 1829）が設立され，これらを併せた連合体組織（federal system）としてロンドン大学（University of London）が1836年に認可された。これより早く1832年に，北部の中世都市ダラム（Durham）に，大聖堂の余剰財産を用いてダラム大学ができている。オクスフォード，ケンブリッジ両大学の事実上の完成期である16世紀中葉から数えると，実に2世紀以上の隔たりがある。

〈ウェールズの大学〉

　スコットランドの諸大学の持つ地方色と，ロンドン大学の連合体組織を特色とするのがウェールズの大学である。アベラスツイス（Aberystwyth, 1872），カーディフ（Cardiff, 1883），バンガー（Bangor, 1884）にあったユニヴァーシティー・コレッジが母体となって1893年勅許によりウェールズ大学（The University of Wales) が成立し、これにのちに、スウォンジー (Swansea 1902) のユニヴァーシティー・コレッジ、ウェールズ医科専門学校 (Welsh National School of Medicine, 1931)、ウェールズ大学科学技術研究所 (University of Wales Institute of Science and Technology, 1967) と、さらにカーディフ管轄下のランプター (Lampeter) にあるセント・デイヴィッド・コレッジ (St. David College) も吸収された。本来的に別個の各地の組織が分裂の危機をはらんだ独立性を保ちつつ、ウェールズ大学は統一連合体として存続している。

〈産業都市の大学〉

近代諸大学の生成・発展の歴史の中で、国教主義への反撥という消極的動機以上に重要なのが、産業革命の進行に伴う社会的要請への対応ということであった。かつてケンブリッジが近代科学の基礎をつくったベイコンやニュートンを出したにもかかわらず、オクスフォード、ケンブリッジ両大学は科学技術の応用に関しては立ち遅れていた。事実、産業革命は、両大学とは無関係に、進取の気性と創意に富んだ地方の発明家たちによって先導された。産業革命の成果に対しても両大学が充分に対応しない以上、産業革命の中心地となった中部・北部の産業都市自体が、自らの手で教育機関をつくることが急務であった。これらの産業都市には19世紀半ば以降、科学技術の教育機関が存続していたが、世紀末から20世紀初頭にかけて、これらを母体として「都市大学」(Civic Universities) が相次いで誕生した。たまたまこれらの大学の建物には当時の建築様式に従って赤煉瓦が多用されていたために「赤煉瓦大学」(Redbrick Universities) の異名がついた。マンチェスター (Manchester, 1880)、バーミンガム (Birmingham, 1900)、リヴァプール (Liverpool, 1903)、リーズ (Leeds, 1904)、シェフィールド (Sheffield, 1905) などの各大学である。

〈20世紀の新大学〉

オクスフォード、ケンブリッジ両大学の今世紀における変化については既に触れた。ロンドン大学は、コレッジや研究所の増設によって連合体組織を広げて行った。この中には「ロンドン大学社会科学部」(LSE＝The London School of Economics and Political Science）や「東洋・アフリカ学部」（SOAS＝The School of Oriental and African Studies）などが含まれる。また，「都市大学」の数も増えて行った。

　第二次大戦終結まぢかの1945年6月の総選挙で政権をとった労働党内閣による社会改革は教育にも波及し，奨学金制度の充実によって機会均等主義が実現されることになった。さらに，ロビンズ卿主宰の委員会が1963年に出した「ロビンズ答申」（The Robbins Report）に基づいて，高等教育を受ける学生数の拡大が図られ，新しい大学が創設された。サセックス大学（Sussex, 1961），エセックス大学（Essex, 1964），キール大学（Keele, 1962），ヨーク大学（York, 1963），イースト・アングリア大学（East Anglia, 1963），ランカスター大学（Lancaster, 1964），ウォリック大学（Warwick, 1965），ストラスクライド（Strathclyde, 1964），ヘリオット＝ワット大学（Herriot-Watt, 1966），スターリング大学（Stirling, 1967）などである。1960年代のガラスを多用した建築様式から，これらの大学は「板ガラス大学」（Plate-glass Universities）の異名を持つ。これらの大学の多くは，オクスフォード，ケンブリッジ両大学のコレッジ制度とは異なって，学部の集合体であることと，学際性をそなえた教科課程の斬新さが特徴となっている。

〈科学技術大学〉

　かつて「高等工業専門学校」（Colleges of Advanced Technology）と呼ばれていて1956年に改組された「科学技術大学」（Technical Universities）は，地方自治体の主宰する「専門学校」（Colleges of Arts and Technology，通称「テック」）とは別物で，本来ロンドン大学の「学外学位」（external degree，当該教育機関が教育は行なうが，学位授与権を持たないために別の大学が代行して授与される学位）取得のための教育を提供していた。サリー大学（University of Surrey at Guildford），ブルネル大学（Brunel University），ブラドフォード大学（Bradford University），サルフォード大学（Salford University），ラフバラ大学（Loughborough University）などがこの範疇に入る。現在では各大学とも学位授与権を持ち，教科内容も科学技術だけでなく人文，社会科学も含

むが，在学期間中途での企業研修も含むいわゆる「サンドイッチ・コース」(sandwich course)にも見られるように，実用度の高い教育が行なわれている。

〈公開大学〉

通信教育とテレビ・ラジオ放送を融合して行なわれる「公開大学」(The Open University) は他国に先がけて発足し，世界各国の「放送大学」，「遠隔大学」の模範とされて来た。これはウィルソン労働党内閣によって構想されて，1969年に認可を受け，1971年に開学した。秀れたテキストが編纂され，講義はBBCのテレビ・ラジオで放映・放送され，通信指導，夏期講習に加えて，地域別に「個人指導」が行なわれる点で伝統的な教育の長所を最大限に発揮している。開学以来1980年までに，既に4万5千人が卒業し学位を取得している。常時登録者数は6万人にのぼる。

連合王国の大学の生成と発展の過程は，この国の歴史・社会的背景と密接に関係している。たとえば，スコットランドの諸大学がイングランドの大学と別個に発達した異なる性格の大学であることは，連合王国における地域ナショナリズムの一端を示している。また，何世紀にもわたって，国教主義を遵守し，パブリック・スクールと結びついた超エリート大学であったオクスフォード，ケンブリッジ両大学と，ロンドン大学とそれ以降に出来た近代諸大学や新大学との生成・発展の過程の上での相違は，堅固な階級制度の上に成り立っていた社会の特質と，機会均等主義へ向けての変化を示している。

現行の制度

連合王国の大学は上記の区分に従って異なる歴史的背景と特色を持っているが，やはり共通点をそなえていることも忘れてはならない。

連合王国の大学の場合，日本の通念に従って国立なのか私立なのか定義づけることは難しい。大学自治の観点からすると，すべての大学が「自治体」(self-governing body) である。反面，大学の財政は，事実上ほとんどすべて国家予算に依存している。コレッジと大学の二重組織によって成り立つオクスフォー

ド，ケンブリッジの場合には，個々のコレッジが何世紀にもわたる歴史を背景に私有財産を所有していて独立採算制を取っているのに対して，大学の財政は95％以上が国家予算である。その他の大学の場合には，事実上すべて国家予算によって賄われている。

大学に対する国家予算は大蔵省（Treasury）から直接配分されるわけではなく，公正を期して「高等教育財政支援評議会」（HEFC＝Higher Education Funding Councils）を介して行なわれる。また，大学と教育省との関係は，日本の国立大学と文部省との関係とは異なるもので，この意味で，国家予算への依存度が高いにもかかわらず，連合王国の大学は国立大学とは呼べない。

第二次大戦後の福祉政策により，連合王国の大学生は，親の収入審査（means test）の結果，高額所得者の場合を除いて，給付奨学金が与えられる。のちに，貸与奨学金制度も設けられた。この財源を賄うのは地方税としての固定資産税（rates）で，従って奨学金は地方自治体から支給される。

大学入学者の選抜法は日本とはかなり異なっている。その決め手となるのは，中等教育段階で受ける「共通学力試験」（GCE＝General Certificate of Education）のうち，「上級」（A[dvanced]-Level）の結果である。これは一種の共通試験であるが，全国を5つの試験区にわけて出題・採点することと，記述式論文試験である点で，日本のセンター試験とは異なっている。大学進学のための手続きは，入学年度前年の9月以降，「大学入学志願センター」（UCAS＝Universities and Colleges Admissions Service）に出願し，年が明けて2月から4月にかけて志望大学から呼び出されて面接を受けると同時に，大学の下見の機会を与えられる。そのあと暫定的入学許可を与えられた志望者は，6月にAレヴェルの試験を受験，8月に発表される試験の結果次第で入学が正式に決定される。Aレヴェルの試験には科目別に等級がつけられていて，大学，学部，学科によって要求科目数と等級の要求水準が異なり，したがって難易度も異なる。オクスフォード，ケンブリッジの場合には，UCASに出願するとともに，入学希望のコレッジにも願書を出して，コレッジ別の面接試験を受けなければならない。またオクスフォードとケンブリッジの併願はできない。両大学では，従来独自の学力試験が行なわれていたが，1986年以降は学力試験を廃止して，Aレヴェル

の試験結果が用いられるように制度が改められた。

　第二次大戦後，戦前のヨーロッパ型の旧制からアメリカ型の新制に切換えられた日本の大学と，連合王国の大学との間にはさまざまな面で相違がある。日本の大学の場合には，4年間が一般教育と専門教育とに分割され，専門教育の充実のために大学院の必要度が高い。連合王国の場合には，中等教育段階での早期専門化の結果，大学3年間に一般教育は行なわれず専門教育が集中的に行なわれる。大学数，進学率の相違が，日英両国の大学の教育内容に相違をもたらすことも当然であろう。両者の相違は，特に文科系の場合に現われるように思える。定員の多い日本の文科系諸学部での教育が，大教室での講義に頼らざるを得ないのに対して，連合王国の大学の場合には新・旧を問わず，「個人指導」が教育の中心に据えられていることは既に指摘した。教育効果の面で，両者の間には無視することのできない相違があるように思える。1960年代末の大学紛争が，連合王国では局地的散発に終り大事に至らなかったのも，大学の健全な体質に起因すると言えよう。新・旧共存する連合王国の大学は，多様でありながらも，伝統の保持と新時代の要請に対する対応とが調和して，研究と教育の責務を果たしている。

（山内久明）

付表　大学（University）一覧　　（括弧の数字は創設年）

アストン　（1966）　Aston University
アバティー・ダンディー　（1994）　The University of Abertay Dundee
アバディーン　（1495）　The University of Aberdeen
アルスター　（1984）　The University of Ulster
アングリア・ポリテクニック　（1992）　Anglia Polytechnic University
イースト・アングリア　（1963）　The University of East Anglia
イースト・ロンドン　（1992）　The University of East London
ウェスト・オヴ・イングランド　（1992）　University of the West of England, Bristol
ウェストミンスター　（1992）　The University of Westminster
ウェールズ　（1893）　The University of Wales
ウォリック　（1965）　The University of Warwick

教 育

ウルヴァハンプトン　(1992)　University of Wolverhampton
エクセター　(1955)　The University of Exeter
エセックス　(1964)　The University of Essex
エディンバラ　(1583)　The University of Edinburgh
オクスフォード　The University of Oxford
オクスフォード・ブルックス　(1993)　Oxford Brookes University
キール　(1962)　The University of Keele
キングストン　(1992)　Kingston University
クィーンズ　(1908)　The Queen's University of Belfast
グラスゴウ　(1451)　The University of Glasgow
グラスゴウ・カレドーニアン　(1993)　Glasgow Caledonian University
グラモーガン　(1922)　Glamorgan University
クランフィールド　(1969)　Cranfield University
グリニッジ　(1992)　The University of Greenwich
ケンブリッジ　The University of Cambridge
ケント　(1965)　The University of Kent at Canterbury
コヴェントリー　(1992)　Coventry University
サウサンプトン　(1952)　The University of Southampton
サウス・バンク　(1992)　South Bank University
サセックス　(1961)　The University of Sussex
サリー　(1966)　The University of Surrey
サルフォード　(1967)　The University of Salford
サンダーランド　(1992)　University of Sunderland
シェフィールド　(1905)　The University of Sheffield
シェフィールド・ハラム　(1992)　Sheffield Hallam University
シティー　(1966)　The City University
スタフォードシャー　(1992)　Staffordshire University
スターリング　(1967)　The University of Stirling
ストラスクライド　(1964)　The University of Strathclyde
セント・アンドルーズ　(1411)　The University of St Andrews
セントラル・イングランド　(1992)　The University of Central England in Birmingham
セントラル・ランカシャー　(1992)　The University of Central Lancashire
ダービー　(1993)　The University of Derby
ダラム　(1832)　The University of Durham

48

大 学

ダンディー　(1967)　The University of Dundee
ティーズサイド　(1992)　The University of Teesside
テムズ・ヴァリー　(1992)　Thames Valley University
ド・モンフォール　(1992)　De Montfort University
ニューカースル・アポン・タイン　(1852)　The University of Newcastle upon Tyne
ネイピア　(1992)　Napier University
ノーサンブリア　(1992)　University of Northumbria at Newcastle
ノース・ロンドン*　(1992)　University of North London
ノティンガム　(1948)　The University of Nottingham
ノティンガム・トレント　(1992)　Nottingham Trent University
バース　(1966)　The University of Bath
ハダースフィールド　(1992)　The University of Huddersfield
バッキンガム　(1983)　The University of Buckingham
ハーフォードシャー　(1992)　The University of Hertfordshire
バーミンガム　(1900)　The University of Birmingham
ハル　(1954)　The University of Hull
ハンバーサイド*　(1992)　The University of Humberside
ブライトン　(1992)　The University of Brighton
ブラドフォード　(1966)　The University of Bradford
ブリストル　(1909)　The University of Bristol
プリマス　(1992)　The University of Plymouth
ブルネル　(1966)　Brunel University
ペイズリー　(1992)　University of Paisley
ヘリオット=ワット　(1966)　Heriot-Watt University
ポーツマス　(1992)　Portsmouth University
ボーンマス　(1992)　Bournemouth University
マンチェスター　(1851)　The University of Manchester
マンチェスター・インスティテュート　(1824)　University of Manchester Institute of Science and Technology
マンチェスター・メトロポリタン　(1992)　Manchester Metropolitan University
ミドルセックス　(1992)　Middlesex University
ヨーク　(1963)　The University of York
ラフバラ　(1966)　Loughborough University of Technology

49

教育

ランカスター （1964） The University of Lancaster
リヴァプール （1903） The University of Liverpool
リヴァプール・ジョン・ムーアズ （1992） Liverpool John Moores University
リーズ （1904） The University of Leeds
リーズ・メトロポリタン （1992） Leeds Metropolitan University
リンカンシャー・アンド・ハンバーサイド* （1996） The University of Lincolnshire and Humberside
ルートン （1993） The University of Luton
レスター （1957） The University of Leicester
レディング （1926） The University of Reading
ロバート・ゴードン （1992） The Robert Gordon University
ロンドン （1836） The University of London
ロンドン・ギルドホール* （1993） London Guildhall University
公開大学 （1969） Open University

（『ウィタカーズ・コンサイス年鑑』1993年版による。
ただし，*印はその後合併により名称が変更になった）

9．パブリック・スクール　Public School

　パブリック・スクールは，私立の中等教育のための学校である。その歴史は，中世に遡るが，古くは教会の礼拝のために必要なラテン語の文法を教えるための学校として生まれたものと思われる。貴族は子弟を自宅で教育していたろうから，むしろ貧しい家に生まれた頭のよい者を教育するためのものであったろう。ラテン語の文法を教えるから〈グラマー・スクール〉(Grammar School)と呼ばれた。〈グラマー・スクール〉という言い方はその後長く使われて，20世紀にも残っている。グラマー・スクールの中で一部の学校が，特に〈パブリック・スクール〉と呼ばれたことになる。それは，男子だけを対象とした全寮制または学寮制を基本とする学校であった。

　パブリック・スクールの中でも，歴史の古い特に有名な学校は，さらに〈グ

パブリック・スクール

ラグビー・スクール

レイト・スクール〉(Great School) と呼ばれる。その名前を古い順に挙げるならば，ウィンチェスター (1382 年)，イートン (1441/2 年)，ラグビー (1567 年)，ハロウ (1571 年) となる。これらの学校も創られた当座は比較的小さなもので，現在ならば初等教育を受ける年齢の者を集めていた。もっとも，当時のオクスフォードとケンブリッジには，現在の中等教育を受ける年齢の者も学んでいた。19 世紀の初めまでにグレイト・スクールと呼ばれるようになっていたのは，この他にウェストミンスター，チャーターハウス，セント・ポールズ，マーチャント・テイラーズ，シュルーズベリーの 5 つで，全部で 9 つある。

16-18 世紀

　16 世紀から 17 世紀の前半にかけては，数多くのグラマー・スクールが創られた。ラグビーやハロウもその 1 つだったことになる。シェイクスピアが通ったとされているストラトフォード・アポン・エイヴォンのグラマー・スクールもまたその 1 つであった。この時代の学校は整備されたものではなく，学生の数

に比べて教師の数も少なく，乱暴な体罰が行なわれていたという。食事も粗末で，ベッドも2人に1つしかないこともあった。ウィンチェスターでは，生徒の頭を坊主刈りにしていたという。この時期にグラマー・スクールがつぎつぎに創られたのは，1つにはルネサンスの気運によってであったが，必ずしも学校の内部にはルネサンスにふさわしい教養が行きわたってはいなかった。学校の数は800に近かったとされているが，短命だったものも多いと思われる。19世紀の初めには100くらいになっていた。

　17世紀に起こった変化として，貴族やジェントリー階級がその子弟をしだいにパブリック・スクールへ入れるようになったことがある。上流階級の子弟のための学校という性格は，こうしてつくられて行った。そこに学ぶ生徒の年齢も少しずつ高くなって行ったものと思われる。学校の中で飲酒が行なわれるようになったのも，そのせいであろう。弱い者いじめも行なわれるようになった。一方で，教師によるきびしい体罰も行なわれていた。こうして恐ろしい場所としての学寮という伝説もひろまるようになった。イートンの有名な「細長い部屋」（Long Chamber）の伝説は，18世紀につくられた。この部屋は長さ172フィートの納屋のような部屋で，ここに52人の生徒が寝起きしていた。ここで上級生にいじめられ，教師に鞭で打たれた者は，その恐ろしさを生涯忘れなかったというのである。

19世紀

　パブリック・スクールが制度として確立したのは19世紀においてであったが，その過程には紆余曲折があった。イートンの校長として伝説的な人物となっているキートが就任したのは1809年である。キートは25年間にわたって校長として生徒たちにきびしい体罰を与え続けた。この頃のイートンはまだ教師の数も少なく，生徒たちを野放しにしていた。産業革命による社会の変化の中で，パブリック・スクールにも改革を求める空気が生まれていたが，学校側にはまだそれに対応する姿勢ができていなかった。そのせいもあってか，志望者の数が減る傾向が見られる中で，1828年にラグビーの校長にえらばれたのがアーノルドであった。アーノルド校長は，生徒も教師も乱暴であった学校に，キリス

ト教の倫理による敬虔な精神を持ち込んで，教育の基礎をつくり直した。アーノルドの高潔な人格は，生徒たちに直接影響を与えただけでなく，社会的にもひろく尊敬をあつめた。アーノルドは，礼拝堂における説教によって生徒たちを指導しただけでなく，6年級（Sixth Form）の生徒を〈監督生〉（praeposterまたは prefect）として下級生の指導に当たらせた。パブリック・スクールの学年は，3年級（Third），4年下級（Lower Fourth），4年上級（Upper Fourth），5年下級（Lower Fifth），5年上級（Upper Fifth），6年級の6つに分かれているが，6年級は単に最上級というだけでなく，大学に進学する生徒を主とした特別な性格を持っている。

　生徒たちの服装が重視されるようになったのも，規律を重んじることの1つとしてであった。スポーツは，クリケットのほかにフットボールが以前から行なわれていたが，規則などない乱暴なものであったのが，しだいに規則のはっきりしたものになった。ヴィクトリア朝の偽善は，生徒たちの同性愛を表沙汰にすることを避けたが，パブリック・スクールが同性愛の温床であったことは否定できない。カリキュラムの中心がラテン語とギリシア語であることは，依然として変わりなかったが，しだいに歴史やフランス語や自然科学が教えられるようになった。

　アーノルド校長の在任期間は急死のために15年であったが，その影響はラグビーにおける弟子たちがさらに他の学校の校長となるという形でもひろがった。なかでも，1844年に28歳でハロウの校長となったヴォーンは，度をこえて熱心な校長として，ハロウの生徒数を飛躍的に増大させたが，15年後に辞任したのは，じつは同性愛のスキャンダルを恐れてであった。

　パブリック・スクールの改革を求める空気を反映して，議会も調査のための委員会をつくった。1816年にブルーアム委員会（Brougham Committee）が院内につくられ，調査を行なって批判を加えた。さらに1861年のクラレンドン委員会（Clarendon Commission）は議会の委託を受けて，主として9つのグレイト・スクール（Great Nine）の実態を調査した。イートンでは，生徒たちから取上げた罰金を教師たちが山分けしてきた実情が暴かれた。ついで1864年にはトーントン委員会（Taunton Commission）が，もっと規模をひろげて調査を

教 育

行なった。それは，初等教育法（Elementary Education Act）を制定しようとする動きと連携して，全国的に中等教育制度を確立しようという考えに立つものであった。議会のこういう動きに対して，パブリック・スクールの校長たちは警戒心を抱き，会合を持つようになった。初めはグレイト・スクールの校長たちはあまり熱心でなかったが，後にはむしろ指導的な立場に立つようになった。こうしてパブリック・スクール校長会議（Headmasters' Conference）がつくられ，「年鑑」（*Public School Year Books*）が出されるようになった。

パブリック・スクールの制度が確立するとともに，そこに進学してくる前の段階の教育を行なう学校も用意されるようになった。これがプレパラトリー・スクール（Preparatory School）である。18世紀の末頃から創られはじめていたが，その数が増えたのは19世紀の後半になってからであった。

この間，女子のためのパブリック・スクールも創られるようになっていた。1848年のクイーンズ・コレッジ（Queen's College），1849年のベッドフォード・コレッジ（Bedford College）を初めとしてつぎつぎに創られて，1910年までには21校になっていた。

19世紀になって，新しい産業や商業によって資産をつくった人たちや聖職者を初めとする専門職の人たちの数が大幅に増えて，ジェントリー階級が大きくなり，その子弟を教育するためのグラマー・スクールの数が再び増加していた。それは大きく分けて，グレイト・スクールと，古いグラマー・スクールを再生させたものと，新設のものの3種類あった。そのうちのどれがパブリック・スクールであるかを言うことはむずかしい。1889年の最初の「年鑑」に名前を連ねているのは，つぎの36校である。

アッピンガム（Uppingham）　　　イートン（Eton）
イプスウィッチ（Ipswich）　　　　ウィジェストン（Wyggeston）
ウィンチェスター（Winchester）　ウエストミンスター（Westminster）
ウェリントン（Wellington）　　　クリフトン（Clifton）
グレナルモンド（Glenalmond）　　シャーボーン（Sherborne）
シュルーズベリー（Shrewsbury）　ストウニーハースト（Stonyhurst）

パブリック・スクール

セント・ポールズ（St. Paul's）
ダリッジ（Dulwich）
チャーターハウス（Charterhouse）
トンブリッジ（Tonbridge）
フェッツ（Fettes）
ブラドフィールド（Bradfield）
ベッドフォード（Bedford）

ボストン（Boston）
マーチャント・テイラーズ（Merchant Taylors'）
モールバラ（Marlborough）
ラドリー（Radley）
ロッサル（Rossal）

ダービー（Derby）
チェルトナム（Cheltenham）
ドウヴァー（Dover）

ハロウ（Harrow）
ブライトン（Brighton）
ヘイリーベリー（Haileybury）
ヘリフォード・キャシードラル（Hereford Cathedral）
ポーツマス（Portsmouth）
モールヴァーン（Malvern）

ラグビー（Rugby）
ランシング（Lancing）
ロレットー（Loretto）

これに，20世紀初頭までに評判を確立していた学校をつけ加えると，つぎのような学校がある。角括弧内は正式名または別名である。

アイル・オブ・マン（Isle of Man）［キング・ウィリアムズ，King William's］
アーディングリー（Ardingly）
ウィトギフト（Whitgift）
ウォリック（Warwick）

エプソム（Epsom）
キャンタベリー（Canterbury）［キングズ・スクール，King's School］
クランリー（Cranleigh）

サウス・イースターン・コレッジ（South Eastern College）［セ

アウンドル（Oundle）

イーストボーン（Eastbourne）
ウェイマス（Weymouth）
エディンバラ・アカデミー（Edingburgh Academy）
オールデナム（Aldenham）
キングズ・コレッジ・スクール（King's College School）

ケンブリッジ（Cambridge）［ザ・リース，The Leys］
シティー・オブ・ロンドン（City of London）

55

ント・ロレンス，St. Lawrence]
セント・エドワーズ，オクスフォード（St Edward's Oxford）
ハイゲイト（Highgate）
バース・コレッジ（Bath College）
フェルステッド（Felsted）
フラムリンガム（Framlingham）
ブレア・ロッジ（Blair Lodge）
マーチストン（Merchiston）

ユニヴァーシティー・コレッジ・スクール（University College School）
レザーヘッド（Leatherhead）［セント・ジョンズ，St. Johns'］
レプトン（Repton）

チグウェル（Chigwell）
バーカムステッド（Berkhamsted）
ハーストピアポイント（Hurstpierpoint）
フォレスト（Forest）
ブランデルズ（Blundell's）
ベドフォード・モダン（Bedford Modern）
ユナイテッド・サーヴィスズ・コレッジ（United Services College）［ウェストワード・ホー，Westward Ho］
ラムズゲイト（Ramsgate）

レディング（Reading）

20 世紀

　20世紀の前半には，19世紀後半に確立されたパブリック・スクールの制度がほぼそのまま維持されたと言うことができよう。ただし，授業科目としては，ラテン語とギリシア語のほかに，フランス語やドイツ語，歴史や文学，そして科学もしだいに多く教えられるようになった。その間，スポーツはますます盛んになり，対抗試合が行なわれた。生徒の側の不満は，減ったとはいえ体罰があり，上級生による弱い者いじめと，食事の悪いことであった。そして，そういうパブリック・スクールに対する批判や攻撃が，小説やエッセイの形で書かれるようになった。19世紀のパブリック・スクールを扱った小説が，ヒューズ

の『トム・ブラウンの学校生活』(*Tom Brown's Schooldays,* 1858) に代表されるように，学校を美化して賞讃していたのに対して，その醜い面を非難し茶化すものが多くなったのである。

　この間，新しい教育の理念に立って新しい教育を行なうことで注目を集めた学校もある。ビデイルズ(Bedales)やホルトのグレシャムズ(Gresham's, Holt)がよく知られている。

　1944年の教育法（Education Act）は，中等教育の普及を目的の1つとするもので，その準備の過程では，パブリック・スクールに対する批判もあったが，結局出来上がった法案には，パブリック・スクールに関する条項はなかった。こうしてその特権は，第二次大戦後の福祉国家においてもそのまま温存されることになった。新しい大学受験制度においても，パブリック・スクールの卒業生は有利に立つことになったので，むしろパブリック・スクールを志望する者の数は増えるばかりであった。一部に根強い批判はあるが，特権的な学校として存在しつづけている。
（橋口　稔）

10．法学院　Inns of Court

　法学院とは，イングランドおよびウェールズのバリスター（法廷弁護士）を養成し監督する機関である。中世以前から，自主的で自律的なギルド的組織を維持してきた。少なくとも15世紀初め以来，イナー・テンプル（the Inner Temple），ミドル・テンプル(the Middle Temple)，リンカンズ・イン（Lincoln's Inn）およびグレイズ・イン（Gray's Inn）の計4つが存在する。いずれもロンドンのシティーの外側のファリンドン区（the Ward of Farringdon Without），現在のフリート・ストリートとチャンセリー・レイン周辺に集中している。ここは，かつての国王裁判所(the King's courts)に近く，裁判権をほぼ独占して

きた国王権力とイングランドの中央集権的統治の長い歴史を反映した場所である。法学院は，勅許に基づいて創設されたわけでもなく，制定法にもよらず，法人化されてもおらず，篤志家の寄付行為に基づく財団でもない。それは，法律家たちの全く自発的な結合による一種のギルド (guild)，法人格なき社団である。

現　状

　各々の法学院は，古参の法律家から成る評議員団 (the bench) をその管理機関として自律的に運営される。評議員団のメンバーはベンチャー (bencher) と呼ばれ，法学院での講義 (readings) を 2 つ以上と模擬法廷 (moots) を担当したことのある高級法曹（バリスターや判事）から成る。各法学院は，現在まで互いに独自性を維持しながらも，協力してイングランド及びウェールズの法曹全般の養成と規律にあたっている。各法学院からベンチャー 5 人ずつ，計 20 人で運営される法律教育評議会 (the Council of Legal Education) が，1852 年以来，教育と統一資格試験を実施してきた。また，バリスターから選出された委員より成る法廷弁護士評議会 (the General Council of the Bar) は，1894 年以来，バリスター全体の規律と道徳の維持を行なってきた。しかし，バリスターの資格付与や剥奪はもっぱら各法学院の評議員団の権限である。法学院は実務についているバリスターのために法学院内に事務所を提供する。一方，法学生 (bar student) は，通算 12 学期（大学卒の法学士の場合はこの期間が通例 1 年）の間，各法律課目の講義と模擬法廷の演習に出席し，かつ各学期 3 回（かつては大学卒でない者は 6 回）ずつ法学院内のホールでの正餐（ディナー）に参加しなければならなかった。現在は通算 24 回とされている。これは，将来法廷での相手となる仲間がお互いを知り，正餐会での会話と議論を通じて専門的考え方を身につけるのに役立ち，しかもバリスターとしての一体性の雰囲気を創り出すのに資するためである。一定の講義と正餐などに出席する義務を終えた法学生は，統一のバリスター資格試験に合格しなければならない。試験は各課目 3 時間で，〈パート・ワン〉と〈ファイナル（最終試験）〉に分かれている。

　統一試験に合格すれば資格を付与され一人前のバリスターとなるが，その際資格取得者は，実務家の下で 12 か月の見習を終えることを所属する法学院に

法学院

ミドル・テンプル

対し約束させられる慣行があり，資格行使について一定の制約を受ける。しかし，少なくとも理論的には，すぐ法廷に立つこともできる。

歴 史

　各法学院がこのような団体としていつ創設されたのか，その起源の詳細については分かっていない。当初法学院は自ら土地を自由保有せず，借りていただけ（借地保有）で，常に移転を繰り返したために，それに関する歴史的文書をあとづけることはかなり困難であるという事情による。しかし，少なくとも15世紀初頭以前にまで遡ると言われる。法学院が確立する以前は，体系的なイン

59

グランド法の教育は存在しなかった。読み書きのできる者が，各人ばらばらに裁判所の官吏や代理人の個人的徒弟となって，実務の中で法律知識を修得するしかなかった。彼らは，裁判所での審理を傍聴し，あとで徒弟仲間と法的論争をしたであろう。こうして，国王の裁判所のまわりに宿を借り実務家の手伝いをしながら勉強する法学徒の集団がしだいに形成されていった。この下地の上に，法律実務家がその宿屋（inn）の主人兼指導者となり始めたことによって，法学院の原形ができあがったと考えてよいであろう。法律実務家としては，すでにエドワード一世の時代に，attorney（代理人［法廷に立てる者もいた］）とnarrators（法廷代言人）がいて，前者は今のソリシター（事務弁護士）に，後者はのちに年長の法廷弁護士である serjeant(s)-at-law と比較的若手の法廷弁護士 apprentice(s) に分化した。しかし，後者は今のバリスター（法廷弁護士）としてやはり 1 つの集団となっている。

　中世において，法学院はすでにその主な機能として法律教育にたずさわっていた。そこで教えられた法は，ローマ法ではなく，コモン・ローと呼ばれるイングランド法（通常，狭義の common law と言われるものに相当するイングランドの慣習法と判例法）であった。

　13 世紀末から 14 世紀にかけて各種の法律実務家が増え，規律や保護も必要になった。1280 年にはロンドン市が裁判所内の実務家に対し命令を出したり，1292 年には国王が判事団に対して，各地方から 140 人の法廷弁護士（apprentices）と代理人（attorneys）を選び，他の者には法廷に立たせないよう命じた。

　一方，法学院は，賃借期間切れのため，あるいはよりよい場所を求めて，狭い範囲内で移転を繰り返していたが，しだいに定着するようになった。テューダー朝になると，ユース（use，のちの信託 trust）の発達により，法学院が自らの地所を実質的に保有できるようになる。

　15 世紀初頭には，前述の 4 つの法学院がすでに伝統を持った団体として確立していたのであるが，すでに現在と同じ運営方法と，高度かつ完璧な教育水準を誇っていたと言われる。法学院は，その法律教育の専門技術性ゆえに，事実上そしてのちには公式にも，教育を独占した。法学生は，所属する各法学院の法曹団（the bar，バリスター団）の一員に呼びよせられた（called to the bar）

とき，一人前の法廷弁護士（バリスター）の資格を持つとみなされた。法学院は同輩の法廷弁護士（apprentices）の組織であり，その中からすぐれた者に国王が上級弁護士サージャント（serjeant-at-law）の称号を与えると，その者は従来の法学院を出てサージャント・イン（serjeant's inns，2つあった）へ移らなければならない。判事は19世紀後半まで常に，このサージャントであったので，法学院の運営に長い間直接的には関与できなかった。

　15世紀から16世紀にかけて，法学院は法職をとる意志のない者にも，一般教養の向上のための学生として，門戸を開放していた。大学が聖職と深く結びついていた一方で，法学院はジェントリー以上の階級の子弟の一般的教育機関ともなっていたのである。

　法学院の全盛期は15世紀半ばから16世紀初めにかけてであった。その間に法学院はその敷地の自由保有権を獲得し，豪華なホール（hall）を建造し，華麗な正餐会や王侯を招いた催しを行なった。しかし，16世紀末になると法学院に翳りが訪れる。バリスター以外の代理人（attorney）や事務弁護士（solicitor）を法学院から追放したりして，自らの地位の保身をはかるようになった。法に関する印刷本の流布のために出席率が低下したり，無報酬の奉仕的講義や時間を食う模擬法廷の負担を実務家がきらい，学生の代行が横行して教育の質が低下したり，豪壮な建築や高価な食事の提供による財政負担などの理由から，以後しだいに衰退し続けた。そして，ピューリタン革命中は教育システムは停止した。講義は1677年にとりやめられた。謝礼のみが残って，払い込めば学生としての義務が終了した。法学院の教育機能は停止状態となった。18世紀になってから，そうした空白はしだいに埋められてゆく。実質的に1677年以来機能を停止していた4つの法学院は，1762年，一定の学期数出席した学生をバリスターにすることに合意した。のちには，法学院のホールで3回正餐に出れば1学期間出席とみなされた。法学院の評議員団（benchers）の地位は変わらず，サージャントの介入権を容認しなかった。法学院の長の職は，財務担当の評議員が年功順につとめた。19世紀後半，1873-75年の一連の立法によりサージャントが廃止されると，判事も法学院のメンバーに留まり，評議員をかねることができるようになった。昔のような法律教育が再開されたのは，19世紀も半ば

教 育

になってからである。1852年，統一試験実施のために4つの法学院の代表者からなる法律教育評議会（the Council of Legal Education）ができた。講座が確立され，著名な法律家が教育に従事するようになった。

イナー・テンプルとミドル・テンプル（the Inner and Middle Temples）

　両法学院の元の組織は当初から別々の団体であった。その名称はこの土地にかつて存在した騎士団の名前に由来するが，騎士団やそれが創設した修道院とは実質的関係はない。単に両法学院のある土地の名称にすぎない。

　12世紀，テムズ川の堤防沿いの現在地がまだ河川敷だった頃，ロンドン市の城壁ぎわホウボーン（Holborn）地区に，結成したばかりのテンプル騎士団（the Knights Templars ; the Order of Templars）が定住した（1181年）。現在のフリート街の南側にあたる。騎士団の保有地域は現在のイナー・テンプル，ミドル・テンプルに加え，アウター・テンプル（Outer Temple）に相当する地区も含んでいたが，後者はロンドン市壁から離れていて治安が悪く，結局放置されたと言われる。このテンプル騎士団は，巡礼の保護と聖地イェルサレム救済のために結成された武装集団であったが，本来の目的のためには何もせず，清貧の誓いも守られなかったこともあって，14世紀初め国王により弾圧され追放された。それにともなって，1312年ローマ教皇によってその土地と屋敷は聖ヨハネ騎士団（Knights of St. John ; the Hospitallers）へ移された（実施1324年）。以後16世紀前半，ヘンリー八世によって騎士団と修道院の解散が命じられ国王の土地となるまで，一貫して同騎士団のものであり続けた。聖ヨハネ騎士団のメンバーには法律家や判事が多かった。14世紀半ば頃，その地所を法学生の団体に年10ポンドで貸したと言われる。ヘンリー八世の命により同騎士団が解散したとき，この地は王領地となった。しかし，両法学院には影響がなく，その地位も変わらなかった。のちに信託という法制度により，法学院自身がこの地を実質的に所有することになる。

リンカンズ・イン（Lincoln's Inn）

　この名称は，一説では13世紀テンプル騎士団のいた場所の北，今のフリート

街の北側に定住したチチェスター司教（Bishop of Chichester）とその土地の中世の保有者リンカン伯の称号と関係があるとされる。また，法学生たちが部屋を賃借していた家の主人または屋敷そのものの名前であるとする説もある。

　1215年頃，ドミニコ会修道士たち（Black Friars）がロンドン市の城壁の外，今のチャンセリー・レインあたりに定着し，周辺の土地をしだいに取り込んで拡大していった。1278年彼らはよりよい土地へ移転し，この地を去った。跡地は市場になったという。それを1286年法律畑の高官でもあったリンカン伯が購入した。彼が法学生をかかえたかどうかは怪しい。（ちなみに，Chancery Lane という通りの名の由来は，1292年から1307年頃大法官がそこに住んでいたことによる。Chancellor's　Lane の変体。）リンカンズ・インには1422年の the Black Books という古文書が残っているが，その頃は少なくとも同法学院はチチェスター司教の土地と建物の賃借人であった。その土地がやがて個人に譲渡され，1580年には520ポンドで法学院自身のものになったという。

　リンカンズ・インは特に，他の3つのインがコモン・ローを中心に教育していたのに対して，コモン・ローに加え衡平法（Equity）と呼ばれる大法官裁判所で運用される法の教育を特に重視していた。今でも信託などの衡平法を専門とする法廷弁護士や判事の多くは同法学院出身者である。サッチャー元首相もこのインに所属するバリスターである。

グレイズ・イン（Gray's Inn）

　グレイズ・インの文書は1569年以降のものしか残っておらず，起源の詳細は不明だが，他の3つの法学院より遅くできたと考えられている。ロンドン市境界の外側にあったポートプールの荘園（Manor of Portpool(e)）がまずウィルトンのグレイ家（the Greys of Wilton）のジョンへ売却された。彼は法律家であり書記や法学生と一緒に住んでいたと言われる。それが，聖バルトロマイ会（Canons of St. Bartholomew）に譲渡され，のちにヒュー・デニーという個人の手を経て，シーン（Shene；Sheen，サリー州リッチモンド）の修道院のものとなったのは1503年のことである。その修道院が，法学生に年6ポンド13シリング4ペンスで賃貸したという。ヘンリー八世のとき，修道院解散法が出て

教 育

ダブリンのキングズ・インズ

(1539年)，その土地は王領となったが，賃貸はそのまま続けられた。1733年自由保有権を法学院自身が実質的に取得した。グレイズ・インには，ジェイムズ一世治下で大法官となるフランシス・ベイコンが在籍していた。

ダブリンのキングズ・インズ（the King's Inns, Dublin,［アイルランド］

アイルランドには，イングランドの法学院に相当するキングズ・インズ（the King's Inns）がダブリンにある。古くはエドワード一世の時代にコレッツ・イン（Collett's Inn）というのがダブリン市の壁の外にあった。エドワード三世のとき，市内にプレストンズ・イン（Preston's Inn）ができて1542年まで続いた。キングズ・インズの母体はヘンリー八世が修道院の跡地をアイルランドの法律教育のために提供したときに始まる。キングズ・インズはそれ以来の長い歴史を持った法学院である。1866年までは，そこでソリシター希望者もバリスター希望者も一緒に教育されていた。一時はロンドンの法学院でも学ぶことになっていたが，今はその制度はない。

（臼杵英一）

ジャーナリズム

11. 新　聞　Newspaper

　今日見られるような，内外の政治的・経済的・文化的なニュースを印刷媒体によってかなり頻繁に，かつ定期的に読者に伝えるというマス・コミュニケーションのありかたは，イングランドにおいては17世紀にまでさかのぼって見出すことができる。たとえば，1620年すでにオランダでいち早く出版・販売されていた新聞の記事を翻訳することにより『コラント』(*Corante, or, Newes from Italy, Germanie, Hungarie, Poland, Bohemia and France,* 1621) というビラがロンドンにもちこまれ販売された事例がある。この後，これと同種のビラは続々と発行される。ただし，このビラはその名前から明らかなように，外国で報道されていることを伝えるのを主たる目的としていたし（国内のニュースを報道することに対しては当局からの強い圧力があった），必ずしも頻繁に，かつ定期的に刊行されたわけではないので，近代的な意味での新聞とはいえない。

『コラント』のタイトル部

18世紀

今日の新聞のありかたとしては最も普通である日刊紙は次の世紀になって初めて世に出た。すなわち，1702年に出た『デイリー・クーラント』(*The Daily Courant*)がそれである。この新聞は1ページものであり，1735年まで続いた。

新聞報道はそれまでのピューリタン革命，共和制，王制回復の激動期の間は王党派あるいは議会側からの弾圧をつねに受けざるをえなかったが，1688年の名誉革命ののち，1695年に出版法が更新されず，そこで初めて事実上報道の自由が実現しうることになった。

18世紀は新聞の刊行に多くの文学者が携わった世紀として知られる。例えば，ダニエル・デフォーが週3回発行の『レヴュー』(*The Review*, 1704-13)を刊行し，その紙面に初めて論説を載せたことは特記すべきことである。また，今日の感覚では必ずしも新聞とは言いがたいが，リチャード・スティールがやはり週3回発行の『タトラー』(*The Tatler*, 1709-11)を，また彼とジョゼフ・アディソンが日刊の『スペクテイター』(*The Spectator*, 1711-12, 1714)を前紙を引き継ぐ形で創刊したことは，文学史上無視しえぬことである。この2紙は2人の書くエッセーが目玉であり，彼らはそこで広く社会に対する批判を展開した。こうした刊行物は当時のロンドンでのコーヒー・ハウスの流行とあいまって知識人に好個の読物を提供した。そのため『スペクテイター』の予約者数は3千にも達したという。

イングランドにおいてはこの頃，報道の自由がすでに提唱され始めていたと述べたが，それはもちろん報道の自由が，この頃確立したことを意味するものではない。初期のジャーナリストは書いたことが原因で投獄される可能性も覚悟していなければならなかった。デフォーは1702年にトーリー党を風刺したパンフレットを出版したかどで投獄されたし，1810年になっても著名なジャーナリストで急進主義者，ウィリアム・コベットが言論がもとで投獄された例がある。またそうした直接的な弾圧をとらずとも，時の権力はさまざまな方法によって言論を自己の統制下に置こうと腐心した。たとえば，1712年には印紙税法 (Stamp Act) が施行され，定期刊行物に税金が課せられた。これは新聞界にとっては大きな打撃となり，発行を停止する新聞が一時多く出た。

にもかかわらず，世の動きは新聞の報道の自由を広げる方向に進み，また新聞界の方でもそれまでの公平を逸した個人攻撃を排して，正確な事実の報道を目指す動きが見られた。

当時大きな政治問題になったのは新聞の議会報道であった。ジョン・ウィルクスは1762年に週刊紙『ノース・ブリトン』(*North Briton*) を発行し，時の首相ビュートを攻撃したため逮捕されることになるが，選挙民の支援により逮捕を免れ，結局は新聞の議会報道を議会に認めさせることに成功した。

18世紀に発刊された新聞には新聞史上重要なものがある。1785年には『デイリー・ユニヴァーサル・レジスター』がジョン・ウォルター一世によって発刊された。彼はもともとはシティーの石炭商であったが，その事業が破産したあと，印刷の事業に乗り出し，ついには新聞の発刊に手を染めたのであった。同紙は3年後『タイムズ』(*The Times*) と改称され，この国における代表的新聞へと発展していくことになる。また1791年には日曜紙『オブザーヴァー』(*Observer*) が創刊された。当時，日曜日は安息日として一切の経済活動が行なわれておらず（現在でも小売業者は日曜営業に関して日本ほどには積極的でない），日曜紙の発行には宗教人から強い批判があったが，読者は日曜紙の発行を支持し，その後，『サンデー・タイムズ』(*The Sunday Times* 1822-)，『ニューズ・オヴ・ザ・ワールド』(*News of the World*, 1843-) ほかの日曜紙が現れることになる。他に挙げるべきものとしては，後に『デイリー・テレグラフ』(*Daily Telegraph*, 1855-) に合併されることになる『モーニング・ポスト』(*Morning Post*, 1772-1937)，当時においては最も堅実な新聞であった『デイリー・アドヴァタイザー』(*Daily Advertiser*, 1730-1807) などがある。

19世紀

19世紀に入ってからの新聞業界における技術革新はめざましく，特に印刷術の発達，交通網の整備による発行部数の増大は驚異的であった。『タイムズ』の2代目社主，ジョン・ウォルター二世は1814年に蒸気機関で動く印刷機を導入した。それにより，これまでの手動式の印刷機では1時間に250部しか印刷できなかったものが，1100部印刷できるようになり，さらに1828年には4000部

の印刷すら可能になった。

　また通信手段の技術革新は新聞報道の時間的落差を消滅させ，今日の情報化社会の到来を予測させるものがあった。たとえば，1815年のワーテルローの戦いの結果が海を隔てて390キロ離れたイングランドに伝えられたのは，4日後のことであったが，それは，使者が馬を乗り継いで知らせるしか通信手段のなかった当時においては，記録的な速さであった。それが1851年にドウヴァーとカレーの間に，1866年には大西洋横断の電信用ケーブルが敷設されると，新聞報道の時間的落差はほとんど消滅した。今日の代表的通信社であるロイター通信社の創設者，ドイツ人パウル・ユリウス・ロイターは1851年ロンドンに事務所を開設し，しだいに拡がるこの電信網を利用して，新聞社に外電を提供し始めるのである。

　迅速で，正確な報道は商業に従事していた中流階級の求めるところとなり，『タイムズ』を例にとれば，1815年には1部7ペンスで5千部の発行であったものが，1850年には定価は5ペンスに下り，発行部数は5万部にまで達したのであった。

　新聞が社会活動において不可欠な要素となるにつれて，定価の高値安定を不可避にしていた印紙税の撤廃が要求された。1855年には印紙税が廃止され（用紙税は1861年に廃止），その結果，多くの日刊紙が創刊された。その中で特筆すべきものは，ロンドンで初めて定価1ペニーで売り出された『デイリー・テレグラフ』（*Daily Telegraph*, 1855）であり，今日では『タイムズ』と並び称せられる『ガーディアン』（*The Guardian*, 1959-　）の前身『マンチェスター・ガーディアン』（*Manchester Guardian*, 1821-1959）である。『マンチェスター・ガーディアン』はそれまで週刊紙であったのが，印紙税の廃止を契機に日刊紙となったのであった。『デイリー・テレグラフ』は創刊当時，報道のスタイルをより大衆的にしたのが好評で，発行部数を大きく伸ばした。1861年までには発行部数は13万部に達し，『タイムズ』の倍の発行部数を誇るようになったし，1870年までには24万部を発行して，当時における世界最大部数発行の新聞となった。

　今日その3紙は，『ガーディアン』が政治的に『タイムズ』よりリベラルな立

新　聞

日刊紙

場を取り，『デイリー・テレグラフ』が『タイムズ』より保守的な立場を取ることで，それぞれ独自の高級紙としてイギリス新聞界に位置している。さらに1986年に『インデペンデント』（*The Independent*）という高級紙が創刊された。

20世紀

　19世紀も終りにさしかかると，そうした新聞の量的拡大を求める競争が顕著となる。その際に特筆すべき人物は『デイリー・メイル』（Daily Mail, 1896-　）を創刊したアルフレッド・ハームズワースである。彼は，それまでの新聞が中流階級を読者層にしていたのに対し，下層中流階級を対象として簡潔なわかりやすい記事を載せた大衆日刊紙を新たに作りだした。彼は『デイリー・メイル』の価格を半ペニーと他の新聞の半額に設定することで購読者数の拡大を計り，宣伝媒体としての高い評価から得られる広告料を新聞経営の一方の柱に据えた点で現代の新聞を先取りしていた。『デイリー・メイル』の発行部数はすぐに50万部を越し，ボーア戦争の時期には100万部の大台をも達成した。彼は1905年には日曜紙『オブザーヴァー』を買い取り，08年には経営不振に陥っていた『タ

69

ジャーナリズム

日曜新聞とタブロイド紙

イムズ』の経営権を握り、一大新聞王国を築いた。

　特定の一個人が多数の新聞社を所有することはその後普通のこととなる。広告費が新聞発行の一方の支えとなったため、高級紙すら発行部数の増加に努力せざるをえなくなった。また技術革新をめぐって経営者と労働組合との抗争も激化するようになったため、近年において高級紙における経営者の交代は珍しくない。たとえば『タイムズ』は1966年にカナダ出身の新聞王トムソンへ、さらにあしかけ2年にもわたるストライキの後、1981年にはオーストラリア出身の新聞王ルパート・マードックへと所有権が移った。

　この国の新聞と言えば、常に高級紙のことだけが問題とされるが、発行部数のことだけを問題にすれば、それぞれ200万部以上（1984年現在）を発行する大衆日刊紙『ザ・サン』(*The Sun*, 1969-)、『デイリー・ミラー』(*Daily Mirror*, 1903-)、『デイリー・エクスプレス』(*Daily Express*, 1900-)、また300万部以上を発行する大衆日曜紙『ニューズ・オヴ・ザ・ワールド』、『サンデー・ミラー』(*Sunday Mirror*, 1963-) を無視することはできない。前述のマードックは『ザ・サン』、『ニューズ・オヴ・ザ・ワールド』などを経営しており、

そこでの利益から『タイムズ』を買収できたのであった。いわば高級紙の欠損は大衆紙の利益によって穴埋めされている面がある。

そうした問題が内在してはいるが，この国の新聞界はそれぞれ個性を持った朝刊の高級紙・大衆紙，夕刊紙，日曜紙（朝刊，夕刊，日曜版すべてを1社で出すことはない）を依然として出しており，また『タイムズ文芸付録』(*The Times Literary Supplement*, 1902-) のような見識ある専門紙を発行している点で新聞を考える上で注目すべき国であることに変わりはない。

(大澤吉博)

12. 雑　誌　Magazine

図書館学では雑誌（Magazine）は一括して定期刊行物（Periodical）の中に分類されている。そのことからも類推できるように，日常用いられる新聞，雑誌といった概念の区別にはやや不分明なところがある。まして，イングランドにおいて初期の新聞は近代的な日刊新聞からはほど遠いものであったから，そこでは雑誌と新聞の区別は立てがたいのが実状である。

ただ，扱う主題にある程度のまとまりがあるという点を考慮すると，1665年に王立協会(Royal Society)が出した学術誌『学術会報』(*Philosophical Transactions*) が最初の雑誌であるとされる。ただし，これは雑誌というよりは，学術誌であり，その読者も専門家を対象としていた。

今日の一般読者を対象とした雑誌の原型としては，ジョン・ダントンが出版した1ペニーの週刊誌『アシーニアン・ガゼット』(*Athenian Gazette* のちに *Athenian Mercury* と改称。1690-97)がある。その後ピーター・モトゥーが『ジェントルマンズ・ジャーナル』(*Gentleman's Journal*, 1692-94)をはじめ，ニュース，ゴシップ，書評，散文，詩などで誌面を埋めた。また前述のダントンは女

性読者を対象とした『レイディーズ・マーキュリー』(*Ladies' Mercury*) を発行した。17世紀の末には，かくして，今日の雑誌の原型がすでにできあがった。

18世紀

18世紀に入ると，著名な文学者がつぎつぎと「雑誌」を発行した。その例としては，ダニエル・デフォーの『レヴュー』，リチャード・スティールの『タトラー』，スティールとアディソンの『スペクテイター』が有名であり，それらはその後の雑誌に大きな影響を及ぼした。1731年にはエドワード・ケイヴが『ジェントルマンズ・マガジン』(*The Gentleman's Magazine*, 1731-1907) を出した。これは Magazine という語を初めて雑誌の意味で使ったことで注目すべき出版物である。その内容は初め，他のところで発表された論文や記事を要約紹介したものであったが，1738年にジョンソン博士が同誌に関係するようになってからは，彼の書き下ろしの文章を誌面に載せるようになった。また同誌は議会の討論内容を報告することで特色を出したが，そのことで当局とたびたび争うことにもなった（当時議会の討論内容を公表することは許されておらず，結局，「リリパット国の議会報告」という架空談の形で発表することになる）。同誌の成功は Magazine の語をタイトルに持つ雑誌をいくつも発刊させることになる。すなわち，同誌のてごわい相手となる『ロンドン・マガジン』(*London Magazine*, 1732-85)，そして『スコッツ・マガジン』(*Scots Magazine*, 1739-1817) などがそれである。

当時の著名な文学者が雑誌に関係した例としては，オリヴァー・ゴールドスミスが『マンスリー・レヴュー』(*The Monthly Review*, 1749-1845) に寄稿していたこと，また同誌とは対立するトーリー党寄りの『クリティカル・レヴュー』(*The Critical Review*, 1756-1817) の初代編集長にスモーレットが就任したことなどが挙げられる。

19世紀

19世紀に入ると，教育の普及に従って飛躍的に増大した都市の読者層を対象にした雑誌が出ることになる。例えば，チャールズ・ナイトの出した『ペニー・

マガジン』(*Penny Magazine*, 1832-46),『ペニー・サイクロペディア』(*Penny Cyclopedia*, 1833-58), チェインバーズ兄弟の出した『チェインバーズ・エディンバラ・ジャーナル』(*Chambers's Edinburgh Journal*, 34年より *Chambers's Journal* と改称, 1832-1956) などが挙げられる。『ペニー・マガジン』は1832年の第2四半期に21万部以上を発行したという。ちなみに『ジェントルマンズ・マガジン』の1740年代の発行部数は3千部だったという。その後も読者の量的な拡大傾向はとどまるところをしらず, そうした新しい読者層をつかもうとしてさまざまな雑誌が出た。そのなかで注目すべきものとしては, 1881年にジョージ・ニューンズが出した『ティト・ビッツ』(*Tit-Bits*) であり, その成功を見てアルフレッド・ハームズワースが1888年に出した『アンサーズ』(*Answers*)である。後者を例に取れば, 発行を開始して2年目には発行部数が35万部を越えたとされる。

　またこれまでは無視されがちであった女性読者を相手とした雑誌もつぎつぎと発行された。もちろん, 前述したように, 17世紀にすでに『レイディーズ・マーキュリー』という女性誌は発刊されていたし, 1770年には月刊誌『レイディーズ・マガジン』(*The Lady's Magazine*, 1770-1832) が発行された。そこでは文学的な記事と実用的な記事とが混在していたが, 19世紀も後半になると, 女性誌は実用的な家庭記事を売りものとして多くの女性読者を獲得することになる。1852年には定価を2ペンスに設定した (それまでは1シリングが普通)『イングリッシュウーマンズ・ドメスティック・マガジン』(*The Englishwoman's Domestic Magazine*), 1875年には『マイアラズ・ジャーナル・オヴ・ドレス・アンド・ファッション』(*Myra's Journal of Dress and Fashion*, 1875-1912)『ウェルダンズ・レイディーズ・ジャーナル』(*Weldon's Ladies' Journal*, 1875-1954) がそれぞれ刊行を始めた。

　もちろん知識人を対象とした評論中心の雑誌もこの時代つぎつぎと出された。そうしたものとしては,『エディンバラ・レヴュー』(*Edinburgh Review*, 1802-1929),『クォータリー・レヴュー』(*Quarterly Review*, 1809-),『ブラックウッズ・エディンバラ・マガジン』(*Blackwood's Edinburgh Magazine*, 1817)『アシニーアム』(*Athenaeum*, 1828-1921),『サタデイ・レヴュー』(*Saturday*

Review, 1855-1938) などがある。

またこれは雑誌とはいいがたいが, 19世紀の前半にはさまざまな専門分野の学会が作られ(例えば, 地質学会(1807), 天文学会(1820), 化学学会(1841)), 専門学会誌がつぎつぎと刊行されるようになったのも19世紀になってからであった。

20世紀

第一次大戦後, イギリスの国際的地位が下がり, アメリカの地位が上がるにつれて, アメリカの雑誌がそのままイギリスに進出するようになった。女性誌の分野でその現象が真先に始まり, 『ヴォーグ』(*Vogue*, 1916-), 『グッド・ハウスキーピング』(*Good Housekeeping*, 1922) がイギリスでも出版されるようになる。

写真を最初に誌面に載せた雑誌としては, 『イラストレイテッド・ロンドン・ニューズ』(*The Illustrated London News*, 1842-) が挙げられるが (初めはタブロイド版の新聞の形式であったが, のちに雑誌の体裁をとった), アメリカ人, ヘンリー・ルースが始めた『ライフ』(*Life*, 1936-72) は写真を雑誌の中心的な存在として位置づけるという画期的な編集方針を打ち出して, 爆発的な売れ行きを見せ, イギリスに『ピクチャー・ポスト』(*Picture Post*, 1938-57), 『イラストレイテッド』(*Illustrated*, 1939-58) のような模倣誌すらうみだした。また今日, アメリカで最高の発行部数を誇る『リーダーズ・ダイジェスト』(*Reader's Digest*, 1922-) は1939年にイギリス版を出している。

もちろん, 知識人を対象とした評論誌, 文芸誌がなくなったわけではない。発行部数が少ないとはいえ, 『エコノミスト』(*The Economist*, 1843-), 『エンカウンター』(*Encounter*, 1953-), 『ロンドン・マガジン』(*London Magazine*, 1954-) などは依然として影響力を持っている。ただ, 全体的な傾向は, 評論誌・文芸誌よりも, もっと限定された関心に応える雑誌, たとえばさまざまな趣味に関するものなどが隆盛を占める方向にあることは否定できない。それはまた世界的な傾向でもある。

(大澤吉博)

13. 出 版 Publishing

　金属活字による出版の始まりに関しては諸説あるが、ドイツでヨハネス・グーテンベルクによって始められたとするのが一応の通説である。その当否についてはここでは措くとする。ただその技術がその後直ちにヨーロッパに広まったのは確かであって、イングランドにおいてはウィリアム・キャクストンが出版の祖とされる。キャクストンは1470-72年のケルン滞在中に出版についての知識を得たと推定され、その後、現在のベルギーのブリュージュに戻り、英語による最初の活字本と言われる『トロイ歴史集成』(*The Recuyell of the Historyes of Troye*, 1475) を刊行した。この本の原本はフランス語で書かれていて、キャクストン自身が翻訳したものであった。1476年に彼はイングランドに戻り、ウェストミンスターに出版所を置き、出版事業を開始した。死ぬまでにおよそ100点の出版物を刊行したとされるが（そのうちにはチョーサーの『キャンタベリー物語』、トマス・マロリーの『アーサー王の死』、『黄金伝説』などが含まれる）、彼の出した本の印刷部数は、多くて数百部ほどと思われる。そのため本の値段は高く、本を購入できる階層は限られていた。また活字印刷が始まったとはいえ、この時期には写本の影響力は依然として大きく、キャクストンの出版した本は多く既に写本で名声を博したものであった。

　このようにイングランドでも印刷、出版が行なわれるようになったが、ヨーロッパ大陸が出版の中心地であったことに変わりはなく、大陸から多くの本が輸入された。

16, 17世紀

　1557年にメアリー女王がロンドンの書籍出版業組合 (Stationers' Company) に勅許を与え、その後星室庁 (Star Chamber) が1586年に出版統制のための布告を発してからは、その組合を通さずに出版ができるのはオクスフォードと

ケンブリッジ大学に付設されたそれぞれの印刷所だけとなった。その地での出版はそれぞれ 1478（あるいは 1468）年，1521 年に遡ると言われる。

　エリザベス朝は，言うまでもなく，この国の文学史上で第 1 に注目すべき時期であるが，この時期はまた出版が命がけの事業でもあった。カトリックとプロテスタントの対立抗争は激しいものがあったので，宗教問題に関する出版物は厳しく取り締まられ，そのために処刑者がでるほどであった。こうした出版物取り締まりは 1641 年の星室庁の廃止により，一時的に緩和されるが，その後のピューリタン革命に際してまたも復活（1643）し，ジョン・ミルトンが『アレオパジティカ』（*Areopagitica*, 1644）を出版して，出版の自由を主張したことは有名である。また，著作権が確立されていないために海賊版が横行したことにも言及すべきであろう。シェイクスピアの戯曲（『タイタス・アンドロニカス』）が初めて世にでたのは，1594 年ロンドンの書籍商ジョン・ダンターの手によるものであるが，これがまさに著者の承諾をえない海賊版であった。そうした海賊版の横行は印税に多くを期待できないことを意味していた。

　しかし，その後，読者層の拡大とともに著者の権利がひろく認められるようになり，印税の支払いもそれにつれて高額なものとなった。1697 年にジョン・ドライデンがウェルギリウス翻訳集を出した時，彼は 1200 ポンドの印税を受け取ったが，当時，小売商の年収が 50 ポンド，肉体労働者の年収が 15 ポンドであることを考慮すると，この頃になれば印税が無視しえぬ収入になったことは疑いえない。また，1709 年に著作権に関する法律が世界で初めて制定されることにより，著作者の権利は一応認められるようになった。ただし著作権は著者の生涯にわたるものではなく，書籍として出版されたものは 21 年間その権利が保証されただけである。

　話をすこし戻して，この頃出版された書籍で注目すべきものを挙げれば，1589-96 年に出版されたエドマンド・スペンサーの『妖精女王』，1611 年の『欽定訳聖書』，1623 年に刊行されたシェイクスピアの最初の戯曲全集である『ファースト・フォリオ』（*First Folio*）などがある。

　1660 年の王制回復以後，ロンドンでは次々とコーヒー・ハウスができて，知識人はそこでさまざまな定期刊行物を縦覧するようになった。18 世紀に入れ

ば，ジャーナリズムの発達は目覚しく，それが印刷出版業に与えた影響は大きいものがある。

18世紀

　18世紀は新聞，雑誌の隆盛によっても特徴づけられるが，同時にその世紀は知識の統合の時代でもあった。ジョンソン博士が英語辞書としては記念碑的な『英語辞典』2巻を刊行したのは1755年のことであったし，百科事典としては1728年にE・チェインバーズの『百科事典』(Cyclopaedia) 2巻，1771年に完結し，エディンバラで刊行された『ブリタニカ百科事典』(Encyclopaedia Britannica) 3巻が特記されるべきであろう。

19世紀

　19世紀に入ってから，出版関連の技術は目覚しい発展をとげ，それによって出版は大きな革新を経験することになる。その一例を挙げれば，出版印刷に欠かせない紙は19世紀に入るまで人の手によってすかれていたが，1807年に今日とほぼ同じ抄紙機が考案され，紙の生産量が飛躍的に増大した。それは本のコストを引き下げる効果をもたらし，実際それまで用紙代が本の定価の20パーセントも占めていたのが，1910年頃には7パーセント程度までに下がった。またそれまで本の装丁は読者が購入後に，あるいは，書籍販売者が行なっていたわけだが，この頃からは次第に出版社のほうで装丁をした本を出版するようになり，それもこれまでの革装ではなく，クロースによる装丁となり，ますます本の定価は安くなった。

　そうした技術革新に加えて，流通ならびに旅行手段としての交通網の発達とが相俟って，携帯に便利で安価な書籍が次々と出版されることとなる。ジョージ・ラウトリッジが出した『鉄道文庫』(The Railway Library of Novels) や，H. G. ボーンの出版した古典のリプリントは1冊1シリングであった。その価格もそれまでの書籍の値段と比較すれば驚くべき安さであったが，1886年から刊行され始めたカッセルの『国民文庫』(Cassell's National Library) は紙装版なら1冊3ペンスにまで下がったのであった。そうした価格の低下は反比例的に

書籍の出版件数の増大を意味していて，1750年頃には，1年に100冊ほどの新刊書が出ていたものが，1825年までにはその数は600にまで達し，世紀末には6,000冊の多きにいたるのであった。

　もちろん19世紀はそうした出版点数の量的拡大のみにその特徴をとどめるわけではない。1858年に企画がたてられ，完結したのは次の世紀の1928年という『新英語辞典』13巻（1933年『オクスフォード英語辞典』と改称）はその規模の雄大さにおいて19世紀の徹底した歴史主義の記念碑的出版物といえる。

　時代の趨勢はそうした書籍の大量生産，大量消費へと向かっていたが，そうした傾向に立ち向かう人がいなかったわけではない。ウィリアム・モリスは1891年にケルムズコット・プレスを設立し，その印刷工房で理想とする本を製作した。その試みは工芸品の質の改革をめざしたものであり，彼の理念実現の一環であった。その仕事はのちに欧米のみならず日本にまで影響を及ぼすことになる。

20世紀

　20世紀に入ると，1870年に実施された国民義務教育法，1902年の教育法の成果により，しだいに一般読者層の厚みが増した。また，多くの大学の設立により教育図書の需要が出版社にとって無視しえぬものになった。

　一般読者層の増大からは，紙装版出版の隆盛が起こることになる。1935年にアレン・レインはペンギン・ブックスの出版を開始した。彼はこれまでに評価の確立した作品を定価6ペンスで発売した。出版人の無理解，小売り書店の抵抗にもかかわらず，彼の出した本は大当りして，その後のペーパーバック革命の先駆けとなった。彼のアメリカ支社に勤めた者が独立して，アメリカでバンタム・ブックス，ニュー・アメリカン・ライブラリーを始めたことも付記すべきであろう。

　教育図書の需要増大からは，学術書のペーパーバック化が促された。もちろんそうした学術書は多く売れることを期待できないから，通常のペーパーバックよりも値段は高くつけざるをえない。しかし，大学生の増加がそうした書籍の売り上げを確実なものにしたので，出版社も安心してこの分野に進出するこ

ケンブリッジの古本屋街

とができた。

　今日，出版は世界的に岐路に立たされている。出版がテレビジョンによって全面的に取って替わられることはないにしても，出版が唯一の知的伝達メディアであった状況は既に去った。連合王国のみならず全世界に見られる，少数の出版社のみが規模拡大の傾向にあること，学術図書出版が非常な困難に遭遇していることは，今日の出版の大きな問題である。ただし，そうした暗い面があると同時に，コンピュータの普及とインターネット通信の可能性は個人と少数の読者との対話を予感させる点で，文字によるコミュニケーションの明るい未来を示唆しているとも思われる。　　　　　　　　　　　　　　（大澤吉博）

ジャーナリズム

14. 放 送 Broadcasting

ラジオ放送

　ラジオ実験放送はすでに1920年頃には連合王国で始まっていたが，連合王国のラジオ放送史においてまず言及されるべきことは，22年のBritish Broadcasting Companyの創設である。ただし，今日のBBC (British Broadcasting Corporation)と違って，それは民間の会社であった。会社の経営は聴取者からの放送受信料とラジオ販売の際に徴収される収入とにより運営された。1927年にそれは官営化され，現在のBBCとして連合王国における独占的なラジオ放送事業体となる(その独占状態は1972年の地域商業放送の認可によって破られることになる)。その結果BBCは，法律上は政府の監督下に置かれることになるが，「公正中立」の放送を行なうことで政府の干渉を受けない，実質的に独立した組織でありつづけることになる。その財源は放送受信料と印刷物からの収益であった(1971年2月ラジオ受信料は廃止[NHKは68年4月に廃止]，現在はテレビ視聴者のみが受信料を負担している。)

　BBCのラジオ放送は5チャンネル。Radio 1はポピュラー・ミュージック，Radio 2もやはり音楽，Radio 3はクラシック音楽と公開大学の講義，Radio 4はニュース，ドラマ，スポーツ番組。Radio 5はスポーツ番組などを流している。そのほかに民間放送の全国ネット3系統，ローカル放送が170局ほどある。

　地域放送にもBBCは熱心であり，スコットランド，ウェールズ，北アイルランドといった大きな単位だけでなく，イングランドのいくつかの大都市にもそれぞれFM局を設けて，地域の実情に即した放送を行なうように努めている。

　さらに付け加えなければならないのは，BBCの国際放送の分野での活躍である。外国向けの英語放送のみならず，43言語にも達する多くの言語によるBBC国際放送は，世界規模での情報の伝達に大いに役立っていることを忘れるべきではない。その費用は全額政府の交付金によって賄われている。

80

テレビ放送

　連合王国におけるテレビ放送は1936年に開始され，1937年にはジョージ六世の戴冠式の模様がテレビ中継された。しかしテレビ放送は第二次大戦中は中断され，放送が再開されたのは1946年であった。1950年に約34万台であったテレビ受像機は，2190万台を越え，人々の必須の娯楽要素となっている。

　番組の質，学校放送などの点を考慮しなければならないが，子供たちもよくテレビを見ており，1日3時間以上テレビを見る子供が全体の4割を越すという。また成人も1日平均2.78時間テレビを見るという統計がある。

　1954年にテレビジョン法が施行されるまでは，テレビ放送はBBCの独占であったが，同年ITA (Independent Television Authority, 1972年にラジオ部門も加わってIBA (Independent Broadcasting Authority と改称) が設立され，翌年から民間のテレビ放送が始まった。1991年からはIBAに代わってITC (Independent Television Commission) が放送免許を交付している。

　ロンドンでは次の4チャンネルのテレビ地上波系放送が視聴できる。すなわちBBC 1，BBC 2，チャンネル (Channel) 3，チャンネル4，チャンネル5 (BBC以外の3つは民間放送) である。教育放送の色彩が最も強いのはBBC 2であるが (NHK教育テレビほど教育・学校放送中心ではない)，とはいえ民間局といえども娯楽番組だけを提供しているわけではない。民間テレビ放送でも，たとえば，浪漫派の詩人に関する番組といった「硬派」の番組が放送されている。

　ラジオ放送と同様，BBCはテレビ放送でも地域に即した放送に努めているが，そのほかに民間の地域テレビ番組製作会社とGMTVという朝食時のテレビ放送を行なう会社とがあり，各地域で独自の番組を放送している。

　地上波の放送のほかに，衛星放送 (1990年放送開始)，ケーブルテレビの放送が行なわれているのは，他国と同様であるが，ケーブルテレビの普及はヨーロッパ諸国に比べると低いと言われる。

　なお，連合王国のテレビ・システムは初めアイザック・シェーンバークの開発した走査線405本のシステムを採用したが，今日ではフランスを除くヨーロッパで採用されている走査線625本のPAL方式に変更された。（大澤吉博）

学　問

15．科　学　Science

科学革命（17世紀）

　科学に関するかぎり，ルネサンスは保守的な運動であった。17世紀はじめに大学で教えられていた「科学」は旧式な文献を読むだけのもので，科学が社会で指導的・教育的役割を果たすとは考えられていなかった。ところが同じ17世紀のおわりには，近代科学の基礎ができあがり，経験論哲学がアリストテレス哲学にとってかわっていた。ほとんどの知識人はコペルニクス主義者であり，原子論的（粒子論的）世界像が広く普及し，多くの人が真空はあると考えていた。ニュートンによって光学，力学，天文学は一大変革を経験し，科学の前進をはかる王立協会（Royal Society）はすでに設立40年をむかえ，最近の科学的発見を知っているということが時代遅れにならないための第一条件であった。科学論文に必要な明快で単純な文体が学ばれていた。エリザベス女王の絶対王制から市民革命を経験した人々は，この時期に，ルネサンスよりももっと静かな，しかしもっと深い，決定的な意味で近代の出発点に立っていた。

　宇宙の図式・人間のものの考え方を一変させることになった，この科学革命は，すでにその前から，ヴェサリウスやコペルニクスによって始まっていたのである。しかしコペルニクスの体系は学者よりも実際的な職人に先に知られていたのであり，『天球の回転について』（*De Evolutionibus Orbium Coelestium*, 1543）が論争の的になったのはそれから1世紀もたってからのことであった。基本において2世紀以来のプトレマイオスの地球中心の宇宙像があまりに複雑になってきたため，より単純なもう1つの宇宙の体系として考えたコペルニクス自身は，「天球」の存在を疑わない全くの中世人であったが，彼の体系のもつ

破壊的意味が、ジョルダノ・ブルーノ、ケプラー、ガリレオの発見や理論をとおして次第に明らかにされていったのであった。地球が宇宙の数多くの恒星中の1つの、その惑星の1つにすぎない、という認識が、運動についても、等速運動をするものを静止しているとしてよい、というガリレオの「局所運動」という科学の基礎理論を可能にし、そこから輝かしいニュートンの運動の一般法則がうちたてられたのである。

　17世紀前半には、科学はまだ実質的な歩みを始めたというよりも、「科学」が注目され、問題になったというのが実情である。世紀はじめの2つの発明——望遠鏡と顕微鏡——は、まずなによりも人間の知識がいかに狭い範囲にかぎられているかを自覚させ、また、未知の世界への驚異をひきおこした。グリニッジをはじめ各所で、望遠鏡による天文学観察が行なわれはじめ、一方細菌や原生動物の研究が、顕微鏡を用いてすすめられていった。そしてニュートンの光学理論により、月の山の高さ、土星の輪が計測され、光の速度が決定された。ハーヴィーの血液循環の説も、それを完結するには、マルピーギが顕微鏡によって動脈から静脈へうつる連絡部となる毛細血管を観察することが必要であった。

　こうした科学器具を必要とし、活用しようとするのが、「新しい哲学」である科学の実験的方法である。この意味でイングランドにおける科学の生みの親はフランシス・ベイコンである。同時代のギルバートはエリザベス女王の侍医であり、その磁石の研究は有名であったが、ラテン語で書かれたギルバートの著作よりも、「大法官のように科学を論じた」といわれるベイコンの著作のほうがずっとひろく読まれた。彼の『ニュー・アトランティス』(*New Atlantis*, 1627)に描かれているユートピアが来るべき科学的社会の青写真となり、1660年、世界に先んじての王立協会——実験的学問、物理学、数学をすすめる協会——設立のもととなったのである。独断に走らず、識者がまず議論し、だれかが代表で実験し、その報告をうけてまた考えるというこの学会は、必ずしも科学者主導型ではなく、勤勉な、大勢の共同作業によってこつこつと仕事を集積して行くという、近代科学 (Normal Science) の1つの面を代表するとともに、開いた心 (open mindedness) を大切にする健全な懐疑主義的態度をあらわしているといえよう。

学問

　ベイコンは彼の時代までの「自然の学」の欠陥——自然に対する支配力の欠如——は，そのあやまった方法にあると考えたのであった。理論と観察・実験，実際的応用が一体となり協同してはじめてわれわれの知識は前進するとし，アリストテレスの哲学は論争に強いだけで人間の生活に役立つものを生みださない，と批判したのである。
　「自然は真空を嫌う」というアリストテレスの「大前提」も，王立協会により気象状態の記録がなされ，またボイルの空気ポンプの実験も公開されて，否定されるに至った。そして圧力をかけられると液体の沸点があがるという原理がたしかめられると，圧力がまの考案からニューコメンの蒸気機関の実用化まで，40年とかからなかった。こうして1700年までには事実の尊重という科学の大原則はゆるぎないものとなっていた。

科学の普及（18世紀）

　ニュートンの影響力は絶大であった。物理学のみならず，光学，化学においてもニュートンの力は支配的であった。イングランド，オランダでは，ニュートンの死ぬころまでに完全にニュートン物理学一辺倒になったが，フランスでは18世紀半ばになって，ヴォルテール，モーペルテュイがデカルト物理学を破壊して，取りいれられた。
　ニュートンがまずその『プリンキピア』（*Philosophiae Naturalis Principia Mathematica*, 1687）で惑星の運動を支配する大法則をたて，ハーシェルが太陽系外の恒星にも引力の法則があてはまることを示してからは，力学，物理学について，すでにかなりの程度完成してしまったニュートンの体系につけくわえるものはあまりなくなっていた。一方のフランスでは数学者たちがニュートン物理学の完成にはげんでいたが，イングランドではむしろニュートンの残した光学について，化学，電気，生物にわたる分野で実験がすすめられていった。
　ニュートンは化学的現象を，物体を構成する粒子と粒子間の引力で説明しようとした。彼は，1つの個体の実質をなす物質（matter）そのものが体積全体に占める割合は小さく，空間を満たしているものは，基本的には物質（matter）ではなく力（force）である，と述べている。こうした考えに沿って行けば異なっ

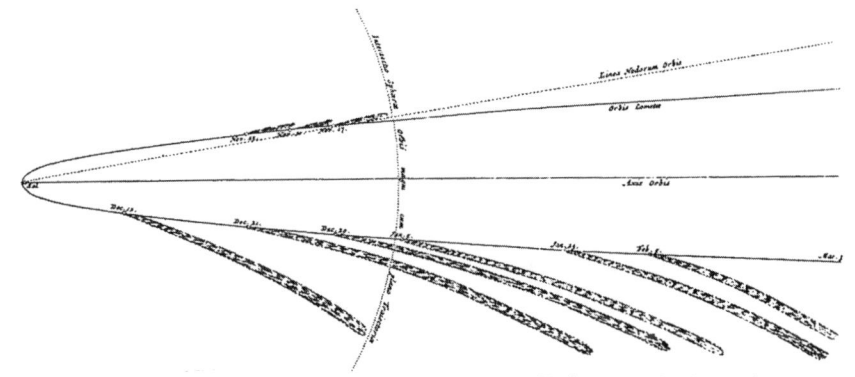

ニュートンによる1680-81年の大彗星軌道図（『プリンキピア』より）

た元素の化合というような現象も力のデータがあれば「量化」されて行くことになる。しかしニュートンの「万有引力」（gravity）のパラダイムは、「選択的」である化学の親和力にはそのままあてはまるものではない。たとえば塩基をつくる際に、より弱い力をもつ金属はより強い金属にとってかわられる、というような現象は、元素特有の親和力の恒常性に基づいており、近代原子論の父ドールトンも、化学をむしろ重さの科学として扱っている。ドイツ人ベッヒャーとシュタールの燃焼の理論の基本であった燃素「フロギストン」（phlogiston）説では、燃焼によってフロギストンが可燃物質から失われて行くものとされていたが、しかしそれでは、この燃素という物質はマイナスの重さをもっていて、燃えたあとの灰の方がもとの物質より重くなることになる。これは、重さの科学としての近代科学の革新を遅らせた原因の1つであった。化学のニュートンと称されるフランス人ラヴォアジェが、化学変化に際して物質は創造も破壊もされず、はじめにあった物質の全重量は、化学変化後の物質の全重量に等しいことを明らかにするまでには、18世紀後半、ジョゼフ・ブラック、ヘンリー・キャヴェンディッシュ、ジョゼフ・プリーストリーらによって、酸素、水素、炭素ガスに該当する「異なった種類の空気」についてのさまざまな実験が重ねられている。ラヴォアジェの化学元素の表と、そして彼が化学組成に対応した名を物質の術語としたことが、真の「化学革命」をもたらしたのであった。

学問

　動物や植物の呼吸についても研究がすすめられていった。生命の化学が生物学に役立つようになっていったのはずっと後のことで、生物学は基本的に自然史［博物誌］（natural history）であった。目にみえる生物体の特徴の観察、収集、分類から、生物体の構造、そして絶滅した生物を研究する古生物学と、化石を手がかりとする地質学とが、生命がこの地球上に古くから存在していたのだという新しい考え方を定着させていった。18世紀終わりから19世紀にかけて、動物図鑑や昆虫、鳥の図鑑などが多く出版され、ブリテン本国のみならず、広くアジア、オーストラリア、南北アメリカからも動植物が収集された。また異なった土地における動植物の分布や火山の地層構造などの調査のため、「知られざる土地」への科学者の旅行も頻繁になっていた。

　18世紀は基本的にはニュートン物理学の完成が他の科学的分野への応用と進歩をうながした世紀であったが、さらに重要なのは科学が科学以外の、人間生活全体に及ぼした影響、および逆に科学が人間生活から受けた影響である。それは産業革命という形をとって現れた。技術と科学との関係は単純なものではない。よりよいものをより安く、という社会の要求は、基本的に経済的なものである。科学者が自分の発見・発明した原理が応用されることを喜ばないことはないが、しかし、社会的実用化、有用性は科学の本来の目的ではないと考える人の方が、科学的真理が技術的進歩の副産物であると信じる人よりも多いであろう。いずれにせよ、この国の経済・政治、学問、文化が、ヨーロッパにまた世界に先がけて興隆した時期に、科学が誕生し前進したということが、いかに多くの知的・実践的刺激を科学にあたえたかは、逆に中世になぜ科学が前進しなかったかを考えてみるだけでも明らかである。さまざまな機械、交通機関、医療に科学が恩恵をあたえ、また科学者が職人たちから積極的に技術をまなび、それを用いてたとえば実験道具を改良していったことなど、近代市民社会が科学の発達に果たした役割は決定的であるが、ここではそれを述べることはできない。19世紀という科学史上最も重要な時期が、文明社会の動力である熱、光、電気、磁気その他に対する関心をもって始まっていることに注目したい。

ダーウィンの書斎（Downe, Greater London）

科学と価値（19世紀）

　18世紀の産業革命は人間に，科学者たちの発見した新しい事実を単に記述するのみならず，この知識を利用して人間の欲望を満足させる可能性を示したのであった。力学はさまざまな金属を工場機械につくりあげ，熱科学は蒸気機関をつくり改良し，織物工業から蒸気機関車，蒸気船へと活用の路を広げた。1799年にヴォルタが電池を発見し，電気分解・電磁石・誘導コイルなどの発見を導き，それがファラデーの電磁気学の諸法則の確立へとつながっていった。光の波動性も19世紀はじめの発見である。化学工業については，ドールトンの原子論から半世紀たって有機化学が真の展開をみせ，薬品や染料，爆薬を生みだした。石炭ガスの製造も19世紀はじめに発明された。

学 問

 しかし，何といっても 19 世紀最大の出来事はダーウィンの『種の起源』(*On the Origin of Species*, 1859) と自然淘汰の説である。

 地質学には 18 世紀末から 2 つの対立する説があり，岩石が水質によってきまる（水成論）か，火山の活動によってきまる（火成論）かという議論がなされていた。1816 年ウィリアム・スミスが，岩石の中の化石によって岩石成立の時期が決定できるという説をだしてから，生物の系統・分類を研究する比較解剖学が重要な分野になっていた。同時に地質学では，神の意志とされてきた洪水とか災害が自然史［博物誌］上の説明とどのように調和しうるかということも問題であった。動物や植物を一定の順序でならべ分類するということは，すでに 17〜18 世紀に科学的に確立し，その関連づけの土台となる枠組は当然宇宙のプランの一部と考えられていた。「種」が進化という順序でならべられるという考え方も 1 つの仮定的プランである。フランス人ラマルクの進化論は包括的な進化の理論で，生物は簡単な形から複雑な形のものへと変化したのであり，すべての生物が進化する傾向をもち，特有の生活様式に適用しようとする努力の結果が遺伝してゆく，というものであった。しかし彼はこうした仮定を証明することはできなかった。

 地質学者たち，たとえばライエルにとってこうした「変わる種」は認め難かった。そもそも動植物の分類は，その種が持つ不変性，恒常性によっている。ただ地球上の変化が，長い間に生物の変化をひきおこす可能性は否定できなかった。ダーウィンはケンブリッジで地質学者についてフィールドワークをするなど博物学の興味を深めていたが，1831 年，軍艦ビーグル号に同行して世界一周する若い博物学者として選ばれた。

 南アメリカのガラパゴス諸島で，奇妙な化石や現存動物を観察するうちにダーウィンは，同種の動植物が島ごとにすこしずつ変わっているのに注目した。このように種が「創造」されるのは奇妙なことだと考えたのである。帰国してから彼は，進化の説を，動物の構造と分類からではなく「変異」から，当時すでに行なわれていた家畜の交配による品種改良の方法から考え，自然界においては人為的淘汰ではなく生存競争という自然淘汰によって，より環境に適する者が生存しその形質が遺伝して行く，という説に行きついたのである。たとえ

ばハーバート・スペンサーなどによって一般の人々は進化論になじんでいたし，ダーウィン以前にもすでに自然淘汰による進化論という説もあったが，ダーウィンの仕事はこうした説や考え方を一般に確固たるものとして結晶させる，突然の解決であった。

　ダーウィンの説は，ニュートンが物理学や化学に導入した「革命」にもまして「革命的」であった。それは人間と，宇宙の中における人間の地位，そして宗教に挑戦するものだったからである。この革命がひきおこした最も重要な帰結は，宇宙の「目的」の喪失であり，世界の神なき自動機械化であった。

　ダーウィンの進化説は自然淘汰に尽きるものではないし，またヴァイスマン，ド・フリースらの生物学は変異についての彼の見解の大部分を否定しているのが実情である。しかし，当時の実証主義，経済的放任主義，遺伝学，歴史学，その他さまざまな分野に，1つの「進歩」という価値づけを確立した意義ははかりしれないものがある。

科学と制度（20世紀）

　19世紀前半，コンピューターの原理を研究していたことで知られるバベッジは，「イングランドにおける科学の衰退について」という奇妙な題の論文をだしている。当時イングランドの「科学」の優位は圧倒的であり，それは1851年，ロンドンの万国博覧会で世界に示された。バベッジのもくろみは，王立協会のアマチュア性を指摘し，個人および民間の職人たちに依存したイギリスの科学はこのままではやがてドイツ，フランスの科学者たちにのっとられ，追いぬかされてしまうという危機感から，もっと専門的な科学者たちによる協会をうちたてようとするものであった。「先進国」イングランドの，科学に対する「国家的対応」が遅れているというのである。たしかに19世紀終りごろからフランスでは中央政府が主導権をとって科学技術の振興をめざし，ドイツでも工科高等専門学校が隆盛し，数学，物理学，熱力学，電気その他の各領域で，活躍する科学者の国籍はヨーロッパ各国に広がり，そして世界大戦をはさんで舞台はアメリカに移った感がある。日本も含め，大学での理工系の学生が急増し，政府の国策としての技術中心主義が，科学を必然的に政治・文化の中にひきいれて

いた。

　しかし，現代の科学の状況は，もはや「科学」そのものが何であるか，少なくともそれが1つのものであるとは言いがたいほどに分化し，専門化されている一方，逆にいわゆる境界領域は膨れあがり，これまで全く関係がないとみられていた領域が結びつき，流動しつづけている。

　たとえば20世紀初頭，特殊相対性理論を発表した理論物理学者アインシュタインは，ブラウン運動に気体の運動学理論を応用し，熱の分子論に新生をひらき，また光電効果を解明，のちに一般相対性理論を完成し，宇宙論にすすんだ。彼の相対性理論が，たとえば新カント派の哲学に及ぼした影響も決定的である。J.J.トムソンの電子の存在の確立は，ローレンツの電子論の先駆をなし，また陽極線の解明とそのネオンへの適用実験から同位元素への道をひらいている。原子核を発見したラザフォードに指導をうけたニールス・ボーアの量子論は，「不確定性原理」という，われわれの思考法そのものの変革をもうながすものであった。さらに原子物理学，原子核物理学，素粒子論は，物理量を正確に測るとはどういうことかという問いかけをするとともに観測手段の発達をうながし，そのテクニックがたとえば素粒子論と星のエネルギーをはかる天文物理学とをむすびつけ，さらに電波天文学といったジャンルをも生みだしている。

　物理学のテクニックが化学的物質の構造解析に用いられるとともに，生物学にも量子力学が応用され，たとえば物理学，生物学，化学というような科目わけが，ライフ・サイエンス，マテリアル・サイエンスといった大きな2分法に統合されつつある。

　一方，エレクトロニクスは直接に人々の日常生活の中に密着し，たとえば視覚，聴覚といった感覚そのものへの変革も起こしつつある。人間の脳の問題も一方ではコンピューターとの係わりから，他方では精神医学，神経学などさまざまな角度からも研究され，同時に，そのモデルを提供するという役割を果たしている。

　このようにあるいは分裂し，あるいは結合する重層的な諸科学の営みは，逆にそのような研究をすることの意義または科学者の存在の意義が，社会的，政治的また倫理的にみとめられるかどうか，そのような研究をする制度的条件が

あるかどうかに，これまで以上に依存せざるを得ない。つまり学問の自由とか自律とかいう概念自体に変革が必要になっているのである。そしてそれに，教育制度，情報網，予算，軍備等がからみ，科学は今や個人の責任や自由の範囲をこえ，文化そのものをゆるがしているかに思われる。 （塚本明子）

16．思　想　Thought

中世

　理性をこえた一つの真理，一つの権威があって，その権威が「自己の解明」として学問を持つとき，学問は新しい領域を開拓するのではなく，すでにあるその真理について，伝統と蓄積を整理しなおし，論証するという役目を担っている。この場合，思想は一つの安定した構造と一定の発表形式をもつであろう。中世のヨーロッパにおいて，その構造と発表形式とは，キリスト教の教義と，ラテン語による釈義や討論であった。そのような中世の汎ヨーロッパ的なキリスト教世界で，思想家がその国民性を示すことは難しい。しかし，後にこの国の哲学のテーマや特性となるものの多くは，中世の神学と，そのはしためとしての哲学の討論の中にすでにあらわれていた。

　中世スコラ哲学の最盛期であった 13 世紀は，ギリシア・ローマの文化とキリスト教が完全に一体となった時代であり，同時に，神の権威と人間の自由との新たな分裂が始まった時代でもあった。フランシスコ，ドミニコ両修道会が発足して強力な学問と伝統の支えを提供する一方，パリ大学とオクスフォード大学の創立によって学問の場が集中し，さらに，アラビアはじめ東方の文化との接触を通じてアリストテレスのさまざまな原典やその他の思想や文献の紹介，翻訳が行なわれ，新しい思想を生みだす素地が整っていった。

　オクスフォード大学は，パリ大学における強力なアリストテレス主義の流れ

をはなれ，アリストテレスのキリスト教化をなしとげた聖トマス以前の，シャルトル学派の伝統主義と科学主義とを継承しており，プラトン的またアウグスティヌス的なフランシスコ会士が優勢であった。

すでにこの世紀前半に，新プラトン主義とアラビア光学を継いで独自な「光の形而上学」を形成したロバート・グロステストの弟子，ロジャー・ベイコンが，聖トマスその他当時のスコラ学者の権威理解は単なる自己固定作用にすぎないではないかと指摘し，真の権威のためには数学と「実験知」が必要であって，「すべては経験（実験）に依る」という新しいスコラ哲学を企図した。こうした方向で神学を新しい基盤に築こうとしたのが，ドゥンス・スコトゥスであった。スコトゥスはアリストテレス的立場に立ちながらトマス主義を批判し，神の全能，摂理，魂の不死などはア・ポステリオーリ（a posteriori：帰納的）に論証することはできない，とした。それらは真理ではあるが，「信仰の真理」であって「理性の真理」ではない。多くのこうした神学的形而上学的問題が，「本来の知識」（scientia proprie dicta）からのぞかれて，神学は実践の学となったのである。

権威の自己理解としての理性（つまり哲学）が神学へ転位することを拒否し，信仰と知識のはたらく領域をそれぞれ境界づけて行くということは，一方には経験的事実の追求，他方には感覚と理性をこえた神秘への没入，という分裂を招くことになる。前者の道が，唯名論者ウィリアム・オッカムのたどった，新しい道（via moderna）であった。唯名論は10〜11世紀の普遍論争以来の，実在するものは個別のみであって「普遍者」は単なる名辞にすぎないというロスケリヌスに代表された考えである。しかしオッカムは，単にその「オッカムのかみそり」で「不可欠ではない」実体である普遍を切りおとしたのみならず，存在することが経験的に「検証」されないような議論は蓋然的であって真に「論証的」ではないとして切りおとし，「経験論」をさらにおしすすめるとともに，言語上の分析的，批判的方法を先鋭化して行くことによって，結果的に経験的世界をそれ自体自律的なものとして対象とする，価値自由の学問の道をひらいて行くことになった。オッカム学派（moderniすなわち新人）の人々は，包括的な総合的体系をつくることよりもむしろ，個々の問題を分拆的・批判的に取

りあつかうことに関心をもち，中世のヒュームといわれたオートルクールのニコラスもその代表者であったが，やがて詭弁的論争におちいっていった。20世紀の論理実証主義が，言語批判をもって形而上学の排除を始めることによって体系破壊の役割を果たしたように，オッカムのかみそりもまた，主としてスコラ哲学体系の破壊と批判という役割を言語批判をとおして果たしていったといえよう。

近代哲学のはじまり

　中世のさまざまな規制のもとで用いられていた理性は，議論，反論，吟味のくりかえしを通じて訓練されてゆく間に，やがてその規制を内側から崩して自ら自律の道を歩みはじめる準備をしていたともいえる。新しい経験に光をあて，自然を理解し，体系的な知識をすすめて行くのに，理性をどのように使用するべきかは，学問の方法を問う17世紀の重要な課題であった。イングランド経験論の先駆者といわれるフランシス・ベイコンの『大革新』(*Instauratio Magna*, 1620)は学問の分類，学問の進歩を論じ，人知を拡大することが自然を支配する力を拡大することになる，という見地から，われわれの知の機関についての無知と偏見の自覚にはじまり，経験に学問の知の光をあて，実験によって自然に応答を要求し，得られた結果からさらに次の光（仮説）を未知の領域にあてて行くという，いわゆる自然科学の方法をうちだしたのであった。懐疑から始めて確実なものに到達するという方法論は，デカルトの「方法としての懐疑」に通じるものであるが，ベイコンの場合，あくまで具体的，個別的な事象についての記述を徹底して行き，そこにより一般的な法則を見出して行くという面を強調した点で，一人の精神による数学的公理体系をめざしていたデカルトに比べ，より実験科学的な，よりこの国らしい心性を示しているといえよう。

　ルネサンス，宗教改革を経て，ヨーロッパ大陸との差違が明確化されてきたことや，産業革命により農業国から工業国へ発達したことなどを背景に，イングランドにもともと優勢であった自然哲学は，魔術的自然観，アリストテレス自然学，そしてネオ・プラトニズムをものりこえて，新しい近代科学的精神と

方法を確立していった。実に科学は哲学の一部であり，中心であった。ベイコンの考えたユートピア『ニュー・アトランティス』をモデルにした 1644 年の王立協会（Royal Society）の成立は，真理を書物ではなく実験に，中世では下賤な実務と考えられていた実験に求める学者たちが，自然を分析し再構成し，その要素を用いて有用な機械をつくって行こうとする世俗的合理性に基く，画期的な企てであった。

　こうした近世社会における実験的関心は，同時に経験論における実践的関心に連携しており，それはスコトゥスの純粋な信仰を維持しようとする努力と合致したものであることは前に述べたとおりである。

　一方トマス・ホッブズは道徳，政治，宗教の問題を主たる関心事とし，とりわけ市民社会の実践的問題としての政治理論を展開した。彼の『レヴァイアサン』（Leviathan, 1651）は成立期にあった市民社会の哲学的基礎づけをなすものであり，クロムウェルの革命当時の国家に「永遠の設計図」をあたえるものであった。彼の理論は徹底した唯物論的合理性にもとづいており，人間を一つの利己心の体系とみなして「人が人に対して狼」であるような自然状態をまず措定し，死への恐怖から国民は国家へ権利を委譲すると考える。この思想は，のちの社会思想によって批判されて行く，いわばたたき台を提供することになる。彼につづく一連の政治思想には，自然的世界構成のアナロジーとしての人間社会，ないし観察された社会の構成要素としての人間，ないし自然の一部としての人間の本性（human nature）をとらえようとする，一貫した特性がみられるのである。

古典経験論の誕生

　ベイコン，ホッブズに始まった近代哲学は 17 世紀後半，ロックの思想において，国民性と他国へ影響を及ぼしうる独自性を真に備えたものとなったといえよう。経験論がイギリス哲学の「主流」であるとは必ずしもいえず，また唯一の考え方でもないが，ロックの自由主義的思想が名誉革命と市民社会の確立を背景として確認され，正当化され，その基礎づけとしての機能を果たしたことは決定的であった。一方，より「正統的」なケンブリッジのプラトン学派——ヘ

ンリー・モーア，カドワースなどに代表される——はいわばこの国のルネサンスの担い手であり，ここにみられる煩瑣な神学や狂信を避ける知性的・道徳的な伝統もこの国の人々の心性を代表する重要な柱である。

しかし具体的にいえば，こうしたプラトニストたちが擁護し，またデカルトが基礎とした，人間の「本有観念」（人間がはじめから，神にあたえられてもっている観念）を否定するのがロックの仕事であった。彼はあくまで，感覚（sensation）と内省（reflextion）によって心に生じる観念以外は根拠が認められないとして，はっきりとした経験論的認識論と人間中心主義をうちだしたのであった。もう1つロックの重要な点は，単純な要素から複合的なものが構成されるという物理学的還元主義をモデルに，単純観念が複合観念に論理的に構成される，とした点である。彼の『人間悟性論』（*Essay concerning Human Nature*, 1690）の目的は，「人間の知識の起源，確実度，範囲，信念，意見，承認の根拠および程度を研究する」ことであった。この「人間」とは抽象された個人であり，対象［客観］に対する主観という形をとる。この個人主義的，人間主義的認識論はホッブズ以降，ロックからヒューム，カントへとつながるヨーロッパの啓蒙主義的認識論の基調をなしている。そしてその背後にはニュートンの科学的世界像の二世紀にわたる支配があるのである。

バークリーはロックの経験論をいまだ不徹底とし，知覚されない，感覚の背後の物体（matter）を想定する根拠がないことを示して，「非物質主義」（immaterialism）に至った。彼の有名な「存在するとは知覚されること」（esse est percipi）の原理は，世界の限界が主観の知覚の限界であるという独我論に帰着することになり，だれにも知覚されていないときの対象が存在できないという結果を避けるために，神の必然性が説かれるという，極めて論理的な一貫性をもった知覚論である。その結論は常識を外れるものであるが重要な示唆を含むもので，20世紀のイギリス哲学に大きな影響を及ぼしている。

ロックの課題であった人間的自然の「科学的，実験的方法による解明」はヒュームによってさらに追求されたが，その結果でてきたのは，ロックも疑わなかった因果関係の必然性が，客観的関係としてみとめる根拠がないという，ロックの出発点となっていた自然科学の確実性をもゆるがす，重大な帰結で

あった。このヒュームの合理的な理性への懐疑がカントを「独断の夢」から醒まし，あの，主観と客観の「コペルニクス的転回」をもたらすことになるのである。

　人間と社会の規範である倫理，道徳を，人間の本性［自然］に基づいて探求しようとする立場は，ホッブズ以降，組織的な倫理体系をもっていなかった18世紀の社会にとっては重要な課題であった。すでにロックと同時代のカンバーランドに共通善（common good）の算定の試みがあり，理性と自然の秩序（自然法）をもとにした客観主義的な道徳についての発想がみられる。またクラークはものと人間との間に認められる「適合性」(fitness, agreement, suitableness) を客観的，恒常的な「道徳的関係」ととらえた。シャフツベリーは逆に内面的な道徳感覚（moral sense, sense of right and wrong）が自律的な道徳領域をなしており，利他的な仁愛（benevolence）が人間に本性としてもともと備わっていることを主張した。このような道徳感覚は，ハチソンによって心理学的解釈があたえられ，またバトラーも道徳が正と善と知にむかう，という予定調和的な目的論を展開し倫理思想の一つの流れを形成している。

　これに対してマンデヴィルは『蜂の寓話』（*The Fable of the Bees*, 1714）において，個人の悪徳（欲望，虚栄心，贅沢）が公共の福利に役立つという，パラドクシカルな資本主義の論理を諷刺的に指摘している。

　ヒュームの『人性論』（*A Treatise of Human Nature*, 1739-40）はもともと道徳哲学をめざしたもので，理性的ではあるが理性主義者ではなかった彼は，「理性が情念の奴隷である」とのべ，道徳はあくまで知覚から独立した情念からなることを主張していた。しかし特定の道徳感を措定したわけではなく，基底的な共感（sympathy）に根ざす道徳的な是認（approbation）を普遍的な「人類の幸福への感情」とし，経済学者アダム・スミスの共感倫理の展開を示唆している。

　また，ロック，ヒュームにみられる「観念連合」の説はハートリーの「連想心理学」に通じており，タッカー，プリーストリーらの認識の生理学的説明と「内省」を中心とする心理学へと発展してゆくものである。

　こうした一連の流れには，自然科学においてまず展開した目的因の排除，つ

まり超越的な目的ないし意図を設定せず，内在的な因果や法則を見出そうとする，機械論的な世界のとらえ方が，しだいに精神科学に浸透していった軌跡がみとめられる。このような傾向を最も明らかに示すのが自然宗教ないし理神論である。18世紀前半の理神論は，ロックがキリスト教と合理性との両立を認めていたことから出発して，キリスト教の超理性的，神秘的なものをしりぞける方向に展開し，遂には理神論があればキリスト教はいらないというティンダルの立場に至っている。こうした傾向には当然キリスト教の側から反発があり，また一方「スコットランド常識学派」(Philosophy of Common Sense)はヒュームに反論し，「新しい哲学」の否定的結末に対する聖職者の護教の拠点となっていった。

19世紀

このように18世紀から19世紀にかけて，リードやハミルトンの「常識学派」は急進的経験論に反対したが，一方，ベンタムは「最大多数の最大幸福」を説いて功利主義 (utilitarianism) を創始し，さらにジョン・スチュアート・ミルは，ベンタムと父ジェイムズ・ミルの連想心理学を受けつぎ，かつコントの実証主義の根本姿勢である科学としての精神科学の方法を探るという立場を自らのものとした。ベンタムとともにJ.S.ミルは，伝統的経験論を自由主義に結びつけることによって，より歴史的な次元を思想に与えることになった。帰納法による代表的科学論とされる『論理学』(*A System of Logic*, 1843) とともに，ミルの『経済原論』(*Principles of Political Economy*, 1848) は，それ以上の発展は考えられぬとすらいわれた経済学の集大成であった。そこには単なる自由放任主義から社会主義へと発展する理想主義的な倫理思想も含まれていて，社会の成熟に呼応したものであるが，同時に，ダーウィンと同様，「神なき人間学」の道をつきつめて行く傾向も示していた。

19世紀末から20世紀にかけてドイツではヘーゲル哲学が崩壊し，機械論的，唯物論的，実証主義傾向が徹底的なまでに顕著になっていった。ところが一方この国では，まずハミルトンによってリードとカントの融合が試みられ，ついでスターリングの『ヘーゲルの秘密』(*The Secret of Hegel*, 1865) によるヘー

ゲル哲学の紹介,そしてエドワード・ケアードのカント,ヘーゲル研究という形でドイツ観念論が一時期盛んになるという,ドイツとの「交叉現象」がみられた。浪漫主義の主観的,主意的傾向も,またスコットランド常識学派の宗教性も,観念論が受容されたことを特徴づけるものであるが,ドイツ観念論がこの国の伝統と社会に深く結びついたのは T.H. グリーンにおいてである。それはこの国の経験論的,自然主義的,進化論的倫理学をドイツの人格主義的なキリスト教精神で克服しようとするものであるとともに,「宗教の進化」という弁証法的な発想によって,ダーウィンやコントの「発展の理論」を容れるものであった。そして,政治的には自由主義的な立場をとりつづけながら自由放任政策が行きづまっていたこの国のとるべき次の国策のイギオロギーを提供するという役割を担ってもいたのである。この流れはブラッドリー,ボーザンケットという二大観念論哲学者を生んだ。ともに個体を全体的,統一的なものとし,部分に分裂することを排するという点で,また論理学的なものとアプリオリな形而上学的なものとを区別しない点で,ヘーゲル的であった。思考と現実との関係を,「矛盾を見いだす」という推論で論理的に追求した『仮象と現実』(*Appearance and Reality*, 1893) の著者ブラッドリーの批判的・客観的観念論は,実はブラッドリーに対する反駁という形で論理的原子論をうちだしたバートランド・ラッセルにも通じるところがある。ラッセルの経験論への回帰はブラッドリーなしにはなかったと言えるかもしれない。

20 世紀

　20世紀前半の分析哲学はラッセル,ヴィドゲンシュタイン,G.E. ムアのいわゆるケンブリッジ学派にはじまる。その背後にある重要な流れは,19世紀末からの論理学および数学基礎論の展開である。記号論理学の画期的な創始者フレーゲに始まり,デーデキント,カントールなどの集合論をはじめ新しい数学の発想と発達があり,非ユークリッド幾何学の出現ともあいまって,数学基礎論は緊張とともに活発な動きをみせていた。ラッセルとホワイトヘッドの『数学原理』(*Principia Mathematica*, 1910-13) はいわゆる論理主義——数学の論理学化——の立場を実証してみせたものである。

こうした論理学的契機と，ヘーゲル的全体的絶対者を排しようという意図のもとに生まれたラッセルの論理的原子論は，原子的事実から構成された世界を写しだす，原子的命題から構成された言語世界という，ヴィトゲンシュタインの『論理哲学論考』(*Tractatus Logico-philosophicus*, 1922) に表現された二元論（模写説）に展開されることになる。ここに，哲学の課題は言語批判であり，それによる思考，概念の明晰化であるという分析哲学のはじまりが見られる。

　ウィーン学団に代表される論理実証主義は，この『論考』の解釈を通して反形而上学，科学主義を明確にうちだし，経験的に検証できない命題は同語反復か無意味であるという急進的な「検証理論」をだした。この国でのその代弁者はA.J.エアーである。しかし，ヴィトゲンシュタインは後に『論考』を自己批判し，『哲学的探究』(*Philosophical Investigations*, 1953) によって言語の意味はその用法 (use) であるという言語一元論をうちだした。この後期ヴィトゲンシュタインによる日常の言語使用の尊重にもとづいて，1930年代以降オクスフォードを中心に日常言語学派とよばれる言語分析運動がひろがり，オースティン，ライル，ストローソンなど多様な分析哲学者が出た。前期ヴィトゲンシュタインの科学主義に対し，日常言語学派は，倫理，政治，美学といったさまざまな「生の形式」における言語の解明と批判を旨としたが，それがいわばメタ倫理，メタ価値の立場から批判ないし批判の批判を加えるという点で，哲学の根本問題にふれてこないという不満を，とくに大陸の哲学者たちにいだかせ，イギリス哲学を一時期孤立させたのも確かである。

　しかし一方では「日常性」を問題提起とするという点で，たとえば現象学と，他方ではアメリカのプラグマティズムや行動主義と相関性をもち，哲学・思想の国境は再び消えつつある。さらに学際性・多様性を今や必然とする現代の思想間の流動性，融合性は著しいものとなっている。　　　　　　　（塚本明子）

学問

17. 医　学　Medicine

　現在のブリテン島にあたる所における，原始時代の医学あるいは医療について詳しいことはわからない。他の多くの場所でそうであったように，薬草の使用，呪術，祈禱がその主な役割をはたしていたのであろう。ただ，もし今日の西洋医学の源がギリシャにあるとするならば，この国の医学も多かれ少なかれヒポクラテスをその始祖にしているといってよいだろう。その伝統はローマに受け継がれたが，その後ローマの崩壊とキリスト教のために停滞したヨーロッパ中世世界から，小アジアの東ローマ帝国を通してアラビアに伝播していく。ヨーロッパ中世以降の医学知識の多くは，アラビア世界で保存され拡充されたギリシャ・ローマの知見によっており，さらにそれはキリスト教の修道院で温存され，発達させられた。アラビア科学の影響は，今日用いられているアルコールやアルカリといった術語にも見られる。また，錬金術（alchemy）も発達した。科学と魔術の境界領域にあるこの学問は，万能薬（panacea, elixir, cure-all）を探し求めた。

ローマ時代
　ローマ人はブリテン島に進出し，ロンディニウム（Londinium：今日のロンドン）を築き，また「風呂」の語源ともなったバース（Bath）にローマ風呂を造営した。この地が，休息と療養のために設けられたものであることはほぼ疑いがない。ローマの医師ガレノスの医学書は，その後1700年近くもヨーロッパの医学思想を支配し続けた。その端的な例は，四体液説（humoral doctrine）に見られ，四つの体液（humour）すなわち，黒胆汁（black bile），黄胆汁（yellow bile），粘液（phlegm），血液（blood）の調和の崩れが病を引き起こすと考えられ，体液の調和を取り戻すために，瀉血（しゃけつ，phlebotomy）を施すということが行われた。瀉血はあまねく行われ，瀉血暦に従って，たとえば修道院の僧ら

は水曜日に瀉血を施す，というように決められていたのである。瀉血を行わなかったために訴えられた医師もいた。瀉血は，別名，放血（bloodletting），刺絡（しらく, venesection）ともいう。

19世紀半ばまでこの療法は命脈を保ち続けた。中世以来，18世紀に至るまで床屋外科(barber-surgeon)の主な役目は，散髪もするし，瀉血も施すというものだった。そのため外科医の地位は低く，医者(M.D.)といえば内科医(physician)のことをさし，19世紀初頭までその状況は変わらなかった。

中世

9世紀にイタリアのサレルノに医学校ができ，そこで編まれた『養生訓』（*Regimen Sanitatis*, 11世紀末～12世紀頃）はヨーロッパ中にその影響力を持った。また，ボローニャ，フランスのモンペリエにも医学校，大学ができ，医学の中心地となった。中世の医学は，共通語（lingua franca）といわれるラテン語で記述され，教授されたので，医学を学ぶものはどの地の大学でも学習をすることができた。しかし，13世紀に成立したオクスフォード，ケンブリッジ大学では16世紀まで十分な医学教育は行なわれなかったので，医学を志す者は大陸に渡らねばならなかった。

ルネサンス

ルネサンスのイタリアから，新しい息吹としての解剖学がヴェサリウスによってもたらされ，ダ・ヴィンチが解剖図を描いた。やがてフランスのパレが，外科を重要な医学の一部と認めさせる働きをし，またこの国のハーヴィーが血液循環説を唱えた。

16世紀には解剖学(anatomy)が，17世紀には生理学(physiology)が始まった。しかし，物理医学派と化学医学派が生じ，体液の濃淡を論じる物理医学派は，たとえば，人の脈を取り，尿を検査して身体の状態を検討した。後者の方法は尿視法（uroscopy）と呼ばれ，当時の医師の当然なすべき診断法であった。これにより，糖尿病(diabetes)が発見された。当時の絵画に描かれた医者は，手に持ったフラスコを光に向かって掲げ，その中の尿の色を見ていることが多

学問

ハーヴィー

い。
　一方，科学的手法で医学に貢献する分野として，人口統計が生まれた。1629年からロンドン死亡統計表（London Bills of Mortality）が出され，死亡者数，死因などが不十分ながら記載され，おおよその病気の趨勢が判断できるようになった。この統計表は，1837年に死亡登録が行われるようになるまで続いた。

医学上の発見
　解剖が一般化し，顕微鏡などの新しい機器が研究に導入されると，つぎつぎに医学上の発見が続き，リンパ管や内臓組織が明らかにされるようになった。やがてこれは，19世紀の細菌の時代へと連なっていくが，医学は科学として常に正しい方法を編み出し，応用していたわけではない。たとえば，長い間有力な説でありつづけたものとして瘴気（しょうき）説がある。これは沼沢地あるいは動物の死骸から，また星の運行にかかわって地下から湧出する有毒ガスを瘴気（miasma）であると想定し，そこに疫病の起源を見るものであった。ただしこの考えは，19世紀には汚れた河川や溝を清掃するという施策に結びついたので，結果的には効果のある公衆衛生（public health）の施策を導いた。瘴気の考え方は，17世紀の医聖シデナムにも支持された。

医学

　シデナムは，たとえば肺病 (phthisis, consumption，後の結核 tuberculosis) の治療には，瀉血，阿片(opium)，乗馬 (horse-riding) を勧めたが，その処方箋は 19 世紀前半までは，食餌療法（過剰か制限かのどちらか），転地療養 (change of air)，軟膏塗布（実際には，芥子 mustard を胸に塗布 plasting した），下剤投与 (purging) と，いずれもたいして変化しなかった。こうした療法は，たとえば梅毒に対して水銀や癒瘡木 (ゆそうぼく，グアヤク，guaiacum) が特効薬 (specificum) として使用されたという例とは異なり，どのような病気に対しても万能療法として使われた。

　17 世紀から発達した顕微鏡と化学の知識によって，人間の身体の組織が明らかになり，またその組成物質を化学元素の段階にまでわたって詳しく知ることができるようになった。その結果，毛細血管や細菌が発見された。ただし，細菌が病原菌と認識されるには細菌学 (bacteriology) の登場を待たねばならない。18 世紀には，医学の中心がオランダのライデン，さらにエディンバラ，ウィーン，パリに移っていった。また，それとは別に打診法 (percussion) および聴診器 (stethoscope) を用いた聴診法 (auscultation) が考案され，病理解剖と病理学 (pathology) のつきあわせが行なわれるようになった。つまり，病気を思弁的に診断するのではなく，脈拍数や内臓音といった症状の科学的観察と病原菌の存在の確認という根拠に基づいて診断を下すようになったのである。ジェンナーは，天然痘に対する経験と観察から種痘 (inoculation) を開発した。

　18 世紀の中頃から，都市の環境，衛生 (hygiene) がひとびとの意識にのぼり始め，井戸の改良，上水道の設置，下水道の改良，道路の舗装，墓地の改良，河川の浄化・修復といった都市整備が進められ，また換気 (ventilation) の奨励，栄養の改善，風呂の習慣化，石鹼の普及，木綿の下着の普及による洗濯の励行といった個人生活の変化が，病気の減少と寿命の伸長におおきく寄与した。また経験からリンドが航海中の船員に柑橘類の摂取を勧めたことによって，壊血病 (scurvy) の患者が激減するといったようなこともあった。コレラの来襲は，結果として上下水道の整備を促すのに役立ったし，衛生行政を進展させた。

学問

医学界

　18世紀末から進行していた医学・薬学界の統合，改革は，19世紀に入りさらに進んだ。かつての外科医会が王立外科医学校（Royal College of Surgeons, 1800）になり，また1815年には薬剤師法（Apothecaries Act）が成立して，この国全体の薬剤師免許を発行するようになった。1832年の解剖法（Anatomy Act）によって，それまで解剖用死体といえば墓場からの盗掘によるものが多かったために生じた医者の解剖経験の少なさが解消され，さらにその経験の増加により身体の知識が増えて医者の権威が高まった。1823年にはウァクリーが医学雑誌『ランセット』（Lancet）を創刊した。1855年には，1816年に設立されたウースター地方の医学協会が，ブリテン医学協会（British Medical Association）になった。1858年には医学法（Medical Act）が施行され，開業医（practitioner）の免許資格（qualification）が問われるようになった。この頃までは，医師になるためには，まず経験豊富な医師のもとで徒弟見習いをし，それから病院で訓練を積む者もあったし，大学で医学教育をうけてから病院に入る者もあったが，最終的にどこの病院で臨床訓練を受けたかを名乗ることが多かった。たとえば，バート（Bart's = St. Bartholomew Hospital）やガイ（Guy's = Guy's Hospital）といったように。こうした表現は，半年間の臨床経験が要求される今日でも用いられている。

　しかし，19世紀になっても，たとえば自身医師資格のあった肺病患者の詩人キーツが受けた治療とは，文字どおり瀉血，食餌療法，転地療養，乗馬療法，水銀療法といったものだった。キーツは，血を抜かれ，飢餓感に苦しみ，乗馬をしてイタリアのローマに客死した。ギリシアの戦乱中に熱病で死の床にあった詩人バイロンも，瀉血のために蛭（ひる，leech）を額にのせられたまま果てた。

　医学の発達も大切だが，患者の看護の仕方の変化も重要であった。クリミア戦争で傷病兵を手厚く看護し，病院制度と看護訓練を改革したナイティンゲールの存在は大きい。小さいことでは，一度使った包帯は二度と使わないということから，病院の換気，採光，ベッドの配置，病棟の設計，昼夜兼行の看護といったことにまでわたる改革を加えたのである。それは，グラスゴウでリスターが石炭酸を手術室に噴霧することにより防腐法（antiseptic）を実施したことと

同様に，近代病院医療への変化を示した重大なできごとであった。防腐法はのちに殺菌・消毒法（disinfection, sterilization）へと変化していく。

保健

国民の健康を守るという見地から，1911年にロイド・ジョージ首相のもとで国家健康保険法（National Health Insurance Act）が通された。1804年に黄熱病が侵入するのを防ぐために設けられた保健局（Board of Health）は，1831年のコレラ危機に際して枢密院のもとで中央保健局になり，1919年には保健省（Ministry of Health）が創設された。

戦争により，肺や脳の手術，輸血（blood transfusion）が実施され，またペニシリンの発見が促され，抗生物質（antibiotics）の開発の契機が生じた。結核に対する特効薬ストレプトマイシンの開発は1944年のことであった。

特記すべきことは，世界保健機関（WHO＝World Health Organization）が設立された1948年に，この国でナショナル・ヘルス・サーヴィス（NHS＝National Health Service）が始まったということである。これにより，労働者本人のみならず，家族全員も医療を無料で受けられるようになった。かつ開業医（GP＝General Practitioner）は全員いわば国家公務員扱いとなり，国民の健康の向上を共通の目的として，ある一定の水準をもった医療が可能になったのである。しかし，医療費の増大がこのシステム全体の存続を困難にしている状況が生じている。　　　　　　　　　　　　　　　　　　（福田眞人）

芸 術

18．音 楽　Music

「夏は来りぬ」とダンスタブル

　イングランドの音楽がそのレヴェルの高さをまず示すのは，ルネサンスよりはるか以前に書かれ，今も大英博物館に写本を残すひとつの歌「夏は来りぬ」("Sumer is icumen in", 1310) によってである。伴奏を入れると6声からなるこのカノンは，他の国々の音楽がようやく単旋律から多旋律(polyphony)に移行したころの作品として，その構成力と躍動的な旋律によりひときわ目立っており，当時のレヴェルをはるかに抜きんでた作曲技術があったことを現在に伝えている。

　このころのヨーロッパ音楽では和音といえばオクターブと5度が中心的に用いられていたのに対して，イングランドでは3度，6度のハーモニーが多用されており，また旋律のなだらかさに特色があるとされていた。このようなイングランド音楽の代表的な作曲家がダンスタブルであった。

　当時，各国の宮廷，貴族と教会は競いあって音楽家を抱えようとしたため，有能な人はヨーロッパ各地を移動したのであるが，ダンスタブルも現存する作品が主として大陸に保存されていることから，その活躍の場はイングランドに限らず，むしろフランスをはじめヨーロッパの国々にあったと見られ，当時の主要な作曲家たちに影響を与えたと考えられている。

　ダンスタブルの死後しばらく音楽は低迷し，音楽の主流を占めるのはネーデルランド楽派と言われる音楽家たちとなる。彼らのもとで15世紀の末には多声音楽が目覚ましい発達をとげるが，イングランドはもっぱらその影響を受け入れるのみであった。この時代の音楽は宗教曲，世俗曲を問わず合唱曲が中心

であったが，16世紀にはいると器楽曲の発達が見られるようになる。

宗教改革の残したもの

　イングランドにおける音楽の中心は教会と宮廷であったが，ヘンリー八世により修道院が閉鎖されたとき，教会内部の多数の音楽家は職を失うことになった。しかし彼等のうち優れたものは，王家や貴族に抱えられ，また大寺院のオルガニスト，合唱隊員となって各地に散って行くことになった。結果的にはこれが世俗音楽の隆盛をもたらすことにつながったと考えられる。

　教会に並ぶ音楽の中心である宮廷礼拝堂（the Chapel Royal）の楽員たちは，王家の礼拝のための音楽のみならず，王家のさまざまな行事に必要な音楽を演奏した。歴代の君主は王の権威を示すため，国中から優れた音楽家を集めることにつとめた。また貴族や当時新しく現れた市民階級が喜んで果たした，芸術のパトロンとしての役割も重要である。音楽家の地位は「ていのいい召使」（a superior kind of servant）であって決して高いとはいえないものであったが，彼等のつくりだす音楽そのものは高く評価され，日常生活に欠かせぬものとしていろいろな場面で用いられた。

　宗教改革のもたらした変化として，それまでラテン語で歌われていた宗教曲に英語が持ち込まれたこともあげなければならない。今日でも用いられている『祈禱書』（*Book of Common Prayer*）が大主教クランマーによってまとめられた翌年，マーベックがそれに曲をつけた『祈禱曲集』（*Book of Common Prayer Noted*, 1550）をはじめとして，ラテン語ではなく英語の歌詞をもつ宗教合唱曲が多数作曲され，礼拝に際して歌われるようになった。

　このころの代表的な作曲家タリスとバードは前後して宮廷礼拝堂の一員として活躍するが，ラテン語にも作曲しつづけた数少ない音楽家である。バードはシェイクスピアとならぶルネサンスの代表的人物といわれ，その長い生涯に多数の器楽曲および声楽曲を残したが，とくに宗教曲（『三声部のミサ』など）に優れたものが多く，現在も教会や礼拝堂で歌われるほか，演奏会場におけるレパートリーとしても重要な一角を占めている。

マドリガルの時代

　宗教改革から時がたつにつれて宗教上の情勢が落ち着くが，特にイングランド海軍がスペインの無敵艦隊を破ったあとは，音楽の面でも急に世俗曲の作品が数多く現れるようになった。ある音楽史家によれば1530年からそれまでイングランドでは世俗曲の曲集は1巻しか発行されていなかったのに対して，1587年から1630年の間には88巻の曲集が刊行され，そこに集められた1500－2000曲のほとんどが世俗曲であったという。しかもこの数字は手書き原稿のままのものは含んでいない。

　これらの世俗曲の代表的なものはマドリガルといわれるもので，典型的には4声部からなる無伴奏の重唱曲である。1530年頃のイタリアに始まったこの歌曲形式は16世紀後半エリザベス朝のイングランドにもたらされると，教会音楽でみられた多声音楽（対位法的）作曲技法の発達をもとに，その完成の域に達した。16世紀全体が「多声合唱曲の黄金時代」(the golden age of polyphonic choral music) と呼ばれるが，それはまたイングランド音楽がヨーロッパで最高の地位を占めた時代でもあったのである。

　当時「歌の国」(the country of music) として知られていたこのイングランドを代表する作曲家としてはモーリー，ウィールクス，ウィルビー，ギボンズなどがおり，その作品は現在も広く愛唱されている。

　なかでも最もよく知られているのはモーリーで，快活で楽しい曲を多数作っている。シェイクスピアとも面識があったと見られ，彼の劇中の歌に作曲もしている。またモーリーが編者となったマドリガル集『オリアナの勝利』(*The Triumph of Oriana*, 1603) には当時の作曲家26人の作品が集められ，すべての曲が女王オリアナを讃える歌詞で締めくくられている。この女王はエリザベスのことであるというのが一般的な見方であったが，ジェイムズ一世の妃アンであったとの説も出されている。

　理論家でもあったモーリーの著作『音楽入門』(*Plaine and Easie Introduction to Practicall Musicke*, 1597) は作曲技法などについてはもちろん，当時の音楽の果たしていた役割——たとえば，夕食後取り出される楽譜を見てともに歌い演奏することは，貴族およびジェントリー階級の生活の中でごくあたり

まえの社交上の礼儀であったことなど——についても教えてくれる貴重な資料である。

ギボンズは,バードや後の時代のパーセルに比肩する音楽家とみなされるが,同時代の他の作曲家がラテン語の歌詞にも作曲したのに対して,英語の歌詞のみに作曲した音楽家として最初の存在であった。

ジェイムズ一世の命による『欽定訳聖書』(*The Authorized Version*, 1611) の完成は教会音楽へのよき刺激を与え,英語の歌詞を持つ宗教曲が多数作られ,教会で歌われた。1世紀後のオラトリオの発達も聖書の英語の歌詞抜きに考えることはできない。

独唱曲と劇音楽

マドリガル作曲家の活躍はエリザベス朝が終わっても続くが,同世代のダウランドは彼らと相互に影響しあいながらも,時代に先んじたスタイルでエアー (ayre) と呼ばれる,リュート伴奏つきの独唱曲を多く作った。それぞれ独自性を持つ複数の旋律の組み合わせであるマドリガルにかわって,ひとつの旋律を中心とし,他の声部は伴奏となるソロ・ソングの形式は次の時代に栄えることになる。

エリザベス朝からジェイムズ朝を通じて器楽曲も栄え,鍵盤楽器ヴァージナルが家庭でも好んで演奏された。この楽器のための優れた作品と演奏技巧の伝統は現在も残っている。

イングランドではこの頃から仮面劇 (masque) が盛んとなり,ジョンソン (*Lovers made Men*, 1617 など),ミルトン(『コーマス』*Comus*, 1634 ほか)などの詩人の作品に曲が付けられ,音楽劇として演じられた。

キャンピオンはダウランドに次ぐエアーの作曲者であったので,自身の宮廷仮面劇の作曲も手掛けた。このような仮面劇の隆盛は,ちょうどそのころイタリアに始まったオペラがもたらされるのを遅らせることになった。

17世紀半ばのピューリタン革命は,クロムウェルら指導者の中には音楽の理解者がいたといわれるものの,各地の教会における礼拝の抑圧,合唱隊の解散,オルガンの破壊などにより,教会音楽に大きな打撃を与えた。礼拝ではわずか

に無伴奏の単純な讃美歌が歌われる程度となった。しかし楽譜の出版はこの間にむしろ発展が見られた。

　王制回復によりフランスからチャールズ二世が戻るとともに音楽は再び活気を呈するが，王のフランス好みとあいまって音楽状況は一変し，教会を離れ，世俗的なものへの関心が強くなっていく。また音楽の中心は合唱ではなく，独唱を中心とするものであった。

パーセルからヘンデルの時代へ

　この国最大の音楽家と目されるパーセルは宮廷礼拝堂の聖歌隊員として育ち，その短い生涯に，英語のモテット (motet) であるアンセム (anthem) をはじめ，多くの分野にわたる作品を残したが，それらは当時の宮廷の雰囲気を受けて華やかなものが多く，教会音楽も例外ではなかった。なかでも最後の5年間に書いた40曲にのぼる劇の付随音楽（『アーサー王』*King Arthur*, 1691；『妖精女王』*The Fairy Queen*, 1692 など）が最高とされる。オペラも『ダイドーとイーニアス』(*Dido and Aeneas*, 1685) の1曲がある。しかし，この頃一般にもてはやされていたのはイタリアの作曲家，演奏家によるものであった。

　17世紀の後半は音楽状況が現代に近づいてきた時代である。演奏技術の進歩とともに素人と専門家の差が生まれ，職業的音楽家が出現した。また今日的意味での音楽会の発達が見られたのもこのころであり，それまで音楽の演奏はいわば仲間のためになされるものであったが，1672年には初めて入場料を取って不特定多数の聴衆に聞かせるための音楽会がロンドンで開かれた。この6年後ブリトンという音楽好きの商人が自宅で開いた演奏会は36年間続き，後にヘンデルもしばしばここで演奏した。

　パーセルのあまりにも早すぎる死は「国家的不幸」(a national calamity) と言われることがあるほどで，この国の音楽の発展にとって大きな痛手であった。結局それ以後200年以上もの間，大陸の音楽家と肩を並べられるだけの音楽家はこの国に現れず，特にロンドンはもっぱら外国の音楽家に活動の場を提供することに甘んじなければならなかった。

　ドイツ生まれのヘンデル（英語では handle と同じ発音で呼ぶ）がイタリア風

オペラの作曲家として1710年に訪れたのは，このようなロンドンであった。2年後に戻って来た彼はやがて帰化し，終生そこに留まることになる。パーセルなきあと，イタリア・オペラのほかに，ドイツ風組曲，宮廷行事に合わせた讃歌 (ode) やアンセム，更にのちにはオラトリオなどを次々と作曲し好評を博すこの巨人に敵うものはなかった。

しかしヘンデルのオペラはしばしば題材をローマにとり，イタリア人歌手によってすべてイタリア語で歌われるものであったので，必ずしも広く一般的な娯楽となったわけではなく，やがてバラッド・オペラと呼ばれる音楽劇に押されることになる。

バラッド・オペラはその諷刺的内容，当時の流行曲を組み合わせた音楽とともに何よりも歌，台詞がすべて英語で演じられた点に人気の所以があったとみられる。中でもゲイ作詞，ペープシュ作曲の『乞食オペラ』(The Beggar's Opera, 1728) は大成功を収め，現在に至るまで繰り返し上演されている。

ドイツのジング・シュピールの成立にも影響を与えたとされるこの形式は，後にコミック・オペラとして完成を見ることになる。

合唱音楽のひろがり

外国の演奏家，作曲家が活躍し，音楽の消費国となった感がある18世紀に，バラッド・オペラと並んでこの国独自のものを求めるとすれば，合唱音楽の隆盛であろう。特にグリー (glee) と呼ばれる無伴奏の男声合唱 (旋律を中心とする3部以上) が発達し，1783年にはロンドンにグリー・クラブ (The Glee Club) が結成され新曲も次々と生みだされた。古くからのマドリガル，キャッチ (カノンの一種) なども好まれ続け，現在なお活動を続けるマドリガル協会 (The Madrigal Society, 1741)，キャッチ・クラブ (The Noblemen's and Gentlemen's Catch Club, 1761) などの団体の結成を見た。

各地の大聖堂や教会の聖歌隊を中心に大規模な合唱の演奏会が開かれるようになったのもこの頃で，中でもグロスター，ウースター，ヘリフォードの3つの町が交替で毎年開く「三市合唱祭」(The Three Choirs Festival) は1724年に本格的に始まり現在も続いている。他にもリーズ (1767)，バーミンガム

(1768)，ノリッジ（1770）など大聖堂や教会を持つ町で同様の合唱祭・音楽祭が始まった。

1784年の「ヘンデル記念音楽祭」(The Handel Commemoration Festival) における『メサイア』(*The Messiah*, 1741) の演奏及びそれを契機に盛んになる大規模な合唱の演奏会の背景にはこのような活動があった。19世紀に入っても合唱音楽のレヴェルの高さは維持され，これが後の音楽の復興につながったのであった。

この国の音楽界はヘンデルのあとにも「ロンドンのバッハ」と呼ばれたクリスチャン・バッハやハイドンなど外国の音楽家の訪問を受けてますます賑わうが，一方では独自の音楽の優れたものは生み出されず，この国では音楽は育たないという考えが一般的に定着することとなった。

19世紀に入ってもこの傾向は続き，リスト，ウェーバー，メンデルスゾーン，ワーグナー，ベルリオーズ，ショパンなどの浪漫派の作曲家，演奏家たちが次々とロンドンを訪れるなかで，この国が生みだしたのはビショップの「埴生の宿」("Home, Sweet Home", 1821) だけであると言われるほどであった。

音楽の復興

このような状況は19世紀の中頃に生まれた幾人かの才能ある作曲家の活躍によって打ち破られることになる。サリヴァンはギルバートという優れた作詞家を得て『ミカド』(*The Mikado*, 1885) など多数のコミック・オペラを書いた。バラッド・オペラの伝統につながるこれらの作品群は，劇場の名に因んで「サヴォイ・オペラ」(Savoy Operas) の呼び名で親しまれた。またエルガーは浪漫派的傾向の強い個性的な作品を書き，『謎』(*'Enigma' Variations for Orchestra*, 1899) でその地位を固めた。

これらの若い音楽家が当時各地で盛んに行われた合唱祭・音楽祭によって演奏活動や作品発表の絶好の機会を与えられたことも忘れてはならない。

パーセル没後200年以上にわたる沈滞が打ち破られたこの時期は「イングランド音楽のルネサンス」と呼ばれ，このあとにもディーリアス，ヴォーン・ウィリアムズ，ホルストなどの優れた作曲家が現れた。

そのなかでひときわ大きな存在がブリテンであろう。ヨーロッパの現代音楽が十二音，無調に向かっている時代に，ブリテンは伝統的な手法を用いつつも現代的な音楽を生みだした。この流れはウォルトン，ティペットなどにもつづき，さらに若い世代を生み出している。

 オペラや声楽曲も多いブリテンは，英語の詩に曲を付ける方法はパーセルに学んだと語ったことがある。サヴォイ・オペラはやがてアメリカでミュージカルとして発展をとげる。またビートルズ（The Beatles）がポピュラー音楽の世界を席巻したのも記憶に新しいが，彼らの作品には古いマドリガルの影響がみられる。近年のブロードウェー人気ミュージカルの多くがもともとロンドン初演のものであるなど，音楽の伝統は現代にも生きていると言えるであろう。

（松野和彦）

19．美　術　Fine Art

中世

 中世の美術は，教会と密接に結びついたものが大部分であった。大陸の美術の影響を受けていたが，つぎの3つの時代に分けてその変化を考えることができる。

　1．650-1050　アングロ・サクソンの時代
　2．1050-1200　ロマネスクの時代
　3．1200-1500　ゴシックの時代

 中世の絵画は教会と結びついていたので，当然のことながら，題材は聖書によるものが多かった。それはまず写本の挿絵や装飾として残っている。教会の壁画の多くは失われてしまっているが，わずかに残っているものと，ステインドグラスにその片鱗を窺うことができる。ロマネスク様式からゴシック様式へ

の変化は，建築における変化に対応して，美術においても起ったものと考えてよいであろう。

16世紀

　15世紀のバラ戦争と16世紀の宗教改革によって，教会の美術は停滞し，衰退することとなった。文学の場合と同じく，テューダー朝の美術は大陸のルネサンスの影響を受けて，創造の第一歩を踏みだすことになった。

　テューダー朝の絵画は，大陸から来た画家たちによる〈肖像画〉（Portrait）として今日に残っている。代表的な画家がハンス・ホルバインである。ロンドンの国立肖像画美術館（National Portrait Gallery）には，当時の国王を初めとして聖職者や政治家の肖像画が並んでいるが，その多くはこれらの大陸から来た画家たちによって描かれたものである。ホルバインによるものもあるが，多くは名前の残っていない画家たちによるものである。イングランドの画家としては，エリザベス女王のミニアチャーをのこしているニコラス・ヒリアードと，ジョン・ダンの肖像画を描いたアイザック・オリヴァーがいる。

17世紀

　大陸の画家に滞在してもらって肖像画を描かせることは，ステュアート朝になっても続けられた。フランドルの画家アントニー・ヴァンダイクは，1632年からチャールズ一世の宮廷に滞在して多くの肖像画を描き，1641年にイングランドで死んだ。ヴァンダイクの影響を受けたイングランドの画家に，ドブソンと，ウォーカーがいる。ウォーカーの描いたクロムウェルの肖像画はよく知られている。

　王制回復後も，大陸の画家に頼る傾向はつづいた。ヴァンダイクと同じくオランダから来たレーリーと，ドイツから来たネラーは多くの肖像画を描いた。よく知られているニュートンの肖像画は，ネラーが描いたものである。このように，16世紀から17世紀にかけての絵画の主流は，肖像画であった。当時の肖像画は，今日の写真の役割も果たすものであり，その上で芸術の役割を果たしていた。

ニュートン(ネラーによる油彩, 1702)

18世紀

18世紀は，この国の絵画がようやく独自のものとして確立されることになる時代であった。これを象徴するのが，1768年のロイヤル・アカデミー (Royal Academy of Arts) の設立であろう。

この世紀の前半は，王制回復期の延長として，未だにオランダの影響がつよく，新たにフランスの影響も見られた。〈家族団欒図〉(conversation piece) と呼ばれて当時流行した絵も，フランス趣味を反映したものであった。

一方この時代に，時代の流れを越えたところで，独創的なすぐれた仕事をした画家が一人いた。ウィリアム・ホーガースである。ホーガースは版画の職人

としてこの道に入り，30歳になるまでには画家としてもすぐれた技術を身につけていた。家族団欒図や肖像画を描くことから始めたホーガースの野心は，肖像画においてネラー等の先達を凌駕し，さらに〈歴史画〉(History Painting)においても新しい試みをすることであったが，これは必ずしも思うようには行かなかった。むしろ，庶民の生活を物語絵として描くという新しい分野において成功を収めることとなった。これが「ある娼婦の生涯」(*A Harlot's Life*) を初めとして，「ある放蕩児の遍歴」(*A Rake's Progress*) や「当世風の結婚」(*Marriage à la Mode*) である。ホーガースはこれらの絵を版画にすることで，その成功をさらに大きなものにした。肖像画においても，「えび売りの娘」(*Shrimp Girl*) や「六人の召使いたちの顔」(*Heads of Six of Hogarth's Servants*) といった形で，庶民の顔を描いて独自のすぐれた仕事を後世にのこしている。

　ホーガースの仕事が，文学におけるデフォーの散文やジャーナリズムの勃興に照応するものであったとするなら，ジョシュア・レノルズの絵画は，理性の時代における古典主義の理論に支えられたものであったと言えよう。レノルズはイタリアでルネサンスの絵画について学んできて，肖像画の伝統を権威あるものにする努力をした。その努力は，ロイヤル・アカデミーが設立された時，初代の会長に選出されることによって充分に報いられた。それはまた，レノルズの絵画が当時の上流階級の人たちの意向に沿うものであったことも示している。

　レノルズのライヴァルであったトマス・ゲインズバラは，ロイヤル・アカデミーとの折合いはあまりよくなかったが，上流階級の人たちに好まれたことは変わりなかった。ゲインズバラは，海外に学んだことはなく，初めのうちはイースト・アングリア地方に住みつづけていたが，中年になってからは，社交界のあるバースやロンドンに住んだ。肖像画によって認められた後，その背景に描きこむ風景に技巧をこらし，やがて〈風景画〉(Landscape Painting) に才能をあらわすようになった。この国の上流階級が田舎の邸宅に住むことを考えれば，風景画が絵画の主流となるのはむしろ自然なことであるが，18世紀の初めから少しずつ用意されていた環境の中で，ゲインズバラは風景画家としてのゆるぎ

ホーガース「笑う観客衆」(エッチング, 1733)

ない地位を確立することになった。彼の風景画に見られる抒情性は，文学における浪漫主義前派のそれに当たるものと言うこともできよう。

　ロイヤル・アカデミーの2代目の会長になったのはウェストで，歴史画で成功した画家であった。歴史画家としてはコプリーもいるが，この2人はともにアメリカ生まれであった。バークが美について「崇高」の理論を展開したのもこの頃であり，ミルトンの『失楽園』を題材にする絵が描かれるようになったのは，バークの理論の影響であった。同じ頃エキゾティックな絵が描かれたのは，文学におけるゴシック・ロマンスの流行に呼応しているかも知れない。

　画家としてのウィリアム・ブレイクにも，こういう時代の流れがまったく影響を与えていないわけではないが，世俗的な意味での画家という存在を超越したところで，神秘的な絵を描いた点に，彼の最大の特徴がある。ブレイクは詩人でもあり，その超越的な神秘思想によって時代を超えていた。ダンテの『神曲』や聖書に題材をとった絵や版画によって，後世に大きな影響を与えた。

19 世紀

　19世紀の前半は風景画が最も盛んであった時代であるが、この時期にターナーとコンスタブルという2人のすぐれた風景画家が登場したのは、浪漫主義の流れと無縁ではなかったろう。

　ターナーはロンドンに生まれ、初めは友人のガーティンとともに水彩画を描いていた。油絵のほかに水彩画の伝統もまた、17世紀から存在していた。ガーティンは新しい深みを持つ水彩画を描き残しているが、若くして死んでしまった。ターナーの初期の油絵は、「ウォルトン橋の近くのテムズ河」（*The Thames near Walton Bridges*）に見られるように、まだ暗い色彩で描かれているが、そこにはすでに嵐をはらむ大気と光のコントラストが見られる。やがて「チチェスター運河」（*Chichester Canals*）のように、黄色の感じが全体に強くなり、さらに晩年には白っぽい感じが絵全体を包むようになる。「ノラム城」（*Norham Castle*）のように、対象はその輪郭を光の向こうに隠すようになるのである。ターナーは何度かイタリアに旅行しており、歴史画もあれば、ヴェネツィアを描いた絵もある。ターナーは対象をあるべき姿においてよりも、心の眼に見えるがままに描いていた。それは、文学の創造において想像力が主役となり始めていたことに対応していたろう。ターナーの絵はフランスの印象派に影響を与えたと言われるが、イングランドの風土との関係で考えるならば、それは霧に包まれた自然を見えるがままに描いていたようにも思われる。

　一方コンスタブルは、イースト・アングリア地方に生まれ、絵の道に入ったのは遅かった。イースト・アングリアはゲインズバラの故郷でもあり、後に「ノリッジ派」（Norwich School）と呼ばれる風景画家たちを生みだしている。コンスタブルの風景画は、ゲインズバラの伝統にしたがうもので、イングランドの田園の雰囲気をよく伝えている。コンスタブルは、風景が朝夕の時間によって、また天候によって微妙に変化するのを巧みにとらえて描いてもいる。ターナーが微妙な色彩の変化で空を描いているのに対して、コンスタブルは雲の動きを生き生きと描きだしている。コンスタブルの風景画は、フランスのバルビゾン派に影響を与えたとされている。

　この時代には、この2人のほかにも、風景画を描く多くの画家たちがいた。

美術

ガーティン「リーヴォ修道院」（水彩）

　一方でまた，〈主題画〉（Subject Painting）と呼ばれる絵も描かれていた。馬や犬のような動物を描く絵もあれば，著名な詩や小説の場面を絵にしたものもあった。
　19世紀後半に見られる大きな流れは，「ラファエル前派」とよばれるものであるが，「ラファエル前派集団」（the Pre-Raphaelite Brotherhood）という画家のグループが行なった仕事と，そこから派生した風潮とは区別して考える必要がある。
　ラファエル前派集団は1848年に，ホウルマン・ハント，ミレイ，ロセッティといった，ロイヤル・アカデミーに学ぶ若い画家たちが中心になってつくられた。彼らは当時のアカデミーの微温的な空気にあきたらず，もっと真剣な誠実な態度で絵を描こうとしていた。ラファエル前派と名乗ったのは，ラファエル以前の絵画に自分たちの手本を見出していたからで，描き方としては，細部を

ターナー「ワークワース城」(水彩)

几帳面に写実的に描こうとするものであり、またそれは自然に対して忠実であれという美術評論家ラスキンの教えにしたがおうとするものでもあった。

　ミレイの「両親の家のキリスト」(*Christ in the House of His Parents*) やホウルマン・ハントの「クローディオとイザベラ」(*Claudio and Isabella*) にその成果を見ることができよう。この2人にくらべて画家としての技量はやや劣ると思われるロセッティも、当初は同じような立場に立っていたのであろうが、この特異な性格の持主は、詩も書くだけでなく、絵画においてもむしろ新しい分野を開拓していった。それは憂愁をたたえた窈窕たる美人を描くことであった。これは唯美主義的な風潮を生んで、多くの同調者を集めた。ロセッティの「プロセルピーナ」(*Proserpine*) を1つの代表作と見ることもできるが、この絵の技法は必ずしも初めラファエル前派集団が唱えたものと一致しているかどうか疑問である。いわゆるラファエル前派の唯美主義は、モリスやバーン=ジョーンズに引き継がれ、「芸術のための芸術」という主義をはぐくんで、世紀

末のビアズリーの頽廃的な雰囲気につながっていく。

　一方ロイヤル・アカデミーに集まる保守的な画家たちは，その伝統を守り，聖書や中世に題材をとって荘重ともいうべき技法で描いていた。レイトンは，後にアカデミーの会長に選ばれたという意味でも，その代表者と見なすことができよう。ウォッツも，当時高い評価を得ていた画家であるが，ヴィクトリア朝の風潮にかなう画風を持っていたと言える。

20世紀

　20世紀の美術は，強いて集約すれば「モダニズム」(Modernism)という言葉であらわされる運動が，いろいろな形でつぎつぎに現れたものとして捉えることができよう。大陸の影響が，そして第二次大戦後には加えてアメリカの影響が強くなり，国境をこえた動きと密接に結びついた形で，新しい動きが展開されることになった。

　もっとも，エドワード朝と呼ばれた最初の10年は，まだ前世紀の余韻がのこっていた時代である。シッカートを中心につくられた「キャムデン・タウン・グループ」(Camden Town Group)は，当時のロンドン郊外の生活をくすんだ色彩で描いていた。

　フライが組織して1910年から12年にかけて開かれた2度の「後期印象派展」(Post-Impressionist Exhibition)は，一般鑑賞者の反発を買いながらも，若い画家たちを新しい動きに駆りたてていく契機をつくった。この展覧会自体，作家のストレイチーや経済学者のケインズといった，後に「ブルームズベリー・グループ」(Bloomsbury Group)と呼ばれることになる人たちと結びついた計画であったが，このグループの有力なメンバーであったヴァネッサ・ベルとグラントは，フランスの新しい画家たちの影響を受けて，自由な発想による絵を描いた。

　第一次大戦からその戦後にかけては，大陸の画家たちの動きを直接反映した絵が多く描かれることになった。キュビズムとか未来主義といった運動が，生まの形で取り入れられた。詩人パウンドの命名によって「ヴォーティシズム」(Vorticism：渦巻主義)を唱えたルイスもその1人である。ボンバーグやロ

芸 術

セント・アイヴズ——浜からの眺め

バーツのような画家がおり，エプスタインのような彫刻家がいた。スミスのように，フォーヴィズムの影響を受けて色彩を自由にあやつった画家もいた。一般にこの頃から，原色をそのまま生かした絵が多くなった。

　こういった傾向はさらに，シュールリアリズムや，抽象画または非具象画へと展開していく。ナッシュが主唱者となって1933年につくられた「ユニット・ワン」(Unit One)には，多くの芸術家たちが集まったが，後にシュールリアリズム派と抽象派に分かれることになった。ナッシュやウォズワースは前者の道をとり，ニコルソンとヘプワースは，後者の道をえらんだ。H. ムアのとった道はどちらとも言いにくい。抽象化された人体による独自の表現によって，彼はこの国の彫刻家として初めて世界的な名声を得ることになった。ニコルソンたちはコーンウォールのセント・アイヴズに住みつき，これが後に「セント・アイヴズ派」(St Ives School)と呼ばれる画家たちを生みだす契機となった。コンストラクティヴィズム（Constructivism：構成主義）と呼ばれる彫刻を試みた，ロシア生れのガボーもセント・アイヴズに住んだ芸術家の1人であった。

　第二次大戦中には，ネオ・ロマンティックと呼ばれる傾向も見られたが，一方で地下鉄に空襲を避けた人たちを描いたムアのスケッチを初めとして，戦時下の光景を描いた絵や，戦争中の雰囲気を反映したような荒々しい絵もあった。戦後には，ナチスの虐殺や人間性そのものに対する懐疑から，人間の醜さや恐

ろしさを描く傾向が見られた。ベイコンの絵には，シュールリアリズム的な発想とともに，人間に対する根源的な不信があるように思われる。フロイドは著名な精神分析学者の孫で，子供の頃にイングランドに来て画家となったが，人間の深層意識を反映したような絵のほかに，ベイコンと同じように，人間の醜さを意識させる絵を描いている。この2人の絵は不気味な迫力を持っているが，見て愉しい絵ではない。

　この頃から非具象の方向を推し進める絵も多く描かれるようになり，それは彫刻においても顕著であった。1950年代末にはさらに「ポップ・アート」(Pop Art)と呼ばれる新しい試みが現れる。それは，公告やポスターや写真や人気スターや，何でも制約なく取り入れて，自由奔放な表現を楽しむものであった。ハミルトンに始まって，ホックニー，さらにギルバートとジョージのような流行画家を生みだした。新しい傾向はとどまるところを知らず，「オプ・アート」(Op Art)とか「コンセプチュアリズム」(Conceptualism)といった，「ポスト・モダーン」を目指すいろいろな傾向が現れている。　　　　　　（橋口　稔）

20. 演　劇　Theatre

中世

　中世の演劇は，教会を中心にして演じられる，聖書を主題とした劇から始まったとされている。それは「奇蹟劇」(miracle)と呼ばれる。初めは教会の中で演じられていたが，後には教会の庭で演じられるようになり，さらにそれでも狭い場合には市場や空地で演じられるようになった。中世も後半になって，しだいに世俗的な性格をつよくしていったものと思われる。

　14世紀になって，寓意的な教訓劇が演じられるようになった。それは「道徳劇」(morality)と呼ばれる。15世紀後半からは「インタルード」(interlude)

芸　術

とも呼ばれるようになるが,内容は教訓的なものであることに変わりなかった。このインタルードが変化する形で,16世紀には新しい芝居がつくられるようになっていく。

エリザベス朝

　16世紀になって，ルネサンスとともに，ローマの古典劇の影響を受けた劇も書かれるようになり，演劇は新しい時代を迎える。初めのうちは，大学や法学院の中で上演されたり，また宿屋の中庭で演じられたりしていたが，16世紀後半になって劇場がつくられるようになった。

　最初の劇場は，1576年にロンドンの北の郊外ショアディッチに建てられた。その名もただ「シアター座」(The Theatre) と言った。翌年，近くのカーテンと呼ばれる土地に「カーテン座」(The Curtain [Theatre]) がつくられた。つぎの劇場は，テムズ川の1マイルほど南の遠いところにつくられた「ニューイントン・バッツ座」(The Newington Butts) であった。

　1587年に，テムズ南岸沿いのサザクに「バラ座」(The Rose) がつくられた。この後サザクには1595年に「白鳥座」(The Swan) が，1598年には，かつての「シアター座」の建物をこわしてその材料を使って「地球座」(The Globe) がつくられ，さらに1613年には「希望座」(The Hope) がつくられた。

　ロンドンの北郊にも，1600年には「運命座」(The Fortune) が，1605年には「赤牛座」(The Red Bull) がつくられた。こうしてロンドン周辺には，10にちかい劇場がつくられたことになる。これらの劇場は，公衆劇場(public theatre)で，誰でも入場できるものであった。

　この他に私設劇場（private theatre）もあった。これは特別の人たちに見せることを建前としていたが，実際には公衆劇場の場合よりも少し高い入場料で誰でも入ることができたようである。私設劇場としては，シティーの北の端に「ブラックフライアーズ座」(The Blackfriars) が1576年頃に開場していた。その後1608年には，シティーの西の外に「ホワイトフライアーズ座」(The Whitefriars) が，1617年には「コックピット座」(The Cockpit) が，1629年には「ソールズベリー・コート座」(The Salisbury Court) ができた。

このように劇場がたくさんつくられたのは，この時代のロンドンが消費都市として急激に膨張したからであろう。ロンドンという当時の唯一の大都市には，時代の社会的変動を反映して，新興の商人や職人たちが住みつき，目ざましい活気を生みだしていた。劇場もまた，この活気によってつくられ，それがまたその活気をいっそう大きなものにするのに役立ったのであったろう。劇場はロンドンの住民の多くを，あまり階級の区別なしに集めていたものと思われる。それは，この時代の社会が，後の時代ほど階級的な区別をはっきりさせないでいたからでもあろう。シアター座をつくったバーベッジは，職人から役者になった男であり，地球座をつくったのはその息子であった。

　地球座はシェイクスピアと深い関わりのあった劇場であるが，それがどういう構造を持っていたか正確なことは分かっていない。宿屋の中庭での見世物から発展した形で，中庭にあたる部分が平土間になり，そこには屋根がなく光を採りいれていた。舞台は平土間に張りだす形につくられていたから，観客は三方から見物するようになっていた。観客との間に幕はなかった。平土間を囲む形で建物が建てられている。建物は四角だったり八角だったり円形だったりしたという。その設計には，当時の新興職人階級の数学の知識が反映していたかも知れない。舞台の後ろにあたる部分は楽屋となり，舞台を囲む三方は桟敷席になっていた。平土間には屋根がないから，雨の日は上演できなかった。楽屋の屋根の上に小さな塔があり，そこに旗をたてて上演を四方に知らせたという。もっとも，平土間の上も，天幕で覆われていたともいう。劇場の規模はむしろ小さなものであったが，観客はたくさん収容したらしい。平土間は椅子もなかった。桟敷席は2階まであり，観客は舞台の上の椅子にすわることもあった。

　平土間に張りだしている舞台は，舞台の主要な部分であるが，それは外舞台（outer stage）であって，舞台の全部ではない。その奥に内舞台（inner stage）があり，幕によって外舞台と隔てられている。この幕を開けて，内舞台だけを使うこともあれば，幕を開けたまま，外舞台と内舞台を一緒に使うこともあった。さらに，内舞台の2階にあたるところに，上舞台（upper stage）があった。外舞台の左右の奥にある出入口にあたる部分の2階も，やはり上舞台として使われたようである。

125

芸術

　当時の芝居は場面の数が多かったが，これらの舞台を上手に使うことで，つぎつぎに手際よく場面を変えていったのであろう。外舞台の中央にせりだしもあった。外舞台には大きな柱に支えられた屋根があって，天 (heavens) と呼ばれていた。舞台装置は，大道具も小道具もごく簡単なものだけだったから，場面の転換は容易であったろう。当時の芝居は比較的粗末な舞台で上演されたのだから，芝居を生かす肝心のものは台詞であった。女優はいなくて，少年俳優が女性を演じた。

　1570年代から1630年代まで，演劇はロンドンの劇場を中心にかつてない隆盛を見た。しかし，その繁栄の時代は短かった。1640年にはピューリタン革命が起こり，その後まもなく劇場はすべて閉鎖されてしまったからである。

　劇場における芝居のほかに，ステュアート朝になってから，宮廷で上演されたものに仮面劇 (masque) がある。1回の上演のために，舞台がつくられ装置や衣裳が用意された。建築家のジョーンズが設計に当たったものもあり，ずいぶん豪華なものもあった。

王制回復期

　王制回復後，演劇は国王の勅許を得た2つの劇団によって復活されることになる。1つはダヴナントの劇団で，1661年にリンカンズ・イン・フィールズのテニス・コートを改造した劇場で発足し，1671年には「ドーセット・ガーデンズ劇場」(The Dorset Gardens) をつくった。もう1つは，キリグルーの劇団で，1663年に「王立ドルアリー・レイン劇場」(The Theatre Royal Drury Lane) を発足させた。ドルアリー・レインがロンドンの劇場街の別名のようになる第一歩がここに始まった。

　再開された演劇は，エリザベス朝のものとはずいぶん違うものであった。フランスの演劇の影響をつよく受けて，古典主義的な規範が重んじられるようになり，場面の数も減った。舞台も額縁舞台に変わり，幕が降りるようになった。それでも，エリザベス朝の舞台の名残りが，額縁の前にエプロン・ステイジ (apron stage) を張りださせていた。室内照明が取りいれられ，装置もじゅうぶんにしつらえられた。女優も登場した。観客の層も上流階級に限られるよう

になり，入場料も高くなった。

18世紀

　最初のドルアリー・レイン劇場は1672年に焼失し，1674年に第2次の劇場がレンの建築設計によってつくられ，これが18世紀の終りちかくまでつづいた。一方ダヴナントに与えられた勅許にもとづいて，1732年には「王立コヴェント・ガーデン劇場」(The Theatre Royal Covent Garden) がつくられた。1766年には「ヘイマーケット劇場」(The Haymarket) が勅許を得るが，18世紀の演劇はこれらの劇場を中心にして展開することになる。

　政府が公認する演劇はこれらの劇場に限られていたが，実際には小さな劇場がいくつか存在して芝居が上演されていた。そういう小劇場で政治批判の芝居が上演されたのに対して，政府が禁止令を出したこともあった。劇場は地方の都市にもつくられるようになっていた。

　18世紀の俳優としては，ギャリックがドルアリー・レイン劇場を沸かした名優として知られている。

19世紀

　第二次のドルアリー・レイン劇場は古くなって1794年に改築されたが，この第三次の劇場は1809年に焼失し，1812年に完成した第四次の劇場が存在しつづけている。コヴェント・ガーデン劇場のほうも1808年に焼けて，翌1809年に第二次の劇場ができた。この頃劇場はしだいに大きなものとなり，収容する観客の数も三千をこえていた。舞台は豪華になったが，新作の戯曲は少なく，演劇は衰えた。コヴェント・ガーデン劇場は，1847年以降オペラの劇場となった。第二次の劇場も1856年に焼失し，1858年に第三次の劇場が完成した。19世紀前半の名優としてはキーンが，後半の俳優としてはアーヴィングがよく知られている。

　1843年の新しい劇場法によって，すべての劇場がまともな芝居を上演することができるようになった。こうして，19世紀の後半になるとロンドンに劇場がつぎつぎにつくられるようになる。現在ロンドンにある劇場の多くは，この頃

芸術

ギャリック　　　　　　　　　キーン

から20世紀の初めにかけてつくられたものである。舞台は間口にくらべて，概して天井が高い。観客席寄りから舞台奥に向かってゆるく傾斜して高くなっていることが多い点で，日本の劇場と異なっている。観客席は，1階がストールズ（stalls），2階がドレス・サークル（dress circle），3階がアッパー・サークル（upper circle）と呼ばれ，ほかにボックス席（box）がある。

ミュージック・ホール

　1843年の新しい劇場法は客席での飲酒を禁じたので，新しく歌と踊りと酒を提供する場所としてミュージック・ホール（music hall）が考えだされた。最初のものはモートンが1852年に，テムズ川の南のランベスにつくった「キャンタベリー」（the Canterbury）であった。客は飲物と食物の券のついた入場券に6ペンス払い，酒や軽い食事をとりながら歌や踊りを楽しんだ。こういう形のものは，18世紀からパブの中で小さな規模で行なわれていて，「フリー・アンド・イージー」（free and easy）と呼ばれていたのだが，キャンタベリーの定員は

千人ほどであったというから，ミュージック・ホールはその規模を大きくし，都市に集まり始めていた労働者階級の人たちに娯楽を提供する場となった。その数は急速に増え，出演する芸人の数も増えて芸の質も高くなっていった。ダン・リーノのような大スターやマリー・ロイドのような女王が生まれた。チャップリンの芸はミュージック・ホールの芸から生まれたと言われる。

ミュージック・ホールは，イングランドの中部や北部の工業都市にもつくられ，労働者の娯楽場となった。ここから流行した歌には，帝国主義の時代を反映して愛国的なものもあった。愛国主義を意味するジンゴイズム(jingoism)という言葉も，「バイ・ジンゴ」という無意味なリフレインから派生した。

19世紀の末頃からは，「ヴァラエティー・シアター」(Variety Theatre)と呼ばれるようになったが，20世紀になって映画が普及するにつれてしだいに衰えた。ロンドンには，1900年につくられた「ヒポドローム」(the Hippodrome)が，レスター・スクエアの近くに昔の姿をとどめている。

サヴォイ・オペラ

ギルバートが脚本を書き，サリヴァンが作曲したコミックなオペラは，1871年から96年にかけて全部で14篇ほど上演されて，大変な人気をよんだ。これもやはり帝国主義の時代を反映して，層が厚くなった中流階級の嗜好に投じたものであった。古典的なオペラよりも軽快で当世風でありながら，社会諷刺を巧妙に織りこんでいた。日本では『ミカド』(*The Mikado*, 1885)が最もよく知られているが，これも東洋を舞台にしていながら，当時の政治家を諷刺していた。

興行師のドイリー・カートは，好評に乗じて1881年に「サヴォイ劇場」(Savoy Theatre)をストランド街につくって，以後はここを本拠にしたので，「サヴォイ・オペラ」と呼ばれるようになった。

20世紀

20世紀の演劇は，19世紀末までに確立されたリアリズムの演劇をもとに，これを継承発展させるものと，これに反発して前衛的な演出を試みるものの2つ

芸　術

に分けて考えることができよう。ドルアリー・レインを含む，ロンドンのウェスト・エンドと呼ばれる地域にたくさんつくられた劇場を中心にして，作家たちによる新作もつぎつぎに上演されるようになった。ウェスト・エンド以外にも劇場はあったし，地方都市にもつくられていた。こうして演劇が多様化する中で，演出というものが確立され，王立演劇学校（Royal Academy of Dramatic Art）もつくられて，俳優の層も厚くなった。ギルグッド，オリヴィエ，ギネス，のような名優，リーのような美人女優も現れた。商業演劇が栄える一方で，前衛的な実験もいろいろ試みられている。

　特に，第二次大戦後1950年代に入ってからは，エリザベス朝以来とも言えるような活況を呈するにいたった。そのきっかけとなったのは，1956年5月オズボーンの『怒りをこめて振り返れ』（*Look Back in Anger*）の「ロイヤル・コート劇場」（Royal Court Theatre）における上演であった。この劇場は，ウェスト・エンドではなく，高級住宅地ベルグレイヴィアの南の外れのスローン・スクエアにある。1888年に開場した，あまりぱっとしない劇場である。ディヴァインの率いるESC（English Stage Company）の本拠となっていたそこが無名の新人の作品を上演したところ，爆発的な人気をよんだのであった。オズボーンを筆頭に若い作家たちは「怒れる若者」（Angry Young Men）と呼ばれて注目を集めた。それは単に文学上の事件にとどまらず，社会的な事件ともなって，1950年代は「怒りの10年」とも呼ばれるようになった。

　ロイヤル・コート劇場を中心にして，オズボーンの後を追うように若い劇作家たちが登場してきた。ウェスカー，ピンター，ボンドといった作家たちであるが，その多くが労働者階級の出身であった。劇作家だけでなく，『怒りをこめて振り返れ』の演出をしたリチャードソンを初めとして若い演出家も登場してきて，演出においてもいろいろ新しい試みが行われるようになった。

　フランスにあるような国立劇場をつくろうという提案は古くから繰り返し行われてきたが，1962年にオリヴィエを監督として劇団がつくられ発足した。新しい劇場ができるまでは，ウォータールー駅の近くにある「オールド・ヴィック劇場」（The Old Vic）を本拠にして公演を行なった。新しい「ナショナル・シアター」（National Theatre）の建物は，ウォータールー橋を渡ったテムズ川

130

演 劇

ロイヤル・コート劇場

の南岸につくられた。それは演劇だけでなく,音楽や映画や美術をふくむ芸術のためのセンターであったが,劇場は大中小の3つつくられた。すなわち,「オリヴィエ劇場」(The Olivier)と「リトルトン劇場」(The Lyttleton)と「コテスロー劇場」(The Cottesloe)で,1976年から1977年にかけて開場した。シェイクスピアや新作や外国の作品が上演されている。

一方,シェイクスピアの生地ストラトフォード・アポン・エイヴォンにある「ロイヤル・シェイクスピア劇場」(The Royal Shakespeare)においても,1960年からは,俳優のスコーフィールドとともに若い演出家のホールとブルックを監督とするロイヤル・シェイクスピア劇団(RSC=Royal Shakespeare Company)がシェイクスピア等の上演を行なうようになった。ストラトフォードには,1879年に最初の劇場がつくられたが1926年に焼け,1932年に新しい劇場がつくられていた。RSCはこの劇場とロンドンの「オールドウィッチ劇場」(The Aldwych)を本拠にして,ホールとブルックの新しい演出によって注目を

131

集めた。1982年にはロンドンにバービカン・センターが完成して、RSCはここに本拠をうつした。このセンターもまた音楽や美術のための施設をふくんでいるが、大劇場の「バービカン劇場」(Barbican Theatre)と小劇場の「ピット劇場」(The Pit)がある。ホールは1973年にオリヴィエに代ってナショナル・シアターの監督となった。RSCの監督はその後さらに若い演出家ナンやハンズに引き継がれている。これらの演出家は、1980年代にはミュージカルの演出にも進出した。

(橋口 稔)

21. 映　画　Cinema

　この国の映画はたしかに固有の伝統を持っているが、よく言われるようにそれを「ドキュメンタリー」なり「リアリズム」の伝統であると規定してしまうと、一方でハマー・フィルム(Hammer Film)の怪奇物や「キャリー・オン」(Carry On)シリーズや「007」シリーズも、この国らしいと呼べるある独自性を持っている以上、どこの国においてもさまざまな映画が作られているということに落ち着いてしまいかねない。また、その歴史は同一言語圏であるがゆえのアメリカすなわちハリウッドの絶えざる支配の歴史であるという規定にしても、そこには単なる興業面にとどまらない、多様な面における一方通行でない関係が存在してきている以上、粗雑にすぎると言わざるをえないと思われる。

ブライトン派

　20世紀初頭、ポールやヘプワースといった製作者＝興行師が、黎明期に大きな貢献をした一方で、避暑地ブライトンの写真家たちが「ブライトン派」として、のちのドキュメンタリストの先駆として名をあげられることが多い。その場合ウィリアムソンやスミス(キネマカラーの発明者)の作品における、クロー

ズ・アップや編集といった手法，屋外撮影への志向，社会的事件を題材にしている点などが根拠にされるが，30年代のドキュメンタリストたちが自らの立場を正統なものにしようとして彼らを引き合いに出したという事情を見落としてはならないだろう。

製作の衰退と「クォータ制」の導入

　その後興業的にはいよいよ隆盛を見つつも，製作においては外国映画に押されて衰退気味となり，第一次大戦下でも，戦争実録物やピアソンのミステリー物のヒット作があったり，アメリカからグリフィスを招いて撮らせる試みがあったりはするものの全体的には落ち込む一途をたどり，20年代前半には公開された映画のうち自国製作作品の割合は2割を割り，26年には5パーセント足らずというどん底状態に至った。

　そして1927年，「映画法」(Cinematograph Films Act, 1910年施行) が改正され，「割当て制」(the quota system) が導入された。これは劇場に対して，法定の割合分，自国映画を上映しなければならないとするもので，当初5％，そののち増えていって1935年には20％，翌36年には将来さらに高めていく旨の決議がなされた。つまり，これは，この頃までに映画が，議会での問題になるほどに国全体の関心を引くものになってきていたということであって，観る側の運動としても1925年にロンドン・フィルム・ソサエティー (London Film Society) という会員制の鑑賞会組織ができ，また現場の作り手にもオクスフォード大学出身のアスキスがこの20年代後半にデビューするなど，映画が「知的関心」の対象となったことを示す現象がさまざまな面であらわれていた。

コルダ

　この割当て制によって製作界は活発化し（それによってできた映画は，量産の必要による低予算・早撮りのため 'quota quickie' と呼ばれもした），その上昇気運のなか，世界市場をめざす映画を作ろうという野心を持った製作者コルダが登場してくる。アメリカから来てロンドン・フィルムを創立し，翌1933年の自身の監督作品『ヘンリー八世の私生活』(*The Private Life of Henry VIII*)

で興業的に大成功を収めるや，ルネ・クレール，フェデー，スタンバークといった監督を招き，外国スターも多用してさまざまな大作を撮らせた。これによって世界的に名を知られるようになったこの国出身の俳優も多く，ロートン，ドーナット，オリヴィエ，ヴィヴィアン・リーがその代表と言えよう。

バルコン

国際志向のコルダに対して民族主義的志向とも言うべき路線で活動していた製作者がバルコンで，監督のサヴィルらと20年代初めに独立プロダクションを結成して製作を開始していたが，32年にはゴーモン゠ブリティッシュ（Gaumont= British Picture Corporation；フランスの大手の会社ゴーモンから権利を買いとって完全にブリテン系の興行・製作会社となっていた）の製作総責任者に起用された。

資本の動き

ユダヤ移民の子のドイッチュのオデオン興行系列（サーキット）（Odeon circuit）が急成長するなど興業面では相変わらず膨張繁栄が続いている一方で，製作界では1936年を境にしばし危機をむかえた。割当て制によりかかって，需要と供給のバランスを崩すほどの数の作品が作られたことが主な原因であった。そのような状態を見てとり，割当て制の特権を利用しようとハリウッドの資本が乗り込んできた。MGM，ワーナー・ブラザーズ，RKO，20世紀フォックス等によって合作作品が作られたが，第二次大戦が起こったためさほどの数にはのぼらなかった。

ドキュメンタリー派

このような転変を見せていた商業映画界の作品の「娯楽性」に対して，日常の現実を記録として報道伝達する，映画の教育的機能を強調する「ドキュメンタリー」の理念を強く打ち出したのがグリアソンで，ソヴィエト連邦の映画に関する批判的検討や，アメリカで独自の活動をしていたフラハティーを顕揚する等の論説面と同時に，実践面でも帝国通商局（EMB）やのちに総合郵便局

グリアソンの『流網船』

(GPO) に広報活動の一環としてのドキュメンタリー製作を説いてフィルム局を作り，大企業もスポンサーにして，20歳代半ばの若い才能を集め，そのリーダーとして，また自らも作品『流網船』(*Drifters*, 1929：彼の監督作品はこの1作のみ）を撮るなどして，理念を具体化してみせた。ライトとウォットが演出を担当し，オーデンの詩・ナレーションとブリテンの曲を組合わせて構成した『夜行郵便列車』(*Night Mail*, 1936) が代表的作品として挙げられよう。グリアソンの主張の教育的側面を受けついで，資本主義映画に対する社会主義的な武器としてのドキュメンタリーというとらえ方をして，著作と作品の両面活動でそれを推進したのがローサであったが，自らの立場をより良く表わすためには職業俳優やスタジオ使用も厭わないとする彼の方針は，当然ながらドキュメンタリーと劇映画の接近という結果を生み，のちに現れるようになる劇映画の側からの接近の現象と相まって，そこにリアリズム性という一種神話的な型(モデル)が生れてゆくことになる。

　ドキュメンタリーについては，現実の効果的再構成という特質が強い事実を忘れてはならない。しかしそれはつまり，広い意味におけるドラマ化にほかならないわけで，あらゆる映画がある意味で必ずや持っている性質なのである。要はドキュメンタリストたちの作品は，その主張ほどには他の映画と異ならな

いということであり，彼らの運動における最重要事はその主張がその後の映画作りに与えた影響であったと言われることもある。

ハリウッドへ

　第二次大戦前後，ハリウッドはブリテンへの進出だけではなく，ブリテンの優秀な人材を自分のところに呼ぶこともした。監督ではサヴィルやウィルコックスなど，またコルダも4年弱の間頻繁に往復して，自作の演出にまたルビッチの作品の資金集めなどに力を揮った。

ランク

　しかし，コルダの渡米はむしろ本国において低迷していたためであり，一方本国にあって興行，配給，製作の全部門において力を伸ばしてきていたのがランクであった。終戦時には製作界の8割，興行界の6割を占めるという「ランク帝国」を築き上げていて，本人も「アーサー王」と呼ばれたりしたほどであった。コルダと同様ランクも大作路線を敷き，傘下の各撮影所にそれぞれ独自の個性的な企画で製作させるというユニット・プロダクション方式により，戦争末期から40年代後半に至る間に，その後古典的な名画として人々にイメージされるようになる諸作品が生み出された。リーンの『逢びき』(*Brief Encounter*, 1945)，『大いなる遺産』(*Great Expectations*, 1946)，『オリヴァー・トゥイスト』(*Oliver Twist*, 1948)，リードの『邪魔者は殺せ』(*Odd Man Out*, 1947)，オリヴィエの『ヘンリー五世』(*Henry* V, 1945)，『ハムレット』(*Hamlet*, 1948)，パウエルとプレスバーガーの『黒水仙』(*Black Narcissus*, 1947)，『赤い靴』(*The Red Shoes*, 1948) 等がある。

バルコン・タッチ，イーリング・コメディ

　そして，ランク帝国のなかでもとりわけ独自の作風を生み出すに至ったのがバルコン率いるイーリング撮影所で，戦前に始まっていたドキュメンタリーと劇映画の融合が，ここに至ってひとつの固定した形式になったのであり，また以後の戦後映画全体の特質にもなっていく。これは「バルコン・タッチ」と呼

ばれ，ヘイマー，フレンド，クライトン，ディアデン，ボックス(妻と妹との製作・脚本トリオで活躍)，ウィルコックス，ローンダーとギリアット，ボールティング兄弟等の演出のもと，狭義のドキュメンタリーに近い物から戦争物，歴史物，メロドラマ，サスペンス・スリラー物等多彩な作品が撮られた。なかでも喜劇は，「イーリング・コメディ」(Ealing Comedy) と呼ばれることもあるとぼけた滑稽さ，やさしい皮肉を湛えた独得の作品群を形成した。多くのイーリング・コメディに主演しているギネスに，脚本家出身の監督マッケンドリックが組んだ『白いスーツの男』(The Man in the White Suit, 1951)，『マダムと泥棒』(The Lady Killers, 1955) 等が代表的作品である。

コルダの巻き返し

ランクの独占状態が続くなか，コルダも再起を期して活動を始めていたが，折からランク傘下を出たリードを演出に迎え，映画への関心の深い作家グリーンの書き下ろしシナリオを得ての『第三の男』(The Third Man, 1949) でヒットをとばし，またアスキス監督，ラティガン原作の『ウィンズローの少年』(The Winslow Boy, 1948) 等を生んだ。

ランク帝国傾く

多くの分野に手を広げすぎたランク帝国の製作部門は，1948年を境に一転危機に陥り，慢性的に赤字を累積していくことになる。リードに続いて，バルコン以外のほとんどの監督たちがコルダ陣営に移ってしまった。こうした不況下で国家による保護政策として「国家映画金融公庫」(National Film Finance Corporation) が1949年に設立され，翌50年には娯楽税減免分の半分を「ブリテン映画製作基金」(British Film Production Fund) として製作助成金に充てる等の措置がとられたが，絶対的な解決にはならなかった。

ハリウッドの動き

一方，1948年に政府がとったポンド流出防止対策のために，この国における収入を凍結されたハリウッドが，大戦で一時中断していた進出を再開し，製作

芸術

『白いスーツの男』
チラシ（部分）

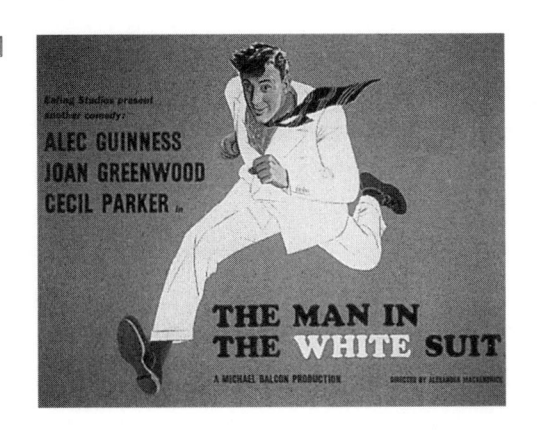

のみをこの国でとか，製作陣もハリウッドからとか，合作とか，提携のしかたはさまざまであるが，その後現在に至るまでますます混沌の度合を深めていく両国の映画の関係，いわば「アングロ＝アメリカ映画」とでも言うべき形態がはっきり姿を現し始めたのであった。それに加えて，この頃ハリウッドの赤狩りを逃れてきて，映画活動を行なった人たち——ドミトリク，ダッシン，ロージー，フォアマン，チャップリンがいて，さらに融合は進んでいった。1975年には，この国で作られた映画の8割以上がアメリカ資本によるものであったという。

ヒチコック

　このようなハリウッドの関与・侵入は単に経済的・社会的理由のためばかりではなく，これもよく言われることだが，映画技術の高さが求められたという事実も見のがすわけにはいかないだろう。この映画技術の卓越，さらには映画言語の絶えざる更新・展開・卓抜という点において，そしてハリウッドとの関係という点において，第二次大戦前後あたりまでの映画史を体現するかのような軌跡をたどったのが，ヒチコックであった。タイトル・デザインの仕事から出発し，バルコンのもとで助監督，1925年から監督となり『下宿人』(*The Lodger*, 1926)で本領のサスペンス映画の腕を示し始め，BIP (British International Pictures)に移っての『恐喝』(*Blackmail*, 1929)でトーキーの実験，『殺人！』(*Murder !*, 1930)で意識の流れ的モノローグ，同時録音，即興演出の試

み，ゴーモン=ブリティッシュで再びバルコン製作のもと，ヒット作『暗殺者の家』（*The Man Who Knew Too Much*, 1934），シナリオに縛られなくなり，この上なく劇的な事柄をこの上なく控え目にさりげなく軽快にというヒチコック・タッチがはっきり出てきた『三十九階段』（*The Thirty-Nine Steps*, 1935），ゲインズボロ・ピクチャーズで総決算ともいうべき『バルカン超特急』（*The Lady Vanishes*, 1938）といった作品を作り，ハリウッドから交渉をうけて40年に渡米，以後アメリカで作品を撮るが，40年代末から50年代初めにかけては，この国で製作しハリウッド資本が配給するものが2本あったり，72年には20年ぶりに里帰りしてロンドンで『フレンジー』（*Frenzy*）を撮るという具合で，境界を絶えず越境し続けていたのであった。

第二次大戦後

戦後の映画の流れのひとつに，「バルコン・タッチ」の系譜にあるドキュメンタリー調の実録戦争物があり，のち1960年代に大作戦争物，冒険物，「007」などのスパイ物を手がけることになるヤング，ギルバート，ハミルトン，アナキン等がその演出にあたっていた。

テレビの普及

1953年にはエリザベス女王戴冠式をきっかけに，一気にテレビの普及率が高まり，映画観客人口減に拍車がかかった。同じ頃シネマスコープが登場して大型画面時代が到来したが，一時的にでも映画衰退の傾向を食い止める力にはなりえなかった。

フリー・シネマ

ここまで映画の主流はあくまで大作主義であったが，それに対する反動が1950年代半ばに現れ出す。しかしこれは30年代のドキュメンタリー派とは違って，明確な映画理念を掲げての統一的運動体ではなかった。アンダーソン，ライス，リチャードソンという青年が自分たちの映画を上映する場を求めての行動であり，それはアンダーソンによって「フリー・シネマ」（Free Cinema）

芸術

と名付けられた上映会の形で実現され，1956年から59年まで6回にわたり，自らの作品だけでなく，フランスのヌーヴェル・ヴァーグ等の作品の紹介も重要なねらいであった。折しもオズボーンの戯曲『怒りをこめて振り返れ』の上演が社会に大きな影響を及ぼしたことや，また下層階級の若者の姿をはじめて捉えてみせたということで評判を呼んだ『年上の女』(*Room at the Top*, 1959. 監督クレイトン)がヒットとなったことに勢いづけられて，シリトーなど，労働者階級の若者の青春を扱ういわゆる「怒れる若者たち」の小説・戯曲が次々に映画化されていくことになる。代表的な作品としては，リチャードソンの『怒りをこめて振り返れ』(1959)，『蜜の味』(*A Taste of Honey*, 1962)，『長距離ランナーの孤独』(*The Loneliness of the Long-Distance Runner*, 1962)，ライスの『土曜の夜と日曜の朝』(*Saturday Night and Sunday Morning*, 1960)，シュレジンジャーの『ある種の愛情』(*A Kind of Loving*, 1960)，アンダーソンの『孤独の報酬』(*This Sporting Life*, 1963)等がある。列挙したタイトルからすぐ分かるようにこの頃の一連の〈怒れる若者〉映画は，「文芸物」であり，その意味でヘプワース(Hepworth Manufacturing Company)製作の『ハムレット』(*Hamlet*, 1913)，『デイヴィド・コパーフィールド』(*David Copperfield*, 1913)以来の路線にみごとに同調していたと言える。その後彼らの作品は，要素としてはもともと存在していた醒めて屈折した諷刺的傾向，あるいは一種の風俗喜劇的傾向を強めたと評され，ライスの『モーガン――治療にふさわしい場合』(*Morgan — A Suitable Case for Treatment*, 1966)，シュレジンジャーの『日曜日は別れの時』(*Sunday, Bloody Sunday*, 1971)，リチャードソンの『ラブド・ワン』(*The Loved One*, 1965)，アンダーソンの『もしも…』(*If*, 1968)などの作品が撮られている。

ロージー

　怒れる若者たちとほぼ時期的に並行して，題材的にはやはり社会に対する批判的な視座を持ちつつも，荒唐無稽でバロック的な畸型化された空間世界を執拗に作品化し続けるという旺盛な活躍ぶりを示したのがロージーで，『狙われた男』(*Blind Date*, 1959)，『コンクリート・ジャングル』(*The Criminal*, 1960)，

『エヴァの匂い』(*Eva*, 1962)，『召使』(*The Servant*, 1964. 脚本ピンター)，『唇からナイフ』(*Modesty Blaise*, 1965)，『できごと』(*Accident*, 1966)，『秘密の儀式』(*Secret Ceremony*, 1968)，『暗殺者のメロディー』(*The Assassination of Trotsky*, 1971) 等が生み出された。

60年代以降

　60年代にはテレビ界育ちの監督たちが次々と登場した。フューリー，イェイツ，ウィナー，ローチ，ラッセル，コリンソン，レスター等である。この時代，アメリカのレコードと電気製品の大企業 EMI (Electrical and Musical Industries) は，映画をもコングロマリットの一翼に加えようとし始め，60年代末頃から製作，興業界双方において合体を進めて，一躍ブリテン一の企業体になった。その EMI の本拠地エルストリー撮影所の撮影所長となって活躍したのが，自ら俳優・脚本家・監督でもあったフォーブズだった。

　また，すでに述べた映画技術のすぐれた伝統のゆえということもあって，この国で撮る監督が以前にもまして増えてきて，豊かな流れを形づくる。『ロリータ』(*Lolita*, 1962)，『博士の異常な愛情』(*Dr. Strangelove*, 1964)，『時計じかけのオレンジ』(*A Clockwork Orange*, 1971) 等のキューブリック，『華氏451』(*Fahrenheit 451*, 1966) のトリュフォー，『ワン・プラス・ワン』(*One Plus One*, 1968) のゴダール，『反撥』(*Repulsion*, 1965)，『袋小路』(*Cul-de-Sac*, 1966)，『吸血鬼』(*Dance of the Vampire*, 1966)，『マクベス』(*Macbeth*, 1971)，『テス』(*Tess*, 1979) のポランスキー，『わらの犬』(*Straw Dogs*, 1971) のペキンパー，そして，これは外からの例ではなく逆にその技術の例証ということになるのでもあろうが，カメラマンとして出発し，『華氏451』の撮影も担当し，『美しき冒険旅行』(*Walkabout*, 1970)，『地球に落ちて来た男』(*The Man Who Fell to Earth*, 1976) で監督としての才能も示してみせたローグ等がいる。『小さな恋のメロディー』(*Melody*, 1971)，『炎のランナー』(*Chariots of Fire*, 1981) 等の製作者パトナム，『眺めのよい部屋』(*A Room with a View*, 1985) や『モーリス』(*Maurice*, 1987) で話題となったアメリカ人監督アイヴォリーの活躍が話題になったが，以上のような越境者たちの活動による作品群の圧倒的な力を見

芸　術

落としてはならないだろう。
　また異分野の多様な才能が映画界に監督として流れ込んでくる様相も一段と目立ってきていて，絵画や小説も手がけるグリーナウェイ，絵画・デザインにおける感性や能力を映像面にも発揮してきたジャーマン，劇団の演出助手からテレビ界に入って演出家として活躍し，そのテレビ作品が劇場公開されて一躍名を広めたフリアーズ等がいる。　　　　　　　　　　　　　　（秋山　嘉）

22．建　築　Architecture

古代～アングロ・サクソン時代
　先史時代のモニュメントとしては，ウィルトシャーのエイヴベリー（Avebury）とストーンヘンジ（Stonehenge）の環状列石（stone circle）がある。
　ローマ人支配の時代の遺跡は碁盤目状の道路や浴場が主で，まとまったモニュメントとしては，北方の民族の侵入を防ぐために2世紀初めに築かれたハドリアヌスの長壁（Hadrian's Wall，あるいは Roman wall）の一部がある。
　5世紀末頃大陸から渡ってきて先住のケルト系の民族と共住し始めたアングロ゠サクソン人たちによってイングランドの文化が花開き，多くの教会が建てられたが，ほとんどのものは木造であったため，部分的な構造しか残っていない。しかし，その優れた技術で築かれた石造りのものの中には，ウィルトシャーのブラッドフォード・オン・エイヴォンにある教会のようにほぼ完璧な形で残っているものもある。

ノルマン様式
　イングランドのロマネスク（Romanesque：「ローマ風の」の意であり建築上では古代ローマ風の半円迫持（arch）と厚い壁の使用を特徴とする）建築が一般にノル

建 築

エイヴベリーの環状列石

デヴィルズ・ダイク（Devil's Dyke：アングロ=サクソン人によるものとされる先史時代のイースト・アングリアの防衛用土塁）

マン様式（Norman）と呼ばれているが，この呼称は1817年にトマス・リックマンによって与えられた一連のイングランド中世建築様式区分の1つであって，実際にはノルマン人は地主や修道院設立者にすぎず，仕事をしたのはアングロ・サクソン人の石工（mason）たちだった。

　征服者であったノルマン人たちが最初にしたのは城を築くことであり，高い土塁（motte あるいは mote）の上，にキープ（keep）と呼ばれる多くは二階建木造の建物を据えた。石造りのキープの有名なものとしては，ウィリアム征服王が住んでいたロンドンのホワイト・タワー（White Tower）がある。その治世の終わり頃になると，高いタワー・キープが建てられるようになる。

　人々の家もやはり12世紀頃までは一般に木造の納屋のようなホール（hall）だった。ヘンリー二世の治世になると石造りのものが建ち始めるが，ヨークシャーからサマセットシャー，ドーセットシャーにかけての石灰岩地帯，または高位の地位の者だけに限られていた。

　ノルマン人は前の時代からあった教区制をそのまま受け継いだが，教会の多くを石造りのものに建て直した。また大陸からベネディクト派，ついでシトー派といった修道会の人々をつれてきた。イングランド中世の大聖堂（cathedral）や修道院はほとんどがノルマン時代に起源を持っている。代表的なものとしては，ダラム大聖堂（Durham Cathedral）やセント・オールバンズ大聖堂（St. Albans Cathedral）があげられる。

過渡期ゴシック様式〜初期イングランド様式（ゴシック様式第1期）

　中世は教会の時代である。建築面でも，その中心となるものは教会建築であった。ヘンリー二世の治世の終わり頃になると柱はロマネスク様式のままでありながら，それまでの単純な半円アーチにかわって，尖ったアーチを用いた建物が現れ始めるが，これがノルマン様式からゴシック（Gothic：「ゴート風の」の意。この呼称はテューダー朝になってローマ古代建築をとりいれた者たちが中世を軽蔑して「野蛮な」という意味あいで使った語であって，本来のゴート族と直接の関係はない）様式への過渡期（Transitional，あるいは初期尖頭式 Early Pointed）様式である。キャンタベリー大聖堂（Canterbury Cathedral）の聖歌隊席（choir）

建 築

聖墓教会（Church of the Holy Sepulchre, ケンブリッジ）
ラウンド・チャーチの名で親しまれ，円形の教会はこの国では珍しい，ノルマン様式の部分を持っている

ノルマン様式のキープ：ドウヴァー城

エクセター大聖堂

がその例である。

　さらに，非常に鋭い尖頭アーチ（pointed arch）や深い繰形（moulding）を持ち，柱がほっそりした円柱となった初期イングランド（Early English）様式の教会建築が登場する。典型例はソールズベリー（Salisbury），リンカン（Lincoln），ウェルズ（Wells）の各大聖堂である。この尖頭アーチ構造はノルマン様式の正方形の空間ではなく長方形の空間に円筒形天井（vault）をつける必要から生じたもので，その結果中二階（gallery）が不必要になって側廊（aisle）の空間が高くなり，大きな窓が可能となった。荘厳な内部空間は，ノルマン時代の暗い，いわば牢獄のようなものから今や明るく軽快なものに変わり，見事なステインドグラスや壁に塗られていたはずの豊かな色彩と相俟って，はるばる訪れる巡礼の目には地上に現出した天国かと映じたことと思われる。

装飾様式（ゴシック様式第2期）

　高さと明るさを真剣な美的要請をもって追求した初期イングランド様式の次には，陽気で豪華，華美な装飾（Decorated）様式が生まれた。窓は一層大きくするために複数個が隣接され，それらを枠取り支えるために狭間(トレイサリー)（tracery）が用いられた。初期のトレイサリーは幾何学的な形だが，のちになると流れるような曲線をもったものが現れ，形も多岐をきわめた。代表例としては3つの尖り屋根（spire）をもつリッチフィールド大聖堂（Lichfield Cathedral），壮麗な内部空間のエクセター大聖堂（Exeter Cathedral）がある。

　この時代修道院の力は退き，修道院外（secular）の聖職者が力を伸ばした。教区教会の拡張が行なわれて，なかには小カテドラルと呼べるようなものも現われ，また教区の有力者の援助による寄進礼拝堂（chantry chapel）も出来た。

垂直様式（ゴシック様式第3期）

　13，14，15の各世紀は，それぞれ初期イングランド，装飾，垂直の各ゴシック様式におおよそ対応している。ただし，いずれの場合にも大きなカテドラルの場合には半世紀ほど早く出現している。

　フランス起源の垂直（Perpendicular）様式は，イングランドでは旧ウェストミンスター宮殿や旧セントポール大聖堂参事会会議室(チャプター・ハウス)という，宮廷の様式としてまず試みられた。そして，グロスター大聖堂（Gloucester Cathedral）をはじめとする何百もの教会や，また教会以外の建物の様式として広まった。

　垂直という名の由来は，扇形天井(ファン・ヴォールト)をなすアーチを支える高い柱や，トレイサリーや石の羽目板等が形作る屹立した直線にある。ウェストミンスター寺院（Westminster Abbey）のヘンリー七世礼拝堂を極みとして，ケンブリッジのキングズ・コレッジ礼拝堂（King's College Chapel）その他枚挙にいとまがない。また装飾様式の頃に始まる教会建築の一要素であり，とりわけ垂直様式の時代になってあちこちの教区教会が競うようにして建てるようになった高い塔（通例中に鐘があった）は，美しい偉容をもたらすと同時に，その重量によってアーチの崩壊を防ぐという構造上の役目も果たしていた。キャンタベリー大聖堂のベル・ハリー・タワー（Bell Harry Tower）が典型例である。豊かになってい

芸術

垂直様式：ノリッジ大聖堂
全体は11世紀のものだが，そびえたつ尖塔部分は15世紀に付け加えられた

た牧羊地帯の教区だけでなく，裕福な家や町のギルドも自分たちのための礼拝堂を建てるようになった。貴族の宴会場や商人職人の会合用の公共ホールなど立派な建物も出来てきていて，教会の建物は相対的に社会の中における位置が下がったが，中世を通じてやはり各地域の中心の建築物であった。

エリザベス朝様式

　城と大教会の時代は過ぎ去った。封建領主と聖職者から政治家・宮廷人・商人へと時代は変わり，それに応じて多様な多数の家が建てられることとなった。なかでも目覚しい特徴をなすのが，ハードウィック・ホール（Hardwick Hall）や，ウルジー枢機卿のハンプトン・コート宮殿（Hampton Court Palace）といった大邸宅であり，中世の名残りをとどめる細部とルネサンス的な左右対称の構造との見事な統一を形作っている。貿易と牧羊業の発展を背景に生み出されたイングランド独自の様式であった。総称的に「エリザベス朝様式」（Elizabethan）と呼ばれるが，初期を垂直様式最末期とも呼ぶべきゴシック色濃いテューダー朝（Tudor）様式，中期を今述べたような元気横溢の典型的エリザベス朝様式，後期をイタリアの当時の厳格なルネサンス期古典主義（classicism）建築の影響をうけて抑制のきき始めたジェイムズ朝（Jacobean）様式と区分することもある。

ルネサンス様式

　イタリアのルネサンス期は，オーダー（order）と呼ばれる標準的な柱から梁までの造型（ドリス式 Doric，イオニア式 Ionic，コリント式 Corinthian，トスカナ式 Tuscan，コンポジット式 Composite の5種があり，ひとまとめにして the Five Orders とも言われる）の体系をギリシア・ローマの古代の遺跡の中から汲みとり，精緻に整備していた。15世紀に再発見された紀元前1世紀のローマ人ウィトルウィウスの建築書もさることながら，アルベルティやパラディオの理論と実践の両面にわたる古典主義の仕事がイングランドの建築に大きな影響を及ぼすことになるが，それによって生み出されたルネサンス（Renaissance）様式以降，グリーク・リヴァイヴァルにいたるまでイングランドのさまざまな近世建築様式のどれもが，オーダーを用いているという点において広義の古典主義建築であると言える。

　このような新しい学問知識をもった者が，中世の石工たちに代わって建築をとりしきるようになった。無名の職人たちの時代から，紙とペンで設計をして建てる，名を持った個人がリードする時代へと変わりつつあった。その嚆矢が，

芸術

ハードウィック・ホール

ジェイムズ一世の宮廷の仮面劇舞台装置家であったイニゴウ・ジョーンズで，イタリアで学んだルネサンス様式を本格的な形で初めてイングランドに導入した。測量技師総監としてグリニッジのクイーンズ・ハウス (the Queen's House) をデザインし，また 1619 年に焼け落ちたホワイトホールの王宮 (the Whitehall Palace) 再建のために宏大なデザインの設計図をひいたが，実際に建てられたのは宴会場だけであり，あとは内乱によって水泡に帰してしまった。

1666 年のロンドン大火 (the Great Fire) のあと再建のための測量技師総監として教区教会や大聖堂，また住宅をはじめ新しい都市のデザイン一切を任されたのが，オクスフォードで科学を修め，のちに建築を独学で学んでいたクリストファー・レンであった。当初は大聖堂を中心に直線の道路が走るイタリア式構成の予定だったが，狭い小路の作り出していた，以前の街並みを求める声にも応えて，教区教会の尖塔に代表的に見られるように，イングランドの風土によく合うように中世の要素をルネサンス的に消化した調和を作り出した。彼はまたシティー (the City) の家の高さをセント・ポール大聖堂の 2 階以下に制限することでスカイラインを美しく保たせるようにした (この制限は 19 世紀半

ばまで続いた)。

　この時代の他の重要な建築家としては，劇作家でもあり豪壮なブレナム宮殿 (Blenheim Palace) とカースル・ハワード (Castle Howard) の設計者として有名なヴァンブラと，レンのアシスタントとしてロンドンの教会をいくつか設計し，のちヴァンブラのアシスタントになって上述の2つの建物の建築にも携わったホークスムアがあげられる。

ジョージ朝様式

　ヴァンブラのものを典型とするイングリッシュ・バロック (English Baroque) とも呼ばれる豪奢な巨大邸宅が大土地所有者である豊かな貴族をパトロンとして建てられる一方で，それと対照的なジョージ朝ハウス (Georgian house) と普通呼び慣わされる簡素な住宅が，田舎の大地主たちによって建てられ始める。風景式庭園 (landscape garden) の中に置かれた立方体型のこのカントリー・ハウス (country house) は，パラディオ (Palladian) 様式で建てられたクイーンズ・ハウスをお手本としていた。このスタイルが，パラディオ主義 (Palladianism) という語ができるほどに18世紀イングランドにおける一大潮流となった。それに対して大邸宅や宮殿の建築は，つぎのリージェンシーの時代までについに終わりを告げた。

　都市の連続住宅の2つのタイプとしてコート・ハウス (court house) と呼ばれる中庭型の住居に並び称されるテラス・ハウス (terrace house) が，都市の周囲に多数建てられるようになってきていたのもジョージ朝様式の時代であった。テラス・ハウスは裏庭型とでもいうべきタイプであり，その名の由来は建物を半階部分ほど掘り下げて建て，掘り出した土をテラス状に地盤の嵩上げに用いたことにあるとされているが，それによって街路から住宅への入口が正面と半地下階へのものと2つ備わっているという特徴を有するようになっている。中世以来の市の立つ町 (market town) はそれまでの乱雑な市の開かれる広場 (market place) を，周囲にテラス・ハウス型の街並を配した，イタリア式の整然としたマーケット・スクエア (market square) に作り変え始めた。そしてロンドンその他の大都市にもそれに似た感じの，ただし市(マーケット)とは関係ないス

151

保養地のテラス・ハウス(ブライトン)

クエアが建設されだした。

　また,この時代温泉地バースに行くことがジェントルマンとその家族に流行し,そのための宿泊施設としてもテラス・ハウスが建てられた。普通のテラス・ハウスに用いられる化粧漆喰(stucco)塗りの煉瓦造りではなく,その地方で採れる良質の石を素材に,宮殿のような見事で立派な全体的外観をもったものが築かれた。温泉浴だけではなく海水浴も流行し,海岸の遊歩道沿いにテラス・ハウスの建った「海水浴場」があちこちに生まれたが,その最大規模の例がブライトン(Brighton)であった。

　〈リヴァイヴァリズムの発生〉　18世紀の半ばになると建築家たちのあいだに,一口で言えば新古典主義と呼ばれうる一連の動きがあらわれてくる。それは,当時すでにたくさん出版されていた,パラディオ様式を中心としたルネサンス建築を解説した建築書の図面が,多かれ少なかれ近代の建築家的見地からの解釈を施されたものであったのに対して,古代遺跡の実測を行ない,その考古学的実証に基づいて過去に理想の様式を発見しようという態度であった。

パラディオを越えて古代ローマ建築自体へと遡りその優秀さを主張したのがロバート・アダムであり、またローマでアダムと友情を結んだイタリア人ピラネージの多くの版画も古代ローマの面影を人々に強く印象づけた。これに対し、共同でアテネの古代遺跡の研究成果を出版し古代ギリシャ建築の実相に人々の注意を大いに向けさせたのが、ジェイムズ・ステュアートとニコラス・レヴェットであった。ギリシャの発見はそれまでの「美」に代わる理想の存在を世の人々に告げた。それは当時の哲学者バークの用語を使うならば「崇高」(the sublime)であった。ロバート・アダムのライヴァルであり、また建物の内外部のデザインに関する人々の趣味を方向づけるのにアダム兄弟に劣らぬ力を発揮したチェインバーズもバークの説を自分の建築論の中にとり入れていた。ギリシア派は大いにギリシア復興(Greek Revival)を叫び、世紀の中期にかけて、鉄道の駅、公会堂、教会、ロンドンのクラブの建物など多くの公共の建物がこの様式で建てられた。この運動はホイッグ党の受け入れるところとなって隆盛を極め、トーリー党側に立ったロバート・アダムのローマ志向と鎬を削った。

　浪漫的古典主義とも規定しうるグリーク・リヴァイヴァルに対し、またもう一方では浪漫的自然主義とも規定すべきゴシック・リヴァイヴァルが生まれていた。つまりイングランドに固有な過去の様式に戻ろうとする動きであり、その代表例が、ホレス・ウォルポールがトウィックナム（Twickenham）に建てた風変わりなストローベリー・ヒル（Strawberry Hill）の館であった。19世紀のゴシック・リヴァイヴァリストたちが中世の構成原理や製作法の究明復活に努めたものとちがって、彼は漆喰ゴシックという流行を生むことになる方法を用い、また人造石やボール紙を素材とすることも辞せずに、自らの空想が生み出す理想の雰囲気を実現しようとした。かくして建築史上の問題児的存在ともいうべき突出が現出したのであり、世に大変なゴシックの熱狂的流行をもたらし、フォリーズ（follies,「ばかげた大建築」の意）と呼ばれる奇抜な建物やイミテーションの廃墟までが生み出された。いまひとつの代表例が、『ヴァテック』(*Vathek*)の作者であるベックフォードが建てさせたフォントヒル・アベイ（Fonthill Abbey）であった。これは本職の有能な建築家ジェイムズ・ワイアットに設計させたものであったが、その中央の高さ267フィート（約81m）を誇る

芸術

ロバート・アダムによる新古典主義的内装（ハムステッドヒース，ロンドン）

八角塔はその後 1825 年に崩壊し，当時の建築家たちに大きな衝撃を与えることになる。

　ゴシック建築様式に対する関心は，グリーク・リヴァイヴァルの進展するうちに徐々に一旦薄らいで行った。しかし，これら一連のリヴァイヴァル運動により生み出されたものは，新しい理想の確立ではなく，理想の対立あるいはむしろ理想の混迷であり，ここに建築の試行錯誤の時代が始まった。

リージェンシー様式〜ヴィクトリア朝様式

　19 世紀になり産業社会が形成されるのにともなって建築においても，既存のパトロン階層がしだいに衰退消滅していき，代わって商人市民階級が進出して来，さらに資本それ自体が独自の活動を始めるにいたり，デザインの社会的客観的価値が求められる状況が生まれた。ジョージ朝時代後半から多くの町で行なわれるようになっていた都市計画（town planning）もその例であり，ロンド

ンにあっては，摂政時代(the Regency)以来のジョージ四世の寵児ジョン・ナッシュが行なった，リージェンツ・パーク（Regent's Park）からリージェント・ストリート（Regent Street）にいたるあたりの，さまざまな様式の建築物に満ちた街並の設計がそれにあたる。そしてこういう状況下で，建築家も専門職としての職能確立へと動いてい（かざるをえなか）った。その具体的なあらわれが，ブリテン王立建築家協会（R.I.B.A.）の前身であるブリテン建築家協会（the Institute of British Architects）の1834年の設立（「王立」'Royal'の名称を受けるのは1866年）であるが，その成立に力があったのが，考古学的実証ではなく大陸的合理主義精神による理念的純化という形の，新古典主義を主張していたジョン・ソウンである。一方ではまた石炭と蒸気力と鉄の時代にふさわしく，1818年にはテルフォードを中心に土木技術者協会（the Institute of Civil Engineers）が設立されていた。この土木技術者協会のメンバー達は自らを建築家と任じていたが，王立建築家協会のメンバーたちは建築家すなわち芸術家と自負し，自分達の仕事をトンネルや橋を作る技術者の仕事よりも上位のものと考えていた。しかし，鉄という材料が建築に対して持つ可能性は，彼らのあいだでも認められ出していた。この時代の建築家の位置していたそのような困難な板ばさみ状況は，1851年のロンドン万国博覧会（Great Exhibition）の会場として建設された水晶宮（Crystal Palace）に対する彼らの反応，態度に典型的に現われていた。パクストンの設計になる鉄とガラスでできたこの巨大な「温室」は，建築家達にとって外部の異界の存在の唐突な出現だったのであり，賛否いずれの立場をとるにせよ大きな脅威を感じないわけにはいかず，何とかそれを自分達つまり「建築」に同化しようとした。しかし，実地の試みにもかかわらず，ついに満足の行く物は出来ず，結局はリヴァイヴァリズムの建築に赴かざるをえなかった。

〈様式戦争〉　専門職として確立するようになった建築家たちはロンドンに建築事務所を構え，そこを拠点にして汽車を利用してイングランド中に仕事を見つけ，また依頼されるようになってきた。建築家と注文主との関係の様態が変わってきたのである。そしてまた当時の社会に瀰満していた適者生存の競争原理の風潮に適合したものとして，公共的な建物の場合に公募の設計競技（コンペティション）に

芸 術

よって建築および建築家を選ぶのが最良とする意見が，しだいに強くなってきていた。他方，宗教に関わる領域においても，社会的客観性を要求する立場から宗教的理想を再検討しようという教会建築運動が現れ始めた。後のオクスフォード建築・歴史協会 (the Oxford Architectural and Historical Society) の前身の団体が設立されたり，また時を同じくしてのケンブリッジ・キャムデン協会 (the Cambridge Camden Society) の設立がその代表的な例である。

このようにビジネスとしてのきびしい現実的な要請や，思想・信仰その他の価値観によって各個人が抱く理想の様式の追求などさまざまな要素が混在しまた対立しあうなかに，様式戦争 (the battle of the styles) と呼ばれる建築家の不安定な群雄割拠状態が生まれたのであった。

ギリシャ様式はしだいに人気を失って行き，ゴシック・ロマンスというよりはウォルター・スコットの小説とはるかに連動しつつ新たなるゴシック熱がこの時代に大きな一潮流を生み出し，古典主義的な傾向にとどまろうとする者との間で，イングランドをほぼ二分するまでにいたった。

そのような状況にあったこの時代の多くの建築家のなかから，代表例を以下にあげる。ゴシック・リヴァイヴァルの代表作とされる国会議事堂 (the Houses of Parliament) の設計者バリー。彼を手伝ってその国会議事堂のゴシック様式細部の設計をしたピュージン。このピュージンよりずっと冷静なゴシック復興者が，多くの教会の建築・建て直しを行い，史上最多作の建築家と目されるジョージ・スコットであり，代表作にアルバート記念碑 (the Albert Memorial)，ミドランド鉄道のセント・パンクラス駅 (St. Pancras station)，グラスゴウ大学 (Glasgow University) 等がある。スコットの助手も務めたことがあり，教会建築運動にも大きな力を果たしたのがストリートで，その建築事務所からはモリス，ウェブ，ショーという優れた人材が輩出した。ストリートのゴシック様式の代表作としてはロンドン，ストランド街の王立裁判所 (the Royal Courts of Justice) がある。他に，高教会派(ハイ・チャーチ)の運動に深くかかわっていて，イングランド特有ともいうべき煉瓦の使用による独特の多彩な模様でロンドンのマーガレット・ストリートの諸聖人教会 (All Saints') やオクスフォードのキーブル・コレッジ (Keble College) を外装したバターフィールド，自由な想像力

建築

ロイヤル・パヴィリオン（ブライトン）の特異な姿
摂政時代のジョージ四世のためにナッシュによって外装が大きく作り変えられた

を駆使して夢の中世を追求してできた不思議の国の建物ともいうべきカーディフ城（Cardiff Castle）やカステル・コッホ（Castell Coch）を設計したバージェス等があげられる。

20世紀へ

　19世紀に勃興してくる中流階級の態度に応じて，建築においても建築物の構成よりそこでの人の生活に焦点が合わせられるようになる。日常性を求めるこの動きは，19世紀後半に住宅復興（Domestic Revival）と呼ばれる形の運動となってあらわれ，たとえば，赤煉瓦の使用による簡素な古典主義様式であるアン女王様式（Queen Anne Style）と呼ばれる様式も，アン女王（1702-14）時代の様式の厳密な使用・再現を目ざすのではなく，重々しいゴシック・リヴァイヴァルの様式からの解放が主眼であった。こういった住宅復興を担った建築家にはヴォイジー等がいる。大きく豪華なカントリー・ハウスを建てさせる少数の資本家も一方にはいたが，そのような個人単位の規模ではなく，階級単位での住宅への要求が19世紀後半から生まれてきたのだった。労働者階級の住む

芸 術

セミディタッチト・ハウス（バース）

都市の殺風景な住宅を嫌って，旧世代の大邸宅のイメージを微かに漂わせる庭つきの専用住宅を上層中流階級が求めだしたのであり，鉄道の発達拡大を背景に，都市の郊外にそのような住宅地が作られたり（ロンドン郊外のベッドフォード・パーク Bedford Park がその例），またそれまで独立した町（多くリゾートタウン）だったものが大都市のベッドタウン化したりもした。上層の豊かなビジネスマンに続いて中流階級の中，下の層も都市近郊に「芸術愛好」の志向を満たす田園的生活を夢見て住むようになったが，そこで独立住宅の理想と集合住宅の経済性とを備えたものとして建てられたのが，セミディタッチト・ハウス (semidetached house) と呼ばれる，二軒全体でひとまとまりの外観をなす住宅で，広く流行した。都市でもなく田舎でもない「郊外」という生活様式が生み出され，これが次の 20 世紀の生活をも基本的に性格づけることになった。そのような郊外住宅地が，都市生活者の自然発生的な要求から発生していたのに対し，都市生活者のための住宅のあり方を統一的な生活像を持った全体的な都市構想のもとに創出しようという組織的な動きも現れた。ハワードによって主唱された，中世都市の規模をモデルとした「田園都市」(Garden

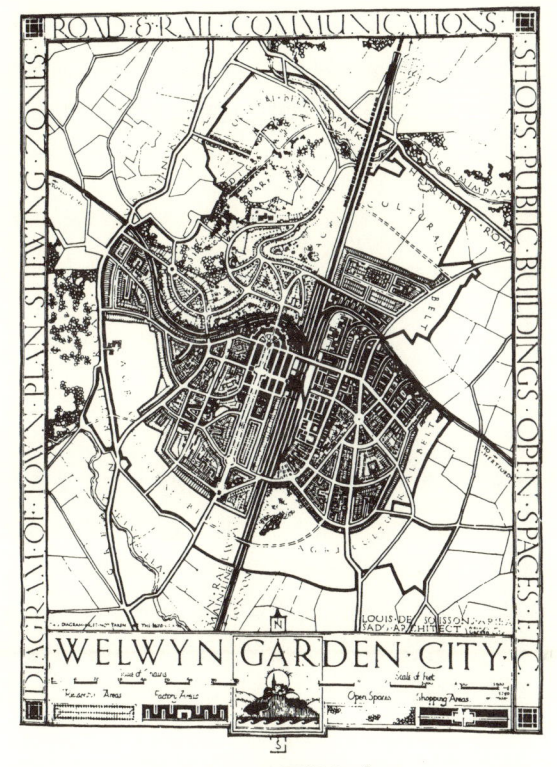

ウェリンの田園都市プラン

City）の運動から，1903年のレッチワース（Letchworth），1919年のウェリン（Welwyn）といろいろな実地の試みがなされたが，実際に定着していった町の多くは職住一体の自己完結した都市というよりも，むしろすでに述べた郊外に近いものであった。

　〈**国際様式**〉　様式戦争と呼ばれるような状況のなかでさまざまな歴史的様式の技法が窮められるにしたがって，それらは定着したパターンになり，自由に選べる選択肢としての仕上げ飾りのようなものと化して，もともともっていた力を失ってきていた。また19世紀末に発明された鉄筋コンクリートによって，どんな形も造型可能となっていた。もはや建築家が従わねばならない「様

式」など存在しなくなった。ここに歴史的様式はしだいに捨てられてゆき，純粋な面の構成によって普遍性を主張する「国際様式」とも呼ばれる態度が誕生し，世界全体へと建築の舞台が広がる動きが始まったのであった。

（秋山　嘉）

23．デザイン　Design

　広い意味でのデザインは，およそ人間の作る物すべてにあるはずのものであるが，デザインが個物とのわかち難い一体性，つまり一対一的な一回性の関係を離れて観念として一人歩きをし始めるのには，大量生産による，物の一回性構造の崩壊が大きな契機となった。家具におけるチッペンデイルや陶器におけるウェッジウッド等の時代にはいまだ尊重されていた熟練技術が機械によって存在を脅かされるようになったとき，デザインは近代の1つの「問題」となったのである。要するに，この新たなる意味のデザインは産業革命以後に固有のものと言えるわけで，いち早く産業化が起こったイングランドが「デザイン」というものの顕在化に関して，発祥の地ないし震源地となったのも故無しとしない。

　近代的な職業・文化部門としての意味あいで使われる‘design’という英語の便利な語に取って代わりうるような語は，独語・仏語をはじめ他の言語にはないらしく，‘design’というそのままの形で用いることが多いようである（日本語も例外ではない）。

　近代的生産の問題とひとくちに言っても，そこにはさまざまな相が含まれている。それぞれが相互に絡みあっていることは言を俟たないが，単純化してしまうならば，(1)生産過程の問題，(2)生産された物に関する問題，(3)生産するための原材料の問題，の3つの相が軸となっていると言えよう。(1)を中心に(3)が

広義のデザイン——
17世紀前半のサンプラー（sampler）

関連するところに発生するのが「機械」対「手づくり」という生産方式の対立で，その具体的な歴史的事件化がアーツ・アンド・クラフツ運動（the Arts and Crafts Movement）であった。(2)は物の用という形でアーツ・アンド・クラフツに関わる事柄であると同時に，装飾という形となって先鋭化したのがアール・ヌーヴォー（Art Nouveau）であった。(3)に(2)が「装飾」対「機能」という対立形式で関わった地点が，ガラスとそしてとりわけ鋼鉄の使用——主要構造要素としての使用——の問題で，主として建築や鉄道の場面で大きな影響を

芸 術

生み出した。これらの事件が単に工芸なり芸術なり建築等のそれぞれの領域だけに限定される事像でなかったことは言うまでもないが，互いに密接に何らかの形で関連しあっていると同時に，それらは皆生活というものに対する態度・見方・思想とわかちがたく連動した動きであった。

モリスが，手づくりの理念と実践でアーツ・アンド・クラフツの，実践してきた物の装飾性でアール・ヌーヴォーの，出発点的な立場にいるのであってみれば，近代的なデザインという問題体制の発祥はモリスの仕事と鋼鉄の発達とにあると極言することもできるだろう。

ロンドン万国博覧会

デザイン史上における評価ということになるといまだに両価感情(アンビヴァレンス)が存在しているものの，鉄とガラスの時代の記念碑的事件としての歴史的位置は紛れもないと言えるのが，ロンドン万国博覧会（the Great Exhibition, 1851）である。鋳鉄の柱とガラスのはめ板，ガラス屋根という設計により，実質わずか5か月ほどで建てられた長さ560メートル，幅120メートル，高さ30メートルの未曾有の（ラスキンにより「これまで建てられた最大の温室」と批判されもした）大構造物，水晶宮（Crystal Palace）のなかに，大英帝国とその植民地，また諸外国からの，総数1万3千人にのぼる出品者の品物が展示されたこの催しは，発展する商工業の力を背景にしたヴィクトリア朝の誇らかな楽天的雰囲気の一大表出であった。

モリス

オクスフォード大学のラスキンのもとで学びその思想の影響を受けた者のなかから，モリスやのちに画家となるバーン=ジョーンズ，建築家となるマクマードら19世紀の芸術工芸運動の主要な担い手が生まれた。ラスキンの態度は，芸術を人間生活の全体に結びつけて考える19世紀の芸術観に立ちつつ，事物との親密感のうちに生まれる美が生活の営みのなかで調和して生きつづけることを理想とするもので，そのような生命的美の存在する有機的な時代を彼は中世に見た。この中世の職人的製作における物と人との関係を理想とする考えをう

ガラスと鋼鉄：現代の例（ブライトン駅）

1854年にシドナムに再建された水晶宮

芸術

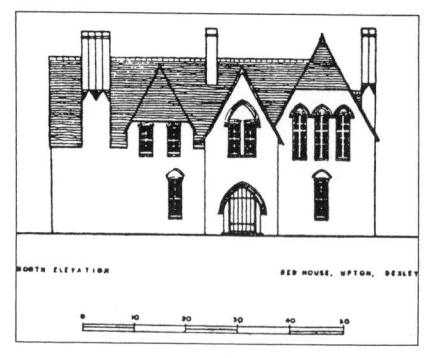

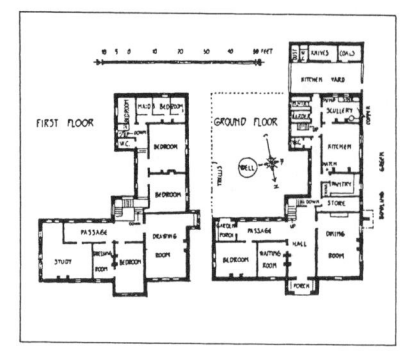

ウェブによるモリスの「赤い家」設計図（1859年）

けつぎ，さらにその実践にむかったのがモリスであった。友人たちの助力（設計をウェブ，ステインドグラスをバーン=ジョーンズ）を得て自身の家具デザインも用いて作った自邸「赤い家」(Red House)（1859年）の経験をもとに，モリスは1861年に今挙げた2人のほか，画家のロセッティやマドックス・ブラウンらとともにモリス・マーシャル・フォークナー商会（Morris, Marshall, Faulkner and Company）を設立し，織物，壁紙，印刷，ステインドグラス等幅広い装飾芸術の製品を世に送り出した。

アーツ・アンド・クラフツ運動

モリス商会のほかにも，形こそさまざまながら「真実なる生活芸術」を求めて中世を志向する点では軌を一にする運動体が形づくられるようになる。たとえば，ラスキンも1871年に自己の理想社会実現のためにギルドを組織し，77年には共同農耕を試みている。しかし，のちの大きな歴史的流れとなる工芸家たちや建築家の結びつきが活発になり出すのは，80年代になってからであった。1882年，モリスと親しかったデザイナー，デイを中心として，クレインやセディングらを含む「15人組」(The Fifteen)，建築家ショウの弟子たちの「セント・ジョージ芸術協会」(St. George's Art Society) という，前年頃に成立していた2つのグループが「芸術労働者ギルド」(Art Worker's Guild) として合併する。これは建築，彫刻，絵画等の芸術の中世的統一とその基としての建築の復

興を目指した組織であった。同じく82年には，モリス商会と似た，室内装飾の工房という性格の「センチュリー・ギルド」(Century Guild)がマクマードウによって設立された。こうして誕生した諸組織は，互いに交流はしつつも独立した運動を行なっていた。アーツ・アンド・クラフツ運動とは，それらの運動を総体として呼ぶ言葉である。とはいえ，その中心的存在は，1888年に第1回展示会をリージェント・ストリートで開き，翌年と翌々年，そして以後中断はありつつも3年おきに，展示会を長い間開き続けた「アーツ・アンド・クラフツ展示会協会」(Arts and Crafts Exhibition Society)であった。これは「芸術労働者ギルド」と，1884年設立で特に農民工芸に関心を示す「家庭美術・産業協会」(Home Arts and Industries Association)とが母体となっており，モリスの忠実な弟子であるクレインを協会の初代会長とし，顧問格のモリスや，マドックス・ブラウン，バーン=ジョーンズ，建築家のレサビー，家具製作のジムソンをはじめ，ラスキンからモリスの流れを汲む人たちやデザイナーとして独立していた人たちが大勢参加していた。彼らの第1回展と同じ頃もうひとつの重要な動きがあった。建築家のアシュビーによる1887年の「手工芸学校」(School of Handicraft)の設立がそれで，翌年「手工芸ギルド・学校」(Guild and School of Hand Craft)と改組されたが，工芸の教育と生産を密着した形で行なおうとする試みだった。機械全面礼讃に対するアンチテーゼとしての手仕事という理念に基づいて工房を志向し，運動を社会的なものとしていくために教育を行なうこのような姿勢は，当時の「ギルド」に多く共通していたと言ってよく，1903年のジムソンによる「コッツウォルド学校」(Cotswold School)設立もその一例であった。

　アーツ・アンド・クラフツ運動が時代に与えた影響は大きく，他国にも類似の組織が誕生するようになった。「装飾なしの実質性」(sachlichkeit)という語で当時のブリテンの建築・工芸を讃えたムテジウスによって1907年にドイツ工作連盟(Deutsche Werkbund)が設立され，また1910年代に入るとオーストリア，スイス，スウェーデンと相次いで工作連盟が，またハンガリーでも工芸関係の組織が作られたのであった。1915年にはドイツ工作連盟に逆に刺激された形でデザイン・産業協会(D.I.A.＝The Design and Industries Association)

が設立された。

「物」を生み出す行為である労働に関し，その方法形態とできた物自体との両面において理想を社会との連関の中で追求しようとしたこの運動は，必要に応じての工房形成という柔軟な共同作業組織形態づくりの点では，今日に至るまで生き続けているひとつのモデルを創出した。それに，作り手と商品と買い手との関係，社会全体とデザインとの関係という視点や問題意識を提出したこと自体が極めて重大なことであった（この意味においていまだに彼らの拓いた時代がつづいている）。しかし，一方では機械を排除しての中世的製作法の実践によって必然的に作品価格の高騰を招き，本来のねらいであった社会全体の趣味すなわち生活の変革という志も，市民（それも裕福な階級の市民）の個人の趣味のレヴェルで熱烈に迎えられ吸収されてしまうという結果に終わってしまった。一面でモリスの考えよりもさらに中世主義者的であったアシュビーも，のちに，機械による近代的生産方式の必要性を認めるに至ったのであった。

アール・ヌーヴォー

デザインの狭義の近代運動は，装飾というものを理念上における異質な物，つまり不合理な物として完全に否定・排除することで，曖昧さのない，厳密な普遍性を目指してきわめて意識的に抽象化された理念としての機能主義を，自らの綱領として選びとり，自らの完結性を構築していく。その近代運動が自らをモリスの流れに位置づけるのは，物の用つまり社会のなかにおける有機的造型を重視する彼の立場ゆえである。ところが，実際のモリスたちのデザインには豊かな装飾性が存在していた。理念上でどんなに否定されようとも存在することをやめはしないこの装飾というものが自らを全的に肯定した運動が，アール・ヌーヴォーと一括して呼ばれることになる一種の芸術運動であった。うねるように繁茂する非対称的な曲線による平面的造型という特徴は，過去に理想を求めたり過去に依存したりする態度とは全く異なった，自己のヴィジョンによって自由で自律的な創作を目指そうとする態度から生み出されたものであったのだが，具体的な造型上のモチーフに関していえば，アラビアから日本にいたるアジアの様式，またブレイク，ラファエル前派やモリスやアーツ・アンド・

クラフツの影響が認められるのであって，当然とはいえ過去と全く断絶していたわけではなかった。ヨーロッパ大陸で華麗に花開き一大流行を迎えることになるアール・ヌーヴォーのうち，明確にアール・ヌーヴォーと特定できる最初期の作品がブリテンのもの（1883年に出版された『クリストファー・レンのロンドン市の教会』Wren's City Churches のために著者であるマクマードウがみずから描いたタイトル・ページ）であるのもその関連のゆえと言えよう。実践面でも絵画においてビアズリー，室内装飾や絹織物等の生地・ファッションにおいてリバティー商会（Liberty's）——この店の名がイタリアにおけるアール・ヌーヴォーの名称のひとつ「リバティー様式」（Stile Liberty）のもととなった——，建築においてマッキントッシュ——1898-99年に建てられたグラスゴウ美術学校（Glasgow Art School）の設計者であり，グラスゴウ派と呼ばれる芸術家グループの中心的存在，またアーツ・アンド・クラフツの展示会への出品も行なった——と例には事欠かない。

　自らの理想とする造形・デザインで生活全体を理想のものに造り上げようとする点では，アール・ヌーヴォーはアーツ・アンド・クラフツと，上記の造型上のつながりにとどまらない類縁関係を持っていた。しかし，その理想となるものは自己の情念に基づくあくまでも美的な世界であった。そして，そのような審美的態度を存在可能にした社会的基盤は，19世紀の上層中流階級というきわめて限定された部分にあったのである。アール・ヌーヴォーを生み出した風土は，ワイルドに代表されるダンディズム，すなわち趣味の精髄の風土であり，それゆえこの運動は近代の産業化という現実の過程に抗して生きのびえようはずもなく，実際世紀変わり目までの20数年間という短い間の，一種爆発的な出来事であった。

それ以後

　ブリテンはさまざまな運動のなかから次の時代の要素となるものを生み出した。その典型が，全体を直線による抽象形態で構成しつつ，アール・ヌーヴォーを昇華した優雅な線の装飾が見られる室内デザインを生み出したマッキントッシュである。ところが20世紀初頭，ヨーロッパ大陸がそのようなこの国の工

芸・建築を「発見」した瞬間，この国は折衷的な新古典主義的態度に退いてしまい，近代運動の中心は大陸とアメリカに移ることとなった。労働者階級のためのアパートという近代的問題と連動してデザイン・建築上の近代運動が広くブリテンの一般の人々の関心を集め始めたのは，20年以上経てからであり，その運動形態も，その間に米仏独等で展開されたものにほかならなかったのである。

　近代運動が，いわゆる「機能主義」という意図的に割り切ったマニフェストによって19世紀の袋小路状態からのひとつの突破口を見出したことはたしかだとしても，装飾・機能等の問題といい，喜ばしき労働という生産過程・方式の問題といい，近代運動によってそれらの本来的な困難性が完全に解決，解消されたわけではなかった。この国が真先にかつ独特な形で切り結んだそれらの事柄は，いまだに「問題」たることをやめないどころか，人間の労働，生活全体にとってますます問題性を高めてきていると言えるだろう。　　　　（秋山　嘉）

児　童

24. 児童文学　Children's Literature

　児童文学とは，「子どもを主な読者と想定して書かれた文学作品」であるとするならば，一般に児童文学の大国であるように思われているこの国においても，その歴史はあまり古いものではない。このような意味での本格的な児童文学が登場するのは，この国でも19世紀の半ばすぎである。それ以前に「子どものため」として書かれたものは，ほとんどが教科書や文法書，あるいは祈禱書や教理問答集で，ごく少数の例外を除いて，文学という名に値するものではなかった。一方，韻文を中心とする文学作品が子どもを読者とすることは考えられもしなかった。また，民話，伝説やバラッドは，チャップ・ブックやブロードサイドの形で16世紀以来広く流布したが，これらは民衆全体の財産であり，特に子どものためとされたものではなかった。

　ただし，児童文学が本格的に成立する以前の文学作品の中にも，本来意図されてはいなかったが，子ども向けに書き直されて広く読まれ，児童文学として認められるようになった作品もある。代表的なものとしては，バニヤンの『天路歴程』(*The Pilgrim's Progress*, 1678)，デフォーの『ロビンソン・クルーソウ』(*Robinson Crusoe*, 1719)，スウィフトの『ガリヴァー旅行記』(*Gulliver's Travels*, 1726) がある。

18世紀

　18世紀には，本格的に子どもの本が出版されるようになる。この現象は，小説という文学のジャンルと同様，すぐれて中流階級的なものであった。児童書出版を本格的に確立したのは，ジョン・ニューベリーである。彼は1744年に『小

さなかわいいポケット本』（*A Little Pretty Pocket-Book*）を出すが，これは一時期の児童書のスタイルを確立した画期的な本である。ただし，これも文学作品と呼べるものではなく，前世紀末のロックの教育論に影響されて，子どもを楽しませる風を装いながら字や教訓を教えこもうとするもので，まさに衣の下から鎧ののぞくようなものであった。子どものための創作物語のもっとも初期のものには，セアラ・フィールディングの『女家庭教師』（*The Governess*, 1749），作者不詳の『靴ふたつさんの物語』（*Goody Two-Shoes*, 1765）などがあり，さまざまな粉飾はほどこしてあるが，いずれもやはり教訓色の強いものだった。この時代のもので唯一つ教訓を感じさせない児童書は，編者，出版年不詳の童謡集，『マザー・グースのメロディー』（*Mother Goose's Melody*）である。

　18世紀後半から19世紀の30年代くらいまでには，初期のものよりもさらに露骨に教訓色を強めた「教訓物語」が多く書かれた。代表的なものに，トマス・デイの『サンドフォードとマートン』（*Sandford and Merton*, 1783-89）があり，そのほか，マライア・エッジワースやアンナ・L・バーボールドなども，多くの教訓物語を書いた。それらは，文学的には決して質が高いとはいえない作品ではあったが，善意と熱意にあふれ，美しい英語で書かれたものであった。

19世紀

　ある時期までの児童文学は，子どもに教訓を与えるか，楽しみを与えるか，どちらか一つに傾きがちであったが，19世紀になってもしばらくは「教化」と「娯楽」の間を揺れ動くことになった。上記のような教訓物語の反動は，19世紀の初めの10年の間に，ウィリアム・ロスコーの『蝶々の舞踏会』（*The Butterfly's Ball*, 1807）などを初めとする，まったく教訓を含まず，子どもの喜びをねらいとしたような物語群や，チャールズ・ラムとメアリ・ラムによるシェイクスピアの再話『シェイクスピア物語』（*Tales from Shakespeare*, 1807）などの形で現れた。

　しかし，一方で，19世紀の前半までは，教訓や科学を詰めこもうとする物語も多く書かれた。冒頭でも述べたように，現在でも（そして子どもばかりでなく，大人も）読むに値するような作品が書かれるようになるのは，19世紀も半

ばのことである。ラスキンの『黄金の川の王』(*The King of the Golden River*, 1851)，サッカレイの『薔薇と指輪』(*The Rose and the Ring*, 1855) などは，そのもっとも初期のものである。また，ディケンズの作品は，『クリスマス・キャロル』(*A Christmas Carol*, 1843) 以下の「クリスマスの本」を初めとして，子どもたちにも広く読まれた。

1850年代ころから，「学校物語」とされる，学校生活をテーマにした作品群が現れるようになる。その中でもっとも有名なものは，トマス・ヒューズの『トム・ブラウンの学校生活』(*Tom Brown's Schooldays*, 1857) である。この話は，トマス・アーノルドの時代のラグビー校を舞台としたもので，パブリック・スクールをリアリスティックに描きつつ，キリスト教的理想主義を主張した。

19世紀半ばに，2人のナンセンスの天才，エドワード・リアとルイス・キャロルが現れた。リアは主に『ナンセンスの絵本』(*A Book of Nonsense*, 1846) で，キャロルは『不思議の国のアリス』(*Alice's Adventures in Wonderland*, 1865)，『鏡の国のアリス』(*Through the Looking-Glass*, 1871) の2冊のアリスの物語のほか，数々のナンセンス詩で知られている。児童文学において，ある画期的な作品のあとにその模倣が続く，というパターンがよく見られるが，この2人の作品はあまりに特異なものであったために，その作風を継ぐものは現れなかった。

19世紀後半には，そのほか，チャールズ・キングズリーの『水の子』(*The Water Babies*, 1863) や，ジョージ・マクドナルドの『北風のうしろで』(*At the Back of the North Wind*, 1871) などがある。2人とも，これまで背反的に考えられてきた，物語の教訓性とファンタジーとを融合させることに成功した点で特筆すべきであろう。

1830年代には，廉価なスリラー小説が一般に広く読まれた。この読み物自体についてはあまり言うべきことはないが，この小説を読んで育ち，19世紀の末から20世紀の初めにかけて，はるかにすぐれた冒険物語を書くようになった作家について，ふれておかなければならない。『宝島』(*Treasure Island*, 1883) を書いたスティーヴンソンと，1904年に初上演された戯曲『ピーター・パン』(*Peter Pan*) の作者バリーである。かれらの作品は，現在，児童文学の古典と

しての地位を確立していると言ってよいだろう。

19世紀の末から20世紀の初めにかけてのもう一つの特徴は，動物を主人公とした物語の登場である。キプリングの『ジャングル・ブック』(*The Jungle Books*, 1894-95) は主に植民地インドを，ケネス・グレアムの『たのしい川辺』(*The Wind in the Willows*, 1908) や，ビアトリクス・ポターの『ピーター・ラビットの話』(*The Tale of Peter Rabbit*, 1901) を初めとする一連の物語はイングランドの田舎を舞台としたもの，とそれぞれ違いはあるが，いずれもこれまでにない，いきいきとした動物の主人公たちを持っていて，その種の物語はこの国の児童物語の中ではむしろ少数なのだが，児童文学の代表のようにさえ思われるようになっている。

20世紀

このように，19世紀の後半に始まった児童物語の隆盛は，20世紀の最初の10年間まで続くが，その後第一次世界大戦をはさんで，しばらく児童文学に活発な動きが見られなくなる。その中で，1920年代から著作活動を続け現在でも評価が高いのは，詩人のウォルター・デ・ラ・メアと，物語作家のエリナー・ファージョンである。大戦の影響もあって，20年代の児童読み物には現実逃避的な色彩が強いが，その中で，単なる逃避にとどまらず，今日でも価値があるものには，ミルンの『くまのプーさん』(*Winnie-the-Pooh*, 1926) とその続編 (1928)，および，厳密にはアメリカの作家とするべきであろうが，ヒュー・ロフティングの一連の「ドリトル先生」物語 (1920-52) がある。

1930年代には，現在にいたるまで多くの読者を持つ作品が数多く書かれた。その一つは，アーサー・ランサムの『ツバメ号とアマゾン号』(*Swallows and Amazons*, 1930) である。この作品は，子供たちと等身大の主人公の冒険物語として人気を得た。また，トールキンの『ホビット』(*The Hobbit*, 1937) もこの時期の作品である。これは，戦後に出された続編『指輪物語』(*The Lord of the Rings*, 1954-55) と共に，20世紀児童文学の最高峰の一つとされる。この時期の作品で今なお人気が高いものには，P. L. トラヴァースのファンタジー，『メアリー・ポピンズ』(*Mary Poppins*, 1934) などもある。

戦後すぐから1950年代の初めまでの重要な作家は，メアリー・ノートンとC. S. ルイスである。ノートンは，戦争中から『魔法のベッドノブ』(*The Magic Bedknob*, 1945)などを書いていたが，50年代になって『床下の小人たち』(*The Borrowers*, 1952)を出して，伝統的な「小人」を用いつつ，人間と小人との新しい関わり方を描いた。それは，新しいタイプのファンタジーのあり方を示すものでもあった。C. S. ルイスは，『ライオンと魔女』(*The Lion, the Witch and the Wardrobe*, 1950)を初めとする「ナルニア国物語」で，キリスト教全体の枠組みを用いつつ壮大な王国を構想した。このほか，50年代の作品で，すでに古典的作品とされているものに，R. サトクリフの歴史物語『第九軍団のワシ』(*The Eagle of the Ninth*, 1954)，それにフィリッパ・ピアスの『トムは真夜中の庭で』(*Tom's Midnight Garden*, 1958)がある。ともに，新しいリアリズムの児童文学として見るべきものがある。

1960年代以降の児童文学の一つの傾向として，1944年の教育法の結果，教育水準の上がった多数の労働者階級の子どもたちのために，そういう子どもたちを主人公とした作品を書く，ということがある。たとえば，児童文学の歴史についての著述もあるJ. R. タウンゼントの『ガンブルズ・ヤード』(*Gumble's Yard*, 1961)は，この国の児童文学で，初めて都市の貧困の中に生きる子どもを描いたものとされている。このような階級的な問題のほか，人種差別や性差別を訴える急進的な児童文学の運動も起こっている。また，作品の主な対象が，従来7，8歳から10代の初めであったのが，10代の中後半になってきているのも，最近の傾向である。

(佐藤和哉)

児童

25. 童謡 Nursery Rhyme

定義・呼称

英米を中心とする英語圏の童謡で，幾世代かにわたって伝えられ，一般性と匿名性とを獲得しているものを総称してマザー・グース（Mother Goose），ないしはナーサリー・ライムズ（Nursery Rhymes）という。傾向としては，前者の呼び方は多くアメリカで用いられ，後者は多くブリテンで用いられる。一例として，アメリカのゴールデン・ブックの『スカーリーおじさんのマザー・グース』（*Richard Scarry's Best Mother Goose Ever*, Golden Book, 1964）という絵本と同じ内容の本が，イングランドのハムリン社から『スカーリーおじさんのナーサリー・ライムズ』（*Richard Scarry's Best Nursery Rhymes Ever*, Hamlyn, 1972）として出版されているというような場合もあるが，これはあくまで傾向性であって，断定はできない。ブリテンにも，ケイト・グリーナウェイによるものを初め，「マザー・グース」の名のついた童謡集は数多くあり，中でも，R. ブリッグズによる『マザー・グースの宝箱』（*Mother Goose Treasury*, 1966）は，現代童謡絵本の代表作である。

「マザー・グース」とは「鵞鳥おばさん」の意であり，この語の由来は，17世紀の終わり頃にフランスで出版された，ペローによる童話集の題名である。18世紀初頭に出されたその翻訳が非常に好評であったところから，ジョン・ニューベリーという児童図書の出版者が自分の出した童謡集にその名をつけたのが，そもそもブリテンの童謡と「マザー・グース」という呼び名の結びつけられた最初である。なお，「マザー・グースはグース夫人という実在の老婆によってつくられたものである」という説が，特にアメリカを中心に流布していたこともあり，日本でも北原白秋などによって紹介されていたが，これには信憑性がなく誤りとされている。一方，「ナーサリー・ライムズ」とは「子供部屋の唄」の意であり，初めてこの言葉が登場するのは19世紀の初め頃である。

日本では，北原白秋の訳詩集『まざあ・ぐうす』を初め，ほぼ一貫して「マザー・グース」が用いられているので，以下，本項でも上記のように定義される童謡群をこのように呼ぶことにする。

歴史

マザー・グースの圧倒的多数は，元来子どものために作られたものではない。子守唄や，赤ん坊をあやすための唄を除くと，当時の流行歌のリフレインや街の物売りの呼び声，民謡の一部などに起源を持つものがほとんどである。古い伝説やキリスト教以前の宗教（ドルイド教など）に由来すると思われるもの，歴史上の人物を取り扱ったものもあるところなどから，マザー・グースの歴史は一般に古いものと想像されがちであり，そのような考え方も一概には否定できないが，確かな根拠をもってその古さを証明できる唄は少ない。ある研究によると，17世紀までに確かに記録に残っている唄は全体の12パーセント程度であり（Peter and Iona Opie, *The Oxford Dictionary of Nursery Rhymes*, 1951），記録の点に限って言えば，マザー・グースの大部分は18世紀以降のものだといわざるをえない。

マザー・グースを集めた本の中で，現在残っている限りで最も古いものは，『トミー・サムの可愛い唄の本』(*Tommy Thumb's Pretty Song Book*) であり，その出版は1744年と推定されている。これには，39編の唄が収録されており，そのうちの約30編は現在でもほぼ同じ形で歌われている。この時期の重要な本としてはほかに，1780年頃に出版された，前述のニューベリーによるとされる『マザー・グースのメロディー』(*Mother Goose's Melody*) がある。この本の特徴は，一つ一つの唄に「箴言」(Maxim) がついていて，その唄に関係のあるような言葉が引かれたり，滑稽な，あるいは皮肉なコメントが付されたりしている点である。

この後，主な選集としては，J. リトソン編の『ガートン婆さんの歌集』(*Gammer Gurton's Garland*, 1784)，R. チェインバーズ編の『スコットランドの俗謡』(*Popular Rhymes of Scotland*, 1826) 等が出版され，アメリカでは，マンロウとフランシスという出版者によって，『マザー・グースのメロディーズ』

(*Mother Goose's Melodies*, 1833) が出された。それまでブリテンから入ってきていたマザー・グースの本の売れ行きがあくまで地域的なものであったのに対し，この選集はアメリカ全土で非常な売れ行きを示した。アメリカで「マザー・グース」の呼び方が多く用いられる理由の1つはこのためであろうと考えられる。

　これらの選集のほかに，文字によるマザー・グースの伝播という観点から重要なのがチャップ・ブックである。「チャップ・ブック」とは，行商人によって売られた大衆向けの廉価本で，伝説やロマンス，犯罪者の話などが主な題材であった。行商で売られたところから，いずれも小さく薄く作られ，本というよりは小冊子というべき体のものであった。多くは木版画の挿絵を持ち，印刷も木版が多く粗末な作りであった。チャップ・ブックはマザー・グースを題材とすることもしばしばであり，その伝承や保持の上で大きな貢献をした。チャップ・ブックは19世紀半ば以降も存続して，上に示した選集などとは異なった形の唄も伝えており，その点での意義も大きい。

　19世紀中葉には，マザー・グースを学問的な興味から集め，分類・紹介した最初の本が書かれた。1842年にJ. O. ハリウェルという若い文献学者の出した『イングランドの童謡』(*The Nursery Rhymes of England*, 1842) という本がそれであり，これは，初版で300編，後の版では600編以上の童謡を集めて項目を設けて分類し，注釈をつけた研究であった。この本は，1849年に出された，同じ著者による『イングランドの俗謡と童話』(*Popular Rhymes and Nursery Tales of England*, 1849) と並んで，その後長い間，マザー・グースが引用される際の唯一の典拠とされていた。

　印刷術の発展も手伝って，19世紀，特にその後半はマザー・グースの優れた絵本を数多く生んだ。1870-80年代に活躍した3人の絵本画家，ウォルター・クレイン，ケイト・グリーナウェイ，ランドルフ・カルデコットは，それぞれマザー・グースの絵本を手がけており，いずれも今なお評価は高い。クレインは，楽譜付きの『幼な子のオペラ』(*Baby's Opera*, 1877) とその後を受けた『幼な子の花束』(*Baby's Bouquet*, 1878) を，グリーナウェイは日本にも愛好者の多い『マザー・グース』(*Mother Goose ; or the old nursery rhymes*, 1881) を

描き，カルデコットは『蛙の求婚』(*A Frog He Would A Wooing Go*, 1883)の他，多くのマザー・グースをとりあげて，絵本を書いている。

　20世紀にはいると，ピーター・ラビットで知られているポターも『アプリー・ダプリーのナーサリー・ライムズ』(*Apply Dapply's Nursery Rhymes*, 1917)，『セシリー・パースリーのナーサリー・ライムズ』(*Cecily Parsley's Nursery Rhymes*, 1922)などのマザー・グースの絵本を試みているし，今世紀初頭のイラストレーターとして有名なアーサー・ラッカムも『マザー・グースの童謡』(*Mother Goose Nursery Rhymes*, 1913)を自らの序文付きで出している。

　20世紀半ばの1951年に，マザー・グースの歴史の上での記念碑的著作と言うべき，『オクスフォード版童謡辞典』がオウピー夫妻によって世に出された。これは，550編の童謡について，それぞれ分かっている限りの文献的なデータを網羅的に載せた辞典で，研究者に留まらず，マザー・グースに興味を持つすべての者にとっての必携書となっている。この辞典が出版されて40年近くたった現在も，マザー・グースの文献的な情報について同書をしのぐ研究はないといってよい。オウピー夫妻はこの後，伝承童謡800編を収めた『オクスフォード版童謡集』(*The Oxford Book Nursery Rhymes*, O. U. P., 1955)やペーパー・バックの『パフィン版童謡集』(*The Puffin Book of Nursery Rhymes*, 1963)を編んで，マザー・グースの研究や学習，普及に大きな貢献をした。

（佐藤和哉）

衣食住

26．住　居　Housing

アングロ・サクソン時代まで
　ケルト系の先住民族は紀元前 300 年頃から，水辺の土地に木の杭をまるく立てて先端を束ね，その骨組の上を草や藁，泥炭などで覆った粗末な小屋に住んでいた。現在でも，炭焼人やヨークシャーの樹皮採取人の建てる仮住いやラップランドの人々の小屋には，ケルトの原始的な住居の面影が残っている。
　ローマ帝国の時代になると，ロンディニウム（現在のロンドン）などの植民都市では，ローマ風のヴィラ等かなり文化程度の高い住宅が建てられ，風呂や集中暖房設備もあったらしいが，現在では建築跡の土台がわずかに残存するにすぎない。
　5 世紀頃から侵入してきたアングロ・サクソン人はローマの都市を荒れるにまかせ，その周辺部に独自の，北欧の森林地帯の出身にふさわしい，木造の家屋を建てていった。アングロ・サクソン時代の領主や戦士は，平和時には農業に従事し，家族，家来，家畜，収穫物とともに一つ屋根の下に暮らした。その家は，中心に天井の高いホール（lofty hall）を据え，そのまわりに寝室や厩，牛舎，食糧貯蔵室を配し，全体を傾斜角度の大きい 2 枚の大屋根が覆うというのが典型的な造りだった。民家もまた 2 枚の屋根を合わせただけのものから始まり，後の時代に垂木を持ち上げる垂直の壁の部分がだんだん高くなっていった。

ノルマンの城館（11-12 世紀）
　ノルマン人の征服以後，各地に築かれたキープ（keep：砦）は，住居を兼ね

たもので，一般の城館も石造りで，狭間胸壁（battlement）のある屋根，そして防衛上1階は貯蔵室，居室やホールは2階にあるのが特徴であった（1階をground floor, 2階をfirst floor という）。住居としては，王の広間でさえ暗くて寒く，隙間風の吹く居心地の悪いものであった。採光のため隅切りになったアーチ型の窓，というより壁の穴は，小さく数も少なく，せいぜい鉄格子がはめられ木の鎧戸が付いているくらいで，王の城などでようやくガラスが入り，開閉も出来るようになるのは13世紀中頃からである。それ以後も長く窓ガラスは貴重品として，家とは別に不動産扱いされた。

　部屋の内壁は裸の白漆喰で，宗教的な壁画，ばらの花や星などの装画が施されることもあった。間仕切りにドアはまだなく，カーテンが使われた。石の外壁は13世紀には一般に白い水漆喰がかけられ，時に彩色もされたが，それは十字軍によるビザンチン建築の影響を受けたためといわれる。また，戸口の上のアーチ型の飾り（chevron, zigzag moulding：ジグザグ雁木繰形）はノルマン建築の特徴の1つだが，これはさまざまなヴァリエーションとなって広く普及し，後の教会建築にとりいれられていく。

　これらの城館はアングロ・サクソン時代と異なり石造りのため，土台がそのまま残って増築や改築を加えつつ，後世まで住み継がれていったものが多いが，北方の辺境を除いたイングランドの大部分の平和な地域では，12世紀末頃から，次第にキープや階上ホールがなくなり，再びアングロ・サクソン方式の天井の高い1階ホールや2枚屋根，木材の使用が復活して，やがて中世イングランドの典型的な荘園邸宅の型に移行していくようになる（ちなみに，ノルマン式に2階に居間をつくり外階段で入るという伝統は，ずっと近代までスコットランドに残った）。

荘園邸宅（Manor House）

　13-14世紀に続々と建てられた荘園領主の豪壮な邸宅は，中世イングランド独自の様式をなし，住居としても幾分快適さが増していた。初期には石造りだったが，次第に木骨構造の部分が増えていき，屋根はスレート，タイル，鉛板（lead）などで覆われた。アングロ・サクソン式の吹き抜けのホールが中心に

あり，その下手には廊下を挟んで食糧貯蔵室（pantry）と酒貯蔵室（buttery），台所は差し掛け屋根または簡単な離れの形でついていた。廊下の上はホールに面した柱廊（gallery）になっていて，貯蔵室の上の部屋につながった。ホールの上手には，床より数段高い高座（dais）が設えてあり，食事時は主人とその家族及び客人は高座に，家来郎党はホールの長テーブルに坐った。この習慣は今でも大学のホールなどに残っている。高座の後ろには部屋（chamber）があり，特に2階の陽当たりの良い部屋はソーラー（solar）（もとは古代ローマで日光浴をする屋上のテラスの意味だが，中世では階上の部屋を指した）と呼ばれ，いずれも居間または寝室として使われた。

ホールは吹き抜けで天井はなく，屋根の構造材木が露出した化粧屋根裏（open-timbered roof）になっていた。舟底を逆さにしたようなこの基本的内部構造は大陸にはみられない，アングロ・サクソン以来の原始的な構造が発達した独特のものであり，中世を通じて，家屋，納屋，教会に共通している（英語のroofが屋根と小屋組みの両方をさすのはここに発する）。

床にはいぐさを編んだものか石が敷きつめられ，壁は漆喰か簡単な腰板張りだった。また14世紀には，かつてアングロ・サクソン人が好んだウールの壁布やタペストリーを掛けるのが流行し始め，18世紀まで続いた。ホールの中央にはたいてい炉床（hearth）があり，大きな薪がくべられて煙は屋根の格子戸（louvre）から抜けるようになっていたため，部屋の中は煤っぽかった。

当時ホールはがらんとして家具も少なく，寝食含めた雑多な生活の場であり，小家屋でも吹き抜けの部屋はホールと呼ばれた（城館の華麗なるbaronial hallや晩餐会用のbanquet hallが登場するのはルネサンス以降のことである）。この間取りに礼拝室（chapel）が加わることも多かったが，規模や細部の違いこそあれ，基本的なものとして17世紀まで継承されていく。屋敷全体は石塀で囲まれ，ゲート・ハウス（gate-house：門番小屋）や馬小屋（stable）も付いていた。

一方，荘園の農奴などは原始的な木と泥の円小屋（hovel）や木造の小屋（hut）に住み，50〜60戸の小さな集落を作っていた。中は一部屋で家畜類と同居し，屋根は茅葺き（thatched-roof），草，藁葺きだった。町家も粗末だったが，1135年のロンドンの火事以後，石葺き（stone-slab）が徐々に増え，1212年に町家の

コッツウォルズに残る
中世以来の通り
(カースル・クーム)

茅葺きには水漆喰を掛けるように法が定められた。また都市が形成されてくると、街には酒屋 (ale house)、食べ物屋 (cook house)、宿屋 (hostelry, tavern) などが並び、それぞれ屋号を示す絵看板を吊り下げていたし、商人などは通りに面した店部分とカーテンで仕切った奥の居住部分とからなる一戸建てを建てたが、次第に間口の狭い、切妻作りの 2、3 階建の家が細い街路に密集するようになった。

テューダー朝・エリザベス朝（15-16 世紀）

　15 世紀に入ると、封建制の崩壊とともに荘園邸宅の内外の形が少し変わり、また新興中流階級が町に、地方に、充実した家を構えるようになる。屋敷には立派なゲート・ハウスがホールと向かい合って建てられた。ホールの両端から延びた翼屋が、中庭を囲みこんでゲート・ハウスのところで連結する大邸宅もあったが、多くは堀と塀だけで四角くつながっていた（このような正方形に作られるようになったのは、煉瓦の建築材料としてのローマ時代以来の復活とと

もに，フランスとの百年戦争による大陸の建築様式の影響だとされる）。

　間取りの点では，小部屋の数が増え，かつてのホールの重要性が薄れていった。中世ではホールが生活の中心で備品も限られていたため，主人と家来は親しく密接な関係にあったが，16世紀に入ると，主人とその家族はプライヴァシーを求め，奥の私室に食事や生活の場を置くようになった。後の drawing room（居間）の原形である withdrawing chamber（引き下がる部屋）が出来たのも，この時期である。ヘンリー八世はこういう傾向に歯止めをかけようとしたが，エリザベス朝には新しく建てられる小規模住宅からホールが消滅し，既存のものも2，3階建に改造された。ホールは，大邸宅では17世紀まで残るが，天井がはめられるようになる。

　食物への関心が高まり，以前は安直な作りだった台所も，家の中で大事な部分を占めるようになり，暖炉やオーヴンなど設備が整えられた。しかし，衛生面はお粗末であった。洗盤はあったが，手を洗う時には上から水を掛けるだけで，石鹸は洗濯にのみ用いられた。中世では家中に悪臭を放っていた汚水は川や外の堀に流され，近くに水のない場合は樽に入れ，落として捨てられた。

　一方，部屋の内装はテューダー朝，エリザベス朝の特徴といえるほど重厚，豪華になっていった。ホールの大きな張出窓（bay window）には華やかな彩色ガラスが塡め込まれた（ガラスは当時国内に15の工房があってもはや貴重品ではなく，居酒屋（tavern）は赤い格子窓（lattice）を目印にしていたが，庶民の家にまで普及するのは18世紀末のことである）。床には石のほかタイル（当初はオランダ製，後に国産）も使われ，中央の炉床はしだいに煙突付きの壁炉に変わっていった。

　壁やベッド，テーブルには絹や金糸銀糸の豪華なタペストリーが掛けられた。ヘンリー八世はこういう壁掛が好きで大陸から多量に輸入したが，エリザベス一世は好まず，背後に怪しい者がいないかと剣で突いたという。また15世紀末には型押ししたなめし皮をかけるのも流行した。

　壁布以上に一般的になったのが，オーク材（oak timber）の羽目板（wainscot）を張ることである。民家では細い下見板（clapboarding：一方が厚く，一方が薄い板）を縦に塡め合わせる程度だったが，大きな家では板の表面の仕上げがしだ

エリザベス朝の民家
（シェイクスピアの妻アン・ハサウェィの家）

いに装飾的に重厚になっていき，テューダー朝，エリザベス朝の内装の特色となった。板に何本もの肋（rib）を走らせ，その端には押さえ玉縁（stops），装飾帯（frieze）や繰形が付き，さらにナプキンを折畳んだようなヒダに仕上げるリンネルひだ飾り（linenfold），羊皮紙の捲れを模した羊皮紙文様（parchemin）へと発展した。また，太く枠取りをした四角やＬ字型の鏡板（panel）を組み合わせた壁も多く，時には大陸式にパネルの中央に肖像・紋章などを丸く浮き彫りにしたり，板のつなぎ目に付柱を施した。

　この壁に合わせ，ドアやマントルピース，家具類なども重厚で凝った意匠のものが作られた。小屋組みや梁に彫りの装飾がなされるようになり，羽目板張りの天井（そこにも枠取り，浮き彫り，垂れ飾り（pendant）が施された）が登場したのも16世紀のことである。

　しかし，何といってもこの時代を代表するのはハーフ・ティンバード・ハウス（half-timbered house）だろう。これは木骨漆喰造り（timber and plaster）とも呼ばれる。屋根は急な切妻を組み合わせ，外壁は柱材を外に出して腐食を防ぐためにタールを塗り，その間を漆喰で埋めるのだが，白と黒との色の対照が美しい。荘園邸宅ではモートン・オールド・ホール（Moreton Old Hall）が

有名だが，民家がほとんどこの様式で，都市部では切妻屋根の続く独特の町並を作った。エリザベス朝は傑出した大建築には欠けていた。しかし，時代の活気を表わして，一般の住宅に進歩が見られ，吹き抜けの台所に2間ほど付いた堅実な趣味の家屋が多くなった。また小さな農家でも，織物が室内装飾に用いられている。

エリザベス朝になると，通商関係のあったオランダ，ドイツ，フランドル地方を経由してルネサンスの芸術・建築様式が間接的に入ってくるが，かなり粗雑で，せいぜい装飾面に影響があった程度だった。しかし，大邸宅では16世紀末より，尖搭アーチや切妻など残しつつも，しだいにルネサンス風の均整を取り入れ，両翼に部屋を増築して多くはH字型，さらにはU字型になっていった。また中庭は解放され，同時に堀も廃止された。

17-18世紀

17世紀初頭，ジェイムズ一世時代はまだエリザベス朝の延長といえるが，この頃からルネサンスの影響がイタリアから直接に入ってきて，建築を大きく変えていった。建築書の翻訳，盛んになった有産階級の子弟や教養人の欧州旅行がそれを促したが，17世紀後半，決定的にイタリア様式を広めたのは，建築家イニゴウ・ジョーンズ，及びクリストファー・レンである。1666年のロンドンの大火で，古い建物がほとんど焼失したことも1つの契機となり，以後，道路の幅は広げられ，それまでの中世的な木骨構造の急勾配の切妻の並ぶ町並みが消えて，煉瓦建てや石造りのイタリア様式が主流となった。

ジョーンズとレンは主に公共建築物や大邸宅などの設計に携わったが，地方都市の中小の家屋にまでもその影響がおよび，やがてジョージ朝様式といわれる一般的な住宅のスタイルに発展していき，その基本的構成は以後続くことになる。赤煉瓦の外壁，寄せ棟屋根（hipped roof）の下には軒蛇腹，煙突も窓の配置も均整がとれ左右対称，正面（facade）には柱列と三角の切妻壁（pediment）というのがその特徴である。窓枠は大きくなり，17世紀中頃にはそれまでの開き窓（casement window）にかわり，重りで上げ下げする窓（sash window）が登場し，急速に普及した。

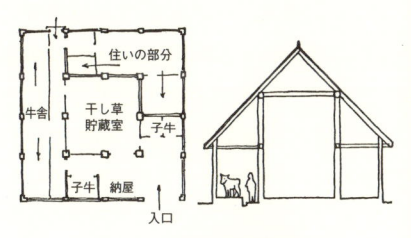

住　居

サクソン時代の家の間取り

中世の城館の内部
（12世紀：Castle Hedingham）

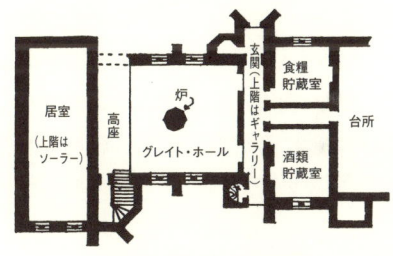

中世の荘園邸宅の間取り

荘園住宅の内部
（15世紀半ば：Great Dixter, Northiam, Sussex）

荘園邸宅
（15世紀：Cothay Manor, Wellington, Somerset）

エリザベス朝のハーフティンバードの家
（シェイクスピアの生家）

カントリー・ハウスのためのスケッチ
（John Yenn, 18世紀後半）

衣食住

　部屋割は，中世のホールが消え，代わって玄関を入ってすぐ，または建物の中心部分に吹抜けの立派な（かつては小さく片隅にあった）階段ホールが据えられる。その奥に大客間（great parlour）があり，2 階に食堂や各私室が廊下を挟んで 2 列に並び，暖炉は各々に備えられた。室内は漆喰の張子天井になり，壁には美しい漆喰の浮き彫り細工（stucco work）が施され，全体的に明るく，軽やかな感じになった。

　台所，貯蔵室（pantry），そしてこの時代改良された召使の居住部分は半地階にまとめられた。この半地階台所（basement kitchen）という形は現代にも及び，都市住宅に多くみられる。大規模な邸宅では，より長大な母屋に方形の別棟が回廊で接続され，また小住宅は同趣向のより簡素な構成だった。農夫や中小職人等の庶民階級の住居も改善され，居間の他に 2 部屋，台所，納屋，家畜小屋などが普通で，恵まれていれば暖炉もついていた。また漆喰の外壁は乾湿の変化で損傷するため，改良がすすみ，浮き彫りなど厚い装飾を施す手法（pargeting）も登場した。

　17 世紀後半以降，もう 1 つ重要なのは，建物の立地を含めた全体的な景観が配慮されるようになったことである。大建築物では，建物と建物，庭園や噴水が幾何学的に壮大に配置された。また街中では，さまざまな形の広場（circus, square, crescent 等）や公園の周囲に統一的な外観のテラス・ハウス（terrace house）群を配置して都市景観を整備するようになった。1666 年のロンドンの大火の後，再開発にあたったジョーンズは，コヴェント・ガーデンという新しい地区に初めて square を設け，その周りに連続住宅群を建てた。以後，ロンドンのウェスト・エンドなどは，この型の住宅が多く建てられ，発展していった。

18 世紀末–19 世紀

　18 世紀末以降の建築はリヴァイバルの歴史といえる。新古典主義（Neoclassicism，また Classic Revivalism とも）と呼ばれる志向の代表者の一人ロバート・アダムは，洗練された個人邸宅を多く建てたが，家具からテキスタイルまですべての室内装飾の分野でもデザイナーとして活躍した。ロンドンのセント・ジェイムズ・スクエア（St. James's Square）にアダムが建てた家は，連続

住　居

ノティンガムの炭鉱夫集合住宅
小説家 D.H. ローレンスが一時住んでいた

労働者住宅の内部
暖炉のあるダイニング・ルーム（ローレンスの家）

衣食住

住宅の一部で間口は狭く，奥行が深い。特徴的な変化は，建物の正面がより優雅に，装飾的になっていること，また卵形や八角形の部屋，半円形の階段ホール，弓形の出窓，玄関のアプローチなど，曲線が多いことである。洗面所も室内につくられ，水洗（water closet）であった。

産業革命後，地方都市に集まる労働者のためにつくられた住宅は，粗末なものが多かった。窓には窓税がかけられていたため，窓は少なくつくられていた。便所も屋外にあるのが普通だった。それでも19世紀になると，労働者のためにもテラス・ハウス（terrace house）が建てられるようになった。バス・ルーム（bath room）はなく，暖炉の前にバス・タブを置いてお湯をつかうのが普通であった。もっともこれは，上流階級の家でも同じだった。

一方，18世紀後期には，庭園の好みも変わった。それまでのイタリア・ルネサンス様式の人工的かつ幾何学的な露壇式庭園（terraced garden）に代わり，コンスタブルの絵画にみられるような田舎の自然美を模した風景式庭園（landscape garden, scenery garden）が盛んになったのである。これはイングランドで誕生した様式であり，イングランド式庭園と呼ばれてヨーロッパ各国にも広まっていった。

新古典主義の流行の後，19世紀中盤に入るとゴシック様式が復興（Gothic Revival）し，中世趣味の建物，家具や装飾が再登場した。新興階級の俗物主義もあって装飾は過剰になり，趣味と様式の混乱はヴィクトリア朝中期に頂点に達する。また大理石や高価な木材などの安っぽい模造品が大量に出回り，それを嘆いたラスキン，モリスは手作りの自然な装飾を主張し，19世紀後期にアーツ・アンド・クラフツ運動（Arts and Crafts Movement）を起こした。1890年代にヴォイジーが設計した田園邸宅は無装飾，無地の白壁，簡素な作りで20世紀の機能主義的な現代住宅の走りといえる。

とはいえ，帝国の繁栄を背景に，中流階級の小家族用の中規模の住宅が名実ともに充実して快適になり，いわゆるジェントルマンの生活スタイルが確立して世界に波及したのもこの時代である。明治の日本人が描いた洋館のイメージも当時の住宅のものだった。19世紀には，都市部に流入した中流階級のためにフラット（flat）と呼ばれる4，5階建のアパートが相次いで建てられたが，現

在でもロンドンなどで一番多く残っている住宅の形である。古い邸宅が下宿屋やアパートに改造されることもあった。もっとも産業革命で職人階級の生活形態が変わり，仕事場と住居が分離したため，郊外に居を構える余裕のある者がでる一方で，家族ほぼ全員が日中を工場で過ごす下層の労働者は，台所もないような狭く劣悪な集合住宅に押し込められていたが，ヴィクトリア朝後期には，衛生設備もふくめて改善された。

現代ではジョージ朝，ヴィクトリア朝以来の各種住宅の他，郊外にはセミディタッチト・ハウスも多く見られる。それらはほとんど，半地下と屋根裏 (attic) 付きの2階建てで，家の前には芝生のまわりに草花が自然に咲き乱れているようなイングランド式の庭がある。新築するにあたっては材料，高度，形式など地域によって細かな規制があるため，住宅は環境とよく調和している。

(牧野陽子)

27. 家具 Furniture

中世から15世紀まで

15世紀以前の家具は装飾写本の挿絵や財産目録などによって知られるだけで，実物はあまり残っていない。損傷，焼失したせいもあるが，そもそも中世においては，立派な家具を備えていたのは教会だけで，庶民の家はもとより荘園領主の城や館でも家具といえるものは僅かだったからである。

荘園領主などの貴族は領内を絶えず巡察し移動して暮らし，何もない別邸には家具をその都度持ち運んだ。来客もそれぞれ調度品持参で訪れた。また領主一家と家来達ともども生活の中心は1つのホールにあり，このホールが食事，集会，仕事場，共同寝室と多目的に使用されたため，家具は手軽に移動でき，片付けられるものでなければならなかった。したがって数も種類も少なく，ホー

衣食住

ルには支脚構造で上板の取り外せる組立式の長テーブル（trestle table）にベンチ，チェスト（chest：長持ち，唐びつの類）がある程度だった。デザインも簡便で，ごく一部分に教会のゴシック様式のアーチ型や彫刻などを取り入れてあるだけだった。そして，室内の装飾面はもっぱら家具に掛ける織物やクッション，タペストリー等に頼っていた。

　この中で最も古くからある基本的で重要な家具はチェストであり，衣類・道具類の収納の他に必要に応じて腰掛け，テーブル，時には寝台としても使用されていた。ストゥール（stool），ベンチ（form）や長腰掛（settle），また戸棚などは，この万能のチェストから分化・発展して作られたものである。他方，教会では，聖書入れのチェストから聖書朗読台・説教壇などの読み書きの家具が時代に先駆けて発展した。

　一番初期のチェストは，木の幹をそのままくりぬいて本体とした素朴なものだった（丸く盛り上がった蓋を鉄帯や蝶番で止めるこの形は，トランクなどの伝統的な形としてずっと残る）。次に，6枚の厚板を釘で打ち合わせ，湿気を防ぐため床から浮かせた長方形の箱（planked chest）型になったが，これも木目にそって乾燥によるひび割れが入るため，やがて鏡板（panel）をかまち枠（frame-work）に組み込んだもの（framed-up chest, panelled chest）が15世紀初期には一般的になった。この技法によって家具の表面積を大きくかつ全体を軽くできるようになり，鏡板構造の戸棚や物入れ兼用の長椅子などが増えた。

　なお，背もたれのある1人分の専用椅子をchairというが，中世では椅子は王や領主などの権威を象徴するもので（たとえばウェストミンスター寺院にある即位用のCoronation Chair。一般の語でもchairmanという語に権威の名残りがある），15世紀頃まで大きな館でも主人と主客用の2つしかなかった。個人用のベッドは王などを別としてまだなく，長椅子やチェストを活用する他，ホールに持ち込んだマットレスのようなもので休むのが普通だった。

16世紀から17世紀

　15世紀末，テューダー朝成立により戦乱が終結して世の中が安定すると，住宅の様相が変わり，雑多な集合生活の場としてのホールの機能が各部屋にしだ

いに分化・独立していくようになる。それに応じて家具も多様化し，数も増えて，安楽性や装飾性も徐々に求められるようになった。大陸より1世紀余り遅い出足だったが，建築同様，以後やはり大陸の強い影響を受けつつ発展していくことになる。

この時代までの家具の大きな特色は，家を建てる大工職人が家具も製作していたことである（1500-1660年を家具史の上で大工の時代という）。したがって家具も，部屋の壁など家の内部も，同じオーク材（oak）を使い，同じ技法で鏡板がはめられ，全体に直線的で堅く重厚な感じだった。その鏡板には，浮き彫り装飾が施されたが，その発端はそもそも大工が斧（それが主な道具だった）で木を割った時に生じる板の表面の凹凸にあり，大工は板の裂け具合を見て模様を決めたという。

鏡板の装飾は，リンネルひだ飾り（linenfold）や羊皮紙文様（parchemin），また教会の透かし窓や狭間を真似たトレイサリー（tracery）模様（この透かし細工は特に食品用の戸棚に用いられていた）など，中世以来のゴシック様式のものが多かったが，1520年頃からネーデルランドを経由してロメイン模様（人物頭像の円形浮き彫り）などルネサンスのモチーフが入ってきて，両者混在の独自のテューダー・ゴシック（Tudor Gothic）様式をつくりあげた。

当時，一般的な座家具はまだストゥールだったが，物入れ兼用の鏡板構造の箱型の椅子（box chair）の段階を経て，17世紀初頭には下の物入れの部分や肘掛けの下の板を取り払い，かわりに前脚に挽物の支柱（ろくろ細工は16世紀に導入され，中程に普及）や湾曲した肘を使ったものが発達した。椅子は依然として直線的で堅苦しいものだったが，背もたれの鏡板は少し後ろに傾斜し，象がん装飾を施すのが流行した。更に当時数多く作られるようになったファーシンゲール・チェア（farthingale chair）は流行の大きな裾の張ったファーシンゲール・スカートをはいた女性のための椅子で，坐る時に邪魔になる肘掛けがなく，シートと背もたれは詰め物が入り，ビロードや織物の布張りになっていた（ただしfarthingale chairという名称は後世につけられたもので，一般的には肘掛けのない椅子はchiarではなく，back-stoolと呼ばれた）。なお，ジェイムズ朝には安楽性を求めて肘掛け椅子にも布張り・クッション・足台付のもの

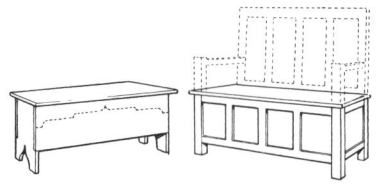

衣食住

チェストからベンチと長腰掛への分化

エリザベス朝の食器棚

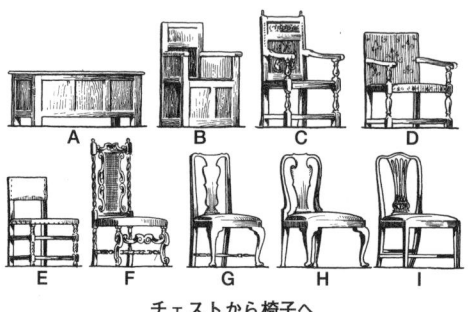

チェストから椅子へ
A 16世紀初め　B 16世紀初め　C エリザベス朝
D 17世紀初め　E ピューリタン革命期　F 王制回復期
G 17世紀後半　H アン女王時代　I 18世紀後半

(17世紀末)

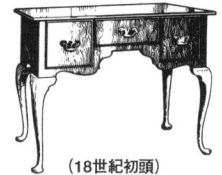

ライティング・テーブル
(18世紀初頭)

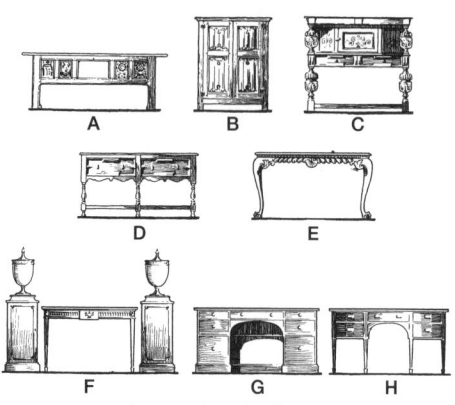

チェストからサイドボードへ
A テューダー・ゴシック　B テューダー・ゴシック　C エリザベス朝
D 17世紀初め　E 18世紀初め　F アダム様式
G 18世紀後半　H シュラトン式

セクレテール
(18世紀初頭)

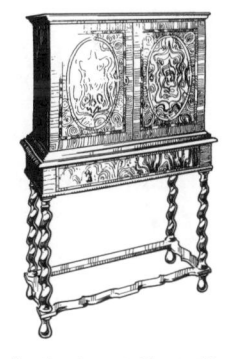

家具

ウィリアム・アンド・メアリー様式のキャビネット

ヤギのひづめや耳をデザインした脚の椅子（ウィリアム・アンド・メアリー様式）

アン女王時代の箪笥（18世紀初頭）

18世紀後半の椅子：ヘップルホワイト（左）とシェラトン（右）

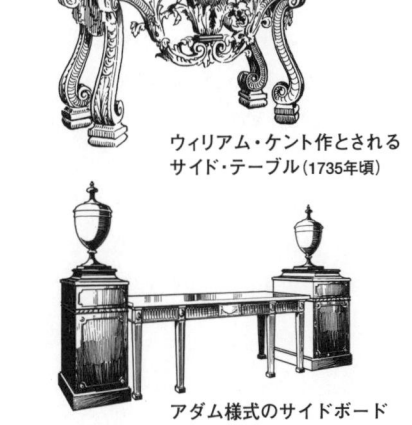

ウィリアム・ケント作とされるサイド・テーブル（1735年頃）

アダム様式のサイドボード

18世紀後半のスタイル：上流階級のフランス趣味（上）と中流階級のシンプル志向（下）

衣食住

が登場し，中流階級の家にも1つは置かれるようになった。

テーブルは甲板を固定するようになり，挽物の脚（turned legs）にはエリザベス朝独自の大きな球根型装飾（bulbous turnings）がつけられ，甲板の枠にも帯文様の彫刻が施された。そして，生活様式の変化に伴い家族室や小家屋用に小型化し，伸長式のもの（draw table），円形で片端または両端の倒れるもの（gate-leg table, double gate-leg table）が考案された。

16世紀には，チェストから実用的な据置き型の収納家具，例えばチェストの4本の支柱を特に長くしたサイドテーブル（side-table：荘園邸宅の食堂の窓際に置いた），チェストを大型化し，扉をつけた戸棚（hutch, cupboard）などに発展した。またチェストの中には整理のために till という小箱を入れる習慣が以前からあったが，17世紀に入ると引き出しをつけたもの（chest with drawers），そして更に箪笥（chest of drawers）が登場し，昔ながらのチェストは徐々にすたれ始めた。それらの中で，エリザベス朝からジェイムズ朝にかけて最も人気のあったのは，陶器飾り戸棚（court cupboard）と背の低い重棚風の食器棚（buffet：球根型の豪華な支柱はエリザベス朝の特徴で，ジェイムズ朝にはよりすっきりとする）の2つであり，いずれも食堂で皿類の収納と陳列に使われたが，17世紀後半には作られなくなった。

ベッドはまだ高価なぜいたく品ではあったが，16世紀に入ってようやく一般化した。当時を代表するのはエリザベス朝に普及した四柱式寝台（four-poster bed）である。天蓋（tester, canopy）からカーテンを吊るして小室のように囲い込み，隙間風の多い部屋の寒気を防いだ。台（bed-stead）の枠（bed-frame）にはマットレスを支えるロープを張るための穴があいていて，支柱その他には豪華な装飾が施されている。

なお各家庭には必ず聖書を保管する小さな Bible box があり，その上蓋は聖書を載せて読み易いように傾斜していたが，17世紀にはほとんどの人が字を書けず，手紙の代筆人が繁盛したほどだったので，机として使われた可能性は低い。

家具

王制回復 (1660年) から1720年頃まで

　ピューリタン革命に続く質朴な時期を経て，王制回復が行なわれると，亡命していた王室と共に大陸の新しい技術と様式が流入して，家具製作は目ざましい進歩を遂げた。画期的だったのは，面の広い薄板をしっかりした土台の木材の上に張る化粧張り (veneering) の技術が導入されたことで，以後，熟達した専門的家具職人が戸棚 (cabinet) 製造に腕を振るうようになる。またオーク材にかわって胡桃材 (walnut) が主流となる (それでこの時期を Walnut 時代とも呼ぶ) が，胡桃はオークより軽く柔らかく，手を加え易いため，大陸で流行のバロック (1660-1740)・ロココ (1730-60) 様式にならった曲線・曲面の多い装飾的な家具の製造を可能にした。

　また，生活が豊かに華やかになり，さまざまな新しい家具が用途分化に応じて登場したのもこの時代である。ガラス扉付の陶磁器棚 (China cabinet) は，17世紀末から東方貿易による中国趣味の1つとして，富裕階級の間で収集がブームとなった中国の磁器を陳列するために作られた (ガラスの格子は当初大きな1枚板の製造が無理だったためだが，後に装飾的に使われる)。また，輸入品の紅茶を楽しむための tea table，カード遊びのための card table，配膳用の side table (ジョージ朝には天板は大理石になる) も登場する。この時代に専ら小型のテーブルが作られたのは，広い面積の化粧張板の製作がまだ難しかったからで，広間では以前のオーク材の大テーブルがそのまま使われた。鏡もまだ高価ではあったが，18世紀に入ると国内で多く生産されるようになり，装飾的な木枠の付いた壁掛け用の他に化粧用の小型のものも作られた。背の高い柱時計 (grandfather clock) は17世紀中頃に発明された振り子を収めるためで，木製の箱型置き時計 (bracket clock) とともに，それまでのランタン型真鍮時計にとってかわるようになる。もう1つ，教育の普及，文学や出版の成長，豊かな商人階級 (当時は職住同一) の台頭などを背景として，初めて現れたのが，家庭用の本棚と筆記専用家具である。writing table はいわゆる普通の机だが，ビューロー (bureau) は Bible box の発展したもので，下に簞笥，上に本棚の付いたものをフルサイズ・ビューロー (full-size bureau) という。セクレテール (secretaire) は上のキャビネットの中に細かな引き出しや棚があり，書きも

195

のをするときには前扉を開いて使う。

　寝室ではベッドの台を布で完全に覆うのが一時流行し（17世紀末-18世紀初）、その他に整理箪笥や衣裳箪笥（wardrobe）なども置かれていた。

　戸棚類は、中の構造材はだいたいオークや松だが、表面が胡桃の化粧張板になったため、全体の外観やデザイン性が一変した。以前のオーク材のものは組み立て構造自体が装飾的効果をもち、鏡板と枠、彫刻で表面は凹凸があった。それに対して、ウォルナットのものは化粧張りで構造を覆い隠し、表面は平らで滑らか、美しい木目を生かした板の図形的張り合わせが装飾となっている。ウィリアム・アンド・メアリー様式（William and Mary）のキャビネットに見られる引き出しや扉の周囲を飾るヘリンボーン縁取り（herringbone banding）はウォルナット家具の特徴であり、下の平らな横木(flat stretcher)、脚の捻り細工は先のビューローの脚のカップ型飾り（cup turned legs）と共にこの時代に特有である。アン女王の時代に作られた背の高い箪笥（tallboy）では、脚は曲がり、横木はなくなり、かわりに雨押さえ（apron piece）がついている。化粧板にはさらに寄木細工(marquetry)も時に施された。エリザベス朝の象がん装飾と違い、材料の薄板を重ねて糸のこで切るため、より複雑な模様が可能で、さらに各部分を交換して塡め込めば同柄色違いのものができた。1675年頃に花・葉・渦等の模様から始まり、精巧な海草文様（seaweed marquetry）が発達したが、ウォルナットの木目自体が美しいので、それほど長くは流行しなかった。また当時、輸入物の漆塗（lacquer work, japan）の棚がもてはやされ、彫刻・塗金された華美な台の上に据え置いていたが、18世紀には真似してブナ材に赤、黒などで彩った時計の箱やベッド、戸棚類も作られるようになった。

　椅子は座をさまざまな織物で布張り（upholster）して坐り心地が良くなり、そのため17世紀に一時流行した休息用の寝椅子（day-bed）は18世紀には減り、かわって椅子を2つ併せたような背付き長椅子(settee)が登場する。また、数も食卓にはフル・セットを揃えるのが普通となる。造りはしだいに軽やかになっていくが、特に脚の形の変遷（テーブルや戸棚類の脚にも共通）に流行様式の推移がよくでている。ウィリアム・アンド・メアリー様式の tall back chair では、後脚は安定をよくするために反っている。当時、藤蔓や葦草を編んだ背

中，脚などの渦巻型細工（scroll work）がはやった。脚が，1700年頃より主流となる動物がモチーフ源のcabriole legs（猫脚，曲がり脚）となっていて，簡素な湾曲型の脚（club-feet）の他に爪が玉を摑んでいる形（claw and ball foot）の先端も人気があった。脚と脚の間の横木は軽くなり18世紀には全くなくなる。そして，湾曲した枠の中央が壺やヴァイオリンの形に型取りされた背板（shaped splat）から反った後脚へと滑らかな曲線を描き，以前の椅子が各部分の組立てで出来ていたのに対し，全体が1つの造形に融合するようになった。

初期ジョージ朝様式（Early Georgian, 1714-50年）

　1720年代（特に1733年の輸入木材関税撤廃以後）から，西インド諸島産の軽くてしかも堅いマホガニー材（mahogany）が輸入されて使われるようになったのが特徴である。濃い色合いで木目も目立たず単純だったため，ウォルナットのような図形的化粧張りはなくなり，一枚板として使われ，再び扉の鏡板を浮き出させる手法が復活した。初期ジョージ朝期にはプレス（press：上の開きの中にオーク材の浅い引き出しがある簞笥）と当時の典型的な総布張りの袖椅子（wing chair, grandfather chair）が一般化した。

　ヨーロッパ帰りのパラディオ派の建築家ウィリアム・ケントは室内装飾も手がけ，バロック様式そのままの豪華けんらんたる家具（たとえば，サイド・テーブルは，彫刻に塗金が施され，天板に大理石が用いられた）を作ったが，全体からみれば少なく，バロックはごく抑制された形でしか移入されなかった。

　一方，農村では18世紀前半から素朴で実用的，かつデザイン的にも優れたウィンザー・チェア（Windsor Chair）や背が梯子形のladder back chairが広く使われるようになった。居間の炉辺にはロッキング・チェア（上流家庭では幼児部屋のもの）やドレッサー（Dresser：棚の一種で，ウェールズ・イングランド北部・サマーセット地方のものが有名）が置かれた。これらはアメリカに渡っていわゆるコロニアル様式の基となるが，特にウインザー・チェアとロッキング・チェアが大流行する。

衣食住

デザイナーの時代（1750－1800年）

　18世紀後半は家具製作の黄金時代といわれ，チッペンデイル，アダム兄弟，ヘップルホワイト，シェラトン等の有名な総合家具デザイナーが輩出した。彼らは工房での生産以外に，著書や地方の職人向けのデザインのカタログ販売を通じてそれぞれ一流派を成し，それまで都会中心だった家具の様式が全国に普及するようになった。

　流麗で優美な曲線の多用，貝殻・花・楽器等のモチーフ，木部の金・白・青色の塗りなどを特徴とするロココ風様式は，1730-40年代に入ってくる。風俗的にもフランス趣味が流行り，上流社会ではパリ仕込みのファッションに身を包んだ男女が，シャンデリアや金縁（gilt gesso）の鏡，華やかな家具に囲まれて談笑した。コモド（commode）はフランス由来の簞笥の一種で，全面が平らではなく，弓型（bow-fronted）または蛇型（serpentine-fronted）に張出しており，貴族の寝室を飾ったぜいたく品である。商人など中流階級ではより簡素なマホガニーの物を用いていた。純粋なロココ様式の家具はそれほど根付かなかったが，チッペンデイルはそれに当時の陶器・壁紙・織物に既にみられた中国趣味を加え，大いに流行させた。

　チッペンデイル時代のもう1つの特徴は，椅子やテーブルの足に縦溝のある角材（chamfered square leg）が使われた点である。椅子は背板が直線的・鋭角的になり，脚の間の横木が復活する。地方の小家庭ではより質素な松，杉，ブナのものも多く使われた。なお，チッペンデイルはアダム風の家具も作っており，そのスタイルは多岐にわたっている。

　アダム兄弟は建築家で，室内装飾や家具も建物の一環としてとらえ，その典型的な新古典主義の洗練されたデザインは一世を風靡した。1760年代に入ってきた新古典様式（Neoclassicism）は，ロココの反動で均衡を重視し，すっきりとした直線的で端正な造りと，花綱・メダル・月桂樹・古代琴・神話像など古代風装飾を彫刻や象眼，絵画で配するのが特徴である。椅子やテーブルの脚は真直ぐで先細になり，アダムは金張りにするのを好んだ。曲がり脚は比較的すっきりしたフランス趣味のもの（楕円形の背もたれ，しゅすの布張り）を別として，18世紀末には全くなくなる。アダムから初登場した特有の家具としては，

両袖（pedestals）を添えたサイド・ボードが挙げられる。

　ヘップルホワイトとシェラトンはアダム様式を基本としながら，それを修正していく。彫刻などの余分な古代風装飾は制限され，形態もアダムより単純化し，日常生活の使用に合う堅実で洗練された家具が作られた。両者とも椅子に特色があり，ヘップルホワイトは楯形と麦の穂形の背もたれ（shield back chair, hoop back chair），一方シェラトンは丈の低い角ばった形が有名で，ブナ材に上品に彩画するのも好んだ。なお，長椅子（settee）はこの時期に現代のソファに似た総布張りの物になる。

　また，素材は1770年頃からマホガニーの一種で光沢の美しいインド産のインドシュスボク（satin-wood）をはじめとして紫檀（rosewood），ユリノキ（tulip wood），黒檀（ebony），インドシタン（amboyna）が加わり，図形的化粧張りや寄木細工が戸棚やビューローへ，箪笥などに復活した。

　次の1810-30年頃のものは，リージェンシー様式またはイングリッシュ・エンパイア（English Empire）と称し，フランスの同時代のアンピール（Empire）様式に対応する。新古典主義の考古学的指向をさらに強めて，直接古代ギリシアの家具の形態を再現しようとし，ナポレオンの遠征の影響によるエジプト趣味からスフィンクスやシュロの葉などの装飾が加わった。中心的デザイナーは古典学者・建築家・古美術収集家のホウプで，ギリシア風の寝椅子（couch）やクリスモスに似た椅子（背や肘から脚にかけて外に反った弓形が特徴的）を流行らせた。テーブルはシェラトンの作り始めたソファ・テーブル（sofa table：ソファの前，後ろや脇に置く）が引き続き人気があった。

ヴィクトリア朝以降

　時代の繁栄，植民地から輸入される材木の豊富さ，製造過程への機械導入による技術的進歩・量産可能化によって，一般家庭でも家具類は充実し，量・種類とも増えて，1850年頃までVictorian Vernacularと呼ばれる堅実で安楽性に富んだ家具が作られた。

　中流家庭の居間には，上に鏡がかけられ，時計や燭台などの載ったマントルピースを中心に，飾り棚やピアノ，カウチや安楽椅子，詰物をしたストゥール

(ottoman)，小型のティー・テーブル，ヴィクトリア朝特有の隅棚（whatnot）が置かれた。椅子やソファは，1828年にシートのスプリングの技術が開発されてからはるかに坐り心地がよくなり，被装技術も最高に達して飾り紐や綴じ糸飾りなどがつけられた。また，自然の材木より頑丈で安定した合板（plywood）が用いられるようになった。食堂には背の低い戸棚（chiffonier）やサイド・ボード，テーブルは円形のものが好まれ，椅子は背が風船型のballoon-back chairが多かった。またダヴェンポート（davenport：名称は注文した客の名に因む）という小型の机もやはりヴィクトリア朝固有の家具である。19世紀後半には製作者の名をとったイーストレイク様式書棚（Eastlake style bookcase）という装飾のない簡素な型の本箱が中流階級に普及した。ベッドは19世紀になると天蓋が半分しかないhalf-tester bedが現れ，1870年頃からは天蓋の全くない真鍮製や，より安い鉄製の棚状の頭板・足板だけのベッドや，鉄の骨組にカーテン様のものをかけたテント型ベッド（tent-bed）が作られるようになった。これらは従来のベッドにつきものだった南京虫やダニの害を防ぐという利点もあった。ツイン・ベッドは19世紀末から現れる。寝室には簞笥類の他に大きな鏡つきの化粧テーブル（dressing table），大理石の天板の上に洗面器と水差しのある洗面台（wash-stand）が置かれた。そして，各部屋の窓にはカーテン，壁には柄物の壁紙が張られ，絵額などを掛けて装飾された。

　しかし反面，ゴシック，ジャコビアン，ロココなど過去の様式が建築の場合と同様に次々とリヴァイヴァルし，やがて素材とスタイルが並存し始めて，だんだん趣味の混乱が生じたのも事実である。特に19世紀中期以降は大量生産の弊害が現れて，形だけの安直で俗悪な製品が出まわり，そういう家具や装飾品であふれた新興階級の家の室内は，相当ごたごたした印象を与えたに違いない。

　1851年の万国博覧会を組織したヘンリー・コールが，産業デザインの標準を高めるため『ザ・ジャーナル・オヴ・デザイン』（*The Journal of Design*）という雑誌を発行したが，実を結ばなかった。イーストレークは『家庭の趣味へのヒント』（*Hints on Household Taste in Furniture, Upholstery, and Other Details*, 1868）という本のなかで，良い家具を選ぶ目と教養を培うよう説いている。また19世紀後半には陶器・漆器・版画など日本趣味が流行し，家

具デザインにも日本風の簡素な線と美を求める動きが生じた。代表格ゴドウィンは1877年,『アート・ファニチャー』(*Art Furniture*) を出版,自らアングロ・ジャパニーズと名付けた作品を紹介した。しかし,重要なのはモリスで,画一的で劣悪な機械生産に反対して,職人の技術を生かした中世風のハンドクラフトを回復させるため,1861年にモリス・マーシャル・フォークナー商会(1875年にモリス商会として再発足)を設立した。壁紙や織物を中心に,ステンドグラス,金工品,家具も制作し,サセックス・チェア(Sussex chair:シート部が灯心草の軽い椅子)やモリス・チェア(Morris chair:背もたれの角度が調節できる被装した肘掛椅子)が好評だった。モリスの活動と理念は1888年からのいわゆるアーツ・アンド・クラフツ運動(Arts and Crafts Movement)に結実し,広く世界に影響をあたえることになる。後継者の中ではヴォイジーが軽やかでプレーンな家具の,マッキントッシュがアール・ヌーヴォー様式(1893から1910年頃まで大陸で流行したが英米ではそれ程普及せず)を取り入れたデザインで知られる。

　第一次世界大戦後は,金属の他にプラスチック等新素材が発明されて工業化も進み,新しい家具のデザインは機能的・合理的な傾向が強まっていく一方で,伝統をことのほか重んずるこの国では,依然として18世紀末からヴィクトリア期にかけての家具様式に根強い人気があり,各家庭では古い家具類が大切に使い続けられている。

(牧野陽子)

28. 衣　服　Clothing

中世初期

　ローマ人の征服後,アングロ・サクソン,ノルマン時代をへて13世紀までの衣服は,男女ともに,ゆったりとした袖付貫頭衣風のチュニック(tunic)を基

衣食住

本に，ほぼ同形の簡素な内衣（undertunic）や上着（overtunic）を重ね，外出時や公の席ではマント（cloak）をはおるというものだった。

サクソンの男子のチュニックは膝丈で両脇の裾は歩きやすいように割れており，皮のベルトで腰を締めた。自家製のウールや麻を色鮮やかに染め，幾何学的な模様の刺繍の縁飾りが施された。その下には簡単なシャツ風の内衣，麻のゆるいズボン（bracco, breeches, braies）の裾を長靴下（socca, hose）の中に入れ，麻や皮の平紐の十字脚半（cross-gartering）で巻き，単純なモカシン風の柔らかい皮の靴を履いた。婦人の場合は全体に丈が長めで，チュニックの中央にも縦に刺繍があり，ベルトはせず，その下から白い内衣の裾を見せていた。頭にはヴェールを被った。

ノルマン時代の衣服もほぼ同じだったが，婦人と王侯貴族の男子のチュニックの丈が足元まで伸び，袖口は広くなった。また，1140年頃から十字軍が持ち帰った絹や綿モスリンなどの薄手の新素材が上流階級で使われるようになり，特に婦人服が（ギャザーなどを多用し）優美な線を示すようになった。12世紀中頃に特徴的な婦人の装いは，床まで届くほど長い飾り袖口（pendant cuffs）を付け，腰にはきれいな帯紐（girdle）を巻いて端を長く垂らしている（なお帯には財布などの小袋を，男子は剣を下げた）ものであった。中世の女性は頭を覆うのが普通だったが，この時期だけ編んだ長い髪をそのまま見せるのを魅力とし，お下げの長さを増すために入れ毛をしたり毛先に金銀色の絹の鞘やリボンを結び付けた。なお金髪が好まれ，早くも脱色や髪染が試み始められている。

その後，貴族の布地は金糸銀糸を織り込んだ薄絹，金銀紗（tissue：tissue paper〔薄葉紙。「ティッシュペーパー」とは別物〕の語は金が剝げぬよう折り目に薄紙を挟んだことによる）や毛皮付のマントなどさらにぜいたくになり，また菱形と三日月や星を図案化した菱形模様の生地が長く流行した。ただ13世紀になると，衣服の線が簡素で真直ぐになり，袖口も再び細くなったのが特徴で，サーコート（surcote, 後に cyclas, gardecorp ともいう。もともと十字軍の騎士が陽光を防ぐために鎧の上に掛けた垂れ布で，最初は男子，次に婦人服に導入された）なる袖無しで両脇の大きく開いた新しい上着をつけるようになる。女性のヴェールは12世紀末に復活し，白い麻布で首から顎を覆うウィンプル（wimple）が登場し

たが，13世紀には髪を金銀糸のネット（crispine）で纏め，白い麻の固いトーク帽（fillet, coif）と顎帯（barbette）で押さえるようになった。このネットには宝石がちりばめられることもあり，ヴェールも短く装飾的な薄物になっていく。なお男子は前髪と後髪を短くカールして，ノルマン時代からのウールかフェルト製の丸帽（Phrygian cap）やフード型の頭巾に加え，13世紀には麻・絹の小さな紐付キャップ（coif）を他の被り物の下や屋内でも着用した。

中世後期

　14世紀，特に1327年のエドワード三世の即位後になると，衣服は体にぴったりと仕立てられるようになり，華やかなファッション性をも持つようになる。

　男子は細い長袖のぴったりとした胴着（gipon－仏jupon：日本語のじゅばん）の上に，やはり前ボタンできっちり留められたコタルディー（cote-hardie）という短いチュニック状の上着を着て，金属や宝石をあしらった豪華なベルトを腰低く着けた。上着の丈は膝位から特に若者の間でだんだん短くなり，極端な場合は腰がようやく隠れる程度で，それに応じてホーズ（hose：靴下）も上に伸び，14世紀末にはタイツのようになって脚線をあらわにした。肘丈の袖は三角形状に大きく広がったり，細長い飾りカフス（tippet）を垂らしたりした。頭巾の長い尻尾（liripipe），爪先を細く伸ばしたクラコー（crackows）（発祥地のポーランドの町クラコフCracowに因む靴）など，先端を細長くするのが14世紀の特徴の1つである。その他装飾面の特色は，ボタンが紐の代わりに多用されだしたこと，布のギザギザ縁飾り（コタルディーやマントの裾，袖口や頭巾の襟元など）や片身替わりの模様配色（particolouring），紋章柄の生地などが流行した。当時のそのような装いは，道化師の服装としてずっと残った。ロビン・フッド，ピーター・パン，クラシック・バレエの衣装などを思い出せばよい。

　婦人服のkirtleも同様に袖と身頃が体にぴったりとし，ローウェストのスカート部分には低い腰ベルトをつけた。そしてその上に纏う上着（コタルディー，サーコート）は袖が肘丈の装飾的なものか，逆にベルトが覗くほど両脇の深くえぐれているものだった。頭部のウィンプルとヴェールの組み合わせは，16世紀頃まで年配の地味な婦人の間に残るが，14世紀中頃に流行したのは，

髪を両耳の所の網の中に束ねるスタイルだった。

　15世紀になる頃からウプランド（houppelande）という上着が新しく登場する。男女共に襟から袖，裾まで円形状に広がるたっぷりした布を使い，腰高に締めた太いベルト，毛皮の縁取り，婦人は大きな襟繰りが特徴的だが，男子の胸の重々しい金鎖は官職の記章や勲章となって残り，現代も市長や裁判官が身に着けている。男子の場合，裾は他にくるぶし，膝までのものや，相変わらず短い腰丈（jacket）のものもありさまざまだったが，世紀中頃からは袖山や胸にひだや詰物を入れて厚みを持たせた。帽子も丸帽，高いシルクハット（top-hat），ターバン状のもの，羽飾りの付いたものなど多様で，1383年にリチャード二世にアン・オヴ・ボヘミアが嫁いで以来のことであるが，15世紀は特に婦人の被り物が大きく華やかで幻想的なのが目立つ。尖塔型のエナン（hennin）をはじめ，ハート型，羽型，両側に突き出た角型のものなど次々と現れ，宝石をあしらい，透けるヴェールを掛けた。また布地もヴェルヴェット，絹，どんす（damask），金糸銀糸を使った色鮮やかな花柄などと華美になった。

テューダー朝

　ヘンリー七世時代（1485-1509）は中世のモードからの移行期だったが，ヘンリー八世（1509-1547）治下になるとテューダー朝独特の服型がはっきり現れる。衣服の装飾は一層手のこんだものになり，真珠など宝石を縁取りに縫い付けた輸入物の高価な金糸織，サテン，ビロード（一定収入以上の者のみ使用許可）やさまざまな毛皮（収入・爵位に応じて規制）などを豪勢に着重ねた。また指輪や首飾りなどの宝飾品を特にエリザベス時代には過剰に身に付け，香水を使い，手袋，扇，まだ贅沢品のハンカチにも装飾を施した。

　男子の主な服はダブレット（doublet）という前あきのチュニック状の胴衣で，その襟元，開けた胸，袖口からシャツのフリルを見せた。シャツはもはや下着ではなく，上等な生地に黒絹糸の刺繍を施した。ダブレットには前あきのスカート部分がとめつけられ（後に繋がる），上にジャーキン（jerkin）という袖なしヴェスト風の上着を重ねたりして，さらに絹や毛皮で裏打ちした重厚なガウン（gown）を羽織った。ガウンの袖は後ろに垂らし，腕は上部の切れ目から

衣 服

ノルマン時代

14世紀

15世紀

15世紀(ウプランド)

テューダー朝

前に出している。ホーズは膝上までぴったりした靴下状で，その上は縦ひだでブルマー風に膨らみ，通し紐(points)でダブレットにとめられていたが，いわゆるズボンの前開き部分を覆う股袋(codpiece)に派手な装飾をして上着の間から覗かせるのが流行した。このスタイルはダブレット・アンド・ホーズ(doublet and hose)と呼ばれる。帽子は宝石や羽飾り付の平らなキャップを斜めに被り，靴は幅広いものになった。そして頭から爪先まで衣服のあらゆる部分にスラッシュ(slash：下の服地を効果的に見せるための布の長短の切り込み；もとスイスの傭兵が敗走した敵の旗や服の端で寄せぎれにしたことから広まり，流行した)を入れたこと，また肩や袖，腰周りに詰物をして横幅を誇張，全体に四角いシルエットを作ったことはテューダー朝の特徴で，いずれもドイツの衣服スタイルの影響である。

一方，婦人にもドイツ風の装いがあったが，主流はやはり王妃キャサリンのもたらしたスペインの様式であり，コルセットで上半身を締め，鯨骨のファーシンゲール(farthingale)で裾を円く広げるようになった(織生地の大柄な模様を見せるのに適してもいた)。外側のビロードのドレス(gown)の前は開いて下のカートル(kirtle：スカート)を見せ，襟ぐりは四角で大きく，肘上から広がる大きな袖口の下の膨らんだ袖はカートルのものか付け袖で，襟と手首には男子のシャツにあたる camise, chemise, smock のフリルが出ている。宝石を使った帯(girdle)の先には球型の香水入れや鏡を付けて長く垂らした。特徴的なのは被り物で，イングランド特有の切妻型のもの(gable hood, English hood)と，後ろにずらして前髪を見せるもの(French hood：1530年ころから)の二様があり，何れも針金で形作った前の部分には宝石などを飾り，横と後ろは黒い絹かビロードのヴェールを垂らして髪を隠した。

16世紀後半には部分的な変化がみられる。男女とも一番の特徴は高くなった襟元の白亜麻やレースのフリル飾り(ruffs)がしだいに大きくなり，やがて車輪型に糊づけ(1565年にオランダから技術導入)して首周りに付ける別仕立てのものになったことである。ウェストラインはＶ字型に下がった。袖の肩口には短いパフ・スリーブや飾り肩パット(wings)を付けるようになった。男子のドイツ風はすたれ，ウェスト丈の短いダブレット(peasecod belly と称し豆鞘状に

前端に詰物をするのが70-80年頃流行。またtassetsなる垂れ飾りが付いた）に膝までのhose（膨らんだ腰の部分＝trunk hose，ぴったりした太股の部分＝canions）または半ズボン（breeches, Venetians：70年頃から登場してやがて主流となる）に靴下をガーターで止め，短いケープを羽織るようになった。女性は時に赤く染めた髪をもはや覆わずにカールさせて結い上げ，宝石または宝石付きのネットやハート型のキャップでかざり，外出時には男子と同じような山高でつばのある帽子をその上に被った。

なお世紀末より婦人服には，筒型のファーシンゲール（wheel farthingale），胸まで開けた襟元，後に扇状に立てた飾り襟という新しいフランス・スタイルが入って来て，ジェイムズ朝の終わりまで続く。また縫い取りのある絹の編み靴下や，ヒールのあるきれいな靴（戸外では木底を付けた）など，特に足もとのおしゃれが始まるのもこの頃からである。

17世紀

1620-1710年間の服装が前後の世紀と異なる点は，体を締めたり，膨らませたりしない自然なシルエットと，婦人より男子服の方が華やかだったことである（世紀後半には最初の有名なダンディー，ロバート・フィールディングとリチャード・ナッシュが相次いで登場し，社交界の流行を左右している）。また生地はプレーンで良質の柔らかい風合いのもの，色もピンクや空色など淡いものが好まれ出した。

チャールズ一世の頃はヴァン・ダイクの肖像画などに見られる王党派騎士（Cavalier）の時代で，彼らは大きな羽の付いた鍔広の帽子を被り，リボンやレースで肩，袖，ウェスト，膝，靴まで優美に飾りたてた。特徴的な大きな白い麻やレースの襟（falling band 通称 Van Dyke collars：貴族から女中まで流行）の付いた上着は，ダブレットのタセットがだんだん大きく長くなって1635年頃には腰丈のジャケット（jacket）になり，袖山の切れ目や上着の前からはたっぷりドレープをとった上等な白絹のシャツを見せた。ゆったりした半ズボンは膝下で蝶結びのリボンやレースで止め，流行の皮ブーツの下には絹の靴下を保護するため膝までのホーズ（boot-hose）を履いた。髪はカールさせて肩まで垂らし，

衣食住

時に脇だけリボンで結んだりした（love-lock）が，男子の長髪は以後200年間続くことになる。

　婦人服も自然でゆったりとして襟は大きく，ウェストは高く，そして30年代には袖が短くなり，初めて二の腕が露出した。髪は後ろを円く結い上げ，前を少しと横を長くカールして垂らすのが流行した。外出時は手にはマフ，顔には特に乗馬時などほこりと日避けのためベールやビロードのマスクをつけたが，帽子はあまりしなかった。また（手でつまんで道を歩いた習慣が定着したのだろうか）外側のスカート両横を，たくしあげて止め付けるスタイルが登場して以後100年続くようになる。

　なおクロムウェル時代（1649-60）のピューリタンは，とんがり帽子に一切の装飾を排した黒っぽい独特の服装で知られるが，それは一部の人であり，ほとんどは中間的な装いをした。

　王制回復の頃から男子は長いかつら（perwig）を愛用し始める。また生活全般にフランスの影響が著しく，一時スカート状の半ズボン（petticoat breeches）をはいて全身をレースやフリルで過度に飾りたてたルイ十四世初期風の装いが流行したが，1670年代には前ボタン・前あき，ポケット付きの膝丈の上着（coat），長い胴着（vest, waistcoat）にシャツ，すっきりした半ズボンに白い靴下という，18世紀の男子の衣服の基本となる新しいスタイルが定着する。袖口の大きく折り返された上着は無地のビロード，チョッキは錦織りの絹などで，首には絹やレースの幅広のタイ（cravat）を結んで垂らし，三角帽を被った。ブーツは廃れ，黒皮に赤いヒール（世紀前半の花リボン飾りに替わり）金属製の飾りバックルの付いた靴が流行となる。

　この間の婦人服は男子にくらべ簡素ながら魅力的だった。ウェストはだんだんほっそりしてきて，襟は丸か船底型にくられ，蝶結びのリボン飾りが肩や胸，上スカートの端に付けられて，無地のビロードやサテンのほか，細かな花柄の生地が好まれた。白粉，紅，口紅，つけぼくろの使用が普及し，また1690年代のカルメン風の丈高のレースとリボンの被り物（fontange）が流行し，日傘もフランスから入ってきた。

208

衣　服

エリザベス朝

17世紀

共和制時代

18世紀

19世紀初頭

衣食住

ジョージ朝（18世紀）

　世紀の末までは文化的にも安定した時期で，男女とも，服の基本的構成はさして変わらなかった。ただ世紀が進むにつれて男子服が形，色，装飾など全体的に落ち着いたものになっていったのに対し，婦人服はコルセットや鯨骨のペチコート（横に広がる型の hoop, pannier）が復活して華かさを増していった。また髪粉をふりかけた白いかつらの着用は，邸内に専用の小部屋（powder closet）が設けられるほど18世紀には必須だったが，男子のはおおげさな長いもの（full-bottomed wig）から，1730年代には（年配者・学者・裁判官以外）横に2，3段のカール，後ろは黒リボンで結ぶ tie-wig など小さく整えられた形になる。婦人は逆に前半は自毛を小さく纏めた上に，家でも外でも白い小さな丸キャップをのせていたが，中頃からかつらをつけ始め，帽子とともにだんだん丈高くおおげさになったのが特徴である。

　男子の上着（coat）は，カフスも，当初ウェストから大きく広がる形だった裾（skirt：18世紀には婦人服のスカートのことは petticoat といった）も，細くすっきりし，常に前を開けて着用するようになった。胴着も現代のチョッキ状に袖なしでだんだん短くなる。簡素な首巻型の立ち衿（stock）がタイにかわる。なお襟付でコート（coat）ほど堅苦しくないフロック（frock）も70年頃から好まれ，くつろぐ時には緩い打ち合わせ式の上着（banyan）を着て，かつらも取ってキャップを被った。マントの着用は軍人，学者，葬儀の時などに限られ，オーヴァーコート（greatcoat）が普通だった。なお外出時にはステッキ，手袋のほか懐中時計も持つようになった。

　婦人服はドレス（gown）と内スカート（petticoat）からなり，光沢のある淡色のサテンや花模様のタフタの他，繊細なローンなども用いられた。代表的デザインは前身頃が割れているもの（open-robe）だが，その他スカート部分の開きなしのもの（closed robe, round gown）ももちろんあり，背中が襟から裾までひだ状（画家にちなみ Watteau pleats と呼ばれる）に流れるもの（sack-gown）も人気があった。袖は肘丈で長い手袋を持ち，襟ぐりも大きかったため，襟周りにレースのスカーフ（handkerchief, neckerchief：18世紀ではハンカチは pocket-handkerchief, scarf は外出用の大判ショールをさした）をあしらうことも

あった。ただこの横広がりのスカートの形は 70-80 年代には腰の後ろだけパッドを入れて大きく膨らますポロネーズ型に変わる。なお、普段着（undress）にはスカートに短めの緩いドレスやジャケットを着たりし、乗馬服は男子服をまねたものだった。また、一時田園趣味を反映してエプロンに麦藁帽子の田舎ふうの格好（milk-maid costume）も流行した。

19 世紀初頭

　18 世紀の終わり頃から、男女の服装は変化し始める。形式的な宮廷色が消え、かつらも髪粉も使用されなくなり、靴のかかとは平らになる。宝石や過度に装飾的な布地も排された。男子の上着はフロックがほとんどで、裾前が斜めに削ぎ落とされて燕尾服（tail-coat）の型に近づいた。90 年代の婦人服はコルセットや腰パッドが排され、一世代前に初めて専用にデザインされた子供服にも似た、ハイ・ウェストの簡素な型になっていた。

　1800-1810 年代（摂政時代）は、古代ギリシャ趣味が家具などと同様に服飾文化にも強くあらわれた時期である。男女とも髪型はギリシャ・ローマ風で、婦人は胸の下で切り換えた白っぽい色のほとんど透けるような薄手のモスリンや綿のドレスを纏った上にストールや古風なチュニック、短いボレロを羽織った。男子服の典型は 6 つボタン、ダブルの燕尾服にぴったりした長ズボン（18 世紀には子供や水兵だけだったが、まず夜会服以外に広まり、1820 年代には夜会服を含め定着した）、長ブーツ（Wellington boots）にシルクハット（top-hat）だった。しゃれ者は古代の肉体美を意識して、コルセットで体の線を整えたという。

ヴィクトリア朝（19 世紀）

　これまでは常に大陸の影響下にあったが、19 世紀に入るとウール地が主となった紳士服では、仕立ての良さでロンドンが主導するようになった。またヴィクトリア朝後期には服装が礼服、街着、遊び着とはっきり分かれ、現代の背広服の原形がほぼ確立した。一方、婦人服のモードは相変わらずパリが発祥地だったが、服の図版（fashion-plates）の普及、マスコミの発達などで、流行の推移が特に世紀後半から激しく変わるようになった。

衣食住

　男子服の上着，チョッキ，ズボンの組合せは中期までは色，素材ともにそれぞれ異なり，明る目の色あいだが全体的に地味だった。上着（coat）は灰，茶，紺などのウールのフロック・コート（frock-coat：ダブルで両前）か燕尾服（swallow-tail, cutaway：シングル）で，それに少し華やいだ縞，水玉，花柄などのチョッキ（生地はカシミア，コーデュロイ，サテン，絹，ピケなど様々）を合わせ，体操選手のように足裏にかけてはく先細のズボン（trousers）は，白やベージュなどが好まれた。シャツの白い立襟は堅く，外套はダブルで前あきの長いレディンゴート（redingote），ビーバーかフェルトの色物のシルクハットを被った。ヴィクトリア朝を通じて男女ともに，外出には短いブーツにスパッツやゲートルをかぶせ，室内ではシンプルな皮靴や婦人は布の靴を履いた。
　1850年代から街着としてのフロック・コートやシルクハット，幅広で今の形に近づいたズボンは，黒など地味な濃い色になっていく一方，カジュアルウェアとして，短いジャケット（sack-coat：小さな高めの折襟，ブレードの縁取りが特徴）にヘリンボーンや格子柄ツイードのズボンの組合せ，また大柄な縞格子などの上下揃いの背広（suit of dittos, lounge suit）に丸い山高帽（bowler, derby：夏の遊び着にはリボンバンド付きの平たい麦わら帽子）が初めて登場した。1880年代には，この背広（ズボンにも折目や裾の折返しが付く）が柄も地味めになって街着として定着し，そしてスポーツや野歩き用の装いはスコットランド産ハリス・ツイードのノーフォーク・ジャケット（Norfolk jacket：身頃に縦ひだ，ウェストベルト，大きな外ポケット）にニッカーボッカー（knickerbockers），ウールのハイソックスとなった。外套は黒のチェスターフィールド（Chesterfield：ビロードの襟，シングルの隠しボタン，ベルトなし）にシルクハットがやや正装用，普段着には，ハンチング帽（deerstalker cap）との組合せで，シャーロック・ホームズが有名にした格子柄ツイードのインヴァネス（Inverness：丈長のダブルで肩ケープ付き）が加わった。なお礼装としての絹襟付の黒燕尾服上下，白のチョッキ・シャツ・タイ・手袋は1840年代に確立し，略式のタキシード（dinner jacket）は世紀後半になって登場した。
　婦人服は1820年代以降，ウェストの線が下がって細く締めるようになり，スカートもたっぷりと広がっていって，1840年代には堅いペチコート（crinoline）

衣 服

ヴィクトリア朝

ヴィクトリア朝

ヴィクトリア朝

エドワード朝

1920年代

衣食住

が復活、絹擦れの音をたてつつ裾を引くその大きさは1860年頃頂点に達する。生地もモスリンやギンガムなど綿からウール、ビロードやダマスク織、タフタ、絹など多様で豪華になり、街着には強く濃い色が、夜会服には白など淡い色が使われた。ドレスは全体的にリボンやフリル、重ねギャザー (flounce) 等で飾られたが、昼服は長袖で襟も詰まり、夜の正装は襟が肩まで大きく繰られ (decollete, デコルテ)、袖も短かった。

1830年代は羊脚型 (leg of mutton) とよばれる大きな袖と幅広の肩の線、大襟による上半身の山型が特徴だったが、世紀中頃にかけてスカートの広がりが増すにつれ、身頃はすっきりし、特に肩から袖へかけてが優雅に流れるような線になった。外套はさまざまの丈のコートの他、中期には各種のショール、マント、ケープも人気があった。髪は真中分けで両横にカールで垂らすか後ろで優雅に纏め、帽子は1820-30年代にはターバン型や羽飾りの鍔広の型も流行したが、一貫して着用されたのは顎の下をリボンで結ぶボンネットであり、またパラソルも19世紀のおしゃれの品だった。

1870年代になると、膨らみが既に60年代から背面に移動していたクリノリンがなくなり、代わりに腰当て (bustle) を下に着け、スカートを後ろに束ねて高くせりださせるバッスル・スタイルになった。上半身は袖も身頃も体に密着して姿勢の良さ、細いウェストや女らしい曲線を強調し、前髪をカールさせて小型の帽子を頭の前方斜めにピンで留めた。1880年代にはプリンセス・ラインのドレスが登場、一時四角い襟繰りが流行したが、90年代には襟は喉まで上がり、風船型の大きな袖、細いウェスト、自然な裾広がりのスカートでいわゆる砂時計のシルエットになった。大振りの派手な帽子が復活し、帽子の上から顔にレースのベールをかけるのが流行したのもこの時期である。

一方、1890年代には、上着・ブラウス・スカートを組合せた紳士服仕立てのテーラード・スーツ、サイクリング用のブルーマーズなる半ズボンが出現するなど新しい動きもあり、20世紀初頭からしだいに普及していった。

20世紀

ヴィクトリア朝の厳格さが消えて貴族的で豪奢なエドワード朝 (1901-10) に

なると，富裕階級の婦人服のエレガンスは頂点に達する。映画の『マイ・フェア・レディ』にみられたような独特の装いで，ゆるく結いあげた髪に大きな帽子をかぶり，淡い色調のやわらかな生地に繊細なレースをふんだんに使ったドレスは耳元まで達する高い襟，きついコルセットの着用による胸と腰のS字形のシルエットが特徴だった。紳士服は長めの毛皮付き外套が流行し，フロック・コートがモーニング（前裾が丸く切れている）になった他は変わらず，ただズボンには今と同じ折目と裾の折返しが付き，1904年頃から現代の中折れ帽(trilby hat) も現れている。

　1910年代後半から，第一次大戦と女性の社会進出を背景に，婦人服は軽く着やすく動きやすい実用的な衣服へと画期的な変化をたどることになる。引摺るほど裾の長いスカートや不自然な体の矯正はなくなり，服は腰ではなく肩で着るものへと変わる。10年代初期一時流行した裾すぼみスタイル(hobble skirt)を経て，大戦後にかけてスカートの丈は短くなった。また活動的なスーツスタイルも定着していった。1920年頃から男女とも外出用のブーツは廃れて皮靴に変わり，婦人がハイ・ヒールに薄手の絹の肌色のストッキングの脚線を見せるようになったのは画期的だった。20年代中後期の風俗の先端を行く若い女性をフラッパーと称したが，当時は，短い髪にぴったりしたクロッシュ帽(croche)，細目のボーイッシュな姿を包むローウェスト，筒型，膝丈の服，そしてチャールストンなどを踊る時に揺れるフリンジ飾りや長い首飾りが流行した。この間，男子のズボンは俗にOxford bags（字義通りには「オクスフォード袋」）と称される幅の広いだぶだぶのもので，明るい色の背広も流行した。また，チョッキの代わりに幾何学模様（Fair Isle）のVネックのセーター（pullover）を着るようになった。30年代になると，婦人服はウェストも戻って，昼着の丈は膝下，夜用は再び長くなり，バイアスの生地を使ったフレアー，細い腰，背あきのデザインが特徴だったが，スーツやコートなどにパッドを入れて肩幅を強調するマニッシュな傾向は40年代にかけて強まっていった。また，現代と同じ下着が着用されだしたのもこの頃である。第二次大戦中は衣料の配給制がしかれた。戦後は普段着にズボンが受け入れられる一方，女らしいパリ・モードも次々に入ってきた。しかしその後は，60年代のメアリー・クアントが始めたミニ・ス

カートの流行やパンク・ファッションなど，ロンドンから前衛的なモードが生み出されている。
(牧野陽子)

29. 食　物　Food

代表的な食物としては，まず肉類と乳製品がある。家畜による食料である。つぎに，穀物を原料にしたパン類がある。海に囲まれた国として，魚も食用に供されてきた。最後に，野菜と果物がある。

肉（meat）

肉は古くからこの国の人々の食物であった。焼く（roast）か煮こむ（stew）かして食べられていた。

ローマ時代には，牛肉（beef）が中心であったが，中世初期には，牛は役牛だったから，羊の肉（mutton）や豚肉（pork）のほうが多かったという。アングロ・サクソン人は特に豚肉を好み，ベーコンにもした。中世後期になると，ノルマン人の影響で，肉料理のしかたが多様化した。油で揚げる（fry），ゆでる（boil）といった方法のほか，ミートボールや肉ゼリーにしたり，パイの詰物にしたりするようになった。ふたたび牛肉が増えたが，豚肉も好まれ，ハムがつくられた。狩りの獲物(game)であるクマやウサギやイノシシも食用に供された。これらの動物は貴重な食糧だったから，肉だけでなく，血や脂肪や骨髄も利用された。

肉食の国として知られるようになるのは，16世紀頃からである。なかでもロースト・ビーフは，この国の料理を代表するものとなった。

テューダー朝においても，牛，羊，豚の肉がもっぱら食べられ，ウサギをはじめ狩りの獲物も好まれた。17世紀後半から18世紀にかけて，狩猟禁止令に

よって制限されるようになる。
　16世紀末から，フランス料理の影響により，フリカッセ，ハッシュミートといった料理法も行なわれ，17世紀から18世紀にかけては，ジェントリーの人たちのために凝った料理がつくられるようになる。同じ頃，農業の改良によって飼料もよくなり，肉の質が向上した。また，大地主による肉牛飼育が盛んになり，量的にも供給が増えて，現在に至っている。

とり肉

　とり肉は，他の生肉が手に入りにくい冬の間，とくに食用に供されてきた。中世初期には，鶏とガチョウが主であった。宴会料理にはクジャクが用いられたという。
　中世後期には，ロンドンに鶏肉組合ができている。とり肉の料理法は，焼くのが中心で，ときに香料をきかせてポタージュに入れることもあった。
　鶏肉(chicken)は，16世紀初頭には廉価だったのに，しだいに値上りし，16世紀末には3倍近くになり，17世紀前半はさらに高くなった。しかし，その後また値下りして，18世紀初めには再び庶民の口に入るようになった。
　16世紀以降，海外からもたらされた鳥もあり，その代表的なものが七面鳥である。クリスマスの料理として，これがガチョウとともに用いられるようになった。

卵 (egg)

　卵は古くから，とくに他の食料の不足する春から初夏に，栄養源とされてきた。ポタージュに入れるか，殻のまま蒸し焼きにされていた。中世後期には安く売られていたという。
　テューダー朝においても，卵は好まれていた。ゆで卵(boiled)か落し卵(poached)が多く，揚げる・焼く(fry)のは不消化だとされていた。17世紀には，いり卵(scrambled)の前身であるバター焼き(buttered)がつくられるようになり，オムレツもフランスから伝わった。18世紀には，ベーコン・アンド・エッグズも登場している。

衣食住

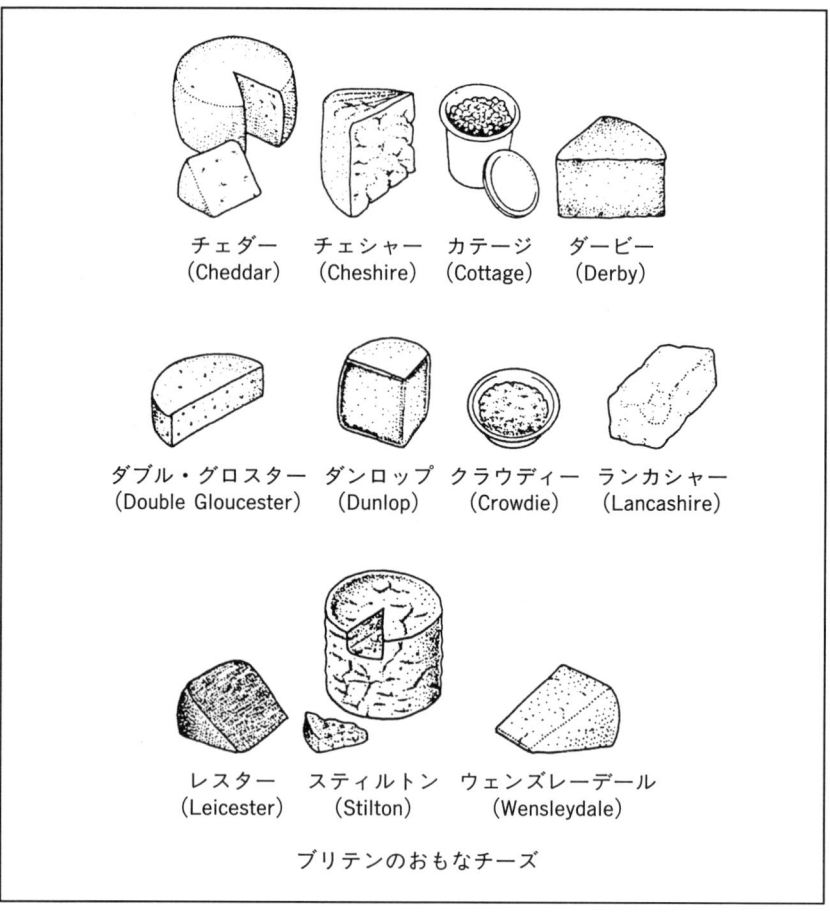

チェダー (Cheddar)	チェシャー (Cheshire)	カテージ (Cottage)	ダービー (Derby)
ダブル・グロスター (Double Gloucester)	ダンロップ (Dunlop)	クラウディー (Crowdie)	ランカシャー (Lancashire)
レスター (Leicester)	スティルトン (Stilton)	ウェンズレーデール (Wensleydale)	

ブリテンのおもなチーズ

卵は各種の菓子の材料にもされてきた。エリザベス朝には，すでに卵白の気泡性が利用されている。当時の宮廷では，卵白を用いたスノー・クリーム (snow cream) 等の菓子がつくられていた。メレンゲは18世紀にフランスから伝わった。

乳製品

チーズ，バターといった乳製品は，古くから重要な食物であった。中世には，

「白い肉」（white meats）と呼ばれて，貧乏人の食物だと軽蔑されることもあったが，肉の食べられない貧しい人には，不可欠の栄養源であったろう。

　テューダー朝には，バターが見直され，いろいろな料理に使われるようになった。17世紀には，バターとチーズの消費量が着実に伸び，18世紀になってさらに急激に増大した。交通が整備されて，それまで限られた土地でしか知られていなかった各地のチーズが，ロンドンでも食べられるようになった。

　18世紀末以降有名になったチーズとして，グロスター，ダブル・グロスター，チェダー，ウィルトシャー，スティルトン等がある。スティルトンは，青カビで熟成させる高脂肪の半硬質チーズで，イングランドのチーズの絶品とされる。

　18世紀には，アイスクリーム等の菓子もできていた。

パン（bread）

　パンは古くから主要な食物であった。中世においては，田舎では荘園の領主のかまどや共同体のかまどで焼かれていたが，町にはパン屋があった。

　パンには，フスマを除いた小麦による白パンと，フスマを除かない小麦やライ麦による褐色パンや黒パンがあった。最上質の白パンは，マンチェット（manchet）と呼ばれ，金持の食物であった。14世紀初め頃からロンドンには白パン屋の組合と黒パン屋の組合があったが，1500年頃に合併した。白パンのほうが好まれ，17世紀初頭のロンドンでは，大部分が白パンであったという。しかし，一方で，パンを白く見せるために混ぜ物も使われ，18世紀中頃の小麦の不作の時にはとくにひどかった。

　この国では，フランスにくらべて良質の小麦が少なかったので，おいしいパンが少なく，そのためにかえってプディングやパイ，スコーンやクランペットといった変種が発達したのかもしれない。

プディング（pudding）

　プディングの語源ははっきりしないが，もともと詰物をした動物の胃袋のことらしく，袋状のものに中身を詰めて，ゆでるか蒸すかする食物である。

　プディングには黒と白があって，テューダー朝からステュアート朝にかけて，

衣食住

ジェイン・オースティンの家のパンがま

どちらも好まれた。黒プディングは，動物の血を使うので blood pudding とも呼ばれた。白プディングとしては，豚のレバーのプディングもあったが，肉をいれないものもあった。

17世紀初め頃に，プディング用の布 (pudding cloth) が考えだされ，それまで動物の内臓に詰めていたのが，もっと手軽に一年中つくることができるようになった。それ以後，多種多様なプディングがつくられ，あらゆる階級の人に好まれ，毎日の食卓に出されるようになった。17世紀末にはもう50種類ものプディングがあったという。代表的なものを挙げておこう。

豆プディング (peas pudding) は，エンドウ豆とタマネギを煮つめ，裏ごししてバターを加えたもので，ボイルド・ビーフのつけ合せとして用いられる。

ヨークシャー・プディング (Yorkshire pudding) は，ロースト・ビーフのつ

け合せとして欠くことができない。小麦粉と卵と牛乳でつくった生地に肉汁を加えて焼きあげる，さくさくしたパイ皮のようなものである。

　ステーキ・アンド・キドニー・プディング（steak-and-kidney pudding）は，小麦粉とスエット（suet：牛・羊の腎臓・腰部の堅い脂肪）をこね合せた生地を植木鉢型にして，中に仔牛やウサギの肉をいれて蒸したものである。食事代りにされる。

　プラム・プディング（plum pudding）は，中身を生地に混ぜこんでしまうプディングである。細かく刻んだスエット，干しブドウ，砂糖漬けの果物の皮，サクランボに，小麦粉，パン粉，黒砂糖，卵，香料，ブランデー等を混ぜこんで，型にいれて蒸し焼きにする。

　クリスマス・プディング（Christmas pudding）は，プラム・プディングを涼しいところに1か月くらい寝かせて熟成させ，食卓に出す前にもう一度蒸したものである。食卓で温めたブランデーをふりかけ，燃やして青い炎を見せる。

　即席プディング（hasty pudding）というのは，ミルクの中に小麦粉や燕麦のひきわりをいれて，かきまわしてつくるもののことである。18世紀後半，貧しい農民たちはこれを食べていた。

パイ（pie）

　パイも中世以来の歴史を持っている。小麦粉とバターでつくった生地で，肉，魚，果物等の中身を，すっかり包みこむか，上から覆うかして，焼いたものである。中身を空気から遮断して腐りにくくする効果があり，保存食として用いられた。冷めてもおいしく食べられ，持ち運びにも便利なところから，弁当として利用された。パイにもいろいろな種類がある。

　ミート・パイ（meat pie）は，仔牛の肉，ハム，羊の肉，ウサギ，キジ等狩りの獲物の肉等を中にいれたパイである。

　コテージ・パイ（cottage pie）または羊飼いのパイ（shepherd's pie）は，牛肉か羊肉の挽肉とタマネギのみじん切りを深いパイ皿にいれて焼いてから，パイ皮のかわりにマッシュポテトで覆ったものである。

　ミンス・パイ（mince pie）は，切り刻んだ肉にスエット，乾燥果物，香辛料

衣食住

を混ぜこんでつくったミンス・ミートをパイにしたものである。古くは冬の保存食とされていた。18世紀頃までは肉入りのものであったが，その後は肉のかわりに果物や砂糖をいれた，肉の入らないミンス・ミート・パイがつくられている。

アップル・パイ（apple pie）は，甘いパイの代表である。ほかに各種のフルーツ・パイがある。底の浅いものはタート（tart）として，パイと区別されている。タートにはジャムが入っているものもある。

ゲーム・パイ
猟鳥（獣）の肉を使ったパイ

ポタージュ（pottage）

ポタージュは，鍋（pot）にいろいろな材料を入れて煮こむという単純な料理で，この国では古くから好まれてきた。肉食の国となる16世紀以前には，ポタージュこそこの国の料理であった。小麦をはじめ穀類をいれることも，野菜や肉をいれることもあった。

ポリッジ（porridge）は，ポタージュに穀類の粉を加えて，濃く煮たものである。湯かミルクを煮たてた中に，穀類のひきわりをかきまぜながら加えたものも，ポリッジと呼ばれる。

グリュエル（gruel）も，穀類のひきわりを湯かミルクで煮てつくる，薄い粥状の食物である。主に病人用で，バター，砂糖，香辛料，タマネギ等を加えることもある。牛肉のグリュエルや，肉の煮汁によるものもある。

ブロス（broth）は，何かを煮てそのエキスが浸みだしたスープをいい，とくに肉の煮汁のことをいう。野菜，麦の粉，米などを加えて，濃く煮つめたものもブロスという。

フルーメンティ（frumenty）は，牛乳で煮た小麦の粥で，シナモンや砂糖等で味をつける。

17世紀末までは，穀類のポタージュがよく食べられていた。とくに朝食は，

食 物

市場での買物風景（マーケット・プレイス，ケンブリッジ）

これが一般的であった。18世紀になって，パンと紅茶やコーヒーの朝食が現われた。

魚（fish）

　この国は海に囲まれ，河川や湖沼も多く，魚介類には恵まれている。古くから魚は食用に供されてきた。ただ，魚に対する好みは，時代によって変化が大きく，地域差もある。全体として，肉料理ほど好まれなかった。

　中世初期において，カトリック教会により金曜日や四旬節は魚の日と定められていたし，修道院では肉食がまったく禁じられていた。魚は，肉を食べられない時の代用食のような性格を持っていたであろう。サケ，ウナギ，ニシン，サバ，タラといった魚やクジラ，また，トリ貝，ムラサキ貝，カサ貝といった貝が食べられていたという。

　中世後期以降になると，魚の日が増えて，水曜，土曜も魚の日とされたことがあるが，短い間のことであった。ニシン，サケ，タラ，ウナギ，カマスや，ロブスター，ザリガニ，カニ等が食べられた。

223

冷蔵設備のない時代には，肉よりもいたみやすい魚の保存はむずかしかった。干物にするか，燻製にするか，塩漬けにするかであった。干魚はかたいので，たたいて砕き，バターを加えて煮こみ，シチューにした。生魚は火で焙るか，油で焼くか，スープで煮るか，パイにするかであった。

　魚料理として現在よく食べられているのは，スコットランド産のスモーク・サーモン（smoked salmon），ドウヴァー海峡でとれるシタビラメのグリル（grilled Dover sole），ヒラメ（plaice）やタラ（haddock）の切り身を油で揚げてフライにし，揚げた細切りのジャガイモを付け合わせたフィッシュ・アンド・チップス（fish and chips），ウナギをまるのまま4センチくらいのぶつ切りにしたのを煮て，酸っぱいゼリーの中にいれたものジェリード・イール（jellied eel）等である。

野　菜

　野菜はあまり重視されてきたとは言えない。タマネギ，キャベツ，香味野菜類が主なもので，生まで食べるよりも，シチューなどに煮こんで食べるほうが普通であった。野菜サラダは，比較的最近のものである。

　中世後期になって，三圃式の畑作作物として，豆類が作られるようになり，保存がきくこともあって，重宝がられるようになった。緑，白，灰色の3種類の豆があった。葉物としては，キャベツが中心であった。ホーレンソウもこの頃から料理に使われており，レタスもポタージュに入れられている。パセリが愛用された他に，多種の香味野菜が家庭菜園で作られていたという。タマネギはオランダ，スペインから，ニンニクも大陸から輸入されていた。

　16世紀になると，海外から新しい野菜が入ってきて，料理法にも変化が起こった。この頃，バターで味つけする料理がはやって，野菜もゆでてバターで食べられるようになった。キャベツもこの料理法で食べられた。新しく入ってきた野菜としては，カリフラワー，セロリ，アスパラガス，アーティチョーク等がある。

　ジャガイモは，1570年にスペイン，1588年にアイルランドに伝わったが，ブリテンにジャガイモが普及するのは，17世紀から18世紀のことである。18世

紀になると，豆のポタージュにかわって，ジャガイモが好まれるようになる。18世紀後半には，畑作になって生産も増大し，料理法も変化に富むようになる。初めは，肉と一緒に油で炒めるのが一般的であったが，1870年頃には（ポテト）チップスも登場する。ゆでジャガイモ，マッシュ・ポテト（プディングに入れる），ポテト・ポタージュ等があった。

　トマトが料理に使われるようになったのも18世紀後半からである。緑の野菜が血をきれいにするというようなことが，医者によって言われるようにもなっていた。

果物（fruits）

　古くからこの国で愛されてきた果物といえば，リンゴ（apple）である。中世初期においては，他にプラム，ナシ，ブドウ等があったという。

　ノルマン人の征服以後，フランスからリンゴとナシの新種がもたらされ，プラム，チェリーも好まれた。十字軍以後，オレンジやレモンのマーマレードの作り方も伝わった。またドライ・フルーツが輸入されるようになった。

　テューダー朝からステュアート朝にかけて，アップル・パイの人気が高くなった。モモ，イチゴ等のベリー類，アプリコット等，種類も増えた。しかし，国内で広く栽培されているリンゴをべつにすれば，オレンジやレモンをはじめとして，果物はほとんど輸入品であり，比較的高級な贅沢品であって，庶民の食卓にはのぼらなかったであろう。オレンジやレモンは，16世紀にはオランダをとおして，18世紀にはポルトガルをとおして輸入されていた。船員たちを悩ませていた壊血病に効くことが分かってからは，オレンジやレモンに砂糖を加えたキャンディーも考案された。

　18世紀になって，それまで根強かった生まの果物に対する偏見がなくなり，香辛料よりもオレンジやレモンが，料理にも使われるようになった。西インド諸島から，ライム，バナナ，ザボン等も入ってきた。この頃からようやく，サラダも少しずつ食べられるようになった。

（滝口明子）

衣食住

30. 飲　物　Drinks

　アルコール飲料をべつにすると，飲物の中心は，古代以来，水と乳であった。17世紀の後半になると，コーヒー，ココア，茶といった外来の飲物が登場して，しだいに普及するようになった。

水（water）
　水は人間にとって基本的な飲物であるから，有史以前から，泉や小川の水が飲まれていたであろう。ローマ時代（A.D. 43-430）になると，各地に集落や軍隊の駐屯地ができて，人口の集中がおこり，飲料水を供給する施設が必要となった。ローマ人は，古代最高の技術を駆使して，帝国の各地で水道工事を行なったとされているが，ブリテンにおいても，水道，運河，泉などの工事を行なった。
　ところが，中世になると，水道工事はほとんど行なわれなくなる。支配者による給水としては，たとえば628年にノーサンブリアのエドウィン王が，沿道の泉に立札を立て，ブロンズのコップを備えさせたことなどが，記録に残っている程度である。
　中世後期になると，水は飲物の主流から退き，できるだけ避けなくてはならない飲物となった。それは，川や井戸の水質汚染の危険からというよりも，当時の医学によれば，水は冷たくて消化されにくいから，体によくないと考えられたためのようである。それでも，貧しい人々は水を飲まざるを得なかったが，その他の人々は必ず水に手を加えて，ポタージュにしたり，醸造したりしていた。
　16世紀になっても，上流階級においては，生ま水に対する警戒心が強く，ワインの水割りに使う水も，濾過して沸騰させたものか薬草の香りの蒸留水を用いることが多かった。

一方，中世以来とだえていた水道工事の面では，1582年に，オランダ人の技師モリスによって，ロンドン橋に水力ポンプが設置され，テムズ川の水を汲み上げてロンドンに給水する体制が整った。

　17, 18世紀における給水システムの進歩は，ヨーロッパではロンドンとパリだけに限られていた。ロンドンでは1619年に水道管が敷設され，各世帯に水を供給するシステムがほぼ確立されている。1761年には，蒸気機関によるポンプの採用でロンドンの給水システムはさらに向上することになる。

　19世紀初めようやく水質汚染問題への関心が高まり，1829年ロンドンでシンプソンによって砂による濾過 (slow-sand filtration) が開始され，1855年にはロンドンにおける全ての河川用水の濾過が義務づけられた。

　19世紀中葉以降，ある種の病気は水によって媒介されることが明らかになり，細菌の有無などを調べる水質検査の必要性が認識されるようになる。現代では，濾過だけでなく無菌化 (sterilization) もまた飲料水浄水過程に不可欠のものとされている。

乳 (milk)

　乳は，紀元前3500年頃，新石器時代の農耕牧畜民族がブリテン諸島に渡来して以来，重要な飲物となっていたとされている。とりわけ，中世後期，水が不衛生で不健康な飲物として避けられていた時期には，最も一般的な飲物であり，農家の心強い味方でもあった。

　古代以来，牛 (cow)，羊 (ewe)，山羊 (she-goats) などの乳が，飲用および，バター，チーズの原料として用いられてきた。中世初期には，東イングランドのアングロ・サクソン人のあいだでは羊の乳が，ウェールズと北イングランドのケルト人のあいだでは牛の乳が，主に飲まれていた。乳だけではなく，バターやチーズを作る過程でできる副産物の，バターミルク (buttermilk) や乳漿 (whey) も飲物として広く一般に親しまれていた。

　中世後期には，羊と牛の乳が中心となるが，南西イングランドとウェールズでは山羊の乳も多かった。生のままで飲まれるのは，母乳とロバの乳 (病人によいとされていた) くらいで，他の乳は，蜂蜜，砂糖などを加え，温めて飲むの

衣食住

が普通であった。また乳は，飲物として用いられるより，バターやチーズの原料として使われる方が圧倒的に多かったので，農家の飲物の主流は，乳よりもむしろ乳漿やバターミルクであったといえる。

16世紀までにイングランド南部では，牛乳が中心となり始めるが，ウェールズや北イングランド，スコットランドでは，羊や山羊の乳がまだ根強く残っていた。

中世の都市では，城壁のすぐ外で牛が放牧され，新鮮な牛乳が市場で売られていたという。テューダー王朝以降，人口の集中したところでは，もっと定期的に販売されるようになる。王制回復期のロンドンでは，市内に乳製品専門店ができ，売子（milkmaid）が肩から前後に桶をぶらさげて，一軒一軒ミルクを売り歩くようになった。

その後，イングランド南部と中部では，ビールが農民の一般的な飲物となり，後に茶が加わって，生乳の販売は減少していった。しかし北部では，18世紀末においても，労働者の一般的な飲物は乳漿か乳，あるいは乳と水であった。スコットランドでは，階級にかかわりなく，依然として新鮮な生乳が飲まれていた。

コーヒー，ココア，茶が普及するようになってからは，飲物としての乳はしだいに主流からはずれて，むしろ新しい飲物に加えられる脇役として生きのびることになった。

コーヒー（coffee）

この国の人々の食事は，炭水化物と脂肪分が中心であるので，どうしても多量の飲物が必要となる。しかし，生ま水は危険であり，新鮮な乳は手に入れにくいということになれば，いきおい，17世紀までは，ビールやエールといったアルコール飲料に頼ることが多かった。18世紀以降は，ジン等のアルコール度の強い蒸留酒が安く売られるようになり，酒の飲みすぎが社会問題となるほどであった。そんな中で，17世紀半ばに相ついでもたらされた新しい飲物，コーヒー，ココア，茶は，アルコール飲料の欠点をおぎない，人々の生活に不可欠の飲物となっていった。

コーヒーは，東アフリカ，エチオピア原産で，アラビアを中心とするイスラム教国では13世紀半ば頃から，現在のような色の黒い，苦味のある飲物として飲まれていたようで，やがてトルコに伝わり，1554年にはコンスタンティノープルにコーヒーを飲ませる店ができていた。17世紀初めに中近東へ旅行したイングランド人も，コーヒーについての見聞を記録している。

　最初のコーヒー・ハウスは，1650年にオクスフォードに開店し，2年後にはロンドンにもできて，それ以後急速に一般の人気を集めるようになった。

　コーヒーの貿易は，当初イスラム商人に抑えられていたから，オランダやイングランドの東インド会社は，モカまで買付けに行かねばならなかった。しかし，1720年代にオランダは，ジャワ島でコーヒーの栽培に成功し，セイロン島にもこれを伝えた。イングランドは，18世紀半ばから19世紀初期にかけての需要を西インド諸島でまかない，セイロン島を獲得（1796）した後は，ここでも開発を進めた。1870年代に，セイロン島のコーヒーに初めて病気が発生し，東南アジア各地にこの病害が広がった。そのため，1870年代以降，コーヒー生産の中心はブラジル，コロンビアなど中南米に移った。

　コーヒーは，コーヒー・ハウスという独特の社交場を生み出し，主として男性に好んで飲まれ，各種の文学クラブやジャーナリズムの育ての親となった。17世紀後半から18世紀初めにかけて，最も多い時期には，ロンドンに2000軒のコーヒー・ハウスがあったという。しかし，女性の飲物として一般化し，家庭に定着した茶とくらべると，コーヒーは，国民的な飲物となるにはいたらず，コーヒー・ハウスも18世紀中頃には，変質して衰えていった。

ココア（cocoa）

　ココア，またはチョコレートは，スペイン人が新大陸から持ち帰った飲食品で，100年くらいの間は，その生産と消費はスペインに独占されていた。17世紀初頭には，相当な量のチョコレート・ペーストが，スペインからイタリアやフランドル地方に輸出されていたが，この国で飲物として一般化するのは，1650年代からである。1655年に，西インド諸島のジャマイカを獲得したことによって，カカオ豆を直接手に入れることが可能となり，1657年にはロンドンにチョ

衣食住

コレートを飲ませる店ができている。

　飲物としてのチョコレート，すなわちココアは，最初のうちこの国では，ワイン，卵，砂糖などを加えて飲まれていたが，その後まもなく，ミルクを加えて飲まれるようになった。

　ココアを飲む習慣は，17世紀末から18世紀初めにかけて最も流行し，特にジェントリー階級の朝食に欠かせぬものであったが，しだいに茶に圧倒されていくことになった。

　なお，チョコレートが固形の食物として大量に生産されるようになるのは，19世紀初期からである。

茶（tea）

　茶はもともと中国を中心とする東アジアの飲物で，1610年にオランダ商人によって初めてヨーロッパへもたらされた。イングランドにも，その後まもなくオランダ経由で入ったものと思われる。

　茶の木はイングランドでは育ちにくいので，コーヒー豆やカカオ豆と同様，茶も輸入に頼ることになった。17世紀から19世紀前半までは中国，19世紀後半からはインド，セイロンが主な供給地となった。インド，セイロンの茶は，植民地化されたこれらの地域で，本国の人々の嗜好に合わせて開発された茶である。

　イングランドの東インド会社が茶の輸入に乗りだすのは1668年である。1685年になると，中国からの直輸入の体制も整い，1710年代頃から茶の輸入量は急速に増加する。茶を飲む習慣が普及し始めたのも，この頃からであろう。

　茶の輸入には重い税金が課されたために，人々は原価の2倍近い値段で買わされることになった。その不満に目をつけて，オランダ，フランス等の大陸諸国から，茶の密輸が行われた。

　アメリカ独立戦争が，茶税に対する抗議行動（Boston Tea Party）から始まったことはよく知られている。本国でも茶税に対する批判の声は高く，1784年にようやく「減税法」（Commutation Act）が出された。その後，茶の密輸はやみ，東インド会社は利益を保護されて，安定した成長をとげるようになった。

茶の種類は，不発酵茶（緑茶），半発酵茶（ウーロン茶），発酵茶（紅茶）の3つに大別される。最初の頃輸入された茶は，「武夷茶」(Bohea) と「緑茶」(Green)で，18世紀中頃までは緑茶を好む人も少なくなかったが，18世紀後半頃からあまり飲まれなくなった。

茶の飲み方として，この国の人々が始めたと思われるのは，砂糖を入れることであり，これは18世紀の初めには定着していた。ミルクティーの起源については諸説があるが，18世紀後半には一般化していたものと思われる。18世紀中頃のある本には，日本の抹茶，モンゴルのミルクで煮だす茶，中国の茶などの淹れ方が紹介されている。この国でもその頃，ミルクで煮だす茶は，栄養豊かで病人によいとされていた。いわゆるミルクティーが正統的なものとして定着するのは，19世紀になってからであろう。

17世紀の茶は，宮廷人やごく一部の上流階級の人々の間で好まれる珍しい飲物であった。一般の人が茶を手に入れようとすると，コーヒー・ハウスか薬屋に行かねばならなかった。茶は万能薬と宣伝され，高価な薬として飲まれてもいたのである。

18世紀になると，茶は食料雑貨店で買えるようになり，朝食の飲物として，上流，中流の家庭に定着し始める。1730年代には，ロンドンにティー・ガーデンと呼ばれる大人の遊園地がいくつかできて，人気を集めた。かつてコーヒー・ハウスがコーヒーの普及の拠点になったように，ティー・ガーデンも，茶の大衆化に貢献した。18世紀中頃には，こうした茶の大衆化に対して反対論も出るが，18世紀末にはこれも収まり，茶を飲む人は増えつづけた。

19世紀は，茶が各階層に定着した時代である。中流，上流階級の間では，アフタヌーン・ティーの習慣が生まれ，洗練されて一種の儀式のようになっていく。労働者階級にとっては，安価になった茶は，酒よりも健康的で，がぶがぶ飲むことができ，ミルクティーの場合はカロリーもあり，食事に不可欠な飲物となった。特に1830年代は，禁酒運動との関連で，茶に関心が集まった。この時代には植民地が世界各地にあって，紅茶は世界に広まることになった。

20世紀においても，ロンドンは世界の茶の取引の中心地であり，この国の人々は茶の愛好者として世界に知られている。インスタント・コーヒーの普及

衣食住

等によって，茶よりコーヒーを好む人も増えているが，安価な茶は庶民の飲物として飲みつがれていくであろう。美しいティー・セットやお茶の時間のもつ特殊な魅力が，生活から消えることはないであろう。　　　　　（滝口明子）

31．酒　Alcoholic Drinks

　この国の人々の飲む酒は，土着のもの，外国から輸入したものなど何種類にも及ぶ。諸国民の中でとくに酒好きであるとか，そうでないという評判はないが，その中でアイルランド人は酒の魅力に弱いとされている。酒の飲まれる場所や機会は諸外国と似かよっているが，この国に特有の酒場としてパブがある。

ビール（beer）
　ビールの消費量ではアメリカ，ドイツにつぐ。もっとも一般的なアルコール飲料であり，大昔から作られていたという。ビールは麦芽を発酵させホップ（hop）で苦味をつけるわけだが，この国のビールはエール（ale）と呼び，発酵法がアメリカ，ヨーロッパおよび日本のそれと違い，高温による上面発酵法によっている。できたものは香りがよく，これを冷やさずに「生」で飲む。以前はホップの入らぬものをエールと呼んでいたのだが，16世紀前半にホップを入れるようになり，ビールと同じになった。もっともよく飲まれているのは，文字通り苦味の強いビター（bitter ale）であるが，他にもアルコール含有量の多い，以前は人夫などが好んで飲んだポーター（porter）や，もっと強くて濃いスタウト（stout）などがある。なお，スタウトとしてはダブリンで生まれたギネス（Guiness）が有名。この国でも若い世代は，下面（低温）発酵法によるラガー（lager）と呼ばれるアルコール分の少ないビールを冷やして飲むのを次第に好むようになっている。

232

ウィスキー (whisky)

　スコッチ・ウィスキー (Scotch whisky) は世界的に有名だが，イングランドでは 19 世紀末までこれを無視していたし，また，日本などでよく知られた銘柄はかえってあまり知られていない。スコットランドの草原から掘り出した泥炭 (peat) を用いて原料の麦芽を乾燥するので独特の香りがつく。これを伝統的な蒸留器で蒸留し，それを樽詰して 3 年以上熟成させたものがモルト・ウィスキー (malt whisky) と呼ばれる。1830 年頃に新式の蒸留器が発明され，ライ麦やとうもろこしなどからもウィスキーが造られることとなった。これはグレイン・ウィスキー (grain whisky) で，一般のウィスキーは両者を混合 (blend) したものである。他に泥炭を用いないアイリッシュ・ウィスキー (Irish whiskey) もある。日本（およびアメリカ）でハイ・ボール (highball) と呼ばれる飲み物は，whisky and soda という。

ジン (gin)

　ネズ (juniper) の実で香りをつけた蒸留酒で，17 世紀にオランダで造り始められたが，イングランドに渡って違った製造法によるロンドン・ドライ・ジンとして世界的に広まった。18 世紀初頭にアン女王が輸入ジンに高い関税をかけ，国内産のジンの物品税を下げたため，ジンの製造と消費が飛躍的に伸びた。値段が安いので貧民が過飲し，その悲惨な情景はホーガースの版画「ジン横丁」(*Gin Lane*) に見えている。19 世紀中葉以後に禁酒運動が起こるが，過飲による弊害（必ずしもジンのみに限らないが）は世紀末まで大問題であった。現在ジンはストレートで飲む他，ジン・アンド・トニック (gin and tonic) や種々のカクテルのベースとして用いられている。

ブランデー (brandy)

　ぶどう酒などの果実酒を蒸留し熟成させた酒で，フランスから輸入し，食後酒として飲まれる。

衣食住

シェリー (sherry)

スペイン原産の，白ワインにブランデーなどを加えた酒で，この国の人々がよく飲む。食前には辛口 (dry)，食後には甘口 (sweet) を用いる。なお，食後酒として愛用されている甘口のポルトガル原産のポート (port) も強化ワインである。

ワイン (wine)

太古から世界各地で造られていたが，この国は原料のブドウの栽培には気候が適さないし，収穫したものも生食が主であったため，フランス，スペイン，イタリアなどから輸入していた。しかし最近この国でもワインを製造するようになった。食事のないパーティーなどでよく飲まれるクラレット (claret) はフランスのボルドー産の赤ワインのことである。

サイダー (cider)

日本のサイダーとは違い，りんご汁を発酵させたアルコール分の入った飲物。樽で貯蔵するアルコール度の高いサイダーは，スクランピー (scrumpy) と呼ばれている。

(行方昭夫)

32. 食 器　Tableware

食器の歴史は，食物や食べ方の歴史と密接な関わりを持っている。食器が多様化し，洗練されたものになり始めたのは，16世紀頃からと考えられる。この頃からナイフ，フォーク，スプーンの使用が一般化し，ピューター (pewter) の皿が普及し，ガラス食器の製造も本格的に行なわれるようになる。

16世紀以前にも，貴族は豪華な飾りのついたナイフ類や銀の食器を所有して

食器

いた。しかし，一般の人々は，木皿(trencher)と，革や骨や角で作った杯など，ごく粗末で実用的な必要最低限の食器しか持たなかったであろう。

　主な食器を用途別に分けて考えれば，1）飲物をいれるもの（杯），2）料理をいれるもの（皿，鉢），3）食べるための道具，の3つになる。

杯

　飲物をいれる器は，主として酒の杯を中心にして発達し，17世紀以降は，コーヒー，ココア，茶の流行によって，あたたかい飲物をいれる美しい茶碗やポットが作られるようになった。初めのうちは，茶碗に手はついていなかった。受皿（saucer）も，初めのうちは深いものであったが，その後現在のような浅いものになった。

　ビールやエールは古くからこの国の人々の生活に欠かせない飲物であり，drinking horn, jug, mag, tankard 等，それをいれる杯も工夫がこらされてきた。素材としては，身近に利用できる動物の角や革，土や木等がまず使われ，しだいに金属器，陶器，ガラス器が用いられるようになった。

　16世紀のエリザベス女王は，ワイングラス等，飲食用ガラス器の生産を奨励した。1673年には鉛クリスタル・グラスが発明され，18世紀にはイングランドのテーブル・グラスは，ヨーロッパの社交界でもてはやされた。デザインの面でも，グラビール装飾やステム（細足）グラス等，洗練されたスタイルを生みだし，現代のガラス食器の原型となっている。18世紀以来，イングランドだけでなく，アイルランドのウォーターフォードやスコットランドのエディンバラといったガラス工芸の中心地が生まれている。

皿，鉢

　料理や調味料をいれる器としては，皿類（flatware）や深めの鉢類（hollow-ware）がある。一般家庭の食卓に，銀器や陶磁器の美しい食器が普及し始めるのは18世紀になってからで，それ以前は，加工しやすい木皿やピューターが中心であった。

　木皿は，カエデ（sycamore）等を素材とするもので，日本のように比較的安

235

衣食住

価な陶器が発達しなかったこの国では，古くから庶民の間で親しまれてきた。

　ピューター（シロメ）は，錫とアンチモンと銅の合金で，延展性が高く加工しやすいので，高価な銀器のかわりに，皿や杯やティー・セット等として利用された。ピューターの流行は16世紀から18世紀までで，その後は陶磁器におされるようになった。

ナイフ，フォーク，スプーン

　ナイフの歴史は，人間の肉食の歴史と同じくらい古い。肉を削ぎ，切り分けるために，古代の人々は，石や骨や貝等でナイフを作ったのであろう。紀元前1500年頃までに，青銅製のナイフが現れた。古代エジプトやギリシア，ローマでは，個人用の食べるためのナイフもあったという。ケルト人は，食物を分けるために，先の尖ったナイフを使っていた。イタリアやイングランドでは，ローマ時代のスティールの食用ナイフが発見されている。

　イングランドにおける銀器や金属器の生産は，ローマ人やノルマン人の侵入によって盛んになった。ロンドンとシェフィールドでは，すでに13世紀頃からナイフ等の製造が始まっている。特にシェフィールドは，チョーサーの頃から，カトラリー（cutlery）すなわち，ナイフ，フォーク，スプーン等の産地として知られており，18世紀までには，イングランドだけでなく，ヨーロッパのカトラリー生産の中心地になっていた。

　フォークは，もともと先の尖ったナイフの変化したものと考えられる。食物を押さえたり，突き刺したりする目的で，先の尖ったナイフが作られたのであろう。ローマ人は，先が2つに分かれたナイフを開発した。中世には，平たい二股の大きなフォークが，料理の取り分け用に使われた。やがて，小型の食べるためのフォークが登場し，それまで2本のナイフが使われていたのにかわって，ナイフとフォークの組合せが登場した。

　フォークは，17世紀末頃から普及し始めたらしい。フォークとスプーンのセットが一般化するのは，18世紀半ば頃である。

　スプーンは，古くから骨や木を利用して作られていたらしい。エジプトでは青銅のスプーン，ギリシア，ローマでは青銅，銀，骨のスプーンが用いられて

いた。ケルト人は，ブロンズ製で短く，握りの部分が幅広いスプーンを遺している。

　スプーンの形は，柄の先に長く尖ったくぼみを持つものが多かったが，中世後期までにイチジクの形のくぼみが中心になり，柄には飾りが付けられるようになった。現代のスプーンの原型は，1760年頃にできたとされている。

　カトラリーは，銀器を中心とする金属器がまだ貴重品であった時代には，上流階級だけの贅沢品であった。金，銀，象牙，大理石等の飾りつきの豪華なナイフやスプーンは，一種のステイタス・シンボルであったろう。一般の人々は，骨か木の柄を持つ質素なナイフと，粗い鋳物(tinker's，鉛とアンチモンの合金)のフォークやスプーンを用いていた。

　宿屋では，カトラリーは出されないのが普通であったから，裕福な人々は立派な旅行用セットを持っていた。個人用のスプーン，ナイフ，ゴブレットの使用が一般化するのは，16世紀からである。食事に招かれた時，個人用のナイフを持参する習慣は，17世紀後半にはなくなるが，ナイフ，フォーク，スプーン，コップの旅行用セットを持ち歩く習慣は，19世紀にも残っていた。

銀　器

　古くから銀器は人々の憧れの的であったが，18世紀になって銀の輸入量が増え，銀器の増産も可能になった。18世紀半ば頃にシェフィールドで，銅に銀をかぶせる銀メッキ法が開発され，これがナイフの柄，皿，茶漉し，枝付き燭台等に利用され，廉価で銀器のような美しさを持つ食器の普及に貢献した。その後，電気メッキ法が開発されて，1860年頃までには，シェフィールドのメッキの地位は低下した。1920年頃以降は，銀にかわって，丈夫で美しく，手入れも簡単なステンレス・スティールが多く用いられるようになった。

陶　器

　中世の陶器は，緑色か褐色の上薬（釉）をかけた素朴な作りのもので，手付きの部厚い容器，特にジョッキ(jug)類が多く残されている。16世紀になると，新しいタイプの陶器が現れ始め，17世紀にはスリップ・ウェア（クリーム状の

粘土（スリップ）で模様を描いた陶器）やデルフト・ウェア（オランダから来た陶工が始めた陶器）が作られ，イングランドの陶器は新しい展開を見せる。しかし，これらの陶器は，食器よりも装飾品としての性格が強く，木皿やピューターにかわって陶器が本格的に食器として使われるようになるのは，18世紀後半にウェッジウッドが登場してからである。ウェッジウッドは，白い粘土を材料にしたクリーム・ウェアを改良し，牧歌的な風景を装飾に用いて，一方では陶器を国王にも好まれる高級品にし，他方では大量生産によって陶器を大衆のものにした。この種の陶器は，今なおイングランドの特産品とされている。

磁　器

　中国の白磁の美しさに魅せられて，模倣の努力を続けてきたヨーロッパにおいて，磁器の製法が初めて解明されたのは，1708年ザクセン公国においてであり，1710年にマイセン王立磁器工場が設立され，磁器の製法が全ヨーロッパに広まった。イングランドの磁器も18世紀に始まるが，ドイツやフランスとちがって，国王や貴族によってではなく，商人や企業家によって創設された窯が多かったため，装飾性の高いものよりも，庶民が日常生活において楽しめるような磁器が多くつくられた。なかでも最もポピュラーなのが，動物の骨灰をまぜるボーン・チャイナである。　　　　　　　　　　　　　　　（滝口明子）

33. 食　　事　Meal

　肉と乳製品，穀物とパンが，食事の主なものであったが，食事の内容や時間は，時代や地域や階級や貧富の差によって，少しずつ異なっている。
　朝起きて最初に食べる食事が朝食（breakfast）であり，正餐（dinner）は，中世においては，朝の9時頃であったというが，しだいに遅くなり，12時頃に

なった。昼食が正餐だったわけで，夕食のほうが軽く，supper と呼ばれた。後で述べるように18世紀から19世紀にかけて，茶が飲物として普及することによって，食生活に1つの変化が起こって，現在に至っているように思われる。

16世紀

　テューダー朝のロンドン市民の食事は，1日3回で，朝（6時から7時）は，パンに塩漬けか酢漬けのニシンまたは冷肉，ポタージュ，チーズ，エールといったところであった。昼（12時頃）は，タヴァーン等で外食するか，調理済みの食品を買ってきて家で食べた。パン，チーズ，ローストミート，パイ，シチューかスープ，エールかビールといったものであった。晩（5時から6時）は，パン，チーズ，冷肉，エールかワインであった。野菜は非常に少なく，タマネギかキャベツを肉と一緒にゆでるか，スープにいれて食べる程度であった。新鮮な果物や甘い菓子も珍しかった。

17世紀

　17世紀には，乳製品の消費や野菜や果物が増えて，一般に食生活は良くなった。しかし，農民の生活は，エンクロージャーによって悪くなり，繰り返し起こった飢饉によって，追打ちをかけられた。かつて「白い肉」（white meats）と呼ばれていた乳製品さえ，口に入りにくくなった。豆類と塩漬けの肉を煮こんだブロス（broth）が主な食物であったという。

　一方，ジェントリー階級の食事は豊かなものになっていた。朝（6時から7時）は，冷肉，魚，チーズ，エールかビールであった。昼（12時頃）が正餐で，肉料理にパン，チーズ，エールかワインであった。肉料理には，羊の肩肉や羊の脚の肉のパイや牛のあご肉やロースト・チキンがあった。食事のコースの順序としては，テューダー朝では肉料理の後に魚料理が出されていたが，17世紀には，スープ，魚料理，肉料理の順序になっていた。

18世紀

　18世紀の前半は気候に恵まれて，一般に生活水準は向上した。しかし後半に

なると，小麦の不作に悩まされて，北部と南部で地域差が大きくなった。それは特に農民の食事に見られた。南部の農民はパンと乳製品を主食とし，週に1，2回は肉を食べていたが，北部では，肉が少なく，ミルクをたくさん飲み，ジャガイモが多くなった。

　ジェントリーの人たちの食事時間は，しだいに遅くなってきていた。朝食は9時すぎで，茶（またはコーヒー，ココア）にラスクかケーキ等であった。昼の正餐は2時頃になり，18世紀末には3時すぎということもあった。羊の肩肉のローストにプラム・プディング，仔牛のカツレツ，飾りポテト，コールド・タン，ハム，ロースト・ビーフ，卵，ワイン，ビール，リンゴ酒等が普通に摂られていた。

　昼の正餐の時間が遅くなったところから，12時頃に昼食 (lunch) を軽く摂るようになった。また，この頃からまず都市で，5時頃に茶を飲む習慣が始まった。夕食は10時頃になった。フランス料理の影響で，甘い菓子類，野菜や果物がしだいに増えていった。

19世紀

　19世紀の前半は，貧しい人たちにとって辛い時代であったが，後半になるとしだいに改善された。日曜日だけには肉を食べるようになり，日曜日の骨付きの肉 (Sunday joints) という言い方がされるようになった。一方，夕方5時頃の茶が，簡単な食べ物もついたアフタヌーン・ティー（afternoon tea）またはハイ・ティー（high tea）として定着し，これが夕食にかわって，一日の食事はこれで終わるようになる。この習慣は労働者階級の人たちの間だけでなく，パブリック・スクールの食事もそうであった。

　パブリック・スクールにおいては，朝はポリッジにパンとバターに茶，昼の正餐は，肉，ジャガイモに，プディングかチーズで，夕方は朝食と同じもので，それだけであった。

　ジェントリーの人たちの間では，正餐が夜の7時から8時に摂られるようになり，午後の茶もそれに合わせて定着した。しかし，子供たちは午後の茶までで，夜の正餐は成人だけであった。

いわゆるイングランド式朝食（English breakfast）が定着したのもこの時代であった。それは，ポリッジと，ベーコンまたはハムに，卵の料理，バターかマーマレードかジャムをつけたパンに紅茶というものである。ハイ・ティーと呼ばれるものも，同じような食事であった。

この時代には，粉乳，マーガリン，瓶詰，罐詰等が開発され，食生活が改善された。

20世紀

20世紀の前半は，19世紀後半とあまり変わらないが，後半になると，野菜や果物が豊富になり，栄養の上から改善されることになった。一方で，アメリカの影響によるファースト・フードの利用が多くなり，また，イタリア料理，中国料理等の影響もあらわれた。

レストランにおける平均的なコースは，スターター（starter）と呼ばれるもので始まる。いわゆるオードブルであるが，果物もこれに含まれる。つぎがスープである。スープは，コンソメもあるにしても，概して具が多いと言えよう。つぎがメイン・ディッシュ（main dish）で，ステーキ等の肉料理やフライ等の魚料理であり，これにニンジン等の野菜のほかに，チップスと呼ばれるジャガイモの細切りのフライがつく。サラダもコースに入るようになっている。デザートは甘いケーキ類やチーズや果物である。

（滝口明子）

生　活

34. 結　婚　Marriage

　イングランド教会やカトリック教会では，教会の奥義としてサクラメント（sacrament，秘跡）を定めている。イングランド教会が16世紀にカトリック教会から分離独立した当時は，かなりカトリック主義を否定する傾向があり，洗礼と聖体の2つ以外のサクラメントを認めなかった。しかし，やがてイングランド教会でも告解以外のサクラメントが認められるようになった。男女の結婚は単なる社会的契約ではなく，神と証人の前で行なうべきものとしてサクラメントとして定められているので，ほとんどの結婚式は教会において行なわれてきた。しかし，プロテスタント教会では，結婚は教会のサクラメントとはみなされていない。

　今日では，結婚のサクラメントとしての意義は薄れ，社会的男女関係とみなされるようになった。形式に拘泥しない若い人々はtown hall（市役所）へ届け出て（register），結婚許可証（marriage certificate）を入手し，2人の証人立ち会いのもとに，少数の知友が列席して簡単に結婚式をあげる届け出結婚（civil marriage）が多くなっている。

結婚の変遷
〈封建時代〉
　土地を相続する者として長男の権利が強く，次男以下は，あまり独立した力を持たず，結婚しない者も多くあった。こうした人々が産業革命以後，都市労働者として都会へ出ていき，家族を持ち子供をたくさん作るようになる。
　封建時代の女性はといえば，上流階級においてはマリア崇拝や宮廷風恋愛に

見られるように非常に崇められる一方，女性は男性にひどく服従させられている面もあって，政治，経済上の理由による政略結婚が多く，恋愛と結婚が切り離されていることが多かった。庶民の間では，男女は比較的平等な立場に置かれ，村の祭りなどを契機に多くの男女が結ばれ，上流階級より結婚の機会は多かった。

　16世紀以前の結婚についてはあまりよくわかっていないが，中世以来の盛大な結婚式 (big wedding) に反対であったピューリタンたちの記述からある程度は窺うことができる。ピューリタンたちは頭に穀物の束をのせたり，穀物を撒いたりする当時の風習を軽蔑し，結婚式を神聖なものでなく，お祭り騒ぎにしているとみなして反感を持っていた。

〈16-17世紀〉
　夫婦の数は今日より少なかった。男性は20歳代後半，女性は20歳代半ばで結婚し，成人の死亡率はかなり高かったので，夫婦の結婚年数は平均して20年たらずというところであった。
　17世紀のある村を例にとると，成人女性のうち3分の1は未婚か寡婦であり，人口全体の10%は生涯独身であった。
　恋愛がなかったというわけではないが，求婚 (courtship) はかなり慎重に行われ，愛情の個人的，直接的表現は禁じられていて，婚約式 (betrothal)，挙式前連続3回教会で牧師の口から異議の有無を問う結婚予告 (banns)，盛大な結婚式という，公に知らしめる儀式化された過程があった。
　こうした傾向に反対するピューリタンたちの動きは，1653-60年の短い期間だけは成功をおさめたが，一方には根強い反対もあって，盛大な結婚式が最も典型的に行なわれたのは，まさに16，17世紀であった。しかし，それに対し，以後勢力を増していく階級であるピューリタンたちの反対のみでなく，盛大な結婚式を行なう費用や時間のない，より下層の階級の秘密裡の正式でない結婚 (clandestine marriage) もふえていた。18世紀初めまでに，教会は結婚数の4分の1から3分の1を非イングランドの教会にとられていた。

〈18世紀〉
　婚約式が self-marriage として認められていることに反対し，きちんとした

生活

　結婚の市民法が作られるべきだと，17世紀から主張してきたピューリタンたちの考えは，やがて有産階級の考えとなり，秘密裡の勝手な結婚を防ぐためのハードウィック法 (Hardwicke Act) が1753年議会を通過した。これにより，1754年のお告げの祝日 (Lady Day) 以降は，教会で異議の有無を問う結婚予告をしたあとか，主教もしくは結婚の許可を与える監督代理 (surrogate) に代金を払って，結婚許可証 (surrogate license) を得るかした後に，イングランド教会の定めた牧師の前で行なった結婚でないと法的に無効にされてしまった。つまり，以前の婚約式が有効でなくなったわけである。ただし，クェーカー教徒とユダヤ教徒だけは彼ら独自のやり方が有効とされた。

　貧しい人々にとっては費用のかからない内々の結婚の方が都合が良かったため，この法律はかなりの議論をよんだ。また，婚約式の有効性がなくなって，婚約していても実際に結婚できないという女性も増加した。結婚許可証を買う金のある有産階級は，結婚のプライバシーを守ることができたが，そうでない人々は結婚予告によって必ず結婚を公表しなければならない，ということになった。

　しかし，この法律はイングランドとウェールズのみに適用されたので，フリート街 (the Fleet) で結婚の登録業を営んでいた marriage house の人達は，スコットランドへ移住した。また，駆落ちするカップルの中には，スコットランドとイングランドの境に近い村であるグレトナ・グリーン (Gretna Green) へ行き，そこの鍛冶屋で結婚式をする者も多かった。一方，教区牧師の方は，再び人々が教会で結婚式をするようになり，収入がふえて喜んだ。

〈産業革命後〉

　18世紀後半から19世紀初めにかけての産業革命により社会構造に大きな変化が生じ，中流階級の発生と大量の賃金労働者層の登場がもたらされた。中流階級には結婚に対してピューリタン的な考え方をする者が多く，労働者層では費用のかからぬ内々の結婚をする者が多かった。

　17世紀までには，この2つの階級は各々の文化を発展させ始めていた。小自作農や職人階級が残存し続けた地域では，昔ながらの求婚方法や結婚の習慣がすたれるのが遅かった。bundling と呼ばれる婚約中の男女が着衣のまま同じ床

に寝る習慣は，ウェールズの小自作農の間では19世紀まで続き，ほんの一部には今日でも残っている。小作農の多かったウェールズやヨークシャーでは，盛大な結婚式が続けられたが，産業革命，農業革命の波をうけた地域では，求婚，結婚の様相は大きく変わった。大部分の人々にとって，仕事においても余暇の楽しみのときにも，年齢や性によって分け隔てられることが少なくなり，男女間はより直接的に自然に親密になっていき，以前より早熟になった。18世紀の末には男女関係の変化の結果として，結婚がふえ，人口が急激にふえ始めた。18世紀前半には男女の平均結婚年齢は，それぞれ27.5歳と26.2歳であったのが，18世紀後半には26.4歳と24.9歳，19世紀前半には25.3歳と23.4歳になった。18世紀後半から19世紀初めにかけては，慣習法による正式でない結婚もふえている。

　18世紀から19世紀に株式会社が登場するまでは，家というものが資本の蓄積の手段であり，結婚は経済上，権力上の大事な結びつきであったため，若い人々は愛によって結婚すると教えられつつも，不釣合な結婚はしないよう，充分気をつけられていた。若い人々の社交場としては，地方の主要都市やバース(Bath)のような温泉場で集まりや舞踏会が行なわれたり，ロンドンにも社交の季節ができて，19世紀までには地主階級のみでなく，富裕な新興階級も集まるようになっていた。

　上層階級の間では婚約式は公的，法的な性格を失い，'engagement'とよばれるものになり，結婚とははっきりと区別された。そして，結婚式もプライバシーを尊重する方向へと変化していった。

〈19世紀からの変化〉

　19世紀の初めまでには，中流階級の間では教会での結婚式のあとに結婚披露宴として'grand breakfast'があり，その直後にカップルが2人だけで新婚旅行に行くことが流行になっており，農民や職人階級もこれにならうようになっていた。

　友愛結婚，核家族という考え方は，17世紀には上流階級から中流階級を区別するものであったが，今や両者ともこれを理想とするようになった。

　18世紀の末までにはハードウィック法に対する反対が激しくなっていた。反

生活

　対する者たちは，婚約式の権利を無効にし秘密裡の結婚を禁止しても，人口の大部分は一番たやすい対応をすることになるだけだと予測していた。そして，10年後にはこの法律に公然と逆らうものも出てきた。つまり教会における正式な結婚ではなく慣習法に基づく結婚がふえたのである。

　しかし，19世紀中頃までには，そのような反対もおさまっていき，ヴィクトリア朝中期には，また，合法的な結婚が増加した。すでに19世紀初め頃から再び教会で結婚する人が多くなってきていたのだが，1837年に届け出結婚が合法化されてひとしきり急激にふえたものの，その増加もおさまったのである。そして結婚予告が再び昔のように行なわれるようになった。結婚数も増加し，人々の結婚年齢は若くなる傾向にあり，1910年代から1950年代まで低下し続けた。独身者の割合も，1871年に61％であったが，1961年には44％に減少した。

　しかし，ロマンチックな恋愛結婚が労働者階級に行きわたったというわけではない。弱い立場にある女性としては，同棲を始める前に合法的に結ばれて夫に対して法的拘束力を持つことを望む者が多かった。

〈変化の背景〉

　19世紀の初頭，都会にはあまり儀式的なものはなかった。その理由の1つとしては，都会へ出てきた第一世代である人々は，すべて自己流に決めることを好んだ，ということがある。ヴィクトリア朝も末になると労働者階級の結婚も複雑な儀式の過程をとるようになり，数多くのシンボルが用いられるようになった。1950年代までには，求婚も結婚の儀式も大がかりなものとなり，16，17世紀の婚約式や盛大な結婚式に匹敵するといえる程であった。これは，19世紀末から，古い，「本当の」イングランド的なものを珍重する傾向が知的階級の中に出てきたからである。白の衣装を身につけた盛大な結婚式が好まれるようになった。白のドレス，ヴェール，花嫁を花婿に引渡すこと，穀物を撒くこと，新婚旅行，すべては19世紀に始まったことである。ヴェールは婦人帽にとってかわったものであり，穀物を撒くのは昔，靴や土くれを投げていたことの代わりであろう，という説もある。ヴィクトリア朝から20世紀初めにかけては，盛大な結婚式は上流階級のものだったが，20世紀中頃から，広く行なわれるよう

になった。

〈それ以後〉

今日の傾向としては，1960年代までは，愛と結婚とは分かちがたいものとみなされていたが，この両者を分離して考える者もふえてきた。婚姻関係にない男女が一緒に暮らすことは以前は恥ずかしく，内緒でなされたものだが，今では広く行なわれ受け入れられるようになってきた。

結婚率はあまり変わらないが，結婚年齢は上がってきている。結婚様式そのものはあまり変わりなく，教会で行う盛大な結婚式が定着している。これは労働者階級の間で特にそうであり，知識階級の間では，形式ばらない結婚式を好む傾向も出てきている。家庭内でも女性解放運動の影響が見られ，現代に即した夫婦関係が模索されている。

結婚式（Wedding）

結婚式を行なう教会は，大抵の場合，花嫁がふだん通っている教会が選ばれる。結婚式の日どりは，気候がよく花も多い6月から10月にかけてが多く，教会行事に支障がないよう四旬節（聖灰水曜日から復活祭までの40日間）は避けられることが多い。以前は金曜日や5月の結婚は不吉であるとする迷信もあったが，今は大方，考慮されなくなっている。結婚の通知，招待状，教会での音楽や装飾，式の後の披露宴など，結婚式のための準備，そしてその挙行には花嫁の両親があたるのが通常である。

結婚式の行なわれる教会の聖堂は花で飾られ，身廊の廊下側の椅子には白いリボンが付けられ，身廊の床にはカーペットが敷かれる。祭壇に向かって左側が花嫁側の客，右側が花婿側の客の席であり，前方の席には家族，親類や最も親しい友人が坐る。客を案内して着席させるのは案内人（usher）の役目の1つである。

花婿は先に祭壇右側で花婿付添人（best man）と一緒に起立しており，花嫁は父親の腕に手をかけて，案内人，花嫁付添人（bridesmaid），花を持つ小さな少女（flower girl）に付き添われて入場してくる。祭壇の正面では司祭が待ちうけており，花嫁の到着とともに式が始まる。父親または父役を務める人が花嫁

を引き渡すと，司祭が彼女の手と花婿の手を結び合わせて，誓いの言葉がかわされる。その後，花婿は付添人に預けていた結婚指輪を一旦司祭に渡し，あらためて受け取って，花嫁の左手の薬指にはめ，花嫁も花婿に指輪をはめる。こうして2人は新婚夫婦（newly wedded couple）となり，結婚行進曲に送られ神前を退出する。そのまま新婚旅行に出かけるカップルもあるし，ホテルやクラブ，家庭において披露宴にあたるパーティー（wedding reception）が催され，2人を祝福する場合も多い。

(坂本ひとみ)

35．葬　式　Funeral

葬儀に対する考え方の変遷

　原始の昔より，さまざまな死体の処理の仕方が儀式化され，それが人類の各時代の文化，文明の特色を表わしてきたともいえる。古代エジプトでは，資本，労力，芸術的科学的技術の粋を集めて，王の墓作りがなされた。ユダヤ教徒，キリスト教徒，仏教徒のように，霊と肉体の区別を強調する人々の間では，霊が脱け出た後の肉体はあまり重要視されず，葬儀も元来は簡単になされていた。しかし，古代の習慣が残存しているせいか，近代の葬儀はぜいたくになってきているといえる。この国においても，1世代前までは，立派な葬儀（handsome funeral）をすることが，死者に対する適当な処置とみなされ，馬の頭や霊柩車の上には黒の駝鳥の羽を飾り，霊柩車の後ろには葬儀のための車が長い列をなして続き，'mutes'と呼ばれる雇われたお供の者が両側についた。この立派な葬儀の因襲は，どちらかというと下層階級の人々の間では未だに続いているが，今や上の階層の人々の間では，葬儀を簡素化することが一般的であり，花輪や十字架を飾ることも以前ほどさかんではなく，「花はおひかえ下さい」（'No Flowers'）という言葉が，新聞の死亡記事欄にもよく出るほどである。

死体の処理方法

　主なものとしては，土葬（earth burial 又は inhumation），水葬（water burial），火葬（cremation），防腐保護（ミイラ）（embalming）があげられる。死者の復活（resurrection）を信じるキリスト教徒の間では，火葬では復活ができないと考えられ，ほとんどが土葬であった。そして，死体の置き方は，通常，寝棺である。

　不死，再生と水との関連は，多くの神話の中に見られるものであるが，神格的英雄が，また戻ってくることを人々に約して，死んで海へと旅に出る，というのが大方の筋である。そこでかつては，族長や英雄は，死の船で川や海に流され水葬にされることがあった。紀元7，8世紀に，アイスランドからイングランドにまで流布していた習慣は，土に埋葬した場合でも，船の形の棺台に納めることである。そのような埋葬で発掘された有名な例としては，イングランドのサフォーク（Suffolk）のサットン・フー（Sutton Hoo）のものがあり，38人の漕手を乗せ，26メートルの長さの木製の船で，川から約1キロひきずられ，土に埋められたものの遺跡が発見された。

　火葬は，すでに紀元前1000年頃には，ギリシア人から西欧世界に伝えられ，戦場で戦死した人々を焼いてその灰を故国へ送る，ということがなされていた。しかし紀元100年頃までに，火葬はあまり行なわれなくなった。火葬はキリスト教の厳然たるタブーというわけではなかったが，火が異教的な要素と結びつくことと，肉体が復活し霊と結合することを妨げるという懸念から，好まれなかったのである。特にカトリックの人々は，未だに火葬を避けている。しかし，18世紀頃から死体埋葬の前の長い通夜や墓地の非衛生が問題化してきており，1874年，ヴィクトリア女王の侍医であるサー・ヘンリー・トムソンが火葬を勧める本を出したのがきっかけとなり，法廷も1884年これを合法と認め，以来火葬が着実にふえ，今や50パーセントを超えている。現在，知識階級の間では火葬が圧倒的に多いとされている。

　死体の防腐保護は古代エジプトでさかんであったが，初期のキリスト教徒たちは，火葬同様これも死体を損うものとして嫌った。しかし，傑出した人物の体を留めておきたいという欲求がまさって，キリスト教徒でも防腐保護をなさ

生活

れた例がいくつかある。中世には古代エジプトのやり方を発展させた方法で処理がなされ，12世紀のイングランド王ヘンリー一世の死体は，内臓を抜き，そこへ薬草を詰めてフランスからイングランドへ運ばれた。19世紀初め，ネルソン提督の死体はブランデーの樽に漬けて，トラファルガーから本国へ返された。近代の動脈注射による防腐保護は，17世紀前半の医師ウィリアム・ハーヴィーや18世紀のウィリアム・ハンターらによって発展させられた。しかし，現在ではめったに行なわれない。

葬送式の次第

　通常の葬儀の手順としては，まず遺体をアルコールなどで清潔にして横に寝かせ，客間，居間に安置して，通りに面した窓のブラインドをおろし，遺族，知友がなごりを惜しむ。昔は通夜（wake）をして飲食をする習慣があったが，今は，アイルランドで，またアイルランド系カトリックの信者の間でだけ行なわれている。葬儀屋（undertaker）と葬儀の段どりを決め，墓地の選択がなされ，新聞に死亡記事（obituary）をのせ，葬儀の日どりを告示する。遺体は棺台（bier）または霊柩車（hearse）にのせて教会に運び，司祭が棺を迎え，葬送式が行なわれるが，このとき弔いの鐘（passing bell）が静かに鳴り渡る。一般的には，葬送式はまず教会で行なわれ，墓での埋葬のときまた簡単な式が行なわれる。

　教会では，祭壇の前に棺が置かれ，花で飾られ，遺族が一番前の席に坐る。会葬者を mourners といい，喪主を the chief mourner という。葬送式の時の服装も，以前は，長いクレープのヴェールやクレープのドレス，ハンカチの黒の幅広い縁どりなどが一般的であったが，今はそのような大げさな服装はすたれ，簡素化の傾向にある。司祭が聖書の句を読み，参列者が讃美歌を歌い，祈禱があって式は終わる。司祭が棺の側に立ち，遺族から順に最期の告別をし，棺のふたが閉じられる。教会での葬送式には友人，知人が参列するが，そのあとの墓地または火葬場へ同行するのは，家族，親類，そしてごく親しい友人だけである。墓ではもう一度短い式があり，司祭が聖書またはイングランド教会の祈禱文を読み，棺が埋葬される。埋葬の場所としては，教会の中と教会境内

の墓地（churchyard）とそれ以外の共同墓地（cemetery）とがあり，哀悼の象徴である糸杉（cypress）と，死者を連想させる常緑のいちいの木（yew tree）が植えられていることが多い。埋葬が終わると，墓には墓石（gravestone, tombstone）を立て，これには故人の俗名，生年月日及び死亡年月日が刻まれる。墓碑銘（epitaph）が刻まれているものも多い。葬儀から帰宅すると，窓のブラインドが上げられ，忌中の印も取り除かれる。

喪の期間

　葬儀のあと遺族の主婦は，2, 3週間は，ごく親しい友人を除いては訪問客を受けない。喪の第1期は，period of deep mourningといい，この期間にある婦人は，賑やかな社交の場に出かけることは控える。以前は，未亡人は半年は人を訪問しないということになっていたが，このきまりはずいぶん緩んできており，服喪期間も人によって異なってきている。しかし，いわゆる服喪期間は，夫または子供をなくした婦人の場合，ほぼ1年である。　　　　　（坂本ひとみ）

36. 病　気　Disease

　ノルマン人の征服以前から，この国には，癩病（ハンセン病），梅毒，結核，骨肉節炎，虫歯等があったとされているが，不明な点が多い。
　歴史的に見ると，1つの時代に必ず，少なくとも1つは特徴的な病気が存在していたことが分かる。10-14世紀にかけては癩病，14世紀-17世紀にかけてはペスト，15-16世紀には梅毒，17-18世紀には天然痘，発疹チフス，19世紀にはコレラ，猩紅熱，麻疹，結核，20世紀にはインフルエンザ，癌がある。なお癩病は，現代ではハンセン病（Hansen's Disease）の名称を用いる。

生 活

ハンセン病（leprosy）

　ハンセン病が流行したのは，1200年から1350年にかけてである。この病気は多くの文化圏において忌避の対象となったが，キリスト教圏では，堕落や罪に対する神罰という考え方が強かった。きわめてゆるやかに進行する慢性伝染病であるため，患者は死ぬまで悲惨な日々を送らねばならなかった。患者と分かると，市民権を奪われ，家族から離されて，黒地の服の胸に白い手の形をした布を縫いつけ，拍子木を鳴らして歩かねばならなかった。こうして諸国をさまようか，ハンセン病院（lazar house, lazaretto）に隔離されて一生を送ることになった。ハンセン病院の数は，300以上もあったという。ハンセン病は，18世紀末までにはほとんど見られなくなり，現在では新薬も開発されてもはや不治の病ではなくなった。

ペスト（plague）

　1348年ネズミを媒介としたペストが，小アジアからイタリアに上陸し，ヨーロッパ全域にひろがって人口の4分の1を奪った。ブリテン島にも上陸して多数の死者を出した。そのために大疫病（the Great Pestilence）とも呼ばれ，皮膚が黒くなるところから黒死病（the Black Death）とも呼ばれた。
　14世紀以来，エリザベス朝にも大小の流行を繰り返していたが，最大で最後のものは，1665年のロンドンの大疫病と言われるもので，公式記録でも7万人の死者が出たとされている（当時のロンドンの人口は40万とされている）。ペスト患者の出た家の戸口には，「主よ憐れみを」（Lord have mercy upon us）と書かれ，夜中には死体の運搬車が「死体を外へ」（Bring out your dead!）と叫びながら通った。流行の原因については，堕落した生活に対する神罰説，星の位置が悪いとする天体運動影響説，沼や動物の死体から発する瘴気(しょうき)（miasma）によるとする説等があった。

梅毒（syphilis）

　コロンブスがアメリカ大陸近海のカリブ諸島を探険して帰ってきてから間もなく，ヨーロッパで流行したのが梅毒である。この国では，天然痘(small-pox)

と結びつけて「大瘡（かさ）」(great pox) とか「フランス瘡」(French pox) と呼ばれた。1910年にサルヴァルサンが発見されるまでは，水銀か，新世界から輸入された癒瘡木（ゆそうぼく）(guaiacum) が，治療に用いられた。性病としては淋病 (gonorrhea) もあり，梅毒と間違われることもあった。

チフスその他

　17世紀の中心的な病気の1つは，発疹チフス (typhus) であった。軍隊や監獄などの，衛生状態の悪い，シラミのいる場所によく発生した。そのため野営熱 (camp fever) とも監獄熱 (gaol fever) とも呼ばれた。ナポレオン戦争でもクリミア戦争でも，発疹チフス等による戦病者のほうが戦傷者よりも多かった。石鹸が普及し，木綿の下着が用いられるようになってようやくシラミが姿を消し，それとともにチフスも下火になった。別に腸チフス(typhoid)がある。

　冬場の農民の食事は，新鮮な野菜が不足するために，ビタミンCが欠乏し，壊血病 (scurvy) になることが多かった。この病気は，遠洋航海の船員や海軍の水兵にも多かったが，18世紀後半にライム・ジュースといった柑橘類の採用によって解決された。

　麻疹(measles)は，17，18世紀にはまだかなり危険な，死亡率の高い病気であった。19世紀初めまでは，猩紅熱 (scarlet fever) やジフテリア (diphtheria) と混同された。赤痢（dysentery）もときどき流行した。

　17世紀には痛風 (gout) も多く，金満家の美食や道徳的堕落のせいにされて諷刺の対象になった。

　18世紀における最大の病気は，天然痘(small-pox)で，特に子供の死亡率は高かった。これにかかると，顔が変形し，あばたが残り，盲目になることもあった。そうした中で，乳搾りの娘たちが天然痘にかからないことに気づいたジェンナーが，種痘を考え出した。

　当時熱病 (fever) と呼ばれていたものは，体温が病的症状にあることを示すだけで，病気が必ずしも特定されていたわけではない。発疹チフスの熱もあれば，花粉熱 (hay fever)，悪寒をともなう瘧（おこり）(ague)，蚊が媒介するマラリヤ (malaria) の可能性もあった。

生 活

産業革命以後

　産業革命によって人口が都市に集中するようになり，新しい病気が問題となり，階級や職業によって平均寿命に差異を生んだ。

　日光の不足によるビタミンD欠乏から生じる佝僂病（rickets）が発生していた。この病気はイギリス病とも呼ばれ，多くの子供が発育不良，ねこ背（hunched back）や跛行（lameness）になった。運動不足や栄養不足のためばかりでなく，女性の身体を美しく見せるために用いられたコルセットのせいもあって，萎黄病（chlorosis）が見られた。

　これまで風土病（endemics）であったり流行病（epidemics）であったものが世界的流行病（pandemics）になる可能性が増大した。交通や交易の発達の結果であり，最もよい例がコレラ（cholera）である。1800年頃アジアに発生したコレラは，1831年，48年，53年，66年と4回にわたってこの国を襲った。

　検疫（quarantine）はすでに1742年から行なわれていたし，黄熱病（yellow fever）が襲おうとした1804年には保健局（Board of Health）も設置されていたので，コレラ接近に対する警告が出された。

　もうひとつ19世紀から20世紀にかけて世界的に流行したのは，流行性感冒（influenza）である。特に1918-19年にかけてのスペイン感冒は「スペインの貴婦人」と呼ばれて世界中を駆けめぐり，2千万人以上の死者を出した。

結核（tuberculosis）

　浪漫主義と結びついていた病気に結核がある。歴史的にみて，phthisisからconsumptionへ，さらにtuberculosisへと名称を変えてきたが，これは日本で労咳から肺病へ，さらに結核へと変化したのに似ている。この病気は文字通り消耗病（consumptive）であって，wasting diseaseともdeclineとも呼ばれた。症状によっては胃熱（gastric fever）とか，皮膚結核（lupus）とか，リンパ腺結核あるいは瘰癧（scrofura）とか呼ばれもした。瘰癧は「王の病」（King's Evil）とも呼ばれ，神罰とされていた。王権神授説を唱える王たちは，「王手触れ」（Royal touch）という療法を行なった。ジョンソン博士は幼い頃，時の女王アンから触手療法を受けたとされている。

結核は「恋わずらい」(love-sickness) とも混同された。詩人のキーツやシェリー，女流作家のブロンテ姉妹らは結核をわずらい，その青白い顔色によって憧れの対象とされ，天才は夭折（早世）する宿命にあるとされた。結核はこういう資質を与えてくれる病気であると考えられたのだった。

20世紀になって，悪性腫瘍 (malignant tumor) が増えた。社会変化のストレスのために，胃潰瘍 (stomach ulcer) が増え，癌 (cancer) が身体の各部分に発生するようになっている。同じように，心臓血管系の疾患 (cardio-vascular disease) と精神病 (mental disease) も増えた。

精神病 (mental disease)

精神病という分類は近代のものである。1247年につくられたベツレヘム修道院が，1547年に精神病院になったのが最初のものであったところから，狂人はbedlam とも呼ばれた。また月の妖気にあてられたとも考えられて lunatic とも呼ばれた。中世においては，舞踏病 (dancing mania) や鞭打苦行者 (flagellant) も見られて，一種の集団ヒステリーとも考えられた。また魔女狩り (witch-hunting) と結びつけられることもあった。一方，四体液 (humours) の不調和から来る憂鬱症 (melancholia) も真剣に論じられた。また癲癇 (epilepsy) は，ギリシア時代から神聖病 (sacred disease) とみなされ，中世の聖人伝説に華をそえた。

精神医学や精神分析学が発達したのは，19世紀以降のことである。

（福田眞人）

37. 祭り Festival

人類の歴史を通じて，農事，または宗教的，社会的な行事のための特別な聖

生活

なる日，期間が，普段の日と区別され，祝賀や記念の儀式が行われ，共同体の団結を強くする機能を果たしてきた。これらの儀式にはたいてい聖餐や祝宴が伴ったので，feast または festival と呼ばれる。また，feasting の対極である fasting（断食）は，祭りを催す前の準備段階のときや，浄化の儀式のときに行なわれる。また，festival には，飲食に加えて，ダンスや運動競技なども行なわれる。祭りの元来の意味は失われても，そのシンボルは儀式の形式の中に保たれて，今日でも人々に社会の抑圧からの解放感を与える役目をしている。

時間を，循環するサイクルと見る文化や宗教――多神教の多く――では，新年の祝賀を重要とみなす。しかし，キリスト教のように，時間を直線的にとらえ，原初に始まり終末に至って世界全体が一新されるという考え方をする文化においては，歴史上の画期的な事件を重視する傾向があり，キリスト降誕祭（Christmas）と復活祭（Easter）とが祭事の中心とされて，こうした日を毎年祝うことによって人々は神の国に入ることを祈るのである。このようにブリテンの祭事は教会行事が中心であるが，それに加えて古来継承されてきている民俗的な祭事も多くある。

1871年には，バンク・ホリデイ（bank holiday）とよばれる日曜以外の公休日が制定された。最初は銀行だけに実施されたためにこの名があるが，後に全国的な休日として銀行以外の商店も休むようになった。休日としては，New Year's Day, Good Friday, Easter Monday, May Day, the last Monday in May, the last Monday in August, Christmas Day, Boxing Day などがあり，北アイルランドでは Saint Patrick's Day と Orangemen's Day（Battle of the Boyne 記念日；7月12日）が加わる。

―― 1 月 ――

元旦（New Year's Day）

1月1日。元日は，クリスマスの季節(Christmastide)の中の1日に過ぎず，クリスマスほど特別な祝いはない。教会の鐘が12月31日の真夜中に鳴って旧年を送り出し，新年を迎え入れる。これを聞くために多くの人出があり，鐘とともに歓声をあげ，未知の人が互いに握手をかわして'A Happy New Year!'の

挨拶をする。イングランド中西部の農家では，台所に吊していたさんざしややどりぎなどの束を，元日の朝早く畑に持ち出して焼き払い踊り回る習慣が，第一次大戦頃まであった。また，元日の早朝に井戸や泉から水を汲むと，新年の幸福がもたらされるという言いならわしが残っている地方もあった。

主顕節（Epiphany）または十二節（Twelfth Day）

1月6日は，クリスマス後12日目で，救世主の顕現を祝う日である。昔は'Twelfth Cake'という大型のケーキを作った。この日にロンドンのドルアリー・レイン劇場では，18世紀の俳優バドリーを記念するBaddeley Cake Ceremonyが俳優たちによって行なわれ，公演後俳優たちにケーキとワインが配られる。

―― 2 月 ――

聖燭節（Candlemas Day）

2月2日。聖母の清めの祝日（Feast of the Purification of Our Lady）で，参加者全員でろうそく行列を行なう。キリスト教では5世紀に始まり，宗教改革後はカトリック的であるということで下火になったが，ろうそくを完全に禁止することはできなかった。

聖ヴァレンタインの日（St. Valentine's Day）

2月14日。聖ヴァレンタインやこの祭りの由来は明らかではないが，昔からこの日に若い恋人たちが愛のしるしを交換する風習がある。

18世紀頃からカードを送るのが盛んになり，以前は手作りで凝ったものなどが使われたが，今日では印刷されたカードが普及し，若い男女が互いに送りあっている。

懺悔火曜日（Shrove Tuesday）

復活祭と結びついた移動祭日の1つなので，年により日は一定しないが，だいたい2月から3月にかけてである。「聖灰水曜日」の前日であり，昔はキリス

ト教信者に罪の告白をさせてから，懺悔をさせる習慣があった。翌日から「四旬節」が始まるので，懺悔のあとは楽しむ日とされてきた。この日にパンケーキを食べる習慣があったところから Pancake Day とも呼ばれる。また，フランス語からとった Mardi Gras (「謝肉祭最終日の火曜日」) という呼び方もされる。

聖灰水曜日 (Ash Wednesday)

復活祭と結びついた移動祭日の1つ。復活日に先立つ日曜日を含まぬ40日目である。「四旬節」はこの聖灰水曜日から始まる。この日教会では，聖なる灰を信者の額に塗るところから，こう呼ばれる。

四旬節 (Lent)

復活祭と結びついた移動祝祭で，復活日に先立つ日曜日を含まぬ40日間を言う。荒野でのキリストの40日の断食を記念して，肉断ちや贖罪などが行なわれる。

—— 3 月 ——

ボートレース (Boat Race)

1829年以来，毎年復活祭の2週間前の土曜日に行われるオクスフォード大 (ダークブルー) とケンブリッジ大 (ライトブルー) のボートレースで，The Battle of the Blues ともいわれる。テムズ河のパットニー (Putney) からモートレイク (Mortlake) に至る7千メートル弱がレースの場所で，大勢の群衆がつめかけ，復活祭を前にしたにぎやかな催しとなる。

オレンジとレモンの儀式 (Oranges and Lemons Ceremony)

3月31日頃。ロンドンの St. Clement Danes Church で行なわれる行事。近くの小学生達がこの教会へ来て礼拝を受け，それが終わると 'Oranges and Lemons, Say the bells of St. Clement's.' という古い童謡の調べが流れ，教会を出るとき子供達はオレンジとレモンを1個ずつもらう。

復活祭 (Easter Day or Easter Sunday)

　キリストの復活を祝う日で，毎年，日がずれる移動祭日 (movable feasts) の1つであり，春分の日以降最初の満月のあとの第1日曜日と定められている。したがって，年によって35日の大きなひらきがあり，4月になることもある。復活祭の前には大掃除 (spring cleaning) をし，壁紙を貼りかえ窓を磨き煙突掃除をして，春を迎える。よろこびを表わすいろいろな行事が催される。

　聖灰水曜日 (四旬節の初日) の直後から，Easter egg が店頭に並び始める。今は商品と化しているが，元来は初期キリスト教徒たちが，生命の存続と復活を表わす卵をキリスト復活の象徴とみなしたことに由来する。ゆで卵に色づけをして食卓に出したり，卵を庭や小屋などに隠して子供たちが探す Egg hunting という遊びをするなど，復活祭は人々に親しまれてきた。

　復活祭の前の金曜日は「受苦日」(Good Friday) と呼ばれ，キリストの受苦 (はりつけ，crucifixion) を記念する日である。上に十字架をかたどった香料入りのパン (hot cross bun) を食べ，子供は新しい服と靴を身につけて教会に行き，Good Friday hymns を歌いながら大きなパレードに参加する (the Good Friday walk)。

　Easter Sunday と，その翌日で bank holiday である Easter Monday は，いろいろな楽しい遊びをする日で，今でも田舎町では舞踏会やゲーム，コンテストをするところがあり，卵ころがし (egg-rolling) などが行なわれる。

—— 4 月 ——

万愚節 (All Fools' Day or April Fool's Day)

　4月1日。午前0時から正午までは，少々のろまな人をいたずらで愚弄したり，相手のすきに乗じて馬鹿らしいことをさせても許される。北部イングランドでは April Noddy Day，スコットランドでは Gowkin' Day ともいう。

シェイクスピア誕生祭 (Shakespeare Birthday Celebration)

　4月23日はイングランドの守護聖人セント・ジョージの祝日 (St. George's Day) で，イングランドの国花であるバラの花を身につけて歩くという習慣が

生 活

あったが、今はあまり行なわれない。この日はまたシェイクスピアの誕生日とされているので、彼の横臥像があるロンドンのサザーク大聖堂（Southwark Cathedral）で特別礼拝が行なわれ、生地ストラトフォード・アポン・エイヴォンでは盛大な生誕記念祭が催される。

── 5 月 ──

五月祭（May Day）

　5月1日。今日のメーデーは労働祭（Labour Day）であるが、本来的な May Day は、この日ローマの古い女神マイア（Maia, May の語源）に供物が捧げられたことに由来し、伝統的な祭りが各地に残っている。この日の中心人物である May Queen が女生徒の中から選ばれ、子供たちは Maypole dance を踊る。これは、田舎の町や村で、Maypole（五月柱）と呼ばれる木を広場や村の緑地に立て、その柱を花や葉で飾り、一番上から色とりどりのリボンをたらし、それを手に子供たちが柱のまわりを踊りながら回り、リボンをポールの下まで編んでいく。次に逆に踊ってリボンがみなきれいにほどけるようにするというダンスである。

　Maypole は、昔から夏の豊穣の象徴として立てられ、村人たちがそのまわりで踊ったものだが、ピューリタンたちは、異教的で不道徳であるとしてこれを嫌った。1644年、イングランドとウェールズで禁止されたが、1660年の王制回復とともに復活した。現代でもこの柱を立て、古い習わしを守っている村や学校がある。

　また、少女たちが May Day の朝早く野へ出かけ、草木の露を集めて顔にぬると美しくなり、その年の幸運を招くという古い言いならわしがあり、その露は May Dew とよばれる。

昇天日（Ascension Day）

　復活祭と結びついた移動祭日の一つ。復活日後40日目の日で、つねに木曜日になるので Holy Thursday とも言われる。

聖霊降臨日 (Whitsunday)

復活祭と結びついた移動祭日の1つ。復活日の後50日目の日で，復活日の後第七の日曜日である。

王制回復記念日 (Oak Apple Day or Royal Oak Day)

5月29日前後。1660年のこの日，王制回復でチャールズ二世がロンドン入りしたことを記念する行事。ウースターの戦いに敗れたとき，王がオークの木 (oak) に隠れて助かったことにちなんで，oakにまつわる行事が行なわれてきた。

ダービー競馬 (Derby Day)

5月の最終水曜日か6月の第1水曜日，ロンドンの南，サリーのエプソム競馬場で行われる大競馬の日。1780年，第12代ダービー伯が創設して以来，200年以上の歴史がある。

── 6 月 ──

エリザベス女王公式誕生日 (Queen's Official Birthday)

女王エリザベス二世は1926年4月21日の生まれだが，公式には6月の第2土曜日を誕生日として祝う。ロンドンの近衛騎兵連隊本部 (the Horse Guards) では，女王の閲兵分列式 (Trooping the Colour) が行われる。

教会堂建立祭 (Rush-bearing)

6月末から8月にかけて，北西部イングランドに見られる行事。教会の床が未整備だったころ，防寒のために敷いた灯心草 (rush) を年1回取りかえる行事。ある地方では今でも行なわれ，灯心草や花を床にまく。8月5日の湖水地方のグラスミアのrush-bearingも有名で，新しく刈り取られた灯心草を持った行列が林を通って教会まで行く。

生活

洗礼者聖ヨハネの祝日（Midsummer Day）

6月24日。この日がバプテスマのヨハネ（St. John the Baptist）の誕生を祝う日とされている。

夏至の3日後にあたり，天のコースを進む太陽のシンボルとして火の車を丘の斜面にころがしたり，たき火をしたり，火の祭りが行なわれてきた。コーンウォールやノーサンバランドでは，20世紀になって火祭りが復活している。この日とこの前夜（Midsummer Night）に，妖精たちがいろいろ悪戯をするという昔の迷信が残っている。

—— 7 月 ——

ヘンリー競漕（Henley Royal Regatta）

7月第1週の4日間にわたって，オクスフォードシャーのヘンリー・オン・テムズで行なわれるボートレースで，1839年から毎年開かれている。

国際クリケット大会（Test Match）

7月はクリケットの季節で，オクスフォード対ケンブリッジ，イートン対ハロウの試合をはじめ，test matchと呼ばれる，イングランド，オーストラリアや他の英連邦の国との間の国際試合も行なわれる。

白鳥調べ（Swan-Upping）

7月末，ロンドンとヘンリー・オン・テムズ間のテムズ河の，その年に生まれた白鳥のひなに，所有主の印をつける中世以来の行事。所有者は，現在では王室と2つの団体だけだが，かつては多数存在し，印もそれに応じていろいろあった。

—— 8 月 ——

収穫祭（Lammas Day）

8月1日。古来よりの感謝祭の一種で，その年の新しくとれた穀物，またはその小麦をひいて焼いたパンを教区教会に奉じて神に感謝する。収穫に関わる

秋の祭りのうち，最初に行なわれるもの。

エディンバラ国際芸術祭（Edinburgh International Festival of Music and Drama）

8月中旬から3週間近くにわたって，スコットランドの首都エディンバラで1947年以来行われている芸術祭。音楽，演劇，舞踏の世界最高クラスの団体が参加する。今日では，このエディンバラ・フェスティバルをはじめ，現代劇や音楽，バレエなどの催しが，古来の rush-bearing や Midsummer Eve の異教的祭りにとってかわって，夏の行事の中心となっているといってよいであろう。

—— 9 月 ——

ミカエル祭（Michaelmas Day）

9月29日。天使長ミカエル（Michael）の祝日。ガチョウ（Michaelmas goose）のローストを食べる習慣があったが，今はあまり行なわれない。

—— 10 月 ——

ハロウィーン，万聖節の前夜祭（Hallowe'en）

10月31日のハロウィーンは，11月1日の万聖節（All Saints' Day）の前夜祭であり，All Hallows（＝Saints）Eve がつづまって Hallowe'en となった。この日と万聖節とその翌日の万霊節（All Souls' Day）は，天国の聖者や煉獄の霊，死者を悼む日でキリスト教の祭りであるが，ケルト時代から伝わるものである。ハロウィーンは古代ケルトの暦で一年の終りの日であるため，新しい年の運を占うためのさまざまな遊びがある。くるみを火にくべてはじけるか否かで恋の行方を占ったり，女の子たちがリンゴの皮を一続きにむいてそれを投げ，未来の夫の名前のイニシャルを読みとる占いをしたりする。また，ひもでつるしたり水を入れた桶にうかべたリンゴを手を用いずに口でくわえる遊びもある。ハロウィーンの夜6時からは，仮面をつけて魔女や妖精に変装した子供たちが家々を訪ねて 'Trick or Treat!' と叫ぶ。これはお菓子やおもちゃをくれないといたずらするぞという意味であり，もらうと子供たちは 'Happy Halloween!' と叫び，大人の方も 'Happy Halloween!' と言い返す。こうした遊びやハロウィーンの大かがり火（Hallowe'en Bonfires）の習慣も，今日では11月5日の Guy Fawkes' Day に吸収されてしまったようである。

── 11 月 ──

ガイ・フォークス・デイ（Guy Fawkes' Day）

11月5日。1605年のこの日，ローマ・カトリック教徒が王の政策に不満を抱いて，議事堂を爆破しようとした陰謀（the Gunpowder Plot）が発覚し，容疑者ガイ・フォークスは捕らえられ処刑された。この記念日は，その翌年この事件を忘れないようにと設定されたもので，昔はガイ・フォークスと呼ぶ奇怪な人形を作って町中を引きまわした後，夜になって焼き捨てた。今日ではたき火をしてガイの人形を焼いたり花火をあげたりする行事となっている。夜，子供たちが古めかしい服装をして仮面をかぶったり顔を黒くして，ガイのためのお金を乞うて歌いながら家々をまわり，そのお金で花火を買って楽しむ所もある。

ロンドン市長就任披露行列（Lord Mayor's Show）

11月9日。ロンドンの旧市街区（the City）の市長を Lord Mayor と言い，毎年ミカエル祭の9月29日に選出され，11月9日に就任披露が行われる。市長は昔ながらの礼装をし金色の馬車に乗り，護衛兵や市参事会員たちを従えて，旧ロンドン市庁舎（the Guildhall）と就任の宣誓をする大審院との間をパレードする。この行事は16世紀以来ロンドンの人々を楽しませてきた。

休戦記念日（Armistice Day）

11月11日。聖マーティンを祭る Martinmas でもある。1918年以後，この日が第一次世界大戦の終焉を記念する日となった。第二次世界大戦後はこの日に一番近い日曜を Remembrance Sunday として，両大戦の戦死者の霊を慰める儀式が行われる。

ロンドンのホワイトホールにある戦没者記念碑には，第一次世界大戦の激戦地フランダースに多いケシ（poppy）の花環が供えられたり，傷痍軍人の造る造

旧ロンドン市庁舎

花の赤いケシを身につけたりするので，この日を別名 Poppy Day という。

── 12 月 ──

クリスマス（Christmas）

　12月25日。キリスト降誕を祝う日。復活祭と並ぶ最大の年中行事で，前夜のクリスマス・イヴ（Christmas Eve）から1月6日の主顕節（Epiphany）までをクリスマスの季節（Christmastide）という。

　クリスマス・イヴには，各家庭では七面鳥のローストやクリスマス・プディング（Christmas pudding）などのごちそうを作り，子供たちはサンタ・クロース（Santa Claus, Father Christmas ともいう）にクリスマスの贈り物を入れてもらうために，マントルピースやクリスマスツリーに靴下（Christmas stocking）をつるす。教会では荘厳な特別礼拝が行なわれ，「きよしこの夜」が斉唱されて，聖なる心で25日を迎える。25日は家庭で静かにくつろぎ，教会では引きつづきクリスマス礼拝が行なわれる。

　クリスマスとその翌日のボクシング・デイ（Boxing Day）は，公休日（bank holiday）である。ボクシング・デイとは，郵便配達人や使用人などにクリスマスの贈り物（Christmas box）として祝儀を包む日のことであるが，今はクリスマス前に渡すのが普通である。

　クリスマス・カードは，現在ではクリスマスには欠くことのできないもので，

生活

クラウン・ロースト（crown roast）
子羊・子牛・豚の骨付きあばら肉で王冠を形作り，詰め物をしたロースト．クリスマスなどの特別な時のための伝統的料理

多くの友人，知人と交換し受け取ったカードを壁に貼って部屋の飾りにする。これは最近100年くらいの風習であり，19世紀後半から印刷され商品として売り出されるようになった。

また冬の祭りに，不滅の象徴として常緑樹を飾ることは古くから行なわれていたが，クリスマス・ツリーに明かりをともす習慣は，ドイツで始まったもので，イングランドでは19世紀頃から行なわれるようになった。

大晦日（New Year's Eve）

12月31日。スコットランドではホグマニー（Hogmanay）と呼ばれる。イングランドのほとんどの地域ではクリスマスほどにぎやかではないが，イングランド北部やスコットランドでは，新年のお祝いはクリスマスより重要なほどである。大晦日はたいていパーティーやダンスがあり，レストラン，パブも明け方まで開いていて，友人，親戚を訪問して，新年を祝う。

ロンドンのセント・ポール大聖堂（St. Paul's Cathedral）やトラファルガー広場（Trafalgar Square）などには，12時の鐘を聞くために大勢の人がくり出し，新年の鐘の音とともに，にぎやかに挨拶をかわして喜び合う。

（坂本ひとみ）

38. 姓　名　Name

姓名の基本的構成

　姓名の基本的構成は，personal [given, Christian] name と family name [surname] から成り，たとえば，George Bernard Shaw のように，name が3つの要素から成るとき，中間の名を middle name という（前の2つを personal name とよぶときもある。また，3つの要素を各々，first name, middle name [second name], last name という，アメリカ流のいい方も用いられるようになり，書式などでは，そのように記されていることが多い）。

　貴族の名家同士の結婚の際などに，女性が，Mary Chethum-Strode というように，新たな姓の前にハイフンで結んで旧姓を残す場合もある。また，貴族の場合，William, the Duke of York（ヨーク公ウィリアム）を，William of York と地名をつけて呼ぶようになり，York がそのまま姓となって，"ヨーク家"（the House of York）となったものもある。正式称号の代わりに用いられる慣習的尊称は，現在では原則として次のようになっている。公爵（Duke）には His Grace が用いられる。侯爵（Marquis），伯爵（Earl），子爵（Viscount），男爵（Baron），および公爵（Duke）・侯爵の子息，伯爵の長男には 'Lord'（女性，および夫人の場合には 'Lady'）が用いられる。貴族ではないが，准男爵（Baronet）およびナイト爵（Knight）の場合には，名の前に 'Sir' をつけて，Sir John Smith（Baronet にはこれに Bart. を添える），または Sir John とし，女性または夫人の場合，書くときは Dame Jane [Smith]，呼びかけは Lady Smith とする。

姓名の変遷

　歴史的変遷を辿ると，名（given name）が先に発生し，その名に同じものが多かったため，11～12世紀頃，姓（surname）を付けて人を区別するようになっ

生 活

た。ノルマン人のイングランド征服以後，人名に変化が起きた。古英語の名がしだいに減少していき，ヨーロッパ大陸からの新しい名が多く使われるようになっていった。12-13世紀には，男子の名ではWilliam, Robert, John, Richardなど，女子ではAlice, Maudなどのノルマン系の名が人気をあつめた。14世紀には，Alfred, Edmund, Edward, Godwinなどを除く古英語の名の占める比率はかなり小さくなっていた。しかし，名の流行は，階級によって，また，地方によっても異なり，上流階級よりも農民階級に，大都市よりも地方に，昔からの名づけ方，古英語の名が中世に入っても使われていた。そのうちのいくつかは，姓に転化して今日まで残っている。Cwēnhid (1086)という古英語の名が今日の姓Quennellになったと推定され，Ēadwacer (1066) はEdickerに，Wæcerhild (c.1130) はWackrellになったとされている。スカンディナビア系の名で，姓になって今日まで残存しているものには，Ásbiqrn (Osborn), Guðmundr (Goodman), Ketill (Kettle)などがある。

今日surnameというと，世襲されるfamily nameとほぼ同じものを意味するが，元来はgiven nameに，父の名や生地，居住地，職業，その他の特徴から付加された副名 (byname) であり，世襲のものではなかった。

ノルマン人の征服以前にも，すでにこうした副名が存在したが，征服後，ノルマン人がよく用いたことから副名が増加した。このbynameまたはsurnameの多くは，固定され，個々の家によって世襲されるようになったが，これはsurnameともfamily nameともよばれる。このプロセスは，およそ11世紀頃始まって，16世紀の終り頃までにほぼ完了したとされているが，スコットランドやウェールズなどではもっと遅れたようである。

family nameの使用は，貴族の家や大都市で始まったものと思われる。父と息子が異なる姓を持っているよりも，世襲されるfamily nameの方が家系の維持，家の財産の管理に都合がよかったであろう。また，封建制度下にあって，国王は自分に対して義務を果たす騎士の一人ひとりを把握しておく必要があった。そのため，上流階級で，世襲的な姓の発展も進んだ。

以上のように，中世の間は，surnameはまだ流動的であったので，William Tyndaleは，彼の生存中はHuchynsとして通っていたし，Oliver Cromwell

は，Williams であった。

　今日の姓の形の多くは，比較的新しいものであり，17世紀または18世紀頃の教区の記録に見出される綴りの音を保っているものであることが多い。

名

　子供が生まれたとき，キリスト教国においては，洗礼式 (baptism) の際に，名 (Christian name，または given name) が与えられて，キリスト教徒となる。したがって，新約聖書の十二使徒の名などがよく使用される（例：Peter, James, John, Andrew, Philip, Matthew, Thomas）が，広く新旧両約聖書から名を借用したり（例：Abraham, Isaac, Jacob, Mark, Michael, Paul, Mary），キリスト教の聖人の名（例：Agnes）や，その他いろいろの古典名（例：Helen, Alexandra）や抽象名から採用したりする。

　洗礼式に立ち合って名を与える名付親 (godparents, sponsors) は，男児の場合には，男性 (godfather) 2名と女性 (godmother) 1名，女児の場合には逆に女性2名と男性1名，というのが慣習であったが，最近はかなり任意的に名が付けられている。

　また愛称 (pet name) として，男子名 Charles には Charlie，Robert には Bob, Bobby，Richard には Dick，William には Will, Bill，Michael には Mike，John には Jack，女子名 Elizabeth には Bess, Betty，Dorothy には Dolly, Dora，Catherine (Katherine) には Kate, Kitty, Cathy, Kathy など，Ann，Anna には Nancy，Margaret には Maggie, Meg などがある。

姓

　姓は大きく4つに分類することができる。(1)地名に由来する姓，(2)父や母などの名からとった姓，(3)官職からつけた姓，(4)あだ名からできた姓である。

　地名に由来する姓は，所有している土地，出身地，住んでいる所などを示す地名からとられている。Wallace (＝man from Wales), Allington, Hardes, Murray, Whitney (以上，ブリテンの地名から) などがその例である。これらの姓は元来 de, at, by, in などの前置詞がついており，ノルマン人の征服以前

にもこの種の姓は見られるが、征服以後は、ブリテンの地名でもフランスの地名でも 'de' という前置詞をつけることが多くなった。母音で始まるフランスの地名と結びつくと、この de は合体して、Doyley, Disney などとなり、時にはブリテンの地名とも結合して Dash, Delaware などの姓ができた。この前置詞や冠詞はしだいに欠落していき、それは、これらの surname が世襲される family name になってきた証拠であるというのが従来の説であったが、姓が世襲のものになるより以前にすでに前置詞の欠落は始まっていたことが分かってきている。また、住んでいる土地の地形にちなんだ名には、Fields, Holmes, Brookes, Woods などがあり、14世紀初頭の Sussex とその近隣では、'dweller by the bridge, brook, etc.'（橋、川などのそばに住んでいる者）の意で '-er' という接尾辞をつけて、Bridger, Brooker という姓が生じた。また、'-er' の代わりに '-man' が付くこともある。

地名に由来する姓とともに多いのが、父の名をとった姓 (patronymic surname) である。イングランドではふつう '-son' という接尾辞をつけて作られるが、patronymic surname は父親の given name、またはその変形から作られるので、Richardson の他に、Dickson, Dixon, Dickinson という形もとる。他には Henryson, Harrison, Henderson, また、Gilbertson, Gibson などという姓ができる。英語の patronymics には、特に古い家系においては、ノルマン人のフランス語で 'son' を意味する 'fis' に由来する 'fitz-' という接頭辞をつけて作られた姓もある（例：Fitzgerald）。スコットランドの patronymics は 'Mac' や 'Mc' という接頭辞をつけて作られ（例：McGregor）、アイルランドでは 'O'（例：O'Brien）、または 'Mc' 'Mac' をつけ、ウェールズでは 'P-' をつけて作る（例：Powell は 'son of Howel' の意味である）。

ノルマン人の征服直後の資料では、官職からつけられた姓が実にたくさん見られ、ほとんどラテン語であるが、それらは、まさにその官職についている人に与えられている姓である。教会や国家、荘園での官職名で、Abbot（大修道院長）、Prior（小修道院長）、Chancellor（大臣）、Chamberlain（侍従）、Steward（執事）、Reeve（代官）などである。ノルマン人の間で、steward, constable, marshal などの官職が世襲制となり、そこから世襲的な姓も生じた。実に多種

多様な職業があったことが中世の姓から分かる。職業から生じた姓は，もとは，実際にその職についていた人をさしていたことは確かであるが，それがいつから実態をはなれても世襲される姓となったかを確定するのは難しい。

　容姿や気質に対してつけられたあだ名（nickname）からできた姓には，Biggs, Little, Grant（grand から），Greathead, Cruikshank（crook shank から）などがある。Beaver, Hogg, Partridge などの動物や鳥の名の姓も，あだ名から生じた姓であろうと推測されている。　　　　　　　　　（坂本ひとみ）

39．度量衡　Weights and Measures

　度量衡には「メートル法」「ヤード・ポンド法」「尺貫法」を初め多数の種類があるが，この国では周知の通り「ヤード・ポンド法」を主流とする度量衡が採用されている。

度量衡の起源
　度量衡の単位の発生・確立に際しては，人間の身体や生活，あるいは自然現象における重要な事象が関わっていたようである。その起源を大別してみると，次の5項目に整理することができよう。
　(1) 人体の諸部分の寸法：　キュービット，エル，ファゾム，パーム，スパン，フット，インチ等がこの系列に属する。
　その中で現在最もポピュラーであり重要な単位は，フット（foot）とインチ（inch）であろう。フットはそもそも「足のかかとからつま先までの長さ」を意味する単位であったが，年を経るうちに「(王や首長等)特定の人物の足の寸法」を指すようになり，紀元前55年から始まったローマ人の侵入によってブリテン島にもたらされた。その当時から 1 foot（ラテン語ではペス pes）＝約30.5

271

cmで，現在の長さとほとんど変わっていない。

一方，インチはもともと「親指の幅」で定められていたが，語義の上ではラテン語で12分の1を意味するウンキア（uncia）[1]に通じている。12進法を用いていたローマ人が1 pes＝12 uncia と定めていたものが，やはりその侵入とともに持ちこまれ，1 foot（略号 ft.）＝12 inches（略号 in.）となったのである。メートル法に換算すると，1 inch＝約2.54 cm，1 foot＝約30.5 cmとなる。

フット，インチとともに長さの単位を代表するヤード（yard）の起源については，さまざまな解釈がある。第1に「腰まわり，または腰紐」，第2に「キュービットの2倍」，第3に「ヘンリー一世（1100-35）が，自分の鼻の先から親指の先までの長さを1ヤードと定めた」というもの，さらに「さおの長さ」を基準に定めたというものまである。もしこの最後の解釈が正しいとすれば，ヤードは「人体の諸部分の寸法」の系列ではなく，後述する「道具の寸法」の系列に属することになるわけだが，ヤードの語源について今のところ定説はないようである。いずれにせよ，1 yard（略号 yd.）＝ 3 feet＝約91.4 cmと定められている。

キュービット（cubit）は，元来古代エジプトやヘブライ文化圏において，肘先から中指の先までの長さを表わす単位であったが，ラテン名 cubitum を経てヨーロッパ各国の尺度の1単位となった。この国では1 cubit＝約46 cm＝約18 in.となっており，更に2 cubits＝1 ell（エル），2 ells＝1 fathom（ファゾム）という単位も派生した。しかし，ヨーロッパ各国によってこれらの長さには多少ばらつきが見られるようである。この国においても，キュービット，エル，ファゾムの関係は，必ずしも倍々にはなっていない。前述したように1 cubit＝約18 in.＝約46 cm，また1 ell＝約45 in.＝約111 cm，1 fathom＝約6 feet＝約183 cmとなっている。

指を広げて事物にあてがうという動作を繰り返すことによって事物のおおよその寸法を計測することができるが，スパン（span），パーム（palm），ディジット（digit），フィンガー（finger）等の単位がそれから生まれた。元来，スパン

---

1) 質量単位のオンス（ounce，略号 oz.）もラテン語 uncia を語源としている。

は「親指と中指（または小指）とを広げた時の指先の間隔」、パームは「四本の指を並べた幅」、ディジット、フィンガーは「人差指または中指の幅」を意味していた。しかし、この系列の単位すべてが各々別個に基準として採用されたわけでは必ずしもなかったようで、たとえば「パームはディジットの4倍」というように、他の単位の倍量や分量として相対的に定められたものもあった。現在は、一応1 span＝9 in.＝約23 cm、1 palm＝幅約4 in.または長さ約8 in.＝幅約10 cm、長さ約20 cm、1 digit＝約0.75 in.＝約1.9 cm、1 finger＝液体の深さを測る時約0.75 in.または長さ4.5 in.＝深さ約1.9 cm、長さ約11.4 cmとなっている。しかし、パームやフィンガーにはこのように2種類の値があり紛らわしいため、現在の使用頻度は極めて低い。

　(2) 自然物の大きさ：自然物の中でも、その国や地域の主要な穀物や粒の大きさ・質量が度量衡の単位となった例は数多い。その代表例としてグレイン（1 grain＝約0.0648 g）と、体重を計る時に用いられるストーン（1 stone＝14 pounds＝約6.3 kg）を挙げることができよう。

　(3) 道具の大きさ：道具の寸法を基準とする度量衡の系統には、長さを測るための糸・綱や竿にちなむものと、容積等を測る枡にまつわるものが多く見られる。前者の例としては、さきに述べたヤード（yard）の他に、船舶等の航行速度単位であるノット（knot）を挙げることができよう。ノットという単語は「糸や綱の結び目」を意味するが、これを用いる速度判定法との関連から、1時間に1海里進む速度を1ノットと呼ぶようになったのである。また長さの単位であるロッド（rod）、パーチ（perch）、ポール（pole）もこの系列に属し、いずれも「土地を測定する際に用いられた竿」を語源に持ち、5.5ヤードに相当する。これらの40倍の長さに値するファーロング（furlong）も、これらの仲間と呼ぶことができるかもしれない。現在は1 furlong＝1/8 mile（＝220 yds）である。ただしこの単位の語源自体は「竿」ではなく、「10エーカー平方の土地の1辺で40ロッドに相当するあぜみぞの長さ」を指していたといわれる。

　後者の系列の中では、ジル（gill）、バレル（barrel）、ガロン（gallon）、ポンド（pound）が挙げられよう。ジルは「酒類を運ぶ器」から発生した容積単位で、1 gill＝1/4 pint＝約0.14 ℓ である。（ちなみに、パイント（pint）は一説によ

ればラテン語で「(容量を示すために) 着色液で容器に印をつける」を意味する pingere を語源とするということだが，定説はない。)一方，barrel「樽」，gallon 「椀」という語義からも明らかなように，これらの単位はともに，酒類や石油その他の容積を表わす時に用いられている。バレルの方は確固とした値が定まっておらず，大体 30〜40 ガロンの容積に相当するが，例外的に，石油の容積を表わす時には 1 barrel＝35 gallons＝約 159 ℓ と決められている。一方のガロンは，約 4.546 ℓ に相当する。ここで容積単位の場合に看過できないのは，イギリスとアメリカとでは同じ名称の単位で容積が異なるという点である。アメリカにおいては容積が更に穀量（または乾量 Dry Measure）と液量（Liquid Measure）に分かれており，ここでも同じ名称の単位でありながら容積は異なっているのである。ガロンを例にとると，イギリスの 1 gallon＝約 4.546 ℓ，アメリカの 1 穀量ガロン＝約 4.4 ℓ，1 液量ガロン＝約 3.785 ℓ ということになっている。これはいささか紛らわしいと言わねばならないが，日本人が文献などをひもとくにあたって注意を要する点であることに間違いはない。本項の最後に対照表を掲げたのでそれを参照していただきたい。

　重量単位であるポンド（pound）も，ラテン語で「秤」を意味する libra を語源とする点で，この「道具の大きさ」の系列に属する。ポンドの略号が「lb」であるのも，libra という語源に基づいているからである。

　(4) 人や家畜の能力：　人が 1 日に歩くことのできる道のり，人や家畜が耕作できる面積などを表わす言葉が，度量衡の長さや面積単位となった例は世界各地域に見出すことができる。この国の場合，まず人が歩く時の歩幅から生まれた単位ペース（pace）を挙げることができよう。1 ペースは，普通歩行で大人の場合約 2.5 フィートだが，歩測の場合には，1 pace＝約 3 ft. と定められている。古代ローマではパッスス（1 passus＝5 Roman feet＝約 148 cm）という歩測の単位が用いられていたが，その 1,000 倍のミレ・パッスム mille passum が，マイル（mile）につながっていった。現在の 1 mile は約 1.6 km であるから，古代ローマ時代の mille passum（＝約 1.5 km）より若干長くなったわけである。

　ラテン語ユグム（jugum）は「牛につけるくびき」，ユンゴ（jungo）は「くび

きをつけて牛を働かせる」ことを意味するが，これらの語から派生してユゲルム(jugerum)という面積単位が生まれた。それらの語と同じ印欧語語源から発しているが，英語ではくびきを意味するヨーク(yoke)がそのまま面積単位となった。このヨークの広さの解釈はまちまちで，1 yoke＝約50〜60 acres とする説もあるが，牛が1日に耕すことのできる面積の地域格差が激しかったこともあり，その正確な実態は明らかでなく，今日では用いられていない。

現在この国で用いられている面積単位はエーカー(acre)であるが，これはラテン語のアゲール(ager)を語源に持ち，元来は「野原」，転じて「耕地」を意味している。1 acre＝4,840 square yards＝約 4,050 ㎡ となっている。

(5) 物理法則： 科学技術が高度に発達している今日においては，物理法則に基づいて命名された単位は枚挙にいとまがない。しかし，これらの大半は専門用語であり，日常生活との関わりは少ないものが多いので省略する。

度量衡の歴史

(1) 数の体系とローマ属州時代の影響

度量衡の起源の解説からも明らかなように，この国の度量衡の成立には，ローマ文化の影響が深く関わっている。これは紀元前から紀元5世紀初頭までの約5世紀にわたって，ローマ帝国の属領としてその支配をうけていたために他ならない。ローマ人の侵入は，紀元前55年にシーザーがブリテン島の先住民族であるケルト系の民族を征圧したことに始まる。ローマ軍の侵入は紀元前43年には本格化し，ローマ帝国の属領となった。その後，紀元375年にゲルマン民族大移動が始まり，410年にローマ軍が撤退するに至るまで4世紀半余にわたり，ブリタニアという，ローマの一属領となっていたのである。

このローマ属領時代に，ローマ帝国で用いられていた度量衡の体系が持ちこまれ，それが今日もなお，さまざまな箇所，さまざまな形で継承されているわけである。前述した諸例からも明らかなように，度量衡の単位にラテン語を語源とするものが非常に多いのはその端的な顕われといえよう。また周知のように，「ヤード・ポンド法」は十二進法を主体としているが，これも古代ローマの数の体系を踏襲したためである。

生 活

　数の体系には二進法，四進法，十進法，十二進法，六十進法などがある。どの体系を度量衡の基軸とするかは地域や時代によってさまざまで，たとえば古代オリエントのシュメールでは六十進法が，古代インドでは四進法が，そして古代ローマでは十二進法が主流を占めていた。一方，十進法が最初に整備されたのは中国で，その伝統をうけついだ日本の尺貫法が概ね十進法に基づいているのもこのために他ならない。それにひきかえ，ヨーロッパにおける十進法の導入は緩慢で，18世紀末のメートル法創始期になってようやく本格的な動きがみられるようになった。それでもまだメートル法あるいは十進法が貫徹された状況とは言い難い。

　それでは，古代ローマの度量衡の体系はいかなるものであったのだろうか。まず長さはペス（pes）を基準としており，1 pes＝12 unciaであった。ペスがフット（foot）に，ウンキアがインチ（inch）になったことはすでに述べたとおりである。容積はセクスタリウス（sextarius）を基準としていた。セクスタリウスは，「コンジウス（約3 ℓ）杯の1/6」を意味し，現在の容積に換算すると約0.53 ℓ に相当する。また重量の基準はリブラ（libra）で，1 libra＝12 uncia，このウンキアは更に細かく分かれていたようである。

　無論この国における度量衡のすべてがローマ帝国のそれに基づいているわけではない。ギリシア文化の影響を受けたものからイングランド国王の制定したものまで，度量衡は幅広い文化と歴史の絡み合いによって成立しているのである。ギリシアの影響をうけたとみなされるものの代表には，貴金属の重量単位のドラム（drachm）を挙げることができよう。1ドラムの重さは，古代ギリシアの主要通貨（銀貨）であったドラクマ（drachma）のそれに相当していたと言われる。またローマ支配時代以降に制定された単位には，たとえば容積単位のブッシェル（bushel）や重量単位のハンドレッドウェイト（hundredweight），ペニーウェイト（pennyweight）等をあげることができる。ヘンリー二世（1154-89）によって制定されたブッシェルは別名ウィンチェスター・ブッシェル（Winchester bushel）とも呼ばれ，当時は1 bushel＝2150.42 in.^{3} であった。その後この値はまちまちになったが，1826年の法令により1 imperial bushel＝2218.192 in.^{3} に統一されたのであった。一方，ハンドレッドウェイト

はエリザベス一世（1558-1603）によって定められた。元来はこの単位は100ポンドを意味していたのであろう。地方によって100ポンドから120ポンドまで幅のあったこの重量単位も，現在では1 hundredweight（略号 cwt）＝112 lbs. となっている。ペニーウェイトは貴金属用重量で，重さ 1/240 lb. の銀貨と等しい重量の単位として命名されたものである。この他スコットランドでも独自の度量衡が採用されていたようである。[2]

(2) 度量衡の管理と British Imperial System

19世紀初頭になると，度量衡は，現在用いられている体系にほぼ近づいてきた。もっとも不統一が全く解消したわけではない。たとえばガロンにはぶどう酒ガロン（wine gallon＝231 in.^{3}）とエール・ガロン（ale gallon＝282 in.^{3}）の2種類が存在していた。これらがいずれも廃止され，今日と同じ 1 gallon＝277.42 in.^{3} が定められたのは，1824年のことである。

1834年10月16日，国会議事堂の火事によって，同議事堂に収められていた標準ポンドとヤードが焼失してしまった後，度量衡統一化の動きが一段と活発化した。度量衡に関する科学的研究並びに調査の奨励，関係諸法案の採択によって，政府は度量衡の管理と統一を推し進めたのである。1870年，商務省に基準局（Standards Department）が設置され，次いで1900年には国立物理学研究所（National Physical Laboratory）が発足した。この一連の動きの中で確立したのが，いわゆる British Imperial System である。この度量衡の体系ではヤード，ガロン，ポンドが，長さ・容積・質量各々の基準単位として制定され，次のような定義づけがなされた。

まず第1に英ヤード（British imperial yard）は，1878年の度量衡法（Weights and Measures Act）により，"no. 1 standard yard" と呼ばれるブロンズの延べ棒にうちこまれた金のびょうに刻まれた2本の細線が，62°F の時になす距離と定められた。

第2に英ガロン（British imperial gallon）は，気温・水温が 62°F，気圧 30

---

[2] 1555年には choppin（または half pint）が，1618年には Stirling jug（または Scots pint）が定められている。

生 活

ミリバールの状態で常衡 10 ポンドの真水を大気中で測った時の容積と定義づけられた。

英ポンド（British imperial pound）は，高さ 1.35 in，直径 1.15 in.の純白金の重さと定められ，別名常衡ポンド（avoirdupois pound）とも呼ばれる。1878 年の度量衡法により，1879 年 1 月 1 日からすべての物の質量を常衡（avoirdupois weight）で計ることが義務づけられた。ただしその例外として，貴金属宝石には金衡（troy weight）[3]，薬剤には薬衡（apothecaries' weight）を用いることが許された。

ここでこれらの単位との関連上重要な気温についてつけ加えておくと，この国では華氏が一般に用いられている（1 気圧下で 0 ℃＝32°F，100℃＝212°F）。

(3) メートル法との関わりと現代

この国でメートル法はどのように扱われてきたのだろうか。フランス革命の起こった翌年の 1790 年に，英仏両国が度量衡単位を統一し，その標準として秒打ち振子の長さを用いるという案があった。しかし，イギリス側がこの振子方式に反対して標準作成作業に参加しなかったため，フランスが単独でメートル法体系を編み出したという経緯がある。このような事情も絡み，イギリスはメートル法条約を定めた 1875 年のメートル法大会にも参加しなかったが，1897 年の度量衡法（メートル制法）により商業においてメートル法を用いることが政府によって許可されたのであった。

今日においてもなお，日常生活ではヤード・ポンド法が主流を占めている。身長はフット（フィート）とインチで，体重はストーンとポンドで表わされている。しかしその一方で，特に 19 世紀後半以降世界各国で幅広く採用されるようになったメートル法に目を向けず，いつまでも頑なに自国の伝統的な度量衡に固執しつづけるわけにもいかなくなってきた，というのが現状である。英ヤード・ポンド法が施行されている多数の英連邦諸国でも同様であろう。政府は 1975 年頃までには，主要な度量衡をメートル法に徐々に切りかえる方針であったが，この計画が完全に実現したとはまだ言い難い。

---

[3] 以前にはパンを計る際にも troy weight を用いる場合があった。

度量衡一覧表

これまで述べてきた内容を整理・補足する形で，メートル法との換算値を表にして掲げる。（　）内は略号を示す。

A．Measures（度・量）

1. Linear Measure（長さ）

    1 inch（in.）　　　　　　　　　　　　　　＝2.54 cm
    1 foot（ft.）＝12 inches　　　　　　　　　＝30.48 cm
    1 yard（yd.）＝ 3 feet　　　　　　　　　　＝91.44 cm
    1 rod（rd.）＝5.5 yards　　　　　　　　　 ＝約 5.03 m
    1 furlong（fur.）＝40 rods　　　　　　　　＝約 200 m
    1（stature）mile（mi., m.）＝1,760 yds.　＝約 1.6 km
    1 league＝ 3 miles　　　　　　　　　　　　＝約 4.8 km

2. Nautical Measure（海用長さ）

    1 fathom＝ 6 feet　　　　　　　　　　　　＝約 1.83 m
    1 cable's length＝100 fathoms　　　　　　＝約 183 m
    1 nautical mile＝10 cable's length　　　 ＝約 1.83 km

3. Square Measure（面積）

    1 square inch（sq. in.）　　　　　　　　　＝約 6.45 cm²
    1 square foot（sq. ft.）＝144 sq. in.　　＝約 928.8 cm²
    1 square yard（sq. yd.）＝ 9 sq. ft.　　 ＝約 0.836 m²
    1 acre（a.）＝4,840 sq. yd.　　　　　　　 ＝約 0.405 ha
    1 square mile（sq. mi.）＝640 acres　　　＝約 259 ha

4. Capacity Measure（容積）

    1 fluid ounce（fl. oz.）　　　　　　　　　＝約 0.028 ℓ
    1 gill（gi.）＝ 5 fl. oz.　　　　　　　　 ＝約 0.14 ℓ
    1 pint（pt.）＝ 4 gills＝20 fl. oz.　　　 ＝約 0.568 ℓ
    1 quart（qt.）＝ 2 pints　　　　　　　　　＝約 1.136 ℓ
    1 gallon（gal.）＝ 4 quarts　　　　　　　 ＝約 4.546 ℓ
    1 peck（pk.）＝ 2 gallons　　　　　　　　 ＝約 9.092 ℓ
    1 bushel（bu.）＝ 4 pecks　　　　　　　　 ＝約 36.4 ℓ

生　活

(参考：アメリカの容積)
- (a) American Dry Measure (穀量)
  - 1 pint＝33.60 in.³　　　　　　　　＝約 0.55 ℓ
  - 1 quart＝2 pints　　　　　　　　＝約 1.10 ℓ
  - 1 peck＝8 quarts　　　　　　　　＝約 8.81 ℓ
  - 1 bushel＝4 pecks　　　　　　　　＝約 35.3 ℓ
  - 注意（英）1 quart＝（米）1.0320 dry quarts
- (b) American Liquid Measure (液量)
  - 1 pint＝16 fl. oz.＝28.8 in.³　　　　＝約 0.473 ℓ
  - 1 quart＝2 pints　　　　　　　　＝約 0.946 ℓ
  - 1 gallon＝4 quarts　　　　　　　　＝約 3.785 ℓ
  - 注意（英）1 quart＝（米）1.2003 quarts

B. Weights (衡)

1. Avoirdupois Weight (常衡)
   - 1 grain (gr.)　　　　　　　　　　＝約 0.0648 g
   - 1 ounce (oz.)　　　　　　　　　　＝約 1.772 g
   - 1 pound (lb.)＝16 oz.　　　　　　＝約 453.6 g
   - 1 stone (st.)＝14 pounds　　　　　＝約 6.35 kg
   - 1 quarter＝2 stones　　　　　　　＝約 12.70 kg
   - 1 hundredweight (cwt)＝4 quarters　＝約 50.80 kg
   - 1 long ton＝20 cwt＝2,240 lbs　　　＝約 1.016 t
   - 注意（米）1 short ton＝2,000 lbs＝約 0.907 t
2. Troy Weight (貴金属衡)
   - 1 grain (gr.)　　　　　　　　　　＝約 0.0648 g
   - 1 carat (car.)＝3.086 grains　　　　＝約 0.20 g
   - 1 pennyweight (dwt.)＝24 grains　　＝約 1.56 g
   - 1 ounce (oz. t.)＝20 pennyweights　＝約 31.1 g
   - 1 pound (lb. t.)＝12 ounces　　　　＝約 373 g
3. Apothecaries' Weight (薬衡)

1 grain (gr.)	＝約 0.0648 g
1 scruple (scr. ap.) ＝ 20 grains	＝約 1.30 g
1 dram (dr. ap.) ＝ 3 scruples	＝約 3.90 g
1 ounce (oz. ap.) ＝ 8 drams	＝約 31.1 g
1 pound (lb. ap.) ＝ 12 ounces	＝約 373 g

(太田昭子)

40. スポーツ　Sports

　スポーツにおけるこの国の寄与は，美術におけるフランス・イタリア，音楽におけるドイツに匹敵する。サッカー，ゴルフ，テニス，ホッケーなど，ほとんど世界中で行なわれているスポーツは，すべてこの国で誕生した。この国では行なわれない野球にしても，その起源はクリケットを簡略化した，少年少女のやるラウンダーズ（rounders）であるという。元来この国の風土は，気温，湿度，雨量いずれもスポーツに適している。だがスポーツは以前は上流階級のものにすぎなかった。パブリック・スクールでは，学業以上にスポーツによる肉体と精神の鍛練が強調されたが，これも一般から見れば特殊例であった。一部特権階級の楽しみであったスポーツが一般化したのは，19世紀，とくにその後半においてのことである。長時間の労働で疲れた人間にとって息抜きといえば，飲酒とアヘン吸飲くらいしかなかった。19世紀中葉は禁酒運動が盛んになった時期であって，スポーツも飲酒にかわるものとして奨励されたという面がある。スポーツをするのに必要な運動場，公園はロンドンその他の都市において，この頃から整備されていった。
　以下で，現在行なわれている各種のスポーツを箇別に取り上げてゆく。まず球戯の中でもっともこの国らしいものであるクリケットから始め，フットボー

生　活

ル，ラグビーに続いて，テニス，スカッシュ，バドミントン，ボウルズ，ホッケー，ポロ，ゴルフ，乗馬，競馬，狩猟，魚釣り，ボクシング，ボート，ヨット，登山と続く。

クリケット (cricket)

　代表的な夏の競技だが，世界で英連邦諸国以外では行なわれていない。直径150ヤードほどの大体円形の芝生の上で行い，3本の棒 (stump) を立て，上に横木 (bails) をのせた三柱門 (wicket) が野球のベースに相当する。三柱門は，一定の距離 (22ヤード) を置いて，相対するように2組設けられる。各チーム11名で，投手 (bowler) は三柱門めがけて赤色の球 (直径3インチ，重さ5オンス) を投げ当てて横木を落とそうとし，打者 (batsman) はその球が三柱門に当たらぬように防ぐ。打者のバットは，幅4インチ，長さ8インチほどのハンドルの部分にバネを仕組んだ独特のもの。球を打って場外に出せば4点，とくにバウンドなしで場外に届けば6点得る。野球と違って打者は球を打ってから走らなくてもよいが，もう一方の三柱門まで走り，そこにいるもう1人の打者と位置を取り換えてもよい。それに成功すれば1点になる。守備側が打者をアウトにするには，投手が球を stump に当てるか，打った球を野手 (fielders) が直接キャッチするか，返球して stump に当てればよい。投手は6回投球すると別の投手と交代し，代わった投手は別の三柱門から新しい打者に向かって投げ，野手も守備位置をかえる。攻撃側は常に2名の打者を出していて，1人の打者がアウトになると新しい打者が出る。こうして10名アウトになると (11人目はアウトにならずに残る)，1イニングが終わり，攻撃側と守備側が入れかわる。1イニングでプロなら200〜300点，アマでも50〜250点ぐらい取る。土曜の午後に行なわれる通常のゲームでは両チームそれぞれ1イニングの時間しかないが，プロのゲームでは1回のイニングに1日かかることもある。州対抗試合や国際試合は2イニング制であるが，それぞれ3日，5日という時間制限がある。

　クリケットは，ブリテン全体でイングランドのみが国際試合 (Test Match) を行なうだけの力のあるチームを持っている。国際試合はイングランドの他，オーストラリア，インド，パキスタン，ニュージーランド，西インド諸島，南

【グラウンド】

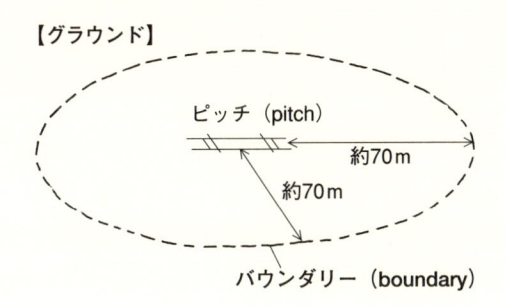

ピッチ（pitch）
約70m
約70m
バウンダリー（boundary）

【ピッチ】

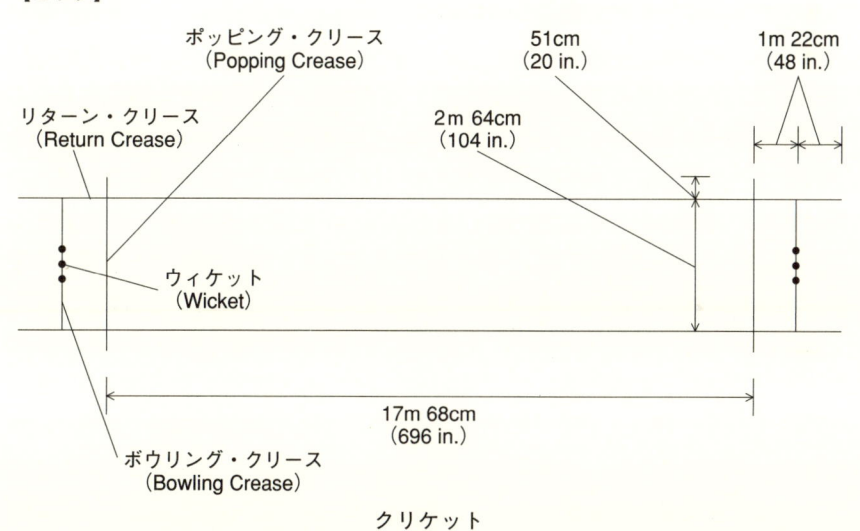

ポッピング・クリース（Popping Crease）
リターン・クリース（Return Crease）
51cm（20 in.）
1m 22cm（48 in.）
2m 64cm（104 in.）
ウィケット（Wicket）
17m 68cm（696 in.）
ボウリング・クリース（Bowling Crease）

クリケット

アの間で行なわれる。

　クリケットの歴史は古く16, 17世紀にさかのぼるが，18世紀末にロンドンにMCC（Marylebone Cricket Club）が設立され，これが世界中のクリケットの総元締とみなされ，ルールもこのクラブによって1835年に作られたものが，基本的には今日でも通用している。

　It's not cricket. という表現が，「フェアでない」という意味であることからも分かるように，クリケットではよきスポーツマンシップが尊ばれる。競技場

283

としてはロンドンの Lord's Cricket Ground や Kennington Oval が有名。

フットボール (football)

　サッカー (soccer) とも呼ばれる。1863年にイングランドのフットボール協会 (Football Association) がルールを統一したため、正式には association football と呼ばれるが、アメリカでこの綴字の soc を取って、soccer と呼び、アメリカン・フットボールと区別したことからこの名称が一般化した。世界でもっとも競技人口の多いスポーツであり、熱狂的なファンも多く、このためけんかなどの不祥事も多く報道されている。

　古代ローマ時代から行なわれていたらしいが、近代スポーツとしてのフットボールは上述のように19世紀中葉にこの国で誕生した。世界的な試合はオリンピックとワールド・カップであるが、これらは4年に1回行われる。国内の試合は、イングランドでは1870年代初めからフットボール協会所属のチーム (初期はアマチュアのみだったが、後にプロのチームも加わった) がカップを争ってきた。フットボール協会は、やはり1870年代の初めにスコットランドにも設立された (S.F.A.)。1880年代末にフットボール・リーグが、最初はイングランドに、続いてアイルランド、スコットランドにも設立されたが、これには初めからプロのチームが所属した。

　クリケットが夏のスポーツであるのに対し、フットボールはクリケットのシーズンの終わった頃、具体的には8月の最終土曜から5月の第1土曜まで行なわれる。競技場としてはロンドン郊外のウェンブリー (Wembley) がもっとも有名。

ラグビー (rugby)

　正式には rugby football と言い、口語で rugger (ラガー) とも言う。サッカーから派生したものであるが、この競技の由来は、1823年に有名なパブリック・スクールの1つラグビー校でフットボールの試合中に、興奮したエリスという選手がルールに反してボールを手に持って走ってしまった事件による。サッカーは1チーム11名だがラグビーは15名、ボールは丸くなく楕円形であり、

スクラム，タックルなど激しい肉弾戦をともなうのが特徴である。1871年にラグビー・フットボール・ユニオン（R. F. U.）が設立され，ルールが統一された。これは選手がすべてアマチュアであることを必要とされている。ラグビーには，1チーム13名で行なう，主にランカシャー，ヨークシャーで人気の高いラグビー・リーグもある。これはプロである。ラグビー・ユニオンは主に中流階級の，ラグビー・リーグは労働者階級のスポーツである。ラグビー・ユニオンは全土で行われているが，とくにウェールズでは代表的な冬季スポーツとなっている。ロンドンのトゥイケナム（Twickenham）の競技場で連合王国の各地方，ニュージーランド，南ア，フランスの間で国際試合が行なわれる。

テニス（Tennis）

　一般に今日テニスとして知られるスポーツは，正式にはコートの種類に関係なくローン・テニス（lawn tennis）という。この原型をなすといわれる，主に王侯貴族の行なったコート・テニス（court tennis）は古くから存在していたが，16，17世紀にフランスとともにこの国で流行した。シェイクスピアの芝居でテニスとして言及のあるのはすべてコート・テニスである。これは壁と屋根のあるコートで行なうものであり，ルールもローン・テニスとは違うが，19世紀になって衰えたものの，今日でも一部の愛好者は存在する。

　ローン・テニスは，1874年にウォルター・ウィングフィールドによって考案された。そして1877年には，ロンドン郊外のウィンブルドン（Wimbledon）で最初の選手権大会が開かれた。その後1888年にローン・テニス協会（Lawn Tennis Association）が発足し，1913年になって国際テニス連合（International Lawn Tennis Federation；1977年にInternational Tennis Federationと改称）が発足した。有名な「デヴィス・カップ」（Davis Cup）は1900年に一アメリカ人の寄贈によって設けられ，同年英米間で初めて争われた。以後テニスは世界的に広がっていき，毎年6月から7月にかけての2週間ウィンブルドンで行なわれる選手権大会（The Tennis Championships, Wimbledon）は世界中のテニス愛好家の注目の的となっている。今日では年齢を問わず普通の人が気楽に楽しめるスポーツとなっている。

ラグビー校にあるラグビー発祥の碑

19世紀のテニス衣装

スカッシュ（squash）

　最近盛んな，テニスに似たところのある室内スポーツ。19世紀中葉にハロウ校で始められた。4つの壁に囲まれたコートの中で，よくはずむボールをラケットで壁にぶつけ合うゲーム。

バドミントン (badminton)

インドにあった羽根つき (battledore and shuttlecock) というゲームをイングランドの軍人が，1860年代に母国に持ち帰って伝えたのが最初という。ボーフォート公爵の領地 Badminton で試合を行なったことからこの名がついた。1899年に全英選手権大会が催され，その後世界に広まった。

ボウルズ (bowls)

アメリカで lawn bowling と呼ばれる通り，芝生の上で大きな球 (bowl) を転がして芝生の端の jack という白い球の近くに止めるゲーム。イングランドで13世紀から行なわれ，エドワード三世，ヘンリー八世などの治世下で人気が高過ぎて禁止されたという。フランシス・ドレイクが，スペイン艦隊を打破する直前にまずボウルズのゲームを済ましたという話は有名。17世紀以降すたれたが，スコットランドで19世紀に入って復活し多くの愛好クラブが出来た。最近は老人が主であるが，各地の公園の芝生でよく行なわれている。

ホッケー (hockey)

先の曲がったスティック (stick) でボールを打ち合い，相手のゴール内にシュートして得点を挙げてゆくゲーム。1チーム11名。試合は前半後半にわかれ，間のハーフ・タイムに両チームはサイドを交代する。古代ペルシャ，ギリシャ，ローマでも似たようなゲームは行なわれていたが，近代ホッケーは1886年にイングランドでホッケー協会が結成された時に始まる。1895年に世界最初の国際試合がイングランドとアイルランドの間で行なわれ，以後急速に世界中に広まり，ついに1908年からオリンピック種目に加えられた。アイスホッケー（カナダ，アメリカ，ソ連，北欧などで盛ん）と区別するために，フィールド・ホッケーと呼ばれることもある。

ポロ (polo)

馬 (polo pony) に乗って長い柄のついた棒マレット (mallet) を持ち，これで木製のボールを打ち，相手のゴールに打ちこむゲーム。紀元前数百年頃から

生 活

ペルシャ,チベット,インドその他で行なわれていたが,1869年にイングランドの軽騎兵がインドから持ち帰って一般に広まった。ロンドンにいくつかのポロの同好会ができて試合を行なった。1908年,1920年のオリンピックでは優勝した。しかし,20世紀に入ってアメリカのチームが優勢になり,またアルゼンチンもよい馬によって上昇してきたため,この国におけるポロは次第にふるわなくなった。

ゴルフ (golf)

　他のヨーロッパ諸国や日本とは違い,この国ではゴルフは金のある人のスポーツではない。公共のゴルフ・コースが数多く存在し,安い料金でプレイできるし,また,私立のゴルフ・クラブの入会金も日本とは較べものにならぬほどの少額である。ゴルフはスコットランドで生まれたとされており,スコットランド王はとくに愛好者だったという。スコットランド王ジェイムズ六世は後にイングランド王ジェイムズ一世となった際ロンドンでゴルフをしたと伝えられている。1745年にスコットランドのセント・アンドルーズ (St. Andrews) で the Royal and Ancient Golf Club が結成され,これが中心となってルールを定めた。今日も世界的に権威のある国際試合として,毎年7月に開催される British Open Golf Championship があるが,これは1860年に始まった(なお,open とは資格を問わず誰でも参加可能という意味)。

　ゴルフ場毎に各ホールについての基準打数が決まっていて,これをパー (par) といい,打数の少ない者が勝ちとなる。パーより1つ少ない打数を birdie,2つ少ない打数を eagle,3つ少ない打数を albatross あるいは double eagle という。逆に par より1つ多い打数を bogey,2つ多い打数を double bogey という。

乗馬 (riding)

　近代オリンピックの種目に乗馬が入ったのは1912年である。するスポーツとして乗馬を楽しむのは,過去も現在もだいたい富裕な人々である。この国の王室の子弟は伝統的に乗馬に興味を示し,オリンピックに出場した者もいる。ま

た馬術ショウ(障害跳び越しの競技会)が20世紀初頭から定期的に開催されており,大きいものにロンドンの「ロイヤル・インターナショナル・ホース・ショウ」(Royal International Horse Show)と「リッチモンド・ホース・ショウ」(Richmond Horse Show)があり,世界中の乗馬ファンの関心の的となっている。

競馬 (horse racing)

　由緒ある国民的な,見て楽しむスポーツであって,むろん賭けも行なわれるけれど,不健全な雰囲気はない。クラシックと言われる3歳馬のレース(馬にとっては一生に1度しか出られない)として有名なものに,エプソム(Epsom)競馬場での「ダービー」(Derby)と「オークス」(Oaks;牝馬のみ),ニューマーケット(Newmarket)での「二千ギニー」(Two Thousand Guineas)と「千ギニー」(One Thousand Guineas;牝馬のみ)がある。ダービーは,ダービー伯爵が1780年に3歳馬の牡牝混合のレースを行なったのが最初であるが,今日では大競馬として世界中で使われている。一般の人々も気軽に見物する庶民的な行事である。

　クラシックではないが,ウィンザー城近くの王室の競馬場アスコット(Ascot)で6月に催される「ロイヤル・アスコット」(Royal Ascot;4レース)も有名である。これはアン女王時代に命令で始められたものであるだけに,今日でも女王をはじめ上流階級の人々が着飾って出席し,華麗なファッションで社交を繰り広げる。同じアスコットで行なわれるもう1つの大きな競馬に「ジョージ六世・アンド・エリザベス女王・ダイヤモンド・ステークス」(King George VI and Queen Elizabeth Diamond Stakes)があり,女王自らが勝利騎手を祝福する。

　以上は主に春から秋にかけて行なわれる障害物のない平地競走(flat racing)であるが,冬から春に行なわれる障害競走(steeplechasing)で有名なのは,リヴァプール近郊のエイントリー(Aintree)で3月か4月に行なわれる「グランド・ナショナル障害跳び越し」(the Grand National)である。3.6キロのコースを2周するが,30もの障害物があり,馬にとっても騎手にとっても大変に危

険なレースである。

狩猟 (hunting and shooting)

　きつね狩りを hunting と言い，鳥類の場合は shooting と言う。hunting の対象としては鹿や兎の場合もある。きつね狩りは 17 世紀から始まり，スポーツであると共に，農作物に有害な動物としてのきつねを退治するという名目をかかげていた。大地主は領内に広大な猟場を持ち，猟犬を所有し，招待客と共にきつねや鹿を狩るのを楽しんだ。動物虐待反対，自然保護の立場からの反対は 19 世紀以来ずっとあったのだが，富裕階級の野外スポーツとして今日まで続いている。猟期は樹木の下生えの枯れる冬の間であり，赤い上着に白ズボン姿の男女が馬に乗って獲物を追う猟犬の後を追う。18 世紀以来，絵画や文学作品にこの場面はよく描き出されている。shooting もどちらかというと金持ちのスポーツであり，田園に所有している森林とか，スコットランド及びイングランド北部の，私有の狩猟場（moor）で，法律で定められている狩猟鳥（game bird）を射つ。木に止まっているのでなく飛んでいる鳥を射つのが正しい（fair）とされている。

魚釣り (fishing, angling)

　趣味としての魚釣りは昔は上流階級のものであったが，15 世紀末から一般人のスポーツとして広まった。釣りに関する古典というとアイザック・ウォルトンの『釣魚大全』（*The Compleat Angler*，1653）が挙げられるが，この本に限らず，第二次大戦頃までの釣りに関する主要文献はすべて英語で書かれているとされる。その最初はロンドンで 1496 年に出た *The Treatyse of Fysshynge with an Angle* で，これは世界最初の釣りについての手引書とされている。

ボクシング (boxing)

　古代ギリシャではオリンピック競技として，また，ローマでは残酷な格闘技として存在していたが，近代スポーツとして誕生するについては何人かのイングランド人が大きく貢献した。18 世紀にチャンピオンと目されたジェイムズ・

フィッグが出て prize fighting という形でボクシングに人々の注目を集めた。その弟子ジャック・ブロートンはきれいな戦い方で知られ，また「ブロートン・コード」という初めての競技規約を作った。倒れた敵を攻撃してはならないことなどを含む7か条のルールであった。彼は素手で戦ったが，門下生には今日のグローブの前身となる「マフラー」の着用をすすめた。その後彼のルールに改良が加えられていき，1865年にこのスポーツの後援者クインズベリー侯爵がグローブの使用，ラウンド制の採用などを含む規約を制定した。

現在では，プロの試合の他にアマの愛好団体による試合もよく行なわれる。オリンピックの種目にもなっている。アマチュア・ボクシング協会（Amateur Boxing Association）が1884年に生まれ，きびしいルールに基づいて審判（referee）が試合進行に責任を負う。フィッグが紳士のスポーツとして宣伝して以来，多くの少年により男性的スポーツとして好まれている。

ボート（rowing）

テムズ川では，3つの有名なボート競技が行なわれている。ひとつは，1710年代に始まり，初の近代ボートレースとされるダゲッツ・コート・アンド・バッジ・レース（Doggett's Coat and Badge Race）で，毎年8月1日前後に行なわれる。ロンドンを流れるテムズ川で毎年春の土曜日に，オクスフォード大学とケンブリッジ大学のエイトが競うレース（単に the Boat Race と呼ばれる）は大変に人気があり，テレビでも放映される。第1回目は1829年で，この時は上流のヘンリー（Henley-on-Thames）で行なわれた。それに刺激されて1839年に始まったヘンリー・ロイヤル・レガッタ（Henley Royal Regatta）も有名である。これはヘンリー・オン・テムズで毎年7月初めに行なわれている国際ボートレースで，この国の夏の大きな行事の1つ。派手な装いの見物人が集まるのも魅力である。

ヨット（sailing）

日本でヨットというと，小型の帆をつけたボートを思い浮べるが，これは英語では sailing boat と呼ぶほうが普通で，yacht には大型の豪華船もある。帆走

生活

ボート・レース（オクスフォード大を追うケンブリッジ大のエイト）

するものを sailing yacht と呼び、この中で船室のないものをディンギー（dinghy）、船室のある大きいものをクルーザー（cruser）という。他にモーターつきのものを motor yacht と呼ぶ。ヨットレース（yacht racing）は、クルーザーによる大洋横断などの長距離のレースと、小型のヨットによる短距離のレースがある。毎年8月にワイト島（Isle of Wight）のカウズ（Cowes）の沖合で催される Cowes Weck は世界的に有名なヨットレースであり、カウズの町はヨット競技の中心地になっている。

登山（mountain climbing）

　この国の山にはあまり高いものはないが、気候の関係などで登山の困難なものも少なくない。1857年に世界最初のスポーツとしての登山者の組織「山岳会」が誕生した。世界的に著名な登山家の中には、この国の人が多い。エヴェレストになぜ登るのかときかれて、「だってそこにあるから」と答えたジョージ・L・マロリー、1953年にエヴェレスト初登頂に成功したジョン・ハント隊長、日本の飛騨山脈を探検し日本アルプスと命名したウォルター・ウェストンなど。

（行方昭夫）

41. ゲーム　Game

　この国の人々の行なう勝負事としてのゲームは説明の便宜上，トランプ，文字遊び，盤上ゲーム，その他に分けることができよう。

◀トランプ▶
　まずトランプだが，日本語のトランプは英語では(playing) cards という。トランプとは「切り札」のことである。トランプは，中世にインドか中国かエジプトかアラブからヨーロッパに伝わったようであるが，起源については定説はない。この国には大陸の諸国よりもおそく伝わったようであるが，15世紀中葉には大陸諸国から輸入されるとともに国内でも製造されていた。初期は手書きのために高価であったが，15世紀に入って木版印刷により一般人も入手可能になった。17世紀初頭にトランプに課税されることになったのは，一般にかなり普及したことの証拠であろう。ゲームの他，賭けや占いにも用いられたようである。

　現在使われているものは，ハート(Heart)，スペード(Spade)，ダイアモンド(Diamond)，クラブ(Club)の4種の印が用いられ，各印ごとにキング，クイーン，ジャックの3枚の絵札(court cards)と，エース(ace)から始まる10枚の点札(spot cards)の計13枚，4種類で合計52枚が1組になっている。それにジョーカー(joker)を加えることもある。絵札の人物は大体歴史上の人物から取ったものとされ，たとえば「ダイアの王」はユリウス・カエサル，「クラブの王」はアレクサンダー大王，「スペードの女王」はギリシアの女神パラス(Pallas)といった具合である。

　トランプのゲームで現在一般に行なわれているものの説明に入る前に，過去に流行したゲームに触れておく。16世紀から17世紀にかけてグリーク(gleek)とプリメロ (primero) というゲームが流行した。グリークは44枚の札で3名

で行なう。プリメロは40枚の札を使い2人から5人くらいで、各自4枚の手札で役を作るもので、1530年頃から1640年頃まで賭博ゲームとして非常に流行していた。17世紀から18世紀前半まではスペイン起源のオンバー(ombre)が盛んで、これは3人が40枚の札で遊び、各自が9枚を手札とし、配り手が「オンバー」と称して切札を宣言し、他の2人を相手に勝負する。オンバーは1726年に、フランス起源のカドリル(quadrille)という4人で40枚の札で遊ぶゲームに取って代わられた。カドリルは18世紀、19世紀に流行したが、やがて、より新しいゲーム、ホイスト(whist)に取って代わられてゆく。ホイストは現在のブリッジ(bridge)の前身で、4名で52枚の札でゲームするが、配り終わりの札を表に向けて切札の種類(suit)を決める点などでブリッジと違っている。

ブリッジ (bridge)

　もっとも代表的なゲーム。ホイストは19世紀末までにブリッジに取って代わられた。ブリッジという語はブリッジ・ホイスト、オークション・ブリッジ、コントラクト・ブリッジの3つの類似したカード・ゲームを指すのに用いられているが、19世紀末にホイストに代わって流行したのは、この中でホイスト・ブリッジであった(当時はこれが単にブリッジと呼ばれていた)。19世紀の末にこの国に入ってくるや否や、クラブや一般家庭に広まったが、20世紀初頭には早くもオークション・ブリッジに取って代わられた。オークション・ブリッジは、獲得したトリックの数による得点が勝負に直結しているゲームで、大流行を見せ20年代の終わりまでに1500万人の競技者が出現したという。しかし1930年にはコントラクト・ブリッジが優勢を占めるようになった。これは、ゲームの仕方はオークション・ブリッジと同じだが、獲得したトリック数のすべてが得点とされず、初めにビッドで契約した分しか勝負の点として認められない。向きあった2人がペアを組んで、4人でプレイする。今日ではブリッジと言えばコントラクト・ブリッジを指し、世界中で数知れぬ競技者が存在し、同好会、国際競技大会、参考書も無数に存在する。しかしオークション・ブリッジは、ホイスト・ブリッジのように完全に消滅したのではなく、今もこのゲームの愛好者がいる。

ポーカー（poker）

アメリカ起源の，主に賭博用にプレーするゲーム。19世紀にアメリカのニューオーリンズで盛んになったが，その前身はこの国で以前から行なわれていたブラッグ（brag）というトランプ・ゲームであるという。ブラッグは言葉通り，「ほらを吹いて」試合を有利にすすめようとするゲームである。現在行なわれているポーカーにおいては，ひとり5枚の手持ちの札で作る，ロイヤル（10-Aの連番），ストレイト（5枚連番），フラッシュ（5枚同種類），ペア（同数2枚）などの組合せがあり，手役は高い順に，次のようになっている。ロイヤル・ストレイト・フラッシュ（royal straight flush），ストレイト・フラッシュ（straight flush），フォア・オヴ・ア・カインド（four of a kind；フォーカード），フル・ハウス（full house），フラッシュ（flush），ストレイト（straight），スリー・オヴ・ア・カインド（three of a kind；スリーカード），ツー・ペアズ（two pairs；ツーペア），ワン・ペア（one pair），ノー・ペア（no pair）。

ラミー（rummy）

2人から6人の競技者が6枚から10枚の手札を順位札（sequence）や同位札（set）の揃いにまとめて得点を競い合うゲーム。日本でセブン・ブリッジと呼ばれているものと同系のゲームである。

トゥエンティー・ワン（twenty-one）

エースを11点とし，絵札を10点として，配られた札の点数を合計して21点またはそれに近い点数になるように競うゲーム。ブラックジャック（blackjack）とも呼ばれる。

ストップ（stop）

競技者が順々に札を出して行き，一番早く手札をなくした者が勝つゲームで，日本のばば抜き，ダウトなどと似ている。

生活

ペイシェンス（patience）

　主に1人で行なうゲームで，手元に来た札を赤黒交互に数字の順に並べるなど，一定の定まった型に揃えるのを目的とする。ソリテア（solitaire）とも称する。

◀文字遊び（word play）▶
クロスワード・パズル（crossword puzzle）

　文字遊びの代表的種類であり，新聞や雑誌などによく懸賞問題として載っている。解答のための参考書や問題集も多数出版されている。1913年にアメリカの新聞に載ったのが最初という。与えられたかぎ（clues）に従い，ます目に文字を入れて言葉を縦横につくる遊びである。

スクラッブル（Scrabble）

　これも言葉をつくるゲームで，2人から4人で点数を競う。アルファベットの1文字を記した札（tile）を，各自が7枚ずつ取り，それによって単語をつくるが，ます目のついた盤（board）上で，すでに置かれている文字の少なくとも1つと結びつけ，結果として，縦からも横からも単語が出来ている必要がある。点数は札に記された点の合計によるが，盤のあちこちにあるピンクと赤のます目の上に置くとさらに点数が加えられる。1930年代にアメリカで考案されたもの。

◀盤上ゲーム▶
チェス（chess）

　格子じまの盤上で，黒・白それぞれ16箇のこま（chessman）を交互に動かして勝負を競うゲーム。起源が同じだけあって日本の将棋と似ている。古くインドで生まれ，中世にヨーロッパに入った。16世紀ごろまでに大体ルールが整い，18世紀以後は国際試合が行なわれるようになり，現在も盛んに行われている。封建時代は王侯貴族に愛され，豪華な盤もつくられたが，今は誰でも気軽に競技している。こまの種類は，キング（王将に相当）1個，クイーン1個，ビショッ

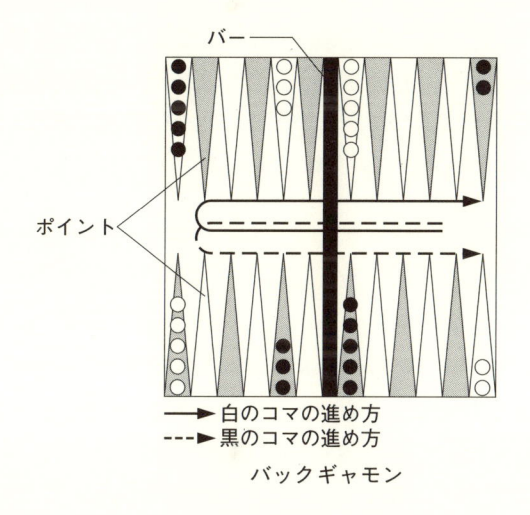

バー
ポイント
→ 白のコマの進め方
---▶ 黒のコマの進め方
バックギャモン

プ（角に相当）2個，ナイト（桂馬に相当）2個，ルーク（キャスルとも言い，飛車に相当）2個，ポーン（歩に相当）8個である。クイーンは飛車と角を合わせた動き方をするなど，さまざまな細かいルールはあるが，目的は相手のキングを「詰める」，つまりチェックメイト（checkmate）することである。将棋と異なり，取った相手のこまを使用できず，また1度手を触れた自分のこまは必ず動かさなくてはならない。

チェッカー（checker, draught）

2人で行なう日本のはさみ将棋に似たゲーム。市松模様の盤の上で各12個の白黒のこまを用いる。こまは斜め前方に動かし，相手のこまが置かれていればそれを飛びこえて奪える。相手のこまを全部奪ってしまうか，または動けなくしてしまったほうが勝つ。

バックギャモン（backgammon）

古代から行なわれていた，日本の「すごろく」に似たゲーム。西洋すごろくと訳されることもある。1743年にエドモンド・ホイルがルールを定めて以来，今日でも実質的に同じルールによって行なわれている。2人がそれぞれ15個の

生 活

こまを持ち，2個のさいころの出た目の合計に従って盤上のこまを動かす。自分のこまを進めながら，相手の進路を妨害し，先に自分の15個のこまをあがりにしたほうが勝つ。自分のこまが1個しか置いていない箇所に敵のこまが進んできた場合，自分のこまを出発点に戻さねばならないので，バックギャモン(「戻すゲーム」が原意)の名がある。

ドミノ (dominoes)

中国起源で18世紀にイタリア，フランスを経てこの国に渡ってきたゲーム。表は象牙か骨で，裏に黒い木片を貼った牌(ドミノまたはボーンと呼ばれる)を用いて2人または4人で行なう。牌はさいころの面を2つ並べた直方形をしており，片面が無地のも含めて通常28枚用いる。牌を裏返して各自7枚あるいは他の決められた枚数を取り，最初に出した人の牌の点の数に合わせて，同じ点が隣り合うように横に並べる。こうしてゲームを続け，最初に牌を出し切った人が勝つ。

◀その他▶

多少とも体力を用いるゲームとしては，ダーツ，ビリヤード，輪投げなどがある。

ダーツ (darts)

羽毛などのついた鉄製の矢を，ダートボードと呼ばれる，中心から放射状に区分を設けて点数を記した円盤に投げ，当たった箇所によって得点を競うゲーム。得点方法は，最初に各人が301点を与えられ，自分の得点をしだいに減じてゆき，早く0点になった者が勝つ。パブで人気のあるゲームだが，一般家庭でも行なわれる。

ビリヤード (billiards)

なめらかな布を張った，縦横比2：1の長方形の台 (billiard table) の上で，棒(キュー：cue)の先でボールを突いて他のボールにあてて勝負を競うゲーム。いくつかある競技方法のうち，スヌーカー (snooker) が，この国ではもっとも人気がある。

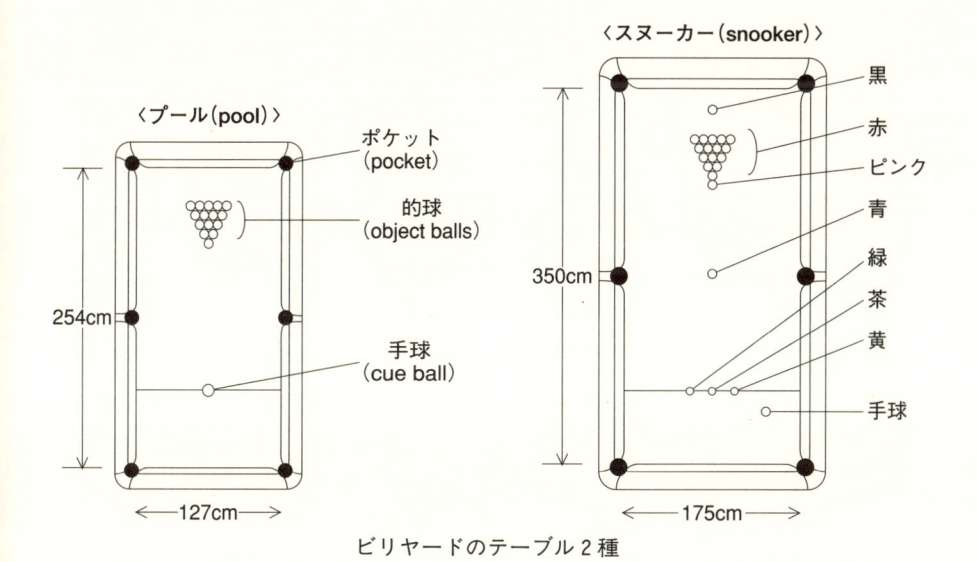

〈プール(pool)〉 ポケット(pocket) 的球(object balls) 手球(cue ball) 254cm 127cm

〈スヌーカー(snooker)〉 黒 赤 ピンク 青 緑 茶 黄 手球 350cm 175cm

ビリヤードのテーブル2種

輪投げ（quoits）

　歴史の古いゲーム。昔は室外で行なっていた。金属製あるいは木製その他の丸い輪を，離れたところに立っているくいめがけて投げる。くいに入った場合，ただ当たっただけの場合，近くに落ちた場合によって得点が違い，何回か行なって，早く21点を得たものが勝つ。　　　　　　　　　　　　　　（行方昭夫）

42. 社　交　Society

パ　ブ

　社交の場として最も一般的なのは，いわゆる「パブ」（pub）であろう。パブは酒場または宿屋を意味するパブリック・ハウス（public house）の略だという

ことになっている。田舎の村は，地主のカントリー・ハウスを中心にして，その近くに教会と牧師館があり，街道に面して宿屋（inn）すなわちパブリック・ハウスがあるという形がひとつの基本になっている。宿屋の1階に飲んだり食べたりする場所があって，これが「パブ」である。2階は宿泊者だけの私的な（private）場所であるのに対して，1階は誰でも出入りできる公共の（public）場所なのである。宿泊設備を持たぬパブもある。酒場を意味する言葉としてはタヴァーン（tavern），エール・ハウス（alehouse）といった言い方もある。

　パブの中は，ふつうパブリック・バー（public bar）とサルーン・バー（saloon bar）に分けられていた。前者は労働者階級あるいは大衆のためのものであり，後者はジェントルマンのためのものである。この国の社会（society）が中世以来田舎の地主を中心に構成されてきたことを考えれば，こういう形の社交（society）が基本となったことも納得できよう。パブはもちろん都市にもつくられた。古い歴史を持つパブもたくさんあり，紋章つきの看板をかかげている。ロンドンの「オールド・チェシャー・チーズ」（Ye Olde Cheshire Cheese）等がよく知られている。

コーヒー・ハウス

　17世紀から18世紀にかけて一時的に流行したものに，コーヒー・ハウス（coffee house）がある。コーヒーは17世紀になってこの国に入ってきたが，最初のコーヒー・ハウスは1650年にオクスフォードにつくられたとされている。その後，ロンドンにもケンブリッジにもつくられるようになった。とくに王制回復後急に数が増えて，18世紀の前半には2000軒にも及んだという。

　コーヒー・ハウスの内部は，幾つかの長いテーブルのまわりに椅子が並べられていて，客は空いている椅子にすわって1ペニーのコーヒーやココアを飲んだ。当時そこは，新聞やパンフレットのまわし読みされる場所でもあった。コーヒー・ハウスはジャーナリズムの発展にも寄与した。多くの人が集まったから，政治問題が議論されたり，経済の情報が流されたりした。こうして一時はロンドン市民の重要な社交の場となったが，18世紀の後半にはしだいに衰えていった。

社交

イースト・コウカー（サマセット）のパブ
イースト・コウカーは詩人T.S.エリオット祖先の地.

クラブ

　クラブの存在が目立つようになるのは17世紀からであるが，初めのうちは政治的な目的を持つものが多かった。とくに名誉革命以後2大政党による議会政治が行なわれるようになると，トーリーなりウィッグなりを支持するためのクラブがつくられた。こういったクラブは，純粋に社交のためのものとは言いにくい。

　18世紀になると，文学者を中心にしたクラブがつくられるようになる。スウィフトやポープをメンバーとした「スクリブレルス・クラブ」(Scriblerus Club) は，時流を諷刺するという目的を持っていたから，社交だけのものではなかった。ジョンソン博士を中心につくられた「文学クラブ」(the Literary Club) となると，ロンドンのソウホーの酒場「タークス・ヘッド」(the Turk's Head)に集まってもっぱら会話を愉しむものになっていた。画家のレノルズや学者のバークやアダム・スミス，役者のギャリック，文学者のゴールドスミスやボズウェル等9人のメンバーがいた。

　19世紀になると，産業革命による都市生活の拡大を反映して，専用の建物クラブハウスを持つ永続的なクラブがつくられるようになる。「アシニーアム」

生活

クラブハウスの内部
（オクスフォード・ケンブリッジ・クラブ，ロンドン）

(the Athenaeum)は作家や学者によって1824年に創設されたクラブである。演劇関係者のクラブ「ギャリック・クラブ」は1831年につくられている。政治家によるもの，軍人によるもの，大学の卒業生によるもの等，さまざまのクラブがつぎつぎにつくられた。こうしてクラブは，家庭の外での男性の社交の場として定着していき，ジェントリー以上の階級の人たちの閉鎖的な世界をつくるようになった。多くのクラブは，ホワイト・ホールに近いウェスト・エンドにそのメンバーのつどう場所を持っている。

社交界

　国王を中心とする貴族と上流ジェントリーの社交界は「上流社会」(high society)と呼ばれる。この人たちは田舎に広い土地とカントリー・ハウスを所有しており，その邸には客のためのベッド・ルームがあり，客は召使を連れて馬車で訪れ，パーティーが開かれた。

　18世紀になって，土地所有階級の経済が安定し，新しい豪華なカントリー・ハウスが建てられ，一方ロンドンではブルームズベリー，メイフェア，ベルグレイヴィアといった地区に，ロンドン滞在中の住居がつくられた。それは，公

社交

ロイヤル・クレセント（バース）

共または住居者だけのための庭をスクエア（spuare）という形で付属させた高層連続建築物であった。一方、社交のための保養地として、バース（Bath）がナッシュの指導のもとに栄えるようになった。バースの栄華はその名残りを、舞踏会の開かれたアセンブリー・ルーム（Assembly Room）や豪華な住宅地ロイヤル・クレセント（Royal Crescent）に今も見ることができる。

ロンドンにおける社交の季節（the Season）は、最も気候のよい5月と6月であった。互いに正装して、午前中には挨拶に訪れ、夕方にはパーティーに招き招かれて訪問し合った。午前中のための正装には「モーニング」、夕方のための正装には「イーヴニング」という言葉が付けられた。年頃の娘たちは社交界にデビューする時「デビュタント」（debutante）と呼ばれ、ここで結婚相手を見付けた。結婚は新聞の社交欄に報じられる。

19世紀になると、産業革命によって生まれた新しいジェントリー階級の人たちのために、ロンドンでは、さらに西へケンジントンやベイズウォーターといった地区に住宅地が広がった。保養地としても、新しくブライトン（Brighton）に代表される海岸保養地が栄えるようになった。男子の服装は、鬘がなくなり、ズボンが膝の下から踝までの長さになり、黒い服が正装に用いられるように

生 活

なった。これを着て「ダンディー」(dandy)と呼ばれたのは，多くジェントリー階級の中の新興層の人たちであった。

　社交も多様化し，アスコットの競馬とかウィンブルドンのテニスといった行事や，劇場のボックス席で妍をきそうようになった。アスコット競馬は6月第3週にロンドンの西方にあるバークシャーのアスコットで開かれ，ロンドンの南郊外のウィンブルドンでは選手権大会が6月から7月にかけて開かれる。

　また，文学や芸術のパトロンの役割を果たすようにもなった。20世紀になっても，第二次大戦まではまだ社交界の華やかさが保たれていた。フィリップ・モレル夫人はブルームズベリーのベドフォード・スクエアの住居やオクスフォードシャーのガーシントンのカントリー・ハウスに多くの文学者を招いてもてなした。

（橋口　稔）

43. 宮　廷　Court

　宮廷は国王の生活の場であり，そこには多数の廷臣が集まった。特に国王の私生活と国政の区別が不明確であった中世から近代の初期においては，宮廷は政治の中心であった。また演劇・絵画・音楽といった文化活動が，今日のように一般大衆の広範な支持を獲得して安定した経済的基盤を確保する以前においては，宮廷がそうした文化活動を財政的に援助し，それに活動の場を与えるという役割を担った。フランドルの画家ヴァンダイクがチャールズ一世の宮廷画家となったこと，ドイツの音楽家ヘンデルが18世紀の初期ハノーヴァー朝で宮廷音楽家として活動したことは，その一例である。

中世の宮廷

　政治の仕組みが比較的単純であった中世初期においては，国王の私的な生活

の場である宮廷が政治の場ともなった。国王とその直接の臣下が重要な国事を話し合った集会＝「クリア・レギス（国王の宮廷）」（ラテン語で curia regis, 英語で king's court）は，以後そこから立法，司法，行政の諸部局が分化してくる母体となった。その結果，裁判所（law courts）の他，財務府（Court of Exchequer, 今日でもこの国の大蔵大臣は Chancellor of the Exchequer と呼ばれる）など行政上の部局でも，近代に至るまでは，「コート」の名をもつものが少なくなかった。さらには，クリア・レギスに起源をもつ議会が 'High Court of Parliament' と呼ばれることもある。

　国王の宮廷はこのように政治的に重要な意味をもつ場所であったから，そこで国王に仕え，身の回りの世話をする役人の地位は重いものとなった。こうして，国王の私室（chamber）付きの役人（chamberlain）から現代の式部長官（Lord Chamberlain of the Household）が誕生した。同じように，宮内府長官（Lord Steward of the Household）は，王侯の家政の食卓を管理し，その使用人を統轄した家令（steward）に，また侍従武官長（Lord High Constable）は，宮廷の厩舎（stable）係に由来する。この種の宮廷職は名誉あるものとしてしばしば特定家門に世襲的に与えられ，時代とともに名目的な職と化する一方，実際の仕事は代理人や別の職を帯びた役人によって果たされることになった。

絶対主義時代の宮廷

　テューダー朝初期の宮廷では，強力な絶対君主の下で私室（chamber）が力を増した。私室は，13世紀から14世紀にかけて国王家政の財政的中心であった納戸部（Wardrobe of the Household）に代わって，一時は財務府とも競合する存在となった。この時代，私室の中に privy chamber と呼ばれる部分が誕生し，そこで国王に親しく仕えることは廷臣の出世の糸口として重要であった。レスター伯，エセックス伯などの廷臣が女王エリザベス一世の周囲に華やかな宮廷生活を展開したのも，この時期のことであった。1561年には，宮廷生活の指南書として，イタリア人カスティリオーネの『廷臣論』の英訳（The Courtyer）も出されている。

　しかし16世紀中葉から，国王の私生活と公の政治の区別が明確になり始めて

いたことも，忘れてはならない。宗教改革の行なわれた1530年代，国王増収裁判所（Court of Augmentations）をはじめとして，私室周辺の財政部局では，文書行政が発達し，国王の財産は近代的な官僚制によって管理されることになった。こうした動きに対しては，国王側近の中に抵抗があったものの，1554年に財務府が改組され，国王私室に歳入が直接納められることがなくなって以後は，私室も力を失っていった。

　17世紀に入っても，国王の宮廷は野望をもった多くの廷臣を集め，そこで国王の寵を得ることに成功した者は強大な権力をふるうことができた。しかし有名な寵臣バッキンガム公が議会による弾劾の動きに苦しめられ，結局は暗殺されてしまったことにも示されているように，華やかな宮廷に対しては，不遇に終わった多くの人々の猜疑心や恨みが集中した。現代の歴史家はこのような反宮廷感情をもった勢力を「地方」（country）と呼んでいるが，その立場からすれば，世紀中葉のピューリタン革命は，議会に代表される「地方」の，「宮廷」に対する恨み（ルサンティマン）の爆発とも考えることができる。

近代宮廷の誕生

　17世紀の革命はこの国における国王と議会の力関係を逆転させ，政治の中心は国王の宮廷から，議会と議会の信任を受けた内閣に移った。しかし国王は18世紀においても首相を指名するなど，依然として大きな政治的影響力を有しており，有力政治家は議会とともに宮廷においても支持を得ていなければならなかった。そのため政治家にとって，宮廷で昼すぎに行なわれる「朝見の式」（levee：leveeは男性に対するものであり，婦人の公式の接見会はdrawing roomと呼ばれる）で国王が自分にどんな態度を見せるかは大いに関心のあるところであり，彼らは国王に嫌われることがないよう大いに気をつかった。

　こうした国王の力の主要な源泉は，さまざまな官職（office）に対する国王の任命権（patronage）であった。その中でも宮廷にあるいくつかの職は，実際には仕事がないにもかかわらず相当な年収が保証された閑職（sinecure）であり，多くの政治家を国王の意に従わせる道具となった。18世紀末の急進主義運動の勃興とともに，この宮廷閑職に対する批判が強まり，1782年には，その一部を

宮　廷

撤廃する法律も成立した。

　19世紀になると，国王の影響力は徐々に低下し，それにつれて宮廷の政治的意味も減少した。1839年には，保守党のピールが組閣にあたって，ホイッグ政治家に近い宮廷女官の更迭をヴィクトリア女王に迫り，女王と衝突するという事件が起こったものの，それ以後は宮廷人事が重大な政治問題化することはなかった。また1831年以降は王室費（Civil List）から政府関係支出が分離され，王室費は純粋な宮廷維持費となっていた。

　こうして政治とは切り離された今日の宮廷が誕生した。しかし1968年に至るまで式部長官が演劇に対する検閲権を有していたように，中世以来の宮廷の伝統は，いろいろな形で現代にまで生き残っている。　　　　　（青木　康）

宗 教

44. 国教会　Established Church

　連合王国の諸教会のうち，イングランドにおけるイングランド教会（The Church of England）とスコットランドのスコットランド教会（The Church of Scotland）は，それぞれ宗派は異なるが，国教的な性格を持っている。その性格は，イングランド教会とスコットランド教会とで違うばかりではなく，時代とともに変化している。現在は制度だけ残って形骸化した部分もあれば，制度は廃止されたが実質上旧来の伝統が生きている部分もあり，この国の他の諸制度と同じように，複雑な様相を呈している。同じ連合王国内でも北アイルランドでは1869年に，ウェールズでは1914年に，国教制度は廃止された。

国教とは
　国教会の原語は "Established Church" で "State Church" ではない。"Established" とは "Established by Law" という意味で，国家が教会の定めた法を承認し，国の法体系の一部に取り入れたことを表わす。国家が教会の教義や礼拝形式を決定する権限を持っているわけではない。1563年に制定されたイングランド教会の三十九箇条（聖公会大綱）の第20条にあるように，教会だけが聖書に基づいて「礼拝儀式を定める力と，信仰上の論争に関する権威を持つ」。しかし，国家と教会が完全に分離独立しているのではなく，今日においても，ある種の公的な関係が保持されている。

国と教会の関係
　教会と国家とは，相互に義務を負っている。国家から教会にある種の特権が

与えられているのに対して，教会は国家にある種の奉仕を行なわなければならない。具体的に言えば，まず，国王はイングランド教会会員でなければならず，即位に際して国教会を擁護することを約束させられる。戴冠式はキャンタベリー大主教が主宰し，王を国家の元首として聖別し，王冠を授ける。

一方イングランド教会のキャンタベリーとヨークの大主教（archbishop）と44人の主教（bishop）と参事会議長（dean）は，首相の助言に基づき国王が任命することになっている。

国と教会との複雑な関係を典型的に示すものとして，主教任命の手続きを紹介しよう。

首相が大主教の意見を求め，所管の事務当局に提出させた資料を検討した上で候補者を指名する。被指名者の内諾が得られると王に報告，王はそれを承認し，該当する主教座（diocese）のある参事会に「主教選挙許可書」と「指名書」を送付する。それを受けて主教選挙が主教座聖堂（Cathedral Church）の参事会会議室（Chapter House）で参事会員（canons）によって行なわれる。これは結果が初めから決められている形式的な選挙ではあるが，12世紀以来の慣行であり，参事会の伝統的な権利を象徴的に示していることに存在意義が認められている。選挙結果は王に報告され，大主教に伝えられる。大主教は選ばれた主教の聖別式を主宰する。こうして叙任された新主教は，国王の前にひざまずいて忠誠の誓いをしなければならない。これは君主に臣下が服従を誓うのと同じ儀式で，このような封建時代の遺物が今日でも誠実に実施されているのは，ほかの国にはない。以上のような煩雑な手続きのなかに，主教に世俗的な権力を与えるのは国王であるが，宗教的な権限を与えるのは大主教であることが明示されている。

さてこのようにして主教に任じられた者は貴族院（the House of Lords）に議席が与えられる。しかし実際に貴族院議員となるのは，キャンタベリーとヨークのふたりの大主教と，ロンドン，ダラム，ウィンチェスターの主教，その他は先任順で，21人の主教に限られている。

一方主教に限らず，イングランド教会の聖職者は，下院（the House of Commons）の議員になることができない。これはスコットランド教会，アイルラン

ド教会 (the Church of Ireland, 国教会ではないが, イングランド教会と同じく主教制度をとる) およびローマ・カトリック教会の聖職者についても同じである。

　イングランド教会とスコットランド教会の聖職者は, 軍隊, 監獄, 国立病院などの公共団体や施設で, 宗教礼拝を司り, その仕事に対する報酬を国庫から受けとる。しかし他の宗派の聖職者も, 必要に応じて同じ役を勤めることができる。

国教会の歴史

　イングランドでキリスト教が国家と初めて結びついたのは, 6世紀末である。西暦597年, ローマの教皇グレゴリウス一世が派遣したオーガスティンがイングランド南東部に入り, ケント王エセルバートをキリスト教に改宗させることに成功, 最初のキャンタベリー大司教に任じられた。

　キリスト教が初めて入ったのは2世紀, あるいは3世紀で, ガリア地方からケルト人によってもたらされた。最初の殉教者は, ローマの軍人だったセント・オールバンで西暦300年頃, ディオクレティアヌス帝のキリスト教徒迫害の犠牲になったと伝えられている。その殉教の地に現在のセント・オールバンズ大聖堂が建てられた。また314年現在のフランスのアルルで開かれた公会議にイングランドの司教が出席したと伝えられており, その頃すでに, ある程度教会組織ができあがっていたことが知られる。

　このケルト系のキリスト教会は5世紀に大挙して渡来したアングロ・サクソン族の攻撃にさらされて衰退し, わずかにコーンウォールとウェールズに命脈を保つのみとなったが, アイルランドに入ったキリスト教は, 再び勢いを取り戻した。アイルランドの守護聖人と称えられるセント・パトリックはブリテン島からアイルランドに渡り, 444年に北アイルランドのアーマー (Armagh) に司教座を開いた。このローマ教会の勢力の及びがたい遠隔の地で, ケルト系のキリスト教は独自の発展をとげる。ローマ教会の司教制度よりは, 地域と結び付いた修道院が重要な役割を果たし, 瞑想と思索に没頭する清貧な生活が奨励されて, 学問が大いに発達した。

リンカン大聖堂

　その精神を受け継いだセント・コランバは563年頃, スコットランド西海岸のアイオナ島 (Iona) にきて修道院を建て, そこを根拠地としてグレイト・ブリテン島への布教活動を活発に行なった。その結果ケルト系のキリスト教がイングランド北部にひろがり,「聖なる島」(The Holy Island) のリンディスファーン (Lindisfarne) を中心に, 華麗なキリスト教文化が花開いた。
　こうして7世紀には, 北のアイルランド系のキリスト教と, 南のキャンタベリーを中心として発達したローマ教会直系のキリスト教とが併存することになったが, 互いに勢力を伸長して接触する機会が増すにつれて, 摩擦を生じ, 両者の調整が必要になった。そこで664年ウィトビー (Whitby) で宗教会議が開かれ, 激しい論争の末, ローマ教会の制度慣習を守ることで決着をみた。こうしてローマ教会の一部としてブリテン島の諸教会を組織化する端緒が開かれた。
　この運動を強く推進したのはタルソスのセオドアである。彼はローマからキャンタベリーの大司教として派遣され, 教区の制定, 教会会議の定例化, 法

令の整備等に務めた。その結果8世紀のキリスト教は短い黄金時代を迎え，教会史家ビード，「ドイツの使徒」と呼ばれた宣教師ボニファティウス，カール大帝の師となったアルクィンなど，優れたキリスト者が輩出した。

その後，キリスト教はしばらくの暗黒時代に入る。スカンディナヴィア，デンマークから，当時まだ異教徒であったデーン人が侵入し，教会を破壊し略奪を繰り返したからである。しかしウェセックスのアルフレッド大王がデーン人を撃退し，イングランド統一に着手するに及んで，キリスト教は再び隆盛に向かった。特にエドガー王の時のキャンタベリー大司教ダンスタンは優れた政治家でもあり，教会，修道院の綱紀粛正と改革発展に功があった。

ノルマン人の征服以後

1066年のノルマン人の征服によってイングランドは，北欧スカンディナヴィア圏ではなく，西欧文化圏に属することが決定的となった。以後宗教改革時に至るまで，この国のキリスト教は，ヨーロッパのキリスト教の動向とほぼ軌を一にすることになる。教会，修道院の指導者たちも大陸からやってきた人々で占められる。新しくキャンタベリー大司教になったランフランクは学識あるイタリア人で，配下の司教，修道院長達をノルマン系の僧で固めると共に，ヨークに対するキャンタベリーの優位を確立した。この時期多くの司教座が農村部から都市部に移り，キャンタベリー大聖堂をはじめ，教会，大聖堂の新築，改築が盛んになり，学問が興隆した。特に重要なのは，教会の司法権と国家の司法権とが分離しはじめ，そこにローマの教会法が入りこむきっかけをつくったことである。以後イングランドの教会はローマ教皇の支配の直接的な影響を免れることはできなくなり，王権と，ローマ教会を後ろ楯とする教会権力とが衝突する事態がしばしば起こるようになった。

その一つが叙任権論争(The Investiture Controversy)である。これは司教，修道院長の任命権が王にあるか教皇にあるかという問題で，11世紀後半から12世紀にかけて西ヨーロッパ全体を揺るがすことになった。イングランドではアンセルムとヘンリー一世との対立がその顕著な例で，アンセルムはキャンタベリー大司教として，王に叙任された聖職者を聖別することを拒否し，王に忠誠

を誓うことも拒んだ。しかし1107年に王と教皇の間に妥協が成立し，王は叙任権を放棄する代わりに聖職者から忠誠の誓いを受ける権利を得た。

一方トマス・ベケットとヘンリー二世との対立は，主に聖職者の裁判権に関わるものだった。この争いの結果ベケットはキャンタベリー大聖堂で殉教の死を遂げたが，そのために王は，聖職者に対する刑事裁判権を放棄せざるをえなくなり，彼の優れた治世に汚点を残すことになった。

13・14世紀

13世紀は王家にとっては屈辱的な出来事が多かったが，教会の権力が伸長し，社会・文化が興隆した時代である。1215年のマグナ・カルタは，貴族と教会の両方の王に対する戦いの勝利を示すもので，教会は司教の任命に際し，王の意向を汲む必要がなくなった。次のヘンリー三世の長い治世の間に教会はますますその力を伸ばし，ローマ教皇の強い影響が，国民生活のいろいろな局面に現れるようになった。教皇と神聖ローマ皇帝フレデリック二世との抗争の資金の拠出が教会を通して求められる一方，多くのイタリア人がイングランドの教会内に地位を得た。フランシスコ会，ドミニコ会などの修道士が渡来し定着したのも，オクスフォード，ケンブリッジ両大学が確立したのも，13世紀になってからのことで，グロステスト，ロジャー・ベイコンなどのすぐれた思想家を育てる母胎となった。

しかし，次の世紀に入ると様相は一変する。中世経済の繁栄は停滞し，飢饉と疫病が襲い社会に変動が生じると共に，ローマ教会の腐敗と干渉を批判する声が，大学を中心とする知識人の中からも，教会が取り立てる重税に苦しむ一般庶民の中からも沸き起こった。それに百年戦争が始まり一層民族意識が高まって，外国人聖職者を排撃したり，ローマ教会への上納金を払うまいとする動きが出てきた。これらの運動の精神的指導者となったのがウィクリフであり，彼の教えを汲んだロラード派 (Lollard) は，1世紀余りにわたる激しい弾圧にもかかわらず命脈を保って，16世紀の宗教改革の先駆となった。

宗　教

宗教改革

　15世紀末バラ戦争が終わりテューダー朝の時代になると，王権が伸長し，封建諸侯や都市，ギルド，大学など，従来種々の特権を持っていた集団が，しだいに中央の王の権力に従うようになる。一方国民の各階層には，教会の強大な裁判権や所有財産に対する不満，聖職者の腐敗と堕落への怒りが長年にわたって蓄積していた。さらにルネサンスの人文主義者たちは，教会の神学を支配していたスコラ哲学を批判して聖書の原典に立ち戻ることを唱え，素朴な信者たちは不可解なラテン語で行なわれる形式的な典礼にあきたらず，生命のかよった礼拝を求めていた。

　イングランドの宗教改革は直接にはヘンリー八世の離婚問題を契機に起こったが，このような政治的，社会的，思想的な動きなくしては実現しなかったであろう。離婚問題で王を助けた有能な側近，クランマーとトマス・クロムウェルは思想的にも政治的にも，ローマ教会からの分離独立を主張するプロテスタンティズムの推進者だった。1529年から1535年までの「宗教改革議会」において，クロムウェルは指導的役割を果たした。まず1532年に聖職者の初年度の収入をローマ教会に納めることを禁じる法律を制定し，次いで1533年，イングランドの教会裁判所が教皇に上告するのを禁じ，同年クランマーをキャンタベリー大司教に指名し，聖別させた。クランマーはヘンリーとキャサリンの結婚は初めから無効でアン・ブリンとの結婚が有効と認める。教皇はただちにヘンリー，クランマー両者を破門する。これに対し議会は1534年「国王至上法」(The Act of Supremacy)を通過させ，西ヨーロッパのあらゆる教会の首長であったローマ教皇に代わってイングランドの王がイングランドの教会の唯一最高の長であることを宣言した。従来ローマ教皇がイングランドで持っていた権利はことごとく奪われ，教皇は単にローマの司教に過ぎないことになり，ここにイングランドの宗教改革は達成され，国民教会 (National Church) としてのイングランド教会が確立した。

　ヘンリー八世は以前ルターの思想を反駁する文章を書き，ローマ教皇から「信仰の擁護者」(Fidei Defensor) の称号を与えられたほどで，教義上の変更を一切認めようとはしなかった。制度上も，イングランド教会は，大陸のプロテス

タント諸教会と異なり，ローマ・カトリック教会の職制をそのまま維持した。Archbishop, bishop, deacon 等の職名も変更されなかったが，日本ではカトリック教会については，大司教，司教，助祭，イングランド教会については，大主教，主教，執事と訳されているので，1534年以降の職名はそのように訳し分ける。また教派としては「監督制教会」(Episcopal Church) と呼ばれるが，日本では「聖公会」という名称が用いられている。

　ヘンリー八世が内政面で行なった改革は修道院の解散と英訳聖書の採用だった。修道院は，その本部が国外にあり，それぞれがローマ教皇に直属する国際組織で，イングランド教会の首長となった国王とても，権限の及ばぬものだった。王は1536年「小修道院解散法」によりまず小修道院2百余りを閉鎖し，その財産を没収，修道士を追放し，次いで1539年「大修道院解散法」によりその仕上げを行なった。その際ブリストル，チェスター，グロスター，ピーターバラ，オクスフォードとウェストミンスターの修道院は新たに主教座聖堂として認められたが，ウェストミンスターはすぐに廃止された。

　一方，1538年クロムウェルによって，すべての教会に，「大聖書」(The Great Bible) と呼ばれる新しい英訳聖書を備えよという命令が出された。「大聖書」はカヴァデイルが訳したもので，出版されたのは翌1539年だった。

　礼拝のラテン語から英語への移行は次のエドワード六世の時代に急速に進む。クランマーは1549年に「第一」，1552年に「第二祈禱書」(*The Second Book of Common Prayer*) を公布し，「礼拝統一法」(The Act of Uniformity) によってその使用を強制させた。また「四十二信仰箇条」を制定し，教義上もカルヴィニズムに近いものになった。

エリザベス朝

　これらの一連の改革は，カトリック教徒メアリー女王の時代に一時的に廃止され，教会は再びローマ教皇の支配下に入るが，エリザベス一世が即位すると，あらためて「国王至上法」が発布され，「第二祈禱書」が国教会の典礼書と定められ，「四十二信仰箇条」は「三十九信仰箇条」にまとめられてイングランド教会の体制が確立した。

宗教

　エリザベスの宗教政策(The Elizabethan Settlement)は「中道」(Via Media)を選ぶものであったから，左右両極からの攻撃を受けた。教皇ピウス五世は1570年女王を破門し，イングランド国民に不服従を命じた。以後イングランドのカトリック教徒は，外国の勢力と結ぶ危険な反逆分子として弾圧される。一方「主教制度」や「祈禱書」「三十九箇条」にあきたらず，さらに改革を徹底させようとするピューリタン(Puritans)の批判があった。彼らの多くは国教会内に留まり，内側からの変革をこころざした。論点は牧師の衣服の問題から「祈禱書」の文言にまでわたったが，「主教制度」を廃して原始キリスト教会に見られるような「長老制度」を打ち立てようとする試みは，フッカーなど国教主義(Anglicanism)を擁護する人々の神学に支えられた体制を打破することは出来なかった。そのため一部は「分離派」(Separatists)あるいは「独立派」(Independents) と呼ばれる急進的なグループに走った。

ピューリタン革命

　エリザベスのあと，スコットランドから迎えたジェイムズ一世が即位すると，ピューリタンは直ちに「千人請願」(Millenary Petition)を王に提出，それを受けて，翌1604年，王の主宰により，国教会の主教とピューリタンの指導者たちとの間で「ハンプトン・コート会議」(Hampton Court Conference)が開かれたが，ピューリタンの期待に応えるものとはならず，その唯一の実質的な成果は，1611年に完成した「欽定訳」(Authorized Version)の名で知られる英訳聖書だった。この簡潔で力強い翻訳は，その後今日に至るまで，広く読み継がれ，言語文化に深い影響を及ぼしている。

　次のチャールズ一世の時代になると，ピューリタンとの対立は一層先鋭化し，キャンタベリー大主教に任命されたウィリアム・ロードの画一的な宗教統制は，火に油を注ぐ結果となった。

　ロードがスコットランドの教会にまで「祈禱書」による礼拝を強制しようとした時，スコットランドは主教制度の廃止を求めて武力で抵抗した。この「主教戦争」(Bishop's Wars)の軍資金調達をめぐって，王とピューリタンが多数を占める議会との対立が引き金となり，1642年イングランドの内戦が勃発す

リチャード・フッカー像
(エクセター大聖堂)

る。議会の発議によってウェストミンスター宗教会議 (Westminster Assembly) が開かれ，長老派と独立派との間での激しい討議の末，長老主義に則った信仰箇条である「ウェストミンスター告白」(Westminster Confession) が制定され，1648年，議会によって批准された。こうしてイングランドの国教会は一時主教制を廃し長老派となったが，これにあきたらぬ独立派はオリヴァー・クロムウェルのもとで政治的に優位に立ち，長老派が多数を占める議会を粛清，王制回復まで暫くのあいだ，事実上国教は存在しなかった。「祈禱書」の使用は禁じられたが，主教制度の下にある司祭たちも，長老教会の牧師たちも，独立派である組合教会派 (Congregationalists) の牧師たちも，それぞれ自由に布教し，聖職禄を得ることが許された。

王制回復

チャールズ二世の王制回復と共に再び「監督制教会」がイングランドの国教会となる。1662年あらためて公布された「礼拝統一法」により，「祈禱書」の使

用が義務づけられ、これに従わない聖職者は、1665年の「五マイル法」(The Five Mile Act) に拠って前任地に近づくことを禁じられ、「礼拝統一法」に服さない信徒は「非国教徒」(Dissenters) と呼ばれた。更に1673年に議会が制定した「審査法」(The Test Act) は、長老派、組合派、ローマ・カトリック教徒等全ての非国教徒が、公職に就くこと、オクスフォード、ケンブリッジ両大学に入ることなどを禁じた。

次のジェイムズ二世はローマ・カトリック教徒なので、王位継承権があるか否かも問題となったが、王権神授説を信奉する貴族たちの支持で即位すると、国王の特権と称して「審査法」を無視し、ローマ・カトリック教徒を要職につけ、1687年と88年に「寛容令」(The Declaration of Indulgence) を発布してこれを合法化した。すると、カトリック化を恐れる国教会の指導者たちと王の専横に憤慨する議会は、ジェイムズ二世を廃して、プロテスタントのウィリアムとメアリーを王に迎えた。1689年「権利章典」(The Bill of Rights) により、ローマ・カトリック教徒、あるいはローマ・カトリック教徒の配偶者が王位に即くことを禁止し、議会はさらに「寛容法」(Toleration Act) を成立させ、ローマ・カトリックとユニテリアン教徒を除き、すべてのキリスト教徒に信仰と礼拝の自由を与えた。しかしこれはプロテスタント各教派平等の自由ではなく、監督制教会があくまでも国教会としての特権的地位を保ち、その上で、非国教派の諸教会の存続を許すものだった。非国教徒が公職に就けるようになったのはこれより150年後のことである。

18世紀・19世紀

18世紀は国教会の停滞期である。人々は寛容に馴れ、教会と国家は手を結んで摩擦も緊張もなくなった。宗教上の国会にあたる「聖職議会」(Convocation) は18世紀初めから19世紀半ばに至るまで、開会してもなんら審議をせずに閉会するのが常だった。このような冬眠状態に活を入れたのがジョン・ウェスリーらメソディスト (Methodists) の運動である。彼らは国教会内部の「信仰復興」(revival) 運動として始まり、内側から改革しようとしたが受け入れられず、やがて新しい宗派をつくって国教会から分離した。しかし、彼らの説教重視の布

教活動は国教会の礼拝形式にも影響を及ぼした。

19世紀になると宗教上の自由と寛容を求める気運が一層高まり，ついに1828年「審査法」が廃止され，まずプロテスタントの非国教徒に，翌1829年には「カトリック解放法」(The Roman Catholic Relief Act)によってローマ・カトリック教徒にも，公職に就く権利が認められた。

このような情勢の中で自由主義的な思想が国教会内部にまで及んでくることに危機感を覚え，イングランド教会の伝統を再確認し，「祈禱書」による礼拝の遵守を訴えたのがキーブル，ニューマンらである。彼らのいわゆる「オクスフォード運動」(The Oxford Movement)は国教会の礼拝，儀式を荘重に行ない，教父たちの著作を学び，イングランド教会の伝統と普遍性を強調して教会の権威を高める一方，スラム街でのセツルメント運動にも力を注いで，社会問題に積極的に取り組んだが，教会内外に激しい論争を捲き起こし，やがてニューマンらは国教会を離れ，ローマ・カトリック教会に入った。

このほかにも19世紀後半の国教会は論争に明け暮れた時代である。進化論を初めとする新しい自然科学，社会科学は既成の神学に挑戦し，教会はその応接に暇がなかった。長い間無風状態だった国家と教会との関係も緊張してきた。オクスフォード運動によって，教会の果たすべき役割を再検討し，「聖職議会」機能を再生させる気運が起こった。

20世紀

20世紀に入り国教会はさまざまの改革を試みている。第一次世界大戦の終わる1919年，国と教会との新しい関係を規定する法案が成立した。「イングランド教会議会法案」がそれで，教会関係の事柄に関する立法権を，全主教，その他の聖職者の代表，信徒の代表の3院によって構成される「教会議会」(The Church Assembly)に与えるものである。これは暫く円滑に機能していたが，1927-28年，「聖職議会」が立案した「祈禱書」改正法案を議会が否決するという事態が生じた。国教徒の代表が決めた礼拝形式を，国教徒以外の人々が多数を占める議会が葬ったのであるから，教会側に与えた打撃は大きかった。この問題は，第二次世界大戦後再び論議を呼び，祈禱書の改正試案が作られ，現在

宗　教

それを慎重に試用している情況である。また，国教会の側から国家と教会の分離を求める国教廃止（Disestablishment）が提案されるなど，イングランド教会は重大な転機に立っていると言うことができよう。　　　　　　（川西　進）

45. 非国教徒　Nonconformist

名称

　非国教徒とはイングランド教会の教義，体制，規律に従うことを拒む人々で，Nonconformists あるいは Dissenters の訳語である。どちらも 17 世紀から使われ始めた言葉であるが，そのような人々は 16 世紀前半のイングランド教会成立以来存在していた。Nonconformists は初め，国教会の教義は信奉しながらも，その規律，礼拝形式などには従わぬ人々を指した。しかし 1662 年「礼拝統一法」が施行されると彼らは分離派（Separatists）となり，国教会から訣別せざるをえなくなった。今日 Nonconformists と言えば，一般にはイングランド教会に属さぬあらゆるキリスト教徒，すなわちローマ・カトリック教徒までを含むが，特にプロテスタントの諸教派を指す場合が多い。

　Dissenters は国教会から分離した者をいう。Nonconformists と同じように，本来はローマ・カトリック教徒を含むが，通常はプロテスタントの非国教徒についてのみ使われる。Nonconformists と区別して現在のイングランド教会に組さぬばかりでなく，国と教会の結び付きそのものに反対する者を意味する場合もある。

非国教徒諸派

　主な非国教派には次のようなものがある。
　長老派（Presbyterians）は，宗教改革者ジョン・ノックスによってスコット

ランドにもたらされたカルヴィニズムを信奉する人々を核として生まれた。1707年のイングランド・ウェールズ・スコットランド「連合条約」(The Treaty of Union) により，長老派主義 (Presbyterianism) が正式にスコットランドの国教 (Established Church) となった。イングランドにおける長老派は，初め国教会の枠内に留まり，主教制度を長老制度に改革することを求め，議会派の中心勢力として初めはピューリタン革命の推進者となったが，クロムウェルの登場後は国教会からの分離を主張する独立派 (Independents) によって排除された。

長老制度はその範を聖書に記されている原始キリスト教会に採り，イングランド教会がローマ・カトリック教会から引き継いだ「使徒継承」(Apostolic Succession) を否定し，牧師は信徒によって選ばれるべきものであるとした。教会の運営は牧師と長老たち (elders) の集まり，「教会会議」(Consistory, スコットランド国教会では Kirk-session) が行なう。その上に一定地域内の教会の牧師全員と長老たちの代表から成る長老会，または「中会」(Presbyter, または Colloquy)，その上にいくつかの長老会の会員で構成する「大会」(Synod)，そして長老教会の最高立法行政機関として「全国総会」(General Assembly) がある。長老教会の牧師の資格を得るには高度の教育を受けなければならない。聖職の叙任は長老会が行なう。

組合教会派 (Congregationalists) はロラード派の流れを汲み，ピューリタン革命の時には，「独立派」として主導権を握った。彼らは，聖書の記述に基づき，万人が神の祭司であり，信者の集まり (congregation) が即ち教会である，と主張し，イングランド教会のみならず長老教会にも見られる階層的組織を非聖書的であるとして否定した。したがって組合派では個々の教会が独立した自治権をもっている。

イングランドにおける洗礼派 (Baptists) は17世紀初めジョン・スミスを中心に結成された。ピューリタン革命の一翼を担ったが，特に洗礼の聖礼典 (sacrament) を重んじる点に特徴がある。洗礼はその意義を理解し，自ら信仰を告白した者のみが受けることができ，象徴的に頭に水を撒くのではなく，全身を水に浸して行なう。バニヤンはこの派に属していた。

宗　教

　フレンド派 (Society of Friends, 俗称 'quakers') は 17 世紀半ばジョージ・フォックスによって創始された。彼らの信ずるところによれば，神は直接「内なる光」(Inner Light) によって人々の心に働きかけるのであり，牧師は不要，聖堂を飾る絵画や彫刻，壮厳な儀式などは真の礼拝を妨げるものであった。彼らは宣誓を拒否し，十分の一税を払わなかったから，共和制のもとでも，王制回復以後も，1689 年の「寛容法」(Toleration Act) まで迫害を受けた。

　メソディスト派 (Methodists) は，18 世紀宗派間の争いが静まり，寛容に慣れ，宗教心が沈滞していた時，イングランド教会の内部から改革を訴えて立ち上がった人々である。ジョン・ウェスリー，チャールズ・ウェスリー兄弟を指導者として信仰復興運動を起こしたが，既成教会に容れられず，野外で集会を持ち，チャールズの作曲した讃美歌を歌って信仰心を高揚させた。ジョン・ウェスリー自身は終始国教会内に留まろうとしたが，1784 年，ジョンが司祭の身でありながら主教の特権である聖職按手礼を行なった時，事実上メソディスト教会はイングランド教会から分離独立した。

(川西　進)

法

46. 法　曹　Lawyer

法律家

　イングランドの法律家は，上級裁判所の判事への道も開かれているバリスター（barrister；法廷弁護士）とそうでないソリシター（solicitor；事務弁護士）とに完全に分離されている。前者は，法廷で依頼人の事件の弁護を行なう者であり，後者は依頼人に助言を与えたりあらゆる方法による財産管理的仕事を行なう者である。ソリシターのみが法人組織の弁護士事務所をつくれる。他方バリスターは規則により自ら仲間をつくったり，ソリシターと一緒に法人をつくったりすることをかたく禁じられている。また，同一人がバリスターとソリシターを兼業することも禁じられている。もっとも，裁判を進める細かな事務手続を行なうのはたいていソリシターであり，また法廷には全く顔を出さないバリスターもいる。

　中世においては，バリスターとアターニー（attorney：ソリシターの前身で弁論権もあった）との関係は上下の支配関係であって，アターニーの属した Inns of Chancery（法学予備院）もバリスターの属した Inns of Court（法学院）の支配下にあった。しかし，16世紀半ばの絶対主義時代に，コモン・ローと別の衡平法（Equity）という法分野が発展したこともあって，裁判などのための書面作成の担い手としてソリシター層が増大した。この頃，Inns of Court からアターニーは追い出された。こうして，アターニー・ソリシター層がしだいに法廷弁論権，および依頼人との交渉権をめぐりバリスターと対立した。19世紀になって，アターニーとソリシターがソリシターに一本化されて，バリスターとの弁護士二分主義（divisional bar）も確立し，実質的にほぼ対等な関係となっ

法

た。もっとも，有給治安判事を別にすれば，専門裁判官への登用の道については，原則としてソリシターには認められず，バリスターがほぼ独占している。なお，治安判事（justice of the peace）は，今日でも非法律家の市民から任命される。かつては地方のジェントリー層の名望家が選ばれて裁判だけでなく地方行政も担当した。

法曹一元制

バリスターのいわば長老が判事になり，起訴のための専門検察官が一部を除いて存在しないため，あらかじめ個別に委託されたバリスターが刑事訴追の任にあたるという法曹（legal profession；裁判官・検察官・弁護士）の一体性が特徴である。これは，裁判官に対する一般の非常に高い信頼と裁判官自身の自制が前提となる。司法の運営ばかりか，判決を通じて法そのものの発展についても判事が貢献する度合の高さ（judge-made law）の背景ともなっている。この法曹一元制の利点は，いわゆる官僚的発想が排除されることであろう。しかし他方で，判事個人の廉直さや過去の人間関係のしがらみに左右されるかもしれないという点について，疑義を完全にはぬぐえない欠点もある。この法曹の廉直さを確保するために，イングランドではバリスターとソリシターの二分主義（法廷弁論権や裁判官任用と依頼人との交渉権との分離）がうまく役立っている。

バリスター（barrister；法廷弁護士）

バリスターに適用される制定法はない。バリスターの認可や教育や懲戒権は，そのバリスターが所属する法学院（Inns of Court）の理事会（Benchers）にある。バリスターは，イナー・テンプル（Inner Temple），ミドル・テンプル（Middle Temple），リンカンズ・イン（Lincoln's Inn），グレイズ・イン（Gray's Inn）の4つの法学院のうちの1つから，バリスターとしての資格が付与されていなければならない。これらの法学院は「法人」ではなく，いわゆる「権利能力なき団体 unincorporate body」であって，政府の監督を受けず独立した組織である。ちなみに，その財産は団体そのものが所有しているのではなく，衡平法上の信託という形で団体としての利益をはかっている。バリスターになるには，

中央刑事裁判所（オールド・ベイリー）
ロンドンの刑事専門の第一審裁判所

　まずこれら法学院の1つに学生として入学し，12学期間（大学卒業生は通例1年間）在学し，その法学院のホールで各学期6回（大学卒業生は3回）正餐（ディナー）に参加することによって弁護士となるための受験資格を得る（現在は通算24回が義務とされる）。弁護士試験については4つの法学院から委託された法律教育評議会（The Council of Legal Education）が定める。法学院での教授（Readers）および講師（Lecturers）や試験委員もこの評議会が任命する。さらに，このバリスターの試験に合格した後，実務を行なう前に少なくとも5年の実務経験を持つバリスターの下で，修習生として1年間実地修習を受けなければならない。もっとも修習中半年たてば実務を同時に開始してもよい。実地修習が不可能な場合は，認可された実務研修（Practical Training Course）で研修する。こうしてやっとバリスターの資格が正式に付与されるのである（このことを 'called to the Bar' という）。
　バリスターは自らその報酬を依頼人と直接交渉したり，法的権利として裁判所に訴えて請求できない。ソリシターからわたされる事件の内容説明書（brief）にある報酬案（いわば「お礼」）によって事実上決定される。その一方で自らの

過失について訴えられることもない。したがって，駆け出しのバリスターの収入の基礎はあやうく，個人資産がない限り生活できない。そのため，ジェントリー以上の階級の出身者が多くなりがちであった。しかし現在では，依頼人への法律扶助（legal aid）制度により訴訟が増加した間接的効果として，この点はかなり改善されているといわれる。

イングランドでは，このバリスターの中から裁判官を選ぶ方式をとる（法曹一元制）。また，バリスターの中で特に卓越し功のあった少数の人は，勅選により「勅選弁護士 Queen's [King's] Counsel（肩書きでは QC または KC と略される）」という一代限りの爵位を与えられる。もとは国王に助言をする特別の弁護士だったが，今はそういうことはない。この勅選弁護士になると，弁護士報酬ははね上がるが，義務としてもう一人ひらのバリスターと一緒に弁護にあたらねばならず費用がかさみ，いきおい小事件では敬遠され重大な事件に限られるので，依頼件数は減少する。

ソリシター（solicitor；事務弁護士）

ソリシターの教育や試験や懲戒は，事務弁護士協会（Law Society）がこれを行なう。この協会は，1831年と1903年の勅許状に基礎をおいている。協会は，未所属のソリシターをも含め，すべてのソリシターを監督する。ソリシターに関する制定法は，1839年から1959年にかけて整備されてきたが，現在はソリシター法（Solicitors Act）に統合されている。

ソリシターになるためには，正当な手続により認可を受け登録を行なわなくてはならない。認可申請は記録長官（Master of the Rolls；控訴院の実質的な長官）になされ，協会が証明書を発行する。認可の条件は，まず，志願者は実務修習を行なう（'serve his articles'という）。現役ソリシターの下で5年間修習生として実務を行なう。事情によって4年間に，大学卒業生は2年半もしくは2年に軽減されることもある。ソリシターは同時に2名をこえて修習生を雇えない。次に，協会施行の資格試験に合格しなくてはならない。1次試験と2次試験があり，1次の科目の全部または一部は大学卒業生に対しては免除される。

ソリシターは，治安判事裁判所（Magistrates' Court）とカウンティー裁判所（County Court）において弁論権がある。上級裁判所での訴訟では，依頼人のためにバリスターを選び，依頼人とバリスターの間に立って裁判の準備や事務を進める。依頼人とバリスターとの直接交渉は禁じられている。ソリシターは，その報酬について自己の依頼人を訴えて請求することができる。また，その業務上の過失について依頼人から訴えられる。ソリシターの報酬基準は，記録長官（Master of the Rolls）や事務弁護士協会会長（President of the Law Society）などで構成する委員会が定める。勝訴のとき勝訴額の何％かを弁護士が取得する「成功報酬」（contingent fees）はイングランドでは禁止されている。協会懲戒評議会（Disciplinary Council of the Law Society）が，不正行為をしたり，重罪につき有罪判決を受けたソリシターについて審査し，登録取り消しや資格停止を命じる。ソリシターは，バリスターになるために，自ら登録取り消し申請を出すことができる。バリスターもソリシターになるために資格喪失申請をすることができる。ソリシターは法律上のいわばホーム・ドクターであって，不動産取引や遺言など，さまざまな依頼人の法律問題処理の助言や相談にのる。財産家にとっては不可欠の親友である。　　　　　（臼杵英一）

47. 陪　審　Jury

陪審裁判制度（system of a trial by jury）

　事実問題を決定する陪審と法律問題を決定する専門裁判官による裁判を，陪審裁判という。陪審裁判はコモン・ロー上の手続に限って行なわれた。大法官裁判所（Court of Chancery）や星室庁裁判所（Court of Star Chamber）にはなかった。陪審は，不正に対する防壁として，イングランドの人々によって非常に重視されてきたのであるが，裏返せば，長い間ギルド制をしいて裁判を

独占してきた裁判官への不信の表われでもある。人々の陪審への信頼は「陪審は生死にかかわる問題につき決して誤りを犯さない」という格言にもうかがうことができる。この陪審制度は，ローマ法以来の伝統を持つヨーロッパ大陸法の糾問訴訟手続（inquisitory procedure）と比べられて，今でも是非を云々される。ヨーロッパや日本においても陪審制度をとり入れようとしたが，一部を除き多くは不適切なものとして撤廃，もしくは停止された。

　イングランドを含む中世ヨーロッパの裁判は，神判（ordeal），決闘（battle），雪冤（せつえん）宣誓（compurgation）が用いられていた。神判では，冷水に体が浮くか沈むかにより，あるいは熱湯に腕をいれたり熱鉄を用いて三日後火傷の腫れが残っているか否かにより，有罪か無罪か（敗訴か勝訴か）が決定された。このほかに，国王の前における決闘も一般的な訴訟方式であった。雪冤宣誓とは，たとえば被告自身の無実の宣誓と，被告の人格を自らの身体と名誉をかけて保証する数名の宣誓補助者の証言により決定される裁判である。原告がそれを争うには最終的には宣誓補助者との決闘しか残されていない。ゲルマン民族の法典ザクセン・シュピーゲルには，裁判は決闘か又は 7 名の宣誓証言で決定することが定められていたし，中世都市ピサでは，その特権として裁判は決闘ではなく 12 名の宣誓証言で決定することが許されていた。1086 年，イングランドではウィリアム一世が，地代の専断的徴課のかわりに，その者の支払い能力の限界について，その隣人 12 名に宣誓の上で行なわせた収穫量の証言をもとに，土地から徴収すべき封建地代を決定した。その結果が全国規模の土地調査台帳ドゥームズデイ・ブック（Domesday Book）である。

　1215 年第 4 回ラテラーノ公会議で，これらの神判や決闘に聖職者の関与が禁止され，大陸ではローマ法の復興とともに次第に裁判官中心の世俗的糾問訴訟が一般化していった。イングランドでも，1219 年ヘンリー三世は国王裁判官たちに対して神判を禁止し，他の方式をとるように命じた。この時期イングランドの判事や法律家によって，宣誓補助者の喚問の制度に改良が加えられ，禁止された神判に代わるものとして，訴追の決定や有罪か無罪かの決定の役割を担う陪審制が創り出されたと思われる。こうして，万能の神の御意思による超自然的証明方法による裁判から，人間の行なう証言や文書による合理的証明方式

冷水神判　　　　　　熱湯・熱鉄神判

による裁判へと転換した。

　陪審の機能は事実問題の決定である。「事実問題には判事は答えず，同様に法律問題に陪審は答えない」('To a question of fact the judges do not answer; so to a question of law the jurors do not answer')。ただし，実際の司法の運営上，そう簡単には割り切れない。陪審の適切な事実の判断には，法原則の理解がやはり必要であり，判事の説示が大いに影響をもつ。裁判官も事実問題と無関係ではいられない。判事は，各証拠の相対的重要性を評価して事実の要約を陪審に通知する。事実問題と法律問題が入りくんでいる場合，判事と陪審との関係は複雑とならざるをえない。

　陪審の性格は当初は，専門事項や周囲の事実について，彼らの専門知識や先入観に従って語る証人とみなされていた。のちに専門的事項などについては鑑定人や個々の証人にまかされ，陪審は，事件の審理の両当事者に対する尋問の過程において証人が述べた陳述や，判事が事実の要約説示において示した証拠のみに基づいて事実問題を決定するようになった。単なる「証人」から「事実の裁判官」となったのである。もともとは過半数で評決されたが，14世紀に全会一致原則が採用され，今も原則とされている（2名以下の少数意見のときは多数決でよい）。犯罪を正式起訴犯罪と略式起訴犯罪とに大別する基準は，イングランドではもっぱら裁判所における訴訟手続上の差異——すなわち被告人が陪審裁判を受けられるか否か——によってきた。刑事事件では今も，陪審は中心的役割を担っている。民事では，主に不法行為事件において，陪審を被告が要求することができるが，近年商事関係を中心として事件の複雑性や専門性が増す

329

につれて，しだいに用いられなくなりつつある。

　陪審の構成は，刑事でも民事でも差異はない。かつては，ジェントリー，銀行家，商人，農場主，社会的に高い地位にある者によって構成される報酬の支払われる「特別陪審」(special juries) があったが，1949年商事のごく一部を除き廃止された。また，もともと刑事陪審には大陪審 (grand jury) と呼ばれる起訴を決定する陪審 (jury of presentment) があった。これは，かつてのシェリフ (sheriff) が，国王の巡回裁判官が各地で行なう裁判のために，被告人を告発・起訴しようと召集した24人で構成される陪審が起源であって，24人中23人によって構成され，起訴状だけを吟味して事実審たる陪審裁判（小陪審；petty jury）に付すかどうかを決定する。大陪審は過半数によって決定される。双方の側の証拠をあらかじめ審理する治安判事の予審権能が発達するにつれ，大陪審は無用のものとなった。1917年第一次世界大戦のため停止され，その後一時復活したが1933年に廃止された。

　拷問はなにも陪審を用いない星室庁裁判所のみで行なわれたわけではない。コモン・ロー裁判所でも，かつては「被疑者の同意なく事実陪審（小陪審）に付すことはできない」という原則があったために，被疑者が黙否する場合，この同意を強制するために拷問が行なわれた。被疑者の身体を重い物の下敷きにする苛酷拷問 (peine forte et dure) が，少なくとも1275年頃には制定法により認められ，被疑者の多くはこの同意をせず圧死を選んだ。有罪となった場合の財産没収を恐れたからである。この財産没収は1870年まで続いた。1772年には，制定法により黙否は有罪とみなされ，1827年以降は無罪の主張とみなされるようになって拷問は消滅した。

　陪審は，判事の誤った説示によって誤った結論に達する可能性が残っている。これについては控訴が認められる。陪審が故意や悪意によって誤った評決を下した場合，現在では原則として陪審を処罰できない。ただし，理論的には外部の者について陪審抱込罪，陪審員については裁判所侮辱罪がある。かつては，星室庁裁判所やコモン・ロー上の私権剝奪令状 (writ of attaint) によって処罰された。13世紀末，民事において私権剝奪令状は評決による被害者に与えられ，24人からなる査問陪審 (attaint jury) が召集され，それによって認定され

れば,もとの陪審の陪審員たちは投獄や財産没収などの苛酷な刑を受けた(1825年に正式廃止)。陪審の性質が証人的なものから,事実の裁判官となるにつれて,こうした処罰は時代錯誤となったのである。

　今日,民事では名誉毀損や詐欺の場合を除き,陪審はまれにしか用いられない。刑事でも,軽犯罪については,治安判事が陪審なしで処理し,正式起訴犯罪でも被疑者が陪審を要求しないことが多くなりつつある。法的素人の民衆による比較的長期にわたる裁判で処罰されるよりも,独立性が保障された単独裁判官の専門的能力と経験に基づく裁判が,相対的に信頼され始めた結果であろう。

(臼杵英一)

48. 警　察　Police

警察の歴史

　11世紀から,イングランドの各地方における犯罪人の逮捕,治安の維持にあたってきたのは,コンスタブル(constable)と呼ばれる人々であった。産業革命を経過して,社会の治安問題も増大・複雑化してくるにつれて,従前の体制では不十分さがめだちはじめ,1829年,内務大臣ロバート・ピールによって,首都警察(The Metropolitan Police,通称The Met)がロンドンに設立された。これが近代的警察制度のはじまりである(のちに,良くも悪しくも巡査のことをボビー(bobby)と呼ぶようになるのは,このピール大臣の通称Bobbyにちなんだもの)。ロンドン以外の地域での警察制度の整備はその後徐々に進み,1856年の州・都市警察法(County and Borough Police Act：スコットランドについては翌年制定)で,すべての州と都市は警察力をもつことを義務づけられた。

　このような歴史的経緯から,連合王国では各地方ごとの警察の独自性が一貫

して強く，警察官の給与，制服，勤務条件などについての統制を内務大臣が行なえるようになったのは，1919年のことであった。現在では7人の査察官が毎年各地方を巡回し，制度改善のための助言を行なっているが，その助言も究極のところ強制力をもつものではなく，警察の地方的独自性は，依然として続いている。

警察の組織

連合王国では，イングランドとウェールズに43，スコットランドに8，北アイルランドに1（アルスター警察，Royal Ulster Constabulary）の警察組織が存在している。そのうち最大のものは，新スコットランドヤード（New Scotland Yard）を本拠とするロンドンの首都警察（ただし，ロンドン・シティには別の警察組織がある）であり，北アイルランドを除いて約14万人の全警察官中，2万9000人を擁している（1991年現在）。

首都警察は内務大臣の管轄下にあるが，イングランドとウェールズの各警察は地方議員と判事から成る警察委員会の，またスコットランドの警察は都市・州議員の管轄のもとに置かれている。北アイルランドでの警察監督機関は，中央政府の北アイルランド担当大臣によって任命される。これらの監督機関は，各地方警察の長官（chief constable）などの最高幹部を任命するとともに，必要とされる警察力の最大限度を定め，建物，設備を整える。

各地方警察内部においては，最高幹部以外の警察官の任命権をもつ長官の力がきわめて強く，長官の政治的見解や個性によってそれぞれの地方警察の性格と方針が相当程度決まってくることも多い。

警察官の階層は，上から，長官，副長官（deputy chief constable），長官補（assistant chief constable）〔以上が監督機関によって任命される〕，主任警視（chief superintendent），警視（superintendent），主任警部（chief inspector），警部（inspector），巡査長（sergeant），巡査（constable）となっている。

警察官に応募できるのは，18歳半から30歳までの男女である。

交通整理をする「ボビー」
(『パンチ』1937 年 8 月 31 日)

警察の職務

　他の国々におけると同様，警察の主要な職務は，a) 治安の維持，b) 犯罪の防止，c) 生命・財産の保護，d) 公共秩序の維持，にある。これらの役割を遂行するための日常的なパトロールを警察官はピストルなどで武装することなく行なっているが，これは非暴力の伝統に根ざしている慣習であり，国民と警察官の間の疎隔の拡大防止にある程度役立っている。

　その他，交通整理，事故に際しての救急作業など，警察の扱う職務は広範囲にわたる。通常の警察官とは別に駐車違反の取締りなどをする交通巡視員 (traffic warden) も警察組織の中に置かれている。最近ではとりわけ都市地域で，さまざまな社会問題で警察の関与が要請されることも増え，警察の任務はますます拡大している。

警察と政治

　このような職務をかかえた警察官は，政治的に中立であることが理想であり，そのために労働組合への加入は禁じられている。ただし，彼らの組合にあたるものとして警察官連盟（The Police Federation）があり，自分たちの代表を議

法

員として下院に送りこんでいる。連盟の性格は以前から保守的であったが，1970年代以降さらに保守化傾向をみせてきた。1918年夏に労働組合の容認を求めてロンドンの警察官がストライキを行なった時のような，警察官の革新的な政治関与は，今日では想像できなくなったのである。

　警察官の政治姿勢の問題性は，人種問題をめぐって最も顕著にあらわれている。1981年の春から夏にかけて，ロンドンのブリクストン地区やリヴァプールで，有色人種を中心とする大規模な都市暴動が発生したが，これには，特に若い黒人たちの間で，警察官が自分たちを蔑視し抑圧しているという不満感がうっ積していたことが大きな役割を演じた。そもそも，警察官の中での有色人種の割合が非常に低いということ自体，現実に多民族，多人種国家となった連合王国では欠陥であるといわざるをえないが，白人警察の中に，どちらかといえば人種差別的・排外主義的考え方をとっている保守派に傾斜している者が存在することが，このような暴動を生み出す要因のひとつとなったのである。

　このことに示されるように，従来他国に比べて人々に親しまれているといわれてきたこの国の警察が，国民との関係で試練の時期を迎えているのが最近の状況といえよう。
　　　　　　　　　　　　　　　　　　　　　　　　　　　　（木畑洋一）

49. 税　Tax

　税は直接民衆の生活に影響を与えるとともに，憲政，通商，帝国，福祉国家などの公的問題とも関係してきた。

近代以前

　近代以前は，国家財政は王室財産にほかならなかった。アングロ・サクソン時代には，王領地よりシェリフによって集められる収入のほかに，賢人会

(witenagemot) による課税には，侵寇するデーン人への貢物として課された地租 (Danegeld)，軍備のための税 (Heregeld)，戦時に船を供出させる税 (Shipgeld)，炉税 (fumage) などがあった。

1066年のノルマン人の征服によって，イングランド封建制が成立した。ウィリアム一世は1086年ドゥームズデイ・ブック (Domesday Book) を作成し，ゲルド (Geld : 1162年まで存続) の賦課の基礎を確定するとともに，征服後変化した土地保有関係を記録し，定着させた。国王は広大な王領地から封建地代を得て，さらにタリッジ (Tallage) とよばれた臨時税を強制的に徴収することができた。これは12-13世紀に重要な財源をなした。そして封建制により国王は臣下から援助金 (aids : 王が捕虜となったときの身代金，長男の騎士叙任，長女の初婚の費用) を受ける権利や，食糧などを一定価格で徴発する徴発権 (purveyance) を持ったが，後者に対する不満は大きかった。また，軍役に赴く代わりに臣下が支払った軍役代納金 (scutage) が，12-13世紀には主要な財源であった。

ところが，ジョン王の失政に対し立ち上がった諸侯は，軍役，軍役代納金の支払いを拒否し，1215年マグナ・カルタ (Magna C(h)arta，大憲章) を認めさせた。その12条で，上記の aids を除き軍役代納金は諸侯の会議によらなければ課すことはないと記されており，封建諸侯の財産権が保護された。その後の諸王に対する諸侯の議会による国政改革運動を通して，13世紀末には，課税には共同の同意を要すとの原則が成立した。一方，13世紀に発達してきた，全国的な定率の動産税 (税率に応じて40分の1税，7分の1税などと称す) が，地方の騎士層を納税者とし，かつ査定と徴税をも担わせたので，彼ら地域代表の集会が，課税に関して彼らの協力を取りつける場としての機能を有するようになった。そして，14世紀半ばエドワード三世のときに，地域代表集会が中央の国王や諸侯らの議会に結合して，ここに議会が課税同意を排他的に与えるとする原則が確立された。

一方，関税は，国王による保護に対して支払われた使用税から発展したものだが，マグナ・カルタでは過度の関税を禁じ，古来の習慣を守ることが認められた。その後1275年に商人の発議で羊毛・羊皮の輸出税が導入され，また1302年に外国商人に対して，それまでのワインの徴発に代えて定率税と羊毛製品へ

法

の付加税を課すことになった。

　百年戦争からバラ戦争にかけての時期には，前記の議会の同意による定率課税は「15 分の 1 税・10 分の 1 税」(fifteenth and tenth) という形で定型化され，各地域に割当てられる定額税となっていた。これは憲法上の権利と考えられ，他の課税を導入する試みは反対を受け失敗した。時折，人頭税 (poll tax) が課されたが，1380-81 年のそれはワット・タイラーの乱の契機となった。なお，関税については，1350 年にワインの輸入税たるトン税とワイン，羊毛，羊皮などの商品の輸出入にかかるポンド税が結合された (tunnage and poundage)。

16-17 世紀

　絶対主義時代に入ると，王領地収入の激減により，租税が財政収入の大部分を占めるに至った。租税国家の成立である。「15 分の 1 税・10 分の 1 税」とヘンリー七世のときに始まった特別税 (subsidy) との組み合わせが租税の中心をなした。特別税は議会から供与され，土地などの収益税と動産税から成り，後世の地租の始まりといえる。ヘンリー八世の宗教改革は教会の初年度収入税，10 分の 1 税を教皇から奪い，国民に課されていた年 1 ペニーの税 (peter pence) を廃したが，没収した修道院領は永続的な収入をもたらさなかった。財政の悪化に対して，毛織物輸出関税の引き上げによって対処する試みもなされたが，内国消費税を欠くなど租税制度は著しく緩やかであったため，財政の窮乏は続いた。

　なお，教区聖職者の生活費のために俗人の収入の 10 分の 1 を捧げる 10 分の 1 税 (tithe) が古来からあり，これをめぐって俗人との紛争が絶えなかったが，16 世紀ごろから金納化が始まり，1936 年の廃止まで続く。

　ステュアート朝でも財政難は続き，チャールズ一世は臨時の課税を強制し，「権利請願」(Petition of Right) による議会の批判に対して，議会の同意を要しない「トン税・ポンド税」や船舶税 (ship money) の拡大に頼った。しかし，船舶税の拡大はジョン・ハムデンの支払い拒否に始まる反対運動を引き起こした。議会はその同意を得ない課税に反対し，船舶税を不法として，特別税を与えたが，情況は内乱へ向かった。

ピューリタン革命期には内外の戦争で財政規模が膨張し，封建財政の終焉とされる革新的な税制が創出された。その１つが，それまでイングランドでは隷属の印とされてきた内国消費税（home excise）の生活必需品を対象とした広範な導入である。これは貧民や一般消費大衆に重圧となり，自由の侵害，貧者の税控除という伝統的原則からの逸脱として，平等派をはじめとし反対闘争を引き起こした。しかし，当時の政治・財政思想は，ロックの租税一般性の原則（共同社会の構成員たる以上，全員が納税義務を持つ）のように，貧民課税を支持し，それを回避してきた伝統的なパターナリズムを否定した。この税以外に，特別税に代え土地課税（月割課税）が実施され，関税は収入を目的とする輸出関税中心から，輸入関税中心の保護体制へと変化した。

18世紀

名誉革命（1688-89）以降，拡大する戦争の費用を提供するために近代的租税制度が確立し，「財政・軍事国家」と言われる強大な国家が成立する。王室費と文官の費用を含んだ予算（civil list）が導入され，議会の支配下に置かれた。所有権を保証した「自由な国制」の下で，「あらゆる租税はそれを支払う人にとって隷従の象徴ではなく，自由の象徴である」（アダム・スミス）とされた。植民地帝国形成の戦争に必要な財政力を確保するため，公債制度，イングランド銀行が設けられたが（財政革命），この新しい財政を支える税制の中心は地租（land tax）であった。この負担は中小地主に比べて大地主にはあまりかからなかったため，産業資本と近代的大地主を代表するホイッグにより支持されたが，ロックの土地単税論はそれに理論的支柱を提供した。トーリーは前期的資本と旧中小地主を代表して，地租引き下げ，全般的消費税を求めたが，消費税は産業資本の成長を阻むものであって重商主義体制に合わず，酒税，塩税など特殊なものに限られ，全面的拡張は阻止された。そして保護関税体制が確立し，輸出関税が撤廃され，また奢侈品には高率の輸入関税が課せられた。

王制回復（1660）後設定されていた暖炉税（hearth money：１つの炉に１シリング年２回課税する家屋税）は，その逆進性，徴税人による家宅検分が民衆の反対運動を招き，「隷従の象徴」として名誉革命後廃止された。代わって導入さ

れたのが窓税（window tax, 1696-1851）で, 各家屋に対する税と窓の数に対する税とを組み合わせて賦課された。窓の数は外から数えられ, 家宅検分は暖炉税ほど民衆の怒りを買うことがなかったが, 窓の数は必ずしも貧富と対応せず, 不公平だとする反対論もあった。

　必需品への消費税は産業資本の利益, 貧者への同情より反対され, ジンの飲用への節倹令も兼ねて, 奢侈品への税が望ましいとされ, 直接税では資産や収入への直接課税より地租を続けることが求められた。スミスも地租, 奢侈品消費税を適切なものと考えた。彼の租税四原則は当時の思想をまとめたもので, 平等の原則, 明確の原則, 便宜の原則, 最小徴税費の原則であった。世紀後半には, 地租は相対的に低下し, 代わって馬車, 庭園, 召使, 新聞などへの消費税が拡大されるようになった。七年戦争終結後, 拡大した帝国の維持費をどう拠出するかの問題が起こり, 本国議会は植民地への課税権を主張してアメリカ植民地に印紙税法を課したが, これに対して, 本国も含めた臣民の権利に基づく反対運動が, ｢代表なくして課税なし｣を合言葉になされ, アメリカ独立戦争の発端となった。

19世紀以降

　1798年ピットにより戦時課税として所得税（income tax）が創設され, 重商主義的租税制度から自由主義的租税制度への転換が始まった。この体制は1825年のハスキッソンの関税改革, 1842年のピールの財政改革を経て, 1853年, 1860年のグラッドストンによる財政改革で確立される。自由貿易政策と財政収入確保を両立させるのに, 間接税に依存したところが特徴的である。すなわち, 恒久化した所得税を補充財源とし, 残された輸入関税と内国消費税の2つの間接税を基幹として, 自由貿易による生産・消費の増大から税収の増大, 財政の安定を図るというものだった。税負担は主に労働者, 地主にかかった。

　これまで所得税の分配の基準は収入への比例だったが, 19世紀末から累進課税や不労所得と稼働所得との差別性の主張が出てきた。土地単一課税が説かれ, ジョゼフ・チェンバレンにより累進課税と土地課税が主張された。そして, 1894年に相続税について累進性が実現した。20世紀に入ると, 軍備や福祉政策

の充実による経費膨張にともない，財政改革が必要となった。チェンバレン・キャンペーンの失敗に見られるように，自由貿易は国是であったので，直接税（所得税・相続税・土地課税）によって補われねばならず，また地主利害の衰退という情況がそれを可能にしていた。1906年，所得税調査特別委員会による所得税への累進性と差別性の導入の勧告を受け，自由党のアスキスにより所得税に差別性が導入された。続いて，1909年にロイド・ジョージにより提出された「人民予算」(People's Budget)は所得税への累進性の導入，相続税の引き上げと累進性の強化，土地課税の新設を三本の支柱としていた。地主階級は「これは予算ではなく革命である」と反対し，貴族院は否決したため，翌年の選挙後，ようやく成立した。「人民予算」から歳入における間接税と直接税の比重はほぼ拮抗するようになり，間接税依存・緊縮型の自由主義財政から直接税依存・海軍軍備・社会政策費膨張型の帝国主義財政に移ったのである。

　2度の世界大戦を経て，直接税収入は間接税収入を追い抜き，中心を占めるに至り，所得税は税率の引き上げ，納税者の拡大によって他の課税よりはるかに多くの収入をあげている。その徴集方法として1944年から源泉課税方式（PAYE）が施行されている。低所得者の税控除とともに，収入にかかわりなく，諸責務に対して控除を認めるようになったが，課税最低限の引き下げやインフレによって，より多くの低所得者層を税体系に引き込む結果となり，ほとんどの労働者が納税者であって，低所得者の負担の増大や税の逆進性について批判もなされている。

　間接税は酒・タバコなどの消費税の他に，第二次大戦中に購買税（purchase tax）が創出されたが，EC加入により1973年いわゆる付加価値税（VAT＝Value Added Tax）に代わった。

　VATの標準税率は，17.5パーセントと日本の消費税よりも高率だが，それほど一般消費者の負担と感じられないのは，土地取引き，郵便局や学校のサービスなど公共サービスは「課税免除」となるほか，日常生活の必要に関わる財やサービスには「ゼロ税率」が適用されるからである。例えば，自宅で調理して食べる基礎食品（パン，肉，魚，野菜，紅茶，牛乳など。缶詰，冷凍食品，サンドウィッチも含む），新聞，書籍，子供服は「ゼロ税率」で，お菓子，ハンバー

法

ガー，持ち帰り食品は「標準税率」である。ただし，内税方式なので，一般に値札は税込価格のため，この区分は分かりにくい。商品の輸出入もゼロ税率であるので，日本へのおみやげも，いくつかの条件の下で，小売輸出として付加価値税の還付が受けられるのである。

　この国の伝統の1つに地方政府の自立性があり，そこでは地方社会の要求を満たすための納税の必要が自覚されてきた。地方税（rates）は，中世の橋，教会の修理のような地方的必要のための税に発し，1601年貧民法による財産課税で経常的となって発展してきたもので，不動産の占有に対して賦課される。しかし，20世紀には地方の救貧事業を国家による社会政策が肩代わりするにつれ，中央税収が地方税収を凌駕して，地方財政は縮小の傾向にあり，大半を中央からの交付金に依存している。もっともロンドンのように，市中心部に乗り入れる自動車（バス，タクシーを除く）1台あたり5ポンドの混雑税（congestion fee）を課して，公共交通改善財源にあてる試みもある。

　戦後政治のコンセンサスである混合経済・福祉国家のもとでの公共支出の増大，財政赤字に対して，税制は公平を維持しながら，どう対処するかの問題に政府は直面している。サッチャー政権は「小さな政府」を目ざし，減税や，直接税から間接税への比重の転換など，個人の自助努力を促す道をとったが，この税制は高所得者に有利で貧富の差を拡大するものであった。また地方財政に，居住者の収入を問わない一律の地域社会税（community charge）を強行したが（1990-93），これを「人頭税」（poll tax）とみる反対運動が起きて，数年で廃止された。現在これに代わって，地方議会税（council tax）が，住居の不動産価値に応じて課税されている。

　　　　　　　　　　　　　　　　　　　　　　　　　　　　（角田俊男）

軍　事

50．戦　争　War

　この国の歴史上には数多くの戦争があるが，確実な記録の残る最初の戦争は，グレイト・ブリテン島のケルト系住民によるローマ人との戦いである。紀元1世紀のカラタクスやボアディケアの勇猛ぶりは名高く，また今日まで島の北部に残るハドリアヌスの長壁は，ピクト人とローマ人の戦いの遺物である。

イングランドと大陸
　5世紀になると，ローマによる支配は崩壊し，それに代わって大陸からゲルマン系のアングロ・サクソン人が渡来した。先住のブリトン人は侵入者に対して猛烈に抵抗したが，500年頃のバドニクスの丘(Mons Badonicus)の戦いは，後のアーサー王（Arthur）伝説のもととなった。アングロ・サクソン人はこうした抵抗を排しつつ，七王国(Heptarchy)の分裂抗争期を経て，9世紀にはウェセックス（Wessex）王国の下にイングランドの統一をほぼ完成した。これを促したのは，8世紀末から開始されたヴァイキング＝デーン人の来襲で，エディントン（Edington）の戦い（878年5月）でこれを抑えたアルフレッド大王の声望は高まった。

　11世紀初めにイングランドはデンマークの王子クヌートに征服されたが，以後の歴史にとり決定的な意味をもったのは，1066年の2つの戦いであった。エドワード懺悔王の死後，その義兄ハロルドが王位を継いだが，それに反対する二勢力がイングランドに侵入した。ハロルドは，スタンフォードブリッジ（Stamfordbridge）の戦い（9月25日）でノルウェー王ハラルドを破ったが，ヘイスティングズ（Hastings）の戦い（10月14日）では，フランスのノルマン

軍　事

ハドリアヌスの長壁

ディ公ウィリアムの重装騎兵を主体とする軍に敗れた。王位を得たウィリアムはアングロ・サクソン貴族の反乱を鎮圧し，フランス系騎士に土地を与えて中央集権的封建制度を樹立した。

　ウィリアムの三男ヘンリー一世の死後，王となった甥のスティーブンと娘のマティルダの間で王位争いが生じた。マティルダはフランスの有力貴族に嫁いでおり，この争いは1154年に，マティルダの子で，フランスの西半を領する大貴族アンリ（Henri）がヘンリー二世として即位することで解決した。フランス王は，ヘンリー二世，第3回十字軍に参加したことで有名なリチャード獅子心王，さらにその弟ジョンの治世にかけて，イングランド王の在仏所領奪回の戦いを展開し，1214年7月のブーヴィーヌ（Bouvines）の戦いの結果，ジョンの在仏所領は南仏のギュイエンヌ（Guyenne）のみとなった。

　13世紀は国王と貴族の国制上の対立の時代であった。今日の議会の祖型は，世紀中葉の「諸侯の反乱」（Barons' War）の中で形成されてくるが，その指導

者シモン・ド・モンフォールもイヴシャム (Evesham) の戦い (1265年8月) で命を失った。その後イングランド王はウェールズ，スコットランドに対する影響力を強めていくが，1314年のバノックバーン (Bannockburn) におけるロバート・ブルースの勝利により，イングランド王のスコットランド侵略の試みは一頓挫をきたした。

百年戦争とバラ戦争

　イングランド王の大陸所領の存在は12世紀以来英仏両国の関係を緊張させてきたが，1337年にエドワード三世がフランスの王位を主張すると，百年戦争 (Hundred Years' War) が勃発した。この戦争は，1453年にイングランドがカレー (Calais) を残して大陸から全面的に撤退するまで，何回かの休戦期間を挟んで100年以上続いた。初期においては，1346年8月のクレシー (Crécy) の戦いに大勝したイングランドが優位に立ったが，この戦いでは，完全武装の騎上騎士の突撃が，農民の武器とされた弓を使った長弓隊と下馬騎兵に通用しないことが明らかになった。その後，ラ・ロシェル (La Rochelle) の海戦 (1372) などでフランス側の反撃が奏効したが，1415年10月のアジャンクール (Agincourt) の戦いにおけるイングランド側の大勝は，フランスを再び守勢に立たせた。この不利な状況を逆転してフランスの最終的勝利のきっかけを作った人物が，1429年オルレアン (Orléans) を解放したジャンヌ・ダルクであるが，フランスの勝利を決定づけたのは，イングランドの弓隊を無力化したフランス砲兵隊の出現であった。

　大陸を逐われたイングランドの貴族は，1455年には悽惨な内乱に突入した。同年5月のセント・オールバンズ (St. Albans) の戦いで始まったバラ戦争 (Wars of the Roses) の過程で，王位はランカスター家 (Lancaster; red rose) からヨーク家 (York; white rose) に移動したが，その背後には，「国王製造人」(King Maker) と呼ばれたウォリック伯をはじめとする大貴族の私闘があった。結局，甥の王位を簒奪したヨーク家のリチャード三世がボズワース (Bosworth) の戦い (1485年8月) で敗死し，ヘンリー七世がテューダー朝を創始して，バラ戦争は終結した。

軍　事

帝国の形成

　16世紀後半，大陸最後の拠点カレーを喪失（1558）したイングランドは，海外進出を開始した。私掠船（privateer）を用いてスペイン船を攻撃し，オランダの独立戦争を支援するイングランドに対して，1588年にスペインは無敵艦隊（アルマダ）を出撃させ，7月末にはイングランド海峡で戦端が開かれた。ドレイクらの活躍で無敵艦隊を撃破してからは，海洋国として発展を遂げる。

　1640年に議会が11年ぶりに開かれると，国王チャールズ一世の専制を非難する声が高まり，1642年8月には国王派と議会派の間で内乱（Civil Wars）が勃発した。初期には国王派が優勢であったが，1645年6月14日のネーズビー（Naseby）の戦いでは，オリヴァー・クロムウェルの組織した新型軍（New Model Army）の力で議会派が決定的勝利を得た。チャールズは1647年に逮捕され，一時脱出に成功したが，1649年1月に処刑された。その後クロムウェルはアイルランド，スコットランドに軍を進め，特にアイルランドのドロイダ（Drogheda）では，史上に悪名高い虐殺（49年9月）を行なった。他方クロムウェル政権は，海洋国としてのライヴァルであるオランダとの3次にわたる戦争（Anglo-Dutch Wars, 1652-54，1665-67，1672-74）の口火を切った。

　17世紀末になると，この国の主な敵はフランスに変わり，以後1世紀以上にわたって英仏両国は第二次百年戦争とも評される戦争を繰り返した。大陸でファルツ継承戦争（1689-97），スペイン継承戦争（1701-14），オーストリア継承戦争（1740-48），七年戦争（1756-63）が起こると，ブリテンは常にフランスの敵方に立って参戦した。特にスペイン継承戦争でモールバラがブレンハイム（Blenheim）でフランス軍を破った（1704年8月13日）ことは，戦局全体に大きく影響した。また1715年と1745年には，フランスの支援を受けたジャコバイト（Jacobites，ジェイムズ二世支持派）の反乱がスコットランドで起きたが，政府軍によってまもなく鎮圧された。

　17世紀末以降の諸戦争は，英仏両国の植民地争奪戦としての側面をもっていた。戦いは新大陸やインドでも行なわれ，ファルツ継承戦争以下の戦争がヨーロッパで起こると，遠く離れた新大陸でもウィリアム王戦争（King William's War），アン女王戦争（Queen Anne's War），ジョージ王戦争（King George's

War),フレンチ・インディアン戦争 (French and Indian War) が戦われたのである。インドでも1757年6月にはプラッシー (Plassey) の戦いでフランスとベンガル太守の連合軍を破り,1763年のパリ条約によって,植民地帝国がひとまず完成した。

1775年,北米植民地との間で戦いが始まった。アメリカが独立を宣言し(1776),サラトガ (Saratoga) で勝利を得ると (1777年10月),フランスはアメリカ側に立って参戦し,アメリカの独立戦争は英仏第二次百年戦争の一環としての意味をもつに至った。アメリカは1781年10月にヨークタウン (Yorktown) を陥落させて勝利を決定づけ,1783年には独立を正式に認められた。

1792年4月,革命下のフランスとオーストリアの戦争が開始された。フランスの膨張主義に刺激されたブリテンも翌93年2月に参戦し,首相小ピットは数次にわたり対仏大同盟を組織して革命フランスさらにナポレオンと戦った。海軍は,ネルソンの指揮の下,アブキール湾 (Aboukir Bay) の海戦 (1798年8月1日) やトラファルガー (Trafalgar) の海戦 (1805年10月21日) に勝利を得たが,大陸においてナポレオンの優位を崩すことは容易ではなかった。ようやく1808年以降イベリア半島での戦い (Peninsular War) に乗り出し,スペインを解放した。この戦いを指揮したウェリントンは,1815年6月18日のワーテルロー (Waterloo) の戦いでナポレオンを打倒した。ナポレオン戦争末期には,大陸封鎖をめぐる海運上のトラブルが一因となって,米英戦争 (1812, 1812-14) も起こった。

パクス・ブリタニカと戦争

19世紀ヨーロッパは,強大なブリテンの存在によって大規模な戦争を免れた。しかしこの「パクス・ブリタニカ」(Pax Britannica) の時代にもこの国は多くの戦争に関与した。たとえば1821年に始まったギリシア独立戦争の帰趨を決したのは,英仏露3国の連合艦隊がトルコ・エジプト艦隊を撃滅したナヴァリノ (Navarino) の海戦 (1827年10月20日) であった。またクリミア戦争 (1853-56) では,英仏連合軍が多数の死者を出しながらも,1855年9月にロシア軍のセヴァストーポリ (Sevastopol') 要塞を陥落させて,ロシアの南下を抑

軍　事

止した。クリミア戦争中の戦いとしてはバラクラヴァ（Balaklava）の戦い（1854年10月）が有名であるが，この時決死の突撃を指揮したカーディガン伯は，前あきの毛編みセーターにその名を残している。

　しかし，19世紀に行なわれた戦争の多くは，帝国主義的進出のためにヨーロッパ外で行なわれたものであった。アヘン戦争（Opium War, 1839-42）とアロー号戦争（Arrow War, 1856-60）を通じて中国に開国を強制し，18世紀後半以来，数次のマラータ戦争（Maratha Wars）で植民地化を進めていたインドでは，インド人傭兵シパーヒ（セポイ）の反乱（Indian Mutiny, 1857-58）を鎮圧して本国による直接統治の体制を築いた。さらに，アフガニスタン，ビルマ，南アフリカ，エジプト・スーダンなどでも軍事行動を起こしたが，こうした帝国主義的な軍事行動に参加した軍人として，中国の太平天国討伐に活躍し，後スーダンで戦死したゴードンの名はよく知られている。

　1899年10月，南アフリカのボーア人（オランダ系移民）が建てたトランスヴァール共和国（Transvaal Republic）・オレンジ自由国（Orange Free State）との戦争に突入した。このボーア戦争（Boer War）は，典型的な帝国主義戦争の一つとして，また機関銃などの近代的兵器を用い，一般住民にも大きな被害を及ぼす20世紀の戦争の先駆として有名である。当初ボーア人の力を軽視していたブリテンは，1899年12月中旬の「ブラック・ウィーク」（Black Week）にマゲルスフォンテン（Magersfontein）をはじめ各地で敗北を喫したが，翌年には新司令官ロバーツの下で反撃に転じた。6月にトランスヴァールの首都プレトリアを陥れ，9月には同国の併合宣言を出した。その後ボーア人はゲリラ戦で抵抗したが，ブリテン側は非戦闘員の強制収容と農場焼払をもってこれに応え，1902年5月には講和が成立した。

第一次世界大戦

　1914年8月，ドイツ軍が中立国ベルギーへ侵入すると，ドイツに宣戦を布告した。この第一次世界大戦において協商側の中心国の一つとして，フランスと協力して西部戦線でドイツと戦った。1914年9月のマルヌ（Marne）の戦いの後，西部戦線は塹壕戦となり，翌15年4月22日にはイープル（Ypres）の戦い

でドイツ軍が毒ガスを使用した。1916年に入り，5月31日には大戦中最大の海戦となったユトランド（Jütland）沖海戦が戦われ，また同年後半には英仏両軍がソンム（Somme）で攻勢に出て新兵器として戦車をも投入した（9月15日）にもかかわらず，ドイツ軍に決定的な打撃を与えることはできなかった。

戦争は当初の予想を裏切って長期化し，兵員確保のため，1916年1月に徴兵制の導入が決定された。政府も戦争指導のために改組され，1915年には自由党，保守党，労働党から成る連立内閣が誕生した。その後1917年には，アメリカの参戦と，社会主義革命によるロシアの戦線離脱という戦局を一変する事件が起こった。翌18年の春にドイツは西部戦線で最後の大攻勢に出たものの，これは失敗に終わり，1918年11月11日，ドイツの降伏をもって大戦は終結した。この間ブリテンは革命ロシアに対する干渉戦争にも乗り出し，1918年8月には白海（White Sea）のアルハンゲリスク（Arkhangelsk）に上陸した。こうした干渉はバクーの油田地帯でも行なわれたが，1920年までに撤退した。ブリテン政府はまた，アイルランド独立運動弾圧のため特別部隊（Black and Tans）を派遣し I.R.A.(Irish Republican Army) との間に凄絶な戦いを展開したが，1921年末にはアイルランド自由国（Irish Free State）の成立を認めるに至った。

第二次世界大戦から現代へ

1939年9月，ポーランドを侵略したナチス・ドイツに対する宣戦布告によって，6年間にわたる第二次世界大戦が始まった。翌40年5月，チャーチル首相の下に連立内閣を組織して戦争の激化に備え，同月末には連合軍兵士34万人のダンケルク（Dunkerque）撤退作戦（～6月4日）を成功させたが，ドイツ軍の快進撃の前に6月下旬には盟邦フランスが降伏した。しかし孤立したブリテンは，その夏のドイツ空軍の大攻勢によく耐え，ブリテン本土の早期占領というドイツの目算をくるわせた。この「ブリテンの戦い」（Battle of Britain）以後もドイツ軍の空襲に苦しめられ，さらに日本の参戦（1941年12月）後には，アジアから，戦艦プリンス・オヴ・ウェールズ（Prince of Wales）の撃沈，シンガポールの占領といった悲報が伝えられたが，最も苦しい時期はすでに終わっていた。1941年8月にブリテンと共同で大西洋憲章（Atlantic Charter）

軍　事

第二次大戦の戦没学生追悼碑銘（トリニティ・コレッジ，ケンブリッジ）

を発表したアメリカは，同年末には強力な加盟者として参戦した。これ以後，両軍は北アフリカやイタリアでドイツ軍と戦い，1944年6月6日（D-Day）には連合軍がフランスのノルマンディに上陸した。翌45年5月8日，ドイツが降伏して，ヨーロッパにおける戦争は終わった。

　戦勝国ではあったが，ブリテンはかつての力を失っていた。大戦後，世界各地の旧支配地域で民族主義運動が展開されたが，ブリテンはその対策に苦慮し，1956年のスエズ戦争の失敗に見られるように，問題を軍事的に解決することは困難になってきている。1982年4月，南大西洋上の英領フォークランド諸島（Falkland Islands）に，同諸島の領有権を主張するアルゼンチンが侵攻するという事件が起こった。空母を含む艦隊を派遣して2か月後には現地のアルゼンチン軍を降伏させたが，この僻遠の島の防衛には莫大な費用が必要で，軍事的勝利は病める国に新たな問題を課したと言えよう。さらに，ブリテン軍は1991年1月に勃発した湾岸戦争に，アメリカなどとともに多国籍軍の一員として参加した。

（青木　康）

51. 陸　軍　Army

陸軍の歴史

　海に囲まれた島国であることから，陸軍は海軍に比べて軽視されることが多かった。ヨーロッパ大陸の諸国において常備軍が発達していった絶対主義期にも，この国ではそのような動きはみられず，わずかに州の自衛軍と適時民間から徴集される民兵（militia）の制度が整えられたのみであった。17世紀のピューリタン革命に際しては，クロムウェルによって作られた新型軍（New Model Army）が議会派の勝利をもたらす上で大きな役割を果たしたが，王制回復後はまた民兵が置かれるのみとなった。

　名誉革命に際して制定された「上官抵抗法」（Mutiny Act）は，常備軍に対する議会の支配権を規定したが，その後も陸軍は大陸諸国に比して小規模なものに終始した。また将校位については売官制が横行していたため，軍隊間のモラルも低く，国民の軍に対する信頼感はいっこうに増さなかった。

　18世紀の軍の役割は，ヨーロッパの他の大国との戦いと積極的な植民地拡大のための戦いであったが，19世紀になると帝国拡大に加えて既存の帝国の防衛が軍の主たる任務となり，そのために常備軍の数も10万人を越える規模に膨張した。歩兵の4分の3が，本国ではなく帝国領土に配備されていたことが，この軍隊の性格をよく物語っている。特に重視された地域が，帝国の要といえるインドであった。インド防衛にあたっては，本国陸軍を中核としてインド人兵士が軍隊の裾野をかたちづくったが，インド人兵士はまた帝国内外の各地における戦い（たとえばアヘン戦争）にも動員され，本国陸軍自体の規模の小ささを補う機能をうけおわされていた。

　一方，組織上の問題，質の問題は，クリミア戦争やボーア戦争の中で明らかとなり，2度にわたって大きな改革が行なわれた。まずクリミア戦争の後には，1870年前後に陸軍大臣カードウェルのもとで，売官制の廃止，兵役服務期間の

軍 事

短縮，最高司令官に対する陸軍大臣の優位の確立などが決められた。さらにボーア戦争での苦戦をうけて，20世紀の初頭陸軍大臣ホールデインは，効率的な参謀本部を作るとともに，旧来の民兵に代わって郷土防衛軍（Territorial Army）の制度を発足させ，ヨーロッパ大陸に速やかに送ることのできる遠征軍を計画した。

総力戦（total war）となった第一次世界大戦では，戦車などの新兵器も登場したが，軍組織にとっての最大の変化は，1916年にそれまでの伝統を破って徴兵制が実施されたことであった。徴兵制は戦争終結とともに停止された後，第二次世界大戦に際してはまだ戦争勃発前の1939年4月に再導入されることとなった。そして第二次世界大戦が終わった後も，1960年まで続けられた。

第二次世界大戦後の軍の役割は，解体期に入っている帝国の各地域における民族解放や民族主義運動の抑圧（その典型的な例としてスエズ戦争での出兵があげられる）に傾斜していたが，他方では冷戦下での北大西洋条約機構（NATO）の設立後，その重要な一翼を担うようになり，現在では後者をもって陸軍の主要機能とみてほぼさしつかえない。

陸軍の現状

1991年の陸軍軍人の数は約15万人であり，陸海空3軍の中で最大の数を占める。前述したようにその中心的任務はNATO軍の一員としてのものであって，ライン駐留軍（British Army of the Rhine, BAORと略記される）が，ドイツ連邦共和国に駐屯している。しかし，1980年代からの世界情勢の変動，東西間の対立状況の解消によってNATOおよびその中でのBAORの役割についても見直しがはじまり，その規模の大幅な削減が考えられるようになった。

その他にジブラルタルなどまだ統治下にある海外領土にも陸軍は駐屯しているが，現在ではその役割は小さい。国内では1969年以降，北アイルランドに軍隊が駐留している。これは当初，プロテスタント側とカトリック側の両者の間に立つという目的で送りこまれたが，現実にはプロテスタント（ユニオニスト）の側に立って，カトリック側に敵対するという機能を果たすことが多く，北アイルランド紛争を錯雑化させる一因となった。北アイルランド問題の包括合意

として聖金曜日協定（Good Friday Agreement 1998）が結ばれた後は，駐留軍の人員の削減と一部軍事施設の撤去が行なわれた。　　　　　　（木畑洋一）

52. 海　軍　Navy

海軍の歴史

　この国の海軍の起源は，アルフレッド大王がデーン人に対抗して創設した艦隊にまでさかのぼるといわれる。その後中世にはイングランド南東部の五港（Cinque Ports）を拠点として発展し，ヘンリー八世のもとで拡張・整備された。エリザベス一世の時代に侵攻を企てたスペインの無敵艦隊（Spanish Armada）を，船の規模においては劣るイングランドの艦隊が効率よく打ち破ったことによって，海軍の声威はおおいにあがった。

　17世紀の2つの革命の結果，海軍は近代国家体制の重要な一翼としての位置を確保し，オランダやフランスとの競合・戦争の中で，世界の海上における支配力を築きあげていった。

　18世紀後半以降の産業革命を背景とする経済力の飛躍的増大，それに伴う対外経済活動の活発化は，19世紀に入って，世界各地での経済的勢力圏の拡大や植民地獲得という形をとったが，この「自由貿易帝国主義」（Imperialism of Free Trade）は強大な海軍力の存在があってはじめて可能となった。連合王国は世界の海上の要所要所に艦隊の補給基地となる拠点を確保し，他国の追随を許さない海軍力の機動性を十分に発揮しうる体制を作りあげたのである。

　このようにして成立した「パクス・ブリタニカ」（Pax Britannica）の内実は，この国に抵抗しようとする弱者に対して，艦隊を派遣，大砲の威嚇をもって服従させようとする「砲艦外交」（gunboat diplomacy）に他ならなかった。中国におけるアヘン戦争やアロー号事件は，その典型的な事例であった。

351

軍　事

　しかし，海軍力の圧倒的優位も19世紀末には崩れはじめた。1889年にいわゆる「二国標準」(two powers standard：他のいずれか2国の海軍力をあわせたものより，連合王国の海軍力を下回らせないという標準）を定めたのも，追い上げられはじめた警戒心の表現であったということができる。1902年に日本との間で日英同盟を結んだことも，極東での力の後退を日本の海軍力によって代替させようとする意図に基づいていた。

　とりわけドイツによる挑戦はきびしく，ドイツとの「建艦競争」にうちかつため，海軍参謀長フィッシャーのもとで，海軍機構の近代化，戦艦ドレッドノート(Dreadnought)の建造などが行なわれたものの，相対的な力の低下をくいとめることはできなかった。

　海軍の役割が副次的なものにとどまった第一次世界大戦が終わると，国力の減退は明確となり，海軍力の面でも，ワシントン会議 (1921-22)，ロンドン会議 (1930) において，連合王国はアメリカと対等の海軍規模を受け入れざるをえなくなった。1930年代に，日本，イタリア，ドイツが脅威として同時に立ち現れると，帝国防衛の要である海軍力の弱体性はますます露呈し，政府がこれら3国に対して「宥和政策」(Appeasement Policy)をとる要因のひとつとなった。

　第二次世界大戦の間に，海軍は大拡張をとげ，連合国側の戦勝に貢献したものの，戦後その多くは解体されたり売却されたりし，海軍規模はまたもや縮小していった。1968年1月にウィルソン首相が正式に発表した「スエズ以東」からの軍隊の撤退は，帝国の解体によって海軍の歴史的役割も終了したことを確認する事態であったといえよう。

海軍の現状

　現在の海軍力の中心的任務は，北大西洋条約機構 (NATO) 軍の一環としての大西洋防衛である。連合王国の海軍はNATOに加盟しているヨーロッパ諸国の海軍の中では最大であり，フリゲート艦 (frigate) タイプ以上の軍艦のほとんどすべてはNATOから緊急の要請があった場合に出動しなければならない体制となっている。また，NATO軍の大西洋常備軍，英仏海峡常備軍の中で

352

も，重要な位置を占めている。その他，独自に関わる任務としては，漁業の保護や，北海油田の防衛などが主要なものとしてあげられる。

　このように，海軍の現在の任務は前述したその歴史的任務とは大きく異なってきている。しかし，本国から遠く離れた植民地を力によって防衛するという帝国主義的考えがまだ根強く残存していることは，1982年に起こったフォークランド戦争でよく示された。この戦争にあたって連合王国は民間からの徴用船を含めて約80隻の機動部隊をフォークランド諸島に派遣，アルゼンチン軍と戦火を交えたのである。

　ただし，海軍に唯一残っていた正規空母アーク・ロイヤル（Ark Royal）が1981年に解体されたあと，機動部隊中の主力となった空母2隻が，残されていた空母のすべて（しかも1隻は軽空母，もう1隻は旧式ヘリ空母）であり，しかもその内の1隻，1980年に就役したばかりの軽空母インヴィンシブル（Invincible）が，海軍の財政危機の中でオーストラリア海軍に安い価格で売却の予定であったことは，この時代錯誤的行動を担ったこの国の海軍が置かれていた状況を象徴していたといえよう。
　　　　　　　　　　　　　　　　　　　　　　　　　　（木畑洋一）

海 外

53. 植民地　Colony

　イングランドは12世紀のヘンリー二世の親征以来,アイルランドを植民地としてきた。その後世界の各地で属領（dependency）として,あるいは保護領（protectorate）,租借地（leased territory）として,また国際連盟委任統治領（Mandate）や国際連合信託統治領（Trust Territory）として支配してきた土地は,現在の独立国の4割近くにも及んでいる。

　もともと「植民地」（ラテン語でcolonia,英語でcolony）とは移住を目的とするものであったが,後になると異民族に対する支配が行なわれる地域の意味で,主として用いられるようになったという経緯を考えて,条約上は一定期間借り受けただけであっても,実際には統治を委ねられた側の領土とみなされる租借地,租界（concession）も,この植民地の項に含めて考えることにしたい。

17世紀

　イングランドの海外進出の企ては,ヘンリー七世に始まる。それは,アジアへの海上路の発見を目ざすものであり,その試みは1世紀にわたって続けられた。この時期の後半部分にあたるエリザベス一世の時代における奴隷密貿易や東インド会社の香料貿易の存在も忘れてはならないが,内にあっては毛織物工業を軸とする富の蓄積が進み,外にあっては世界一の強国スペインが衰退したために海外への進出が容易になった17世紀こそ,初めて本格的な植民地獲得に乗り出した時代であった。17世紀前半に設立された植民地は,図1の通りである（ただし,各々が英領として定まるのは,バミューダ島,1684年；ニューファウンドランド,1713年；バハマ,1783年；ガンビア,1821年）。この中には,

植民地

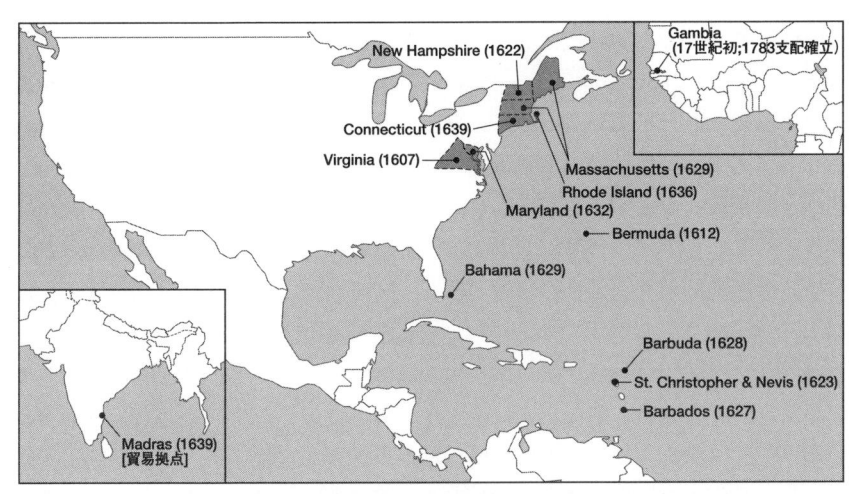

図1　17世紀前半の植民地貿易拠点

奴隷貿易の基地や貿易の根拠地もあれば，移住型植民地あり，また開発型植民地ありというように，後の植民地体制の萌芽が見られるのである。

　17世紀半ば，ピューリタン革命の結果成立した共和政下で，オランダを貿易から排除するため，航海法（1651）が発布された。これは，オランダとの戦争を引き起こしたが，その過程でオランダの海上権に打撃を与えることに成功する一方で，旧来の敵スペインと戦ってジャマイカ島を奪った（1655）。産業革命を生み出す基盤となった重要な資本蓄積の1つといわれる砂糖きび生産の場所が，ここに確保されることになった。

　クロムウェルは，最も古い植民地アイルランドに対して強硬策を採った。反乱を鎮圧するために殺戮を指揮し，全アイルランド人を僻地に強制移住させ豊かな土地への新教徒の移住を計画した。全アイルランド人強制移住も新教徒の大量移民も，結果として実現はしなかったが，後世のアイルランド問題の核となる，新教徒不在地主による大土地所有制の枠組が確立することになった。

　17世紀の後半は，オランダとの確執の時代であった。王制回復後も対オランダ戦は2度にわたって行なわれ，東インド諸島の権利放棄と引替えに，ニューネーデルラントを獲得し（1664），戦争終結後の1670年代後半には，制海権に

355

おいてオランダよりも優位に立つに至った。この間，北米への植民が進み，コネティカット（1662），ニュー・ジャージー（1664），デラウェア（1682）が版図に組み入れられ，またジャマイカ島における砂糖きび生産が盛んになった。こうして出来た砂糖はブリテン本国に運ばれ，本国から西アフリカへは織物，銃などの火器，金属製品が輸出され，西アフリカから西インド諸島に奴隷が輸送されるという，三角貿易が成立することになった。このような構図は，奴隷貿易及び奴隷制が廃止される（各1807, 1833）まで維持されたのである。

18世紀

オランダとの戦いに勝った後に待ち受けていたのは，フランスとの覇権争いであった。フランスは，北米においては，カナダから現アメリカ合衆国中・南部にわたる広大な地域を植民地とし，インドにあっては，フランス東インド会社再建後，ポンディシェリ，シャンデルナゴルを貿易の根拠地とするに至り，両国間の抗争は，一連の継承戦争を経てますます激化していった。「ファルツ継承戦争」時に北米を舞台に展開された「ウィリアム王戦争（1689-97）」や，「スペイン継承戦争」時に，北米，西インド諸島，地中海で戦われた「アン女王戦争（1702-13）」の結果1713年に結ばれたユトレヒト条約で，ブリテンが獲得したのは，ニューファウンドランド，アカディア，ハドソン湾内地方であった。なお，この時スペインからジブラルタルとミノルカ島を得，また奴隷貿易の独占権の取得にも成功した。その後の「オーストリア継承戦争」時には，「ジョージ王戦争（1744-48）」において，スマトラが失われたものの，「七年戦争」時に北米とインドで戦われた植民地戦争で優位が確立することになった。パリ条約（1763）においてカナダ，ミシシッピ川以東のフランス領（ニューオーリンズを除く）と西インド諸島のグレナダ，トバゴ，ドミニカ，セント・ヴィンセントをフランスから獲得し，インドにあってはベンガル地方を確保して将来にむけての礎を築くことに成功した。図2に見られるのが，第一次帝国と呼ばれる時期のブリテン帝国（British Empire）の版図である。西インド諸島の砂糖とアメリカのタバコその他の農林水産物・畜産物と西アフリカの奴隷を核に，カナダやインドをも含む植民地の大集合体が，ここに出現することになった。

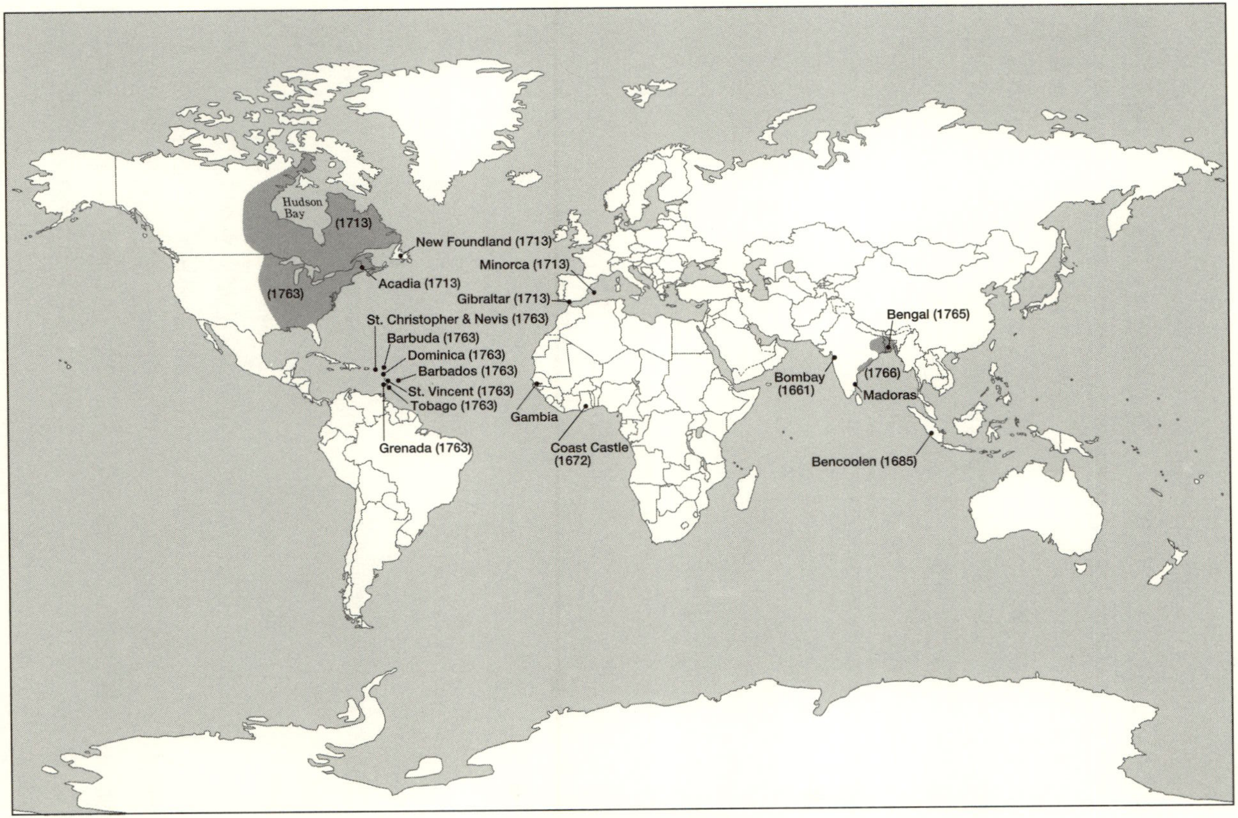

図2 第一次帝国

この第一次帝国を成立後20年で崩壊させたのは，アメリカ植民地の本国からの独立であった。アメリカ植民地の経済発展はめざましく，本国と西インド諸島，西アフリカを結ぶ三角貿易路とは別に，アメリカ植民地の産物を売って西インド諸島で買い付けた砂糖を，本国に輸出して利潤を挙げるという仲介貿易や，西インド諸島の糖蜜で造ったラム酒を西アフリカに売って，奴隷を西インド諸島に送るといった独自の三角貿易路が開拓された。中心になったのは，ニュー・イングランドの商人である。これに対してブリテンは，半数以上の植民地を王領化するなどして統制を強め，一連の立法化によって植民地産業と貿易の発展を抑える手段に出た。その結果，18世紀半ばにおいて最大の毛織物輸出市場，アメリカを失ったのであった。

19世紀

　第一次帝国の解体は，重商主義の終焉と重なる。産業革命期を通じて世界一の実力をつけることになった産業資本家層の成長は，自由貿易論や自由主義的植民地政策を登場させた。東インド会社のインド貿易（茶を除く）と中国貿易の独占権が廃止され（各1813, 1833），大地主の利益を守るために制定された穀物法の廃止（1846）を中心として保護関税が撤廃され，航海法も廃止されて（1849），19世紀半ばには貿易の自由が基本とされるようになった。強力な競争相手が存在しないという状況下で，自由貿易主義は有利に作用し，経済的に世界の優位に立つに至った。自由主義は植民地政策にも及び，本国における植民地経費節減の要請と，移住型植民地における自治の要求が一致して，1855年にニューファウンドランド，翌年にはニュージーランドに自治権が賦与され，1867年にはカナダが自治領となり，オーストラリアの各州も自治州となった。
　しかし，自由主義時代の植民地政策の主流は，各植民地の自治化にあったわけではなく，むしろ，植民地の拡大と収奪の強化，新植民地の獲得にあった。地中海からインド洋，東アジアへのルートを確保するために，ジブラルタル（1784），マルタ（1800），キプロス（1875），アデン（1839），セイロン（1796），ペナン（1786），マラッカ（1825），シンガポール（1824），香港（1842），九龍（1860）が，また西太平洋ではマライ半島からオーストラリアに至るサラワク

(1842),ラブアン (1846) が,そしてアフリカ沿岸では,ガンビア (1783),シエラレオネ (1808),ラゴス (1861),モーリシャス (1815),セイシェル (1814) が,中米・カリブ海でもセント・ルシア,ガイアナ(共に 1814),ベリーズ(1862) が,新たに植民地に加えられた。

インド

　一方,植民地の拡張の最たる例は,インドであった。1600 年に設立されてから後,対インド貿易を独占してきた東インド会社は,王制回復後,株式会社組織となり,18 世紀半ば過ぎにフランスとの抗争に勝利すると,ベンガル等 3 州のザミンダール (zamindar) の地位（租税徴収・裁判権）を獲得して領土支配の第一歩を踏み出すに至ったが,これに対して本国政府は,1773 年に「規制法」を制定し,総督を派遣して本国政府の監督下に置いた。自由主義時代に入ると,東インド会社はインド内部の対立を利用して,東はビルマ,アッサム地方,北はヒマラヤ,西はパンジャブから南インドまでを征服した。19 世紀半ばには,直轄領は全土の 6 割に達し,残る藩王国（Native States）も事実上の支配下に置かれるようになった。こうしてインド全体が,政治的,社会的に従属的地位に落ちた。インドの綿業は 1820 年代以来氾濫するブリテンの綿製品によって壊滅的な打撃を受け,重税に疲弊しきった住民が不満を募らせていたところに起きたのが,インド人傭兵シパーヒ（セポイ；sepoy, sipahi）の反乱である。これをきっかけに民族の独立を要求して全土の 3 分の 2 にも及んだ「インド大反乱」を徹底的に鎮圧するとともに,インドを直轄領とし (1858),ヴィクトリア女王がインド皇帝を兼ねる (1877) ことでインドの完全領有を達成したのである。第二次帝国の中心は,このインドであった。

　第一次帝国における三角貿易が資本蓄積の上で大きな役割を果たしたように,第二次帝国においても,別の形の三角貿易が重要な意味をもつことになった。インドに加えて,ここに中国が登場してくるのである。前述のように,ブリテン側は綿製品をインドに売る。そこで,銀の流出を防ぐために,インド産アヘンを買い付けて中国に売る。中国から本国へは茶,絹,陶磁器のほか,輸入決済のための銀が運ばれた。銀価の暴騰とアヘン中毒の弊害に手を焼いた清

朝政府が,アヘン焼却とアヘンを含む一般貿易の禁止という強行手段に出ると,ブリテンは武力を行使して,これを阻んだ。アヘン戦争(1840-42)である。清朝側完敗の後の南京条約(1842)では,香港が割譲され,上海,広東など5港の開港が決められた。さらに,開港地の領事裁判権や最恵国条項も取決められ,この後1860年代にかけて,中国の半植民地化が進むことになる。

　以上述べたように,第二次帝国は二重構造を成していた。一方には,カナダ,オーストラリア,ニュージーランドといった自治植民地が位置し,他方には,インド等の異民族支配・搾取型の植民地があった。後者もまた,紛れも無く自由主義時代の産物であった。

19世紀末

　1870年代に入ると,内外の情勢に大きな変化が現れる。それ以前の時期には,海運業等の収益が貿易収支の赤字幅を上まわっていたのに対して,1870年代以降は,急増した海外投資収益が赤字を埋めるようになり,経常収支の黒字を維持,拡大する上で資本輸出が果たす役割が極めて大きくなった。これは,国内における資本主義の経済発展が成熟期に入ったことを示していると同時に,その背景には,新興工業諸国(ドイツ,アメリカ)が「世界の工場」と呼ばれるブリテンの地位を脅かし始めたという状況があった。諸国間の争いは,経済の分野にとどまらず,植民地獲得競争においても顕著になった。1870年代から20世紀初頭にかけてのわずか半世紀の間に獲得された植民地の数は,それ以前の250年間にブリテン帝国に組み入れられた植民地の数とほぼ同数であった。新興工業諸国の追撃を受けているとはいえ,自由貿易主義に基づく経済力は一朝一夕には衰えなかったから,自由貿易に替わって保護貿易主義が支配的になるということはなかったが,それでも,ジョゼフ・チェンバレンを中心に保護関税を求める動きが活発化した。外交政策についても,ディズレイリがスエズ運河株を買収し(1875),露土戦争に干渉する(1878)など,それまでの小英国主義に替わる大英国主義が主流となった。この過程で,先にも述べたようにインド帝国が成立し,1880年代の初めにアフガニスタン,エジプトが保護国となり,続いてビルマが併合され,1902年には,南アフリカ戦争によってブール人(ボー

ア人；Boer) の2国が併合されるに至った。この時期にはインド洋を内海として, カイロ, ケイプタウン, カルカッタを結ぶ大三角形をつくり上げること (3C政策) により, 帝国を戦略上, また経済上揺るぎないものにするため, 数多くの地域 (とりわけアフリカ) が植民地化された。その手段としては, 一方的な条約の押しつけもあれば, 金, ダイヤの産出がきっかけとなって引き起こされた南アフリカ戦争のような戦争によるものもあった。

このようにして19世紀末以来追求した3C政策は, アフリカ大陸にあっては, フランスの横断政策と衝突してフランスの譲歩を引き出すのに成功したが, 中近東においては, トルコをめぐってドイツの3B政策(ベルリン, ビザンティン, バグダッドを結ぶ軍事的・経済的拡張政策) と対立することになり, 第一次世界大戦の一因となった。その結果, イランを保護下に置き, イラクやヨルダンやパレスチナを国際連盟委任統治領として預かることになったが, これにより, 19世紀末以来, 保護領として支配下に置いてきた国々と合わせ, ブリテンの中近東における優位が確立した。しかし, 第一次大戦中, アラブ人独立を支持したマクマホン書簡(1915), ならびにユダヤ人国家建設をめぐって出されたバルフォア宣言 (1917) は, 後にアラブ人とユダヤ人との抗争を激化させ, 第二次大戦後ブリテンはついにパレスチナから撤退(1948), 今日の中東紛争を引き起こす原因にもなった。

以上, 概観してきた植民地のうち, カナダ, オーストラリア, ニュージーランド, 南アフリカ連邦等の自治領は, 1931年に英連邦(British Commonwealth) を構成して事実上の独立国となった (1949年より単にCommonwealthと称す)。

最も古くからイングランドの支配を受けてきたアイルランドは, 自治運動が活発化し, 1922年, 北部6州を除いてアイルランド自由国 (Irish Free State) が成立して自治領となり, 1937年には, エール共和国 (Republic of Eire) として完全独立を達成した。しかし, アルスター(Ulster)と呼ばれる北部6州が連合王国の一部を構成し続けることへの, 経済的に貧しい層を中心とするカトリック教徒の不満は消えず, 長く北アイルランド問題は未解決の状態にある。その後, 北アイルランドの統治は, 連合王国議会から, 聖金曜日協定 (Good Friday Agreement 1998) の規定に基づいて北アイルランド議会と行政府に委

海外

譲された。しかし，その実施をめぐる内部対立は続いている。

インドを中心とするアジアの植民地は，戦後次々と独立したが，民族，宗教，地域格差による内部対立は根深く，東西に分かれて独立したパキスタンのうち東パキスタンは，内戦の末，1971年にバングラデシュとして分離独立した。スリランカでは，紀元前5‐6世紀頃，北部インドから移住した多数派シンハラ人(Singhalese)と，植民地時代に紅茶農園労働者として導入された人々を含む少数派タミル人(Tamil)の対立抗争が続いている。

アフリカの植民地は，1957年のガーナを皮切りに独立したが，植民地時代に恣意的に引かれた国境線が災いしての内部の民族対立や，経済・社会政策の対立のために政情は安定せず，ガーナは4度のクーデターを経験し，ナイジェリアはビアフラ戦争(1967-70)により大量の餓死者を出した。ローデシアでは，1965年に白人政権が一方的な独立宣言を行なった後，アフリカ人による解放闘争が激化，1980年にジンバブエ共和国として独立してからは，内政の安定化が図られている。その南に位置する南アフリカ共和国が英連邦を離脱して共和制に移行したのは1961年。植民地時代のブリテンによる支配は，アフリカ人エリート層を育成すると同時に，経済的搾取構造の基盤を固め，また支配の二重構造を生み出して，南アフリカではオランダ系アフリカーナー(Afrikaner)による黒人その他に対するアパルトヘイト(apartheid；人種隔離政策)の一因となった。その後，1991年アパルトヘイトは廃止され，1994年マンデラ政権の成立によって，南アフリカもコモンウェルスに復帰した。

このように，かつて植民地であった諸国にとっては，経済発展の遅れも含めて，植民地の負の遺産をいかに解消していくかが，今後の課題となっている。

(松野妙子)

海外領土一覧

アンギーラ	Anguilla
バミューダ	Bermuda
南極地域 *	British Antarctic Territory
インド洋地域	British Indian Ocean Territory (Chagos Islands)

ヴァージン諸島	British Virgin Islands
ケイマン諸島	Cayman Islands
フォークランド諸島	Falkland Islands
ジブラルタル	Gibraltar
モントセラト	Montserrat
ピトケアン諸島(デューシー，ヘンダーソン，オエノ)	Pitocairn Islands
南ジョージアおよび南サンドウィッチ諸島(属領)	Dependency of South Georgia and the South Sandwich Islands
セントヘレナ	St. Helea
セントヘレナ属領(アセンシオンおよびトリスタン・ダ・クーニャ)	St. Helena Dependencies (Ascension, Tristan da Cunha)
タークス・カイコス諸島	Turks and Caicos Islands

＊南極条約(1959)は，活動の規則を定めてはいるが，すでに領有していた地域の統治そのものを禁じたり凍結したりはしていない。

54. 外 交 Diplomacy

歴 史

　この国が近代外交の中心的主体となる国民国家としての姿を整えたのは，16世紀から17世紀にかけてである。この間国内では，宗教改革，行政機構の整備，さらには17世紀の革命などが進行したが，対外的には，北アメリカにおける植民地建設を進めつつ，海上での覇権をスペイン，ついでオランダと争い，勝利をおさめて強国としての位置を築いていった。さらに，名誉革命の直後から18世紀半ばにかけて，フランスとの間で植民地をめぐって激しい競合関係に入った。1689年に始まったウィリアム王戦争，1701年からのスペイン継承戦争，

海 外

1740年に勃発したオーストリア継承戦争は，すべて英仏間の植民地戦争という性格をもっていたのである。この争いは，1756年に開始された七年戦争で頂点に達し，これに勝利して，北アメリカ，カリブ海地域にまたがる広大な帝国を作り上げた。

この帝国（第一次帝国）は，アメリカ独立戦争によるアメリカ合衆国の離脱によって，まもなく大きな動揺をみせた。しかし，植民地拡大による海外市場制覇を重要な前提条件として18世紀半ばから展開していた産業革命によって，圧倒的な経済力を蓄積していき，フランス革命およびナポレオン戦争を乗り切った後，「パクス・ブリタニカ」（Pax Britannica）と呼ばれる状況を作りだし，世界の覇権国としての体制を築きあげるのに成功した。

連合王国が「世界の工場」としての卓越した工業生産力を誇りつつ，自由貿易体制の拡張と帝国のさらなる拡大をともに追求していった19世紀半ばは，この「パクス・ブリタニカ」の最盛期であったといってよい。ところが，その状態は19世紀の末になると変化をみせた。ドイツやアメリカ合衆国など他の列強に追いあげられる中で，経済力の面でも，軍事力の面でも，連合王国の優位は揺らいでいったのである。連合王国が「光輝ある孤立」（Splendid Isolation）を捨てて，日英同盟（1902），英仏協商（1904），英露協商（1907）を結んでいったのは，この変化への対応であった。

19世紀末からのこのような変化は，20世紀における2度の世界大戦によって加速化されていった。「パクス・ブリタニカ」のもとでの外交は，帝国を何よりも重視しつつ，大陸ヨーロッパに対してはその局外にたって勢力均衡を重視していくという構造をもっていたが，2つの世界大戦は，いやおうなくヨーロッパへのコミットメントの飛躍的増大を迫ったのである。

しかし，帝国支配国としての立場に力点を置く外交政策の基本的な枠組みは，簡単には崩れなかった。第二次世界大戦を経ることにより，国力とりわけ経済力は著しく低下し，資本主義世界体制における覇権国の地位はアメリカ合衆国に完全に奪われたし，帝国内での支配力も大きく減退した。それにもかかわらず，外交の伝統の中でつちかわれてきた世界の大国としての自己認識と，それに基づく対外姿勢は強固に残存し続けたのである。この大国幻想の執拗な存続

の結果，連合王国は，西ヨーロッパ統合の試みに冷淡な態度をとりつつ，1956年にスエズ戦争を引き起こしたものの惨めな失敗に終わった。その後，連合王国の態度は変化をみせ，1960年代には，ヨーロッパ統合に加わる動きを示すとともに，スエズ以東からの軍事的撤退に踏み切った。ヨーロッパ共同体(EC)への加盟は，フランスのド=ゴールによる拒否にあって難航した結果，1973年にようやく実現した。

現　状

　1960年代から70年代初めにかけてのこの変化を前提に展開している外交では，対EC関係，対英連邦(コモンウェルス)関係，対米関係が3つの柱となっている。

　まず，ECとの関係についていえば，EC加盟後，連合王国の対外政策の中心は，経済的にも政治的にもECを中心とするものになった。1973年には総貿易額の30％ほどを占めていたEC諸国との貿易は，1985年には約46％に達しており，世界の他の地域，国との貿易額の伸びに比べた場合，ECとの貿易額の伸びは2倍近くになっている。1975年に結ばれたロメ協定で旧植民地の多くの国がECとの間に特恵関係を持ったことで，英連邦のかなりの部分との経済関係にもECが介在するようになった。

　しかし，連合王国はいまだに自国と大陸ヨーロッパとを別のものと考える思考様式を色濃く残している。この姿勢は，ヨーロッパの統合をより進めていこうとする方策に対する政府の消極的態度となって現れている。1979年にヨーロッパ共同通貨の実現の第1段階として欧州通貨制度が作られた際，当時の加盟国の中でただ1国だけ連合王国はそれに加わらず，1990年になってようやく参加にふみきった。経済統合をさらに進め，通貨・金融面での加盟各国の主権をこえた政策決定機関を作ろうとする欧州中央銀行創設などの構想に対しても連合王国は消極的な姿勢をとりつづけていた。

　またECの制度改革についても，多数決制をより活用して，少数の国の反対による共同体としての意志決定の停滞を防ぎ，統合のさらなる前進を図っていこうとする方策に，連合王国は消極的態度を隠さなかった。1992年に域内市場を

完成することや，多数決制の拡大を定めた「単一欧州議定書」が85年末に採択された時，連合王国も賛成したが，その際にもサッチャー首相は，EC活性化のために賛成すると述べつつ，本音は反対であることを隠さなかった。

EC諸国が1991年末マーストリヒト条約に調印してヨーロッパ連合(EU)へ踏み出すと，ポンド下落などおりからの経済的混乱の中で，サッチャーのあとを継いだメイジャー首相は，マーストリヒト条約の批准（1993）を推しすすめた。ただし，単一通貨や社会憲章については留保つきのままであって，大陸ヨーロッパの1国となることには，まだ二の足を踏んでいる。

EC加盟まで対外関係の中心にすえられていた帝国—英連邦—との関係も，依然連合王国にとって大きな意味をもっている（現在では連合王国と他の構成国は平等なメンバーであることを名称でも示すために単に連邦（Commonwealth）と呼ばれるが，ここでは便宜上英連邦と記す）。独立した旧植民地のほとんどが加わっている英連邦の多数にのぼる構成国（現在連合王国を含めて54か国）と密接なつながりを有しているという事実は，国際政治における連合王国の威信と発言力の維持にかなり貢献しているのである。

そのため連合王国は，英連邦諸国との経済関係を重くみる姿勢は崩していない。2国間援助をとってみた場合，EC加盟後，政府は対外援助の対象国の多様化をはかろうとはしたものの，1985年でその54％が英連邦諸国向けとなっている。ただし，現在の英連邦は構成国の大部分がいわゆる第三世界に属しており，国際政治や国際経済に関して構成国の多くの考えと連合王国の意向がくいちがうことも珍しくない。70年代から第三世界諸国の間で高まってきた「新国際経済秩序」形成の要求などをめぐっても，それに消極的態度をとる連合王国と英連邦内の多くの国との間の矛盾がみられた。また，南アフリカのアパルトヘイトに関しても，南アへの強力な経済制裁を主張する連邦諸国と，制裁強化に反対する連合王国との間のずれが目だった。

旧植民地のほとんどが独立した後でも，連合王国にはまだいくつかの海外領土が残されているが(現在14地域)，帝国支配の名残りとしての海外領土保有に連合王国が固執していることは，1982年のフォークランド戦争によって，きわめて露骨な形で示された。この軍事行動とその後のフォークランド諸島の保持

のために要した費用は莫大な額にのぼったが，政府は，それで国際政治における威信を保ちえたと考えたのである（また，同諸島その他を基点として極地点に至る複数の子午線に囲まれたセクター内にあることを領有の1つの根拠とする「南極地域」（南緯50度以南の島や大陸）も確保したと考えた）。このような形でいまだにつづいている世界強国としての地位や威信への固執は，連合王国に大きなコストを強いているといえよう。

　最後にアメリカ合衆国との関係であるが，帝国の解体を経過し，大陸ヨーロッパとの結びつきを深めた後も，この関係を密接なものに保っておこうとする連合王国の姿勢は一貫している。もとよりその程度には時期によって違いがあり，1950年代後半から60年代初めにかけてのマクミラン首相の時代の親密度の深さは，その後の労働党政権や保守党のヒース政権のもとではかなり薄れていった。とりわけヴェトナム戦争や1973年の中東戦争に際して，連合王国がアメリカの政策に歩調をあわせなかったことなどは，両国関係にかなりのきしみを生んだ。

　しかし，連合王国でサッチャー首相が，そしてアメリカでレーガン大統領が権力の座につくことによって，80年代に入り英米関係は著しく好転した。きわめてよく似た政治・経済哲学を共有するこの2人の指導者は，互いに相手を支えあうことに大きな価値を見いだしたのである。

　1982年のフォークランド戦争における連合王国の勝利には，情報提供なども含めたアメリカの支援姿勢がかなり貢献した。一方連合王国は，アメリカにならって1985年ユネスコから脱退したし，アメリカの同盟国中で最初に戦略防衛構想（SDI）の研究参加協定に調印し，さらに翌86年には米軍によるリビア爆撃を，EC諸国のなかでただ1国支持した（それには連合王国にあるアメリカ空軍基地も使われた）。1990-91年の湾岸危機では，連合王国とアメリカ合衆国との「特別な関係」に基づき，合衆国とともに，対イラク戦多国籍軍の主体となった。

　EU，英連邦，アメリカ合衆国という外交の3本の柱は，これからもしばらくは変わらないであろう。世界の覇権国としての歴史の余りの重さゆえに，国際関係の中での自らにふさわしい位置をいまだにはっきりと見いだせないでいる。この国の外交の模索も，当分はやむことがないであろう。　　（木畑洋一）

社　会

55. 農　業　Agriculture

農　業

　中世の封建制社会におけるイングランドの農業は，国王・教会・修道院・貴族などからなる領主が一定の土地を占有して，その土地で働く農民（serf）を人格的に支配し，彼らの労働の一部を搾取するというかたちで営まれていた。生産性がきわめて低かったために，個々の農民は共同で生産にあたらなければならず，また収穫高の不公平さを避けるために，農民は開放耕地の耕区に多数の短冊型の地条（strips）を散在的に保有しており，村の共同放牧地，荒蕪地，牧草地を使う権利をもっていた。土地の枯渇を防ぐ方法として採られたのが，二圃ないし三圃制の農法（three-field system）であって，夏穀（大麦）→冬穀（小麦）→休耕というローテーションがとられていた。このころにはすでに馬に引かせる有輪の犂も使われるようになってはいたが，大部分の農作業は肉体労働によらねばならず，農作業用具についての大幅な改良は，産業革命まではみられなかった。いっぽう領主はたいていの場合，村の耕地に農民の保有地と混在するかたちで直営地をもっており，農民の賦役労働によってそれを経営して，その生産物をみずからの消費と市場での売却にあてていた。しかしヨーロッパ大陸とは異なりイングランドにおいては，かなり早い時期から貨幣経済が浸透しはじめ，また農村の市場も展開したために，14世紀の半ばには賦役の金納化（commutation）が行なわれ，農民の大部分は人格的な束縛から解放されて，一定の貨幣地代を支払う自営農民となった。これが「イングランドの華」とうたわれたヨーマン（yeoman）であるが，彼らはかならずしもすべて自由であったわけではなく，法律上，多くは謄本土地保有農（copy holder）や任意土地保有

農 (lease holder) であった。この背後にあったのは，14世紀以降断続的にイングランドを襲った黒死病をはじめとする疫病によって人口が急減し，労働力が減少したため，経済的な条件が領主の側に不利に働いたことであった。とりわけ大規模な直営地を経営していた大領主は，直営地を一括して請け負わせるか，それを分割して農民に貸し出すことによって，この危機を乗り切ろうとした。このような大領主層の没落に代わって台頭してきたのが，中小の領主，ことにジェントリー層であった。

ジェントリー

　ジェントリーは，元来は戦うことの代償として土地の保有を認められていた騎士が，軍役代納金制度の導入によって軍役から解放され，地方に土着して土地の経営に当たった中小領主である。16世紀には，かのトマス・モアによって「羊が人間を食い殺す」と表現された，第1次のエンクロージャー (Enclosure) が進行したが，それは羊毛価格の騰貴による耕地の牧場への転換だけに原因があったのではなく，囲い込んだ土地に新しい農法を導入して生産性を高めようとする要求の生みだしたものであった。ヘンリー八世のもとで強行された宗教改革に伴う修道院の解散とその財産の売却の成果を掌中におさめたのは，ジェントリーを中心にした社会層であって，彼らはこれまでの伝統的な農業経営の殻を打破して，市場志向型の経営を行なった。その意味で16世紀の半ば以降の1世紀は，まさに「ジェントリーの世紀」であった。この過程でヨーマンの一部は保有地を増加させてジェントリーに上昇するものがみられた一方で，残りのものは農業労働者に没落することを余儀なくされた。この結果，18世紀には「三分割法」(tripartite system) とよばれる地主 (landlord)・借地農 (farmer)・農業労働者 (agricultural labourer) の三者によって営まれる資本主義的な農業経営の形態が展開することになった。

　この傾向を確認したのが，17世紀に戦われたピューリタン革命であった。私的所有権を国王大権の恣意的な支配から解放したこの革命は，「土地をもつもの」の勝利を不動のものにして，次の世紀における「地主寡頭支配体制」(landed oligarchy) を導きだすことになった。17世紀の末にイングランドの社会構成の

詳しいデータを残したグレゴリー・キングの推定によれば，家族数にして准男爵以上の聖俗の貴族が約千，ジェントリー身分は1万6千，自作農が18万，借地農が15万であったのに対して，小屋住農・労働者などが全体の60％近い76万4千となっていて，すでにこの時期に農民の間にかなりの階層分化がすすんでいたことを示している。しかしこのことはすべての「土地をもつもの」にとって安定した生活を意味するものではなかった。ピューリタン革命中から課せられるようになった土地税が依然として徴収されつづけ，そのうえ農産物価格は低迷したままであったのに，当時の「商業革命」(Commercial Revolution)の影響をうけて地主たちの間にも消費志向が高まって支出が増加し，その結果，中小の地主で土地を手放すものが多かった。大地主はその土地を購入して所領の拡大につとめた。したがって16-17世紀を「ジェントリーの世紀」とするならば，17世紀末からの1世紀は「大地主の黄金時代」であったと総括することができる。

18世紀以降

　この黄金時代を支えたのは，新農法の採用による生産性の向上にあった。すなわち第2次のエンクロージャーが議会立法によって進められる一方で，アーサー・ヤングの名とともに知られる「ノーフォーク農法」(Norfolk husbandry)が普及をみた。これは根菜類，クローバーなどの飼料用の作物を導入することによって，従来の三圃制農法にみられた休耕地をなくそうとするものであり，それによって家畜の飼料が確保されるとともに，収穫量が激増することになったので，「農業革命」(Agricultural Revolution)とも称されるようになった。しかし人口が増加したにもかかわらず，生産性の向上によって穀物価格が低迷しつづけたこの時代において，大地主が土地からの収益をあげることができたのは，穀物に対する輸出奨励金制度が採られたことが，おおいにあずかって力があった。そのため18世紀前半以降穀物の輸出は増加しつづけた。

　しかしながら18世紀の「農業革命」によって生産性を向上させたものの，19世紀の半ばまでは，農業に機械が利用されることはなかった。農業に産業革命の成果である機械が導入され，肥料が大量に用いられるようになるのは，それ

以後のことであって、このような高度集約農業に立つ農業の繁栄は、穀物輸入に重税を課していた穀物法（Corn Laws）が1846年に廃止されたのちも、1870年代までつづいた。

19世紀の半ばに至るまでは、時期による若干の例外があるにしても、大筋においては穀物の輸出国であった。しかし産業革命による「輸送革命」の成果をうけて、海外からの輸送コストが大幅に下がったことと、イギリスがとった自由貿易政策にも助けられて、1870年代にはアメリカなどからの小麦の輸入が激増して、穀物価格は大暴落し、穀物生産地帯は深刻な農業不況に見舞われた。農業の将来に見切りをつけた大地主は、土地以外の収入源としての国債、株式への投資を増加させ、地代の取得者から利子所得者へと性格を変えることによって、その生計の基盤を確保し、昔ながらの社会的威信を維持しつづけた。産業革命によって伝統的な農村社会から都市型の工業社会へと変貌した結果、農業人口は1861年の18.5パーセントから1901年の8.7パーセントに減り、農業所得の国民所得に占める割合も1860-64年の15パーセントから1895-99年の7パーセントに激減し、世紀末には国内で消費する小麦の4分の3は輸入に頼るようになった。かつてはイギリスは借地農が大地主から農場を借りて農業労働者を雇ってこれを経営するという資本主義的農業が典型的に発達した国であったが、地主制の崩壊とともにふたたび自作農を主体とする国になっていった。

年ごとに食糧の自給率が低下をみせる中で、農業への保護政策が真剣な考慮の対象になったのは、第一次世界大戦中であった。主要穀物に対する最低価格の保証、牧草地の耕地への転換がその政策の柱とされたが、戦間期の世界恐慌もあって、十分な成果をあげることができずに、第二次世界大戦に突入した。戦後は輸送する船舶と外貨が不足したため、食糧の自給率を高めるための手厚い農業保護政策がとられ、トラクターやコンバインの導入など農業の機械化もおおいに進んだ。ECへの加盟が認められた現在では、ECの農業政策との一致が課題となっている。

社 会

林 業

　ブリテン島の森林面積は約210万ヘクタールで，全国土面積の9パーセント弱をしめているにすぎない。それはかなり古くから森林の耕地への転換が進められたためであって，「ロビン・フッド伝説」(Robin Hood)にもうかがえるように，聖地としての森林の伐採・開墾に対する抵抗がみられた。16世紀のエリザベス女王の治世には，燃料としての木炭の使用が森林の消滅を招き，国の護りたる軍船の用材にも事欠く事態を招くという危惧の声さえ聞かれるようになり，石炭の使用と木材の輸入が始まった。木材の最初の輸入先はバルト海地域，ロシアであったが，19世紀になるとカナダ，アメリカ合衆国からの輸入が大半を占めるようになった。森林のほぼすべてが私有地であったためもあって，政府の林業に対する保護政策が始まったのは20世紀にはいってからであり，1919年に林業委員会が設けられたが，第二次世界大戦中に木材輸入の途絶する恐れから，国有地の森林の増加と植林が積極的に進められ，森林のほぼ半分が国有地として林業委員会の管轄下におかれるまでになった。しかし1987年の木材算出高は521万立方メートル弱で，国内の木材需要の10パーセントにも満たず，残りは輸入に依存している。

〈今井　宏〉

56. 道　路　Road

　ブリテン島の道路史には3つの節目がある。まず紀元前から紀元後にかけてのローマ人の道路，次は18世紀半ばにおける道路建設熱，そして最後に，いわゆるモータリゼーションの波をうけとめる形でなされた20世紀の道路網の整備である。

道　路

ローマ人の道路

　次々と版図を拡大していったローマ人が征服した土地で最初に行なったのは軍事的使用を目的とした道路建設であったが，ブリテン島を征圧したローマ軍もその例に洩れない。彼らは，岩石や木組みによって基礎をつくった上に砕石や小石を敷くという，当時としては進歩的な方法で道路を建設したが，これにより，ロンドンを中心として，重要な都市に向けて放射状に道路が通じることとなった。ローマ軍の撤退後，この貴重な遺産は，次々と入れかわる支配者によって軍事面で使用されてゆくが，新たな道路が付け加えられることもなく，既にあるものに大がかりな改修を加えることすら，ほとんどなされなかったという事実にかんがみれば，後代の支配者はこの大いなる遺産を食いつぶしてのみいた，といえよう。中世，近世初期にかけて，多くの集落が新たに成長し，次第に都市の相貌をそなえてくるが，これらを結ぶ道はというと，太古以来のものが自然に踏みならされて使用されることが多かった。

最初の道路法

　しかし，16世紀ともなると，国内外の商業が盛んになり，とりわけ，ロンドンと地方の間を行き来する物資が増加する。たとえば，地方の農作物，鉱物等の重量物を積んだ荷車，それに首都近辺で処分される家畜類が往来するようになると，轍や蹄の跡により，ただでも貧弱な道路がいよいよ悪化の一途をたどる。またそれまで道路管理に力を注いでいた修道院が，ヘンリー八世によって解体されたことは，道路の傷みに拍車をかけた。こうした事態に対応するために，道路に関する法律としてはじめて公布されたのが1555年の道路法（Highway Act）であった。これによると，道路の管理は地方の各教区（parish）が責任を負うこととなり，教区に属する人間が年に6日間，道路補修のための労働を義務づけられたのである。しかし，この制度を徹底させることは不可能で，その間にも道路は改善されるにいたらなかった。16世紀半ば頃には貴族の間に，自家用の馬車が登場する。馬は宿駅ごとに交換するという方式であった。ちなみに，出されたものを取るか取らないかだけの選択のことを「ホブソンの選択」（Hobson's choice：This or none）と言うが，これはケンブリッジの貸

373

社 会

ホブソンが寄贈した給水場
（ケンブリッジ）

し馬車屋のホブソンが，すべての馬に平等に休息を与えるべきであるとの理由から，客が勝手に馬をえり好みすることを許さなかった故事による。当時はまだ車体と車軸の間にスプリングを介する方法が発明されていなかったのと（スプリングの発明は1665年），道路の方も上のようなありさまだったので，馬車はおそろしく乗り心地の悪いものであった。そこでこの時代は，河川を利用した交通が主であった。ホワイトホールをはじめ，バッキンガム宮殿，ハンプトンコート等，重要な建築物がすべて川べりにあることは，この間の消息をよく伝えている。

ステイジ・ワゴン（Stage-wagon）

　商業活動はさらに発展して，16世紀末には駅逓制度を利用した大型の荷馬車

が登場する。すなわち"stage-wagon"と呼ばれるものがこれで，屋根付きの馬車を8-10頭だての馬が引いたが，1日に10-12マイルの速度しか出せなかった。

駅馬車

定期的な乗客輸送という点で見のがせないのは，1637年に始められた駅馬車（stage-coach）の制度である。4-6頭だてで10-20人の乗客のほか，雑貨や郵便物も引きうけた。乗客は馬車の内側（Inside）のほか，屋根の上につくられた席（Top）にも収容されたが，吹きさらしの2階席に座る者は貧しい階級の者とみなされた。ともあれ，これが2階だて馬車（double-decker）の最初である。当初，ロンドンからセント・オールバンズ（St. Albans），ハーフォード（Hertford），ケンブリッジ方面のみであった路線は，1650年には，エディンバラ，コーンウォール等にも延長され，時速4-5マイルというゆったりした速度で運行された。

有料道路法

17世紀前半はこのように馬車が改良，大型化された時代であったが，それに必然的にともなう道路の損傷に対して，どのような施策がとられたのであろうか。18世紀半ば頃まで人々の頭の中に牢固として存在していた信念は，道路は自然に成長するものであり，それゆえ傷みがひどくなったら，数年の間休ませてやればよいというものであった。このような次第であったから，為政者の目が道路の損傷を前にして，改修というより，通行する車輛の規制という方に向けられたのも当然のことである。1621年には1トン以上の四輪車の使用禁止が布告され，1673年には駅馬車の禁止さえ提案されるほどであった。しかし同時に，道路管理という面で画期的な方針が打ち出されたのもこの時期であったことを忘れてはならない。すなわち，道路修善費を利用者に負担させようという発想を制度化した，1663年の有料道路法（Turnpike Act）である。これによると，通行税の徴収ならびに道路補修事業は各州の治安判事によって任命された委員会（Turnpike Trust）の管轄下におかれる。道路はこうして多くの区間に分割され，1区域ごとに今日の踏み切りの横棒のような仕切り（ただし後には

水平に開く方式が採用される),つまり料金徴収所(toll-gate)が設けられた。

フライイング・マシーンズ(Flying Machines)
　17世紀後半はさまざまの種類の馬車が流行しはじめた時代であるが,既に確立していた駅馬車に対抗して,"Flying Machine"と称する馬車を同じ路線に走らせる連中が現れた。この命名にも看取されるように,当時の「カミナリ族」といってよかろうが,こうしたことにも,ようやく高まりつつあったスピードへの関心がうかがわれる。ただし,悪化の一途をたどる道路上で,多くの場合アルコールでいきおいづいた御者が安全を顧みず,スピード競争に血まなこになるから,馬車旅行は危険きわまりなく,当時は,長距離の馬車にのる旅人は遺書をしたためるのが通例だったという。

路上の紳士(Highwayman)
　もっとも旅の危険という点では,梁上の君子ならぬ「路上の紳士」(Highway-man)である追い剝ぎの横行ということも忘れてはならない。なかには文字通り貴族の血をひいたものもいたという。警察制度がまだ確立されない時代のことなので御者は必ず鉄砲で武装していたし,「防弾」ということが馬車の宣伝文句にうたわれたほどである。各地に追い剝ぎの「名所」があり,たとえばロンドン近郊のギャッズ・ヒル(Gad's Hill)は有名である。追い剝ぎは17,18世紀が全盛時代であったが,1797年,私的な為替制度が考案されて,旅人が多額の現金をもたなくなるとともに,急速に減少していった。

舗装法の進歩
　17世紀半ば以降,通行する馬車は増加する一方であったが,道路の方はあいかわらずのありさま,18世紀にはいるともはや最悪の状態で,緊急に何らかの抜本的施策を行なうことの必要性が誰の目にも明らかになった。しかし立法側の人間には素人が多く,たとえば道路表面をかためるために,車輪の幅を広くすることを義務付ける法律が出されたりした(1751)。こうするうちにも18世紀前半には有料道路の建設がすすみ,さらに18世紀半ばをすぎると,全国的規

模での道路網の成立が待たれるほどであった。そして，この動向を可能にしたのが，18世紀後半から19世紀にかけてみられた道路舗装技術の革新であった。特に次の2人の名は特筆にあたいする。

テルフォードとマカダム

　テルフォードの道路は，基礎の部分に比較的大きな岩石を緻密に敷き並べ，その上に砕石の層をかため，そうしておいてジャリや小石を置くという念のいったものである。これはたしかに丈夫で排水もよかったが，弾力性に乏しく，その上を走る馬車や馬の負担が大きかった。また設置に多大の費用を要した。これに対して，マカダムが考案した舗装法は，表面の土壌を除いたあとに，通常の轍の幅よりも小さな（1インチ以下）砕石を10-12インチ敷きつめ，その後で石を砕いた粉末を撒いて表面をかためるという簡単なものであった。後にローラーを用いるようになったが，最初は馬車の通行によって，自然に表面が踏み固められるがままにしたのである。この方法は費用的に安あがりで，しかも適度の弾力があったので，たちまちのうちに全国の道路に採用されるところとなった。

郵便馬車

　テルフォード，マカダム等による技術革新は，当然馬車の速度を増すことになった。これに目をつけたパーマーが1794年に郵便物をはこぶ定期便として郵便馬車（mail-coach）を考え出したのであるが，これはそのほかの駅馬車，"Flying Machines"をも巻き込んで，スピード競争に一層拍車がかけられた。ちなみに郵便馬車の仕様は駅馬車のものと似ていて，4頭だての馬車の"Inside"に6人の客をのせ，"Top"にも何人かの客をはこんだが，郵便馬車は当時としては最も速い輸送機関であったので，御者は人々の憧れのまとであった。このような事情を反映して，2階席に対する考え方も変化し，吹きさらしの席、殊に御者の横に座って，御者に口をきいてもらったりするのが最もダンディーなこととされたのである。1603年，ジェイムズ一世がエディンバラからロンドンに急拠駆けつけるのに5週間かかったが，同じ道のりが1734年頃には9日，1830

年には40時間にまで短縮されたという例をひけば，この間の道路事情の改善ぶりが想像されよう。

ハックニー・コーチ（Hackney-coach）とセダン・チェアー（sedan chair）

乗客をのせて賃走するという今日のタクシーの役割をになう馬車が登場したのは17世紀前半である。最初は2頭の馬に，最大2人用の馬車をひかせ，御者は1頭の馬の上に乗るという形であった。これがロンドンにおけるハックニー・コーチ（Hackney-coach）の営業のはじまりである。これは登場後あっという間に流行の兆しを見せ，それに伴ってロンドン市内の道路のいたみがひどくなった。

その結果，チャールズ一世が流行させようと努めたのがセダン・チェアー（sedan chair）と呼ばれる，2人で1人の客を運ぶちょうど江戸時代の日本の輿のような乗りものである。当時の狭く，整理されていない市中の道路なら，これでもスピードの点で馬車にそうひけをとらなかった。ただし料金はセダン・チェアーの方が割高であったという。一方，ハックニー・コーチの方は政府によって規制される傾向にあった。たとえば，1661年にはロンドン市内で400台の免許をうけたもののみが営業できることを定めた法律が出されている。

ロンドンの大火

ところが，1666年，ロンドンに大火が生じ，かなりの部分が灰塵に帰したが，その後の再建の際，道路が拡張整理されたので，馬車の通行にすこぶる都合がよくなった。そこで御者も，狭いところをすり抜ける妙技を披露する必要もなくなり，馬車の屋根の上から馬を操るようになった。馬車の方も大型のものが用いられ，多くは貴族の所有だったものをゆずり受け，紋章つきのまま颯爽と走らせた。こうして馬車が乗りごこち，スピードともに，セダン・チェアーに勝ることが明らかになったので，後者はアン女王時代の流行を最後に，衰退してしまう。18世紀はハックニー・コーチの数が次第に増し，大流行した時代である。

ハンサム (Hansom)

　ところが，1820年代になると，1頭の馬にひかれた定員2名の小型馬車が登場する。なかでも1834年にハンサムによって設計され，その後改良を加えられたハンサム・キャブ (Hansom cab) が，スタンダードなものとして流行するようになった。これは2輪の馬車を1頭の馬がひくというもので，御者は屋根の上，後方に座して，バランスをとりながら手綱を操る。屋根の上には乗客と話ができるように小窓まで付いていた。従来のハックニー・コーチはハンサムの勢いにおされて，1850年頃にはすっかり姿を消してしまった。

グロウラー (Growler)

　ハンサムはしかし，事故率が高く危険な乗りものと一般に見なされ，客層としてはダンディーな若者が多かった。これに対し，もっとおとなしい乗りものとして，4輪馬車を1頭の馬にひかせるグロウラー (Growler) と呼ばれる辻馬車があった。客は内側に2人と外側の御車の横に1人乗ることが可能で，荷物をのせるスペースも十分にあった。ハックニーの後継車種ということができよう。

鉄道の進出

　1840年代以降，鉄道が全国に通じるようになり，スピードの点でも，輸送力においてもこれより数段劣る馬車が急速に衰退していったのは当然であった。しかし，鉄道を可能にした蒸気機関は早くも1830年代前半には，道路上にも進出していたのである。1831年にはグロスター—チェルトナム間，1833年にはロンドン—ブライトン間に蒸気自動車 (steam coach) の定期便が走った。ところが政府は，1861年，道路上の速度制限を，田舎では時速10マイル，都市部では5マイルに定め，更にきびしい法律を1864年に公布する。この悪名高き法律 (Man and Flag Act) によると，速度制限を上のものよりきびしく，それぞれ時速4マイルと2マイルとしたうえで，機械駆動による車輌が路上を走る際は旗をもった人間がその前を先導する義務を課した。このため，1838年にはすでに考案されていた内燃機関も発展の芽を摘みとられ，来るべき自動車製造の分野で各国に遅れをとることになる。この法律は1896年まで撤廃されなかった。

社 会

自動車の進出

　19世紀末から20世紀初頭にかけて，道路上に内燃機関を動力とする自動車が増加しはじめる。これらはゴムのタイヤを使用したことから，従来のマカダム道路が走行に不適当なことが問題となってきた。道路表層の砕石を固定して滑らかにするための粉がタイヤによって捲きあげられる結果，道路の損傷が著しく，かつその際生ずる粉塵が周囲の人間や作物に及ぼす影響は言うに及ばず，後続車の走行にも危険なものとなってきた。そこで，従来のマカダム道路にタールを一様に塗布して表面を固める工夫から，更にすすんで，表層の砕石の間の充塡材にあらかじめタールを混合しておくという，ターマック（Tarmac）方式が考案された。こうして今日も行なわれる舗装法が確立されたのであるが，同時に，交通の円滑な流れを阻害するターンパイクを廃止するため，道路が国の集中管理体制のもとに移行した。こうして1920年代には，免許税とガソリン税の徴収によって道路の建設補修を国が行なうという今日の制度が確立した。

タクシー（taxi-cab）

　20世紀にはいって，ガソリンを用いる内燃機関を駆動力とするキャブがハンサムにかわるものとして増加した。また賃走した距離を計るメーターは，1847年この国で発明されていたが（Patent Mile-Index），ハンサムの時代にはついに実用化されずに終わった。これに料金の指示が加えられた賃走メーター（taxi-meter）が1927年，すべてのエンジン付きキャブに付けることが法的に義務付けられ，ここに近代的なタクシー（taxi-cab）が産ぶ声をあげた。

ロンドンのタクシー

　ロンドンのタクシーというと，黒塗りのオースティン（Austin）が連想される。しかし最初からそうだったわけではなく，1910年代にはフランス製のルノー（Renault）が主流であった。オースティンの数が増したのは1930年代のことである。また，現在ロンドン市内を走っているオースティンの型が古くさく，クラシックカーのような趣きさえあるのは，タクシー用の車種にはロンドン警視庁（Scotland Yard）が定めるきびしい規格があり，これが必ずしも時流

道　路

ロンドンの
タクシー

に沿って改正されないということも理由のひとつにあげられよう。ロンドンでタクシーの運転手になろうと思うと，きびしい試験に合格しなければならない。特に，ロンドンの地理に精通していることが必須で，この試験（Knowledge）のためだけに最低，18か月の勉強と訓練が必要といわれている。営業形態としては個人のものが圧倒的に多いが，これは第一次世界大戦以降の趨勢であり，これにともなって，ローンで車などの大型商品を売るという商法が，まずタクシー運転手向けに行なわれたという事実も興味深い。

バス

　ハンサムやタクシーが中流以上の人々の乗り物であるとすれば，それ以下の階級に属する人々の「足」の代表的なものはバスであろう。この国では1829年に，オムニバス（omnibus）の名称をもった乗り合い馬車のサービスが始まった。これには駅馬車のように，屋根の上にも席がもうけられていた。20世紀にはいってもこの伝統は二階建てバス（double-decker）として生き延びている。ただしこの2階の席にも屋根が付けられたのは，民主化が浸透した結果といえようか。また，都市間を結ぶ交通手段としては，1840年代に鉄道が駅馬車にとってかわったが，1920年代になると再び，バスの定期的サービスが始まり，今度は逆に鉄道の客を奪いかえすまでになった。ただしこちらの方は，昔ながらのコーチ（coach）という名称を用いているところが，いかにもこの国らしい。

　　　　　　　　　　　　　　　　　　　　　　　　　　　（山本史郎）

社 会

57．船　Ship

　この国が後に海洋国家として世界に名を馳せるようになる礎石が置かれたのは，エリザベス朝のことである。そしてこの時代の海，あるいは航海に関連してただひとりの名をあげるとすれば，フランシス・ドレイクこそ，その栄誉を担うにふさわしいであろう。

ドレイクの活躍
　エリザベス女王から交戦や捕獲の権利をもつ私掠船（privateer）としての勅許状（Letters of Marque）を得て，新大陸のスペイン，ポルトガル領で金銀その他の財宝を強奪したドレイクが，史上2番目の世界周航をおえてプリマスに帰港したのは1580年のことである。さらに，こうした私掠船によって新世界の富を掠奪されることに怒ったスペインのフィリップ二世が，当時最強の艦隊といわれたアルマダ（Invincible Armada）をさし向けてきたとき，これをイングランド海峡で迎撃して懐滅状態においこんだ艦隊には，ドレイクの座乗するゴールデン・ハインド号（Golden Hind）も名をつらねていた。

カラベル船とガリオン船
　以上の例からもわかるように，エリザベス朝にあっては，軍艦と並んで商船も海戦に投入されていた。当時の商船の基本的な型は，15世紀末頃に確立されたカラベル船（Caravel, Carvel）の形式をふんでいた。風力をうける仕組みとして，3本マストに横帆と縦帆を5枚組み合わせ（三檣五帆），板をすきまなくはりつける方法（Carvel-built）で船殻をつくる。このようにして出来あがった船を全装帆船（full-rigged ship）という。そしてさらに，従来とがっていた船尾をつづめて直線的な構造とし，その上に船尾楼を高くせりあげたものが，この時代の代表的なカラベル船の型である。当時は商船といえども数十門の大砲

で武装するのが普通であった。私掠船や海賊がほとんど野放しの形で横行する公海上は，今日では想像も出来ないほどの危険に満ちていた。

　先にも触れたように，商船の中でも優秀な戦闘能力をそなえたものは実戦に投入されたが，このことはただちに，船舶の種類ないしは構造のうえに全く区別がなかったということにはならない。むしろ16世紀は，商船と軍艦の差が船の型において生じはじめた時代と考えるべきであろう。商船が多くカラベル船の構造をもっていたのに対し，軍艦にはガリオン船（Gallion）という船型が流行するようになる。これは船体が長く，平らな1層または2層の甲板には，船首から船尾にいたるまで大砲が並べられるといった形である。しかし，エリザベス朝最大といわれたトライアンフ号（Triumph）でさえ，全長30メートル，幅12メートルというサイズであったから，当然，商船はこれより小柄なものがほとんどであったろうと想像される。積載量でいうと，最大のもので400トン程度だったという。

フリゲート

　17世紀も半ばをすぎると，フリゲート（Frigate）という船型が流行しはじめる。フリゲートという言葉は古くからさまざまの意味に用いられていたが，17世紀に建造されたフリゲート船とは，スペイン人がアメリカから財宝をもち帰るために用いていた船を真似て造った，比較的小型の高速船のことである。フリゲート船の時代に行なわれた技術的進歩で忘れてはならないのは，従来の梶棒を左右に動かすことによって操舵した方式にかわって，18世紀初頭以降，舵輪の使用が可能になったことである。

テムズ号

　1600年に創立された東インド会社はインド航路に定期船を走らせていたが，独占企業であったので，船の速度や経済性に注意を払わず，船の基本的構造に大きな変化をもたらすことはなかった。ただし一般的傾向として，帆走装置の進歩にともない，船舶が大型化していったことは見逃せない。18世紀末から19世紀にかけて東インド会社に所属していた船は，重量トンにして，500-1400ト

ンクラスの，フリゲート型の船が多かった。たとえば，1819年建造のテムズ号（Thames）は1360トン積みで，2層甲板に砲26門を装備し，1300人の乗組員を擁していた。当時はこうした船が要所要所で海軍に護衛されながら，場合によっては3年がかりで，インドとの間を往復していた。航海の平均時速は5-6ノットであったという。これに対して，東インド航路以外の自由貿易船でも，せいぜい10ノットの速度しか出ず，積載量にしても300-400トン程度のものが普通であった。

ティー・クリッパー・レース

　1834年東インド会社の独占が終わりを告げ，貿易における自由競争の開始をみたが，この頃最も利益の大きかったのは，中国からの茶の輸入である。毎年6月はじめの頃中国の福州から積み出される新茶を一番にロンドンに運んだ船には，積荷1トンあたり1ポンドの賞金を与えるというティー・クリッパー・レース（Tea Clipper Race）が始まったのは1856年のことである。これには国民が国をあげて関心をそそぎ，賭けまで行なわれるといった具合であった。この航路に用いられたクリッパー（Clipper）とは，もともとアメリカ起源のスクーナー（Scooner）から進化した，高速で船体のほっそりした船である。最初はアメリカ製のクリッパーが優勢であったが，1850年頃からブリテン製のものが活躍しはじめる。代表的なもののひとつとして，全長60メートルで，853トンのエアリエル号（Aeriel）があげられよう。喜望峰経由で中国から本国到着に要した日数は90日前後であった。

カティ・サーク（Cutty Sark）

　1869年に建造されたカティ・サーク号は容姿といい，速力性能といい，帆船の最高傑作といえる。条件のよいときには，時速20ノット以上を記録したという。しかし，その進水した年とスエズ運河開通の年が同じであったということが，すべてを物語っている。カティ・サーク号は本来の茶の輸送に用いられることはほとんどなく，他の零落したティー・クリッパーと同じく，オーストラリアから羊毛を運ぶのに用いられたりした。現在カティ・サークは，グリニッ

カティ・サーク号

ジ（Greenwich）のテムズ川沿いの乾ドックに復元保存されている。

帆船と蒸気船

19世紀はこのように帆船が文字通り最後の花を咲かせた時代であったが，同時に次代を担う蒸気船が，着々と地歩を固めていく時代でもある。単純な最高速度の比較では，19世紀後半になっても帆船の方がまだ優位を保っていたが，自然条件の影響をうけにくい点，それゆえ航行日数の計算が可能である点において勝っている汽船は，まず河川や港内の曳き船として，次に定期航路船として使用されるようになる。こうしたことの背景にはまた，19世紀の半ばにもなると，イギリス本国と植民地間の人や物の交流が一層盛んになったということが考えられよう。

木船から鉄船へ

船舶の動力として蒸気機関が利用されるようになったのと平行して，船殻の素材として次第に鉄が用いられるようになった。ただし，鉄船は蒸気，木船は風力で動いていたと簡単に断定することは避けなければならない。クリッパーの多くは，骨組みのみ鉄でつくる木鉄交造船であり，中には全部鉄製のものす

ら存在したし，逆に，初期の蒸気船には木製のものも多い。

外輪船

初期の蒸気船はほとんどすべて，舷側の両側にとりつけられた外車(paddle)を推進器とする外輪船であった。1807年にハドソン河を遡航したフルトンのクラーモント号(Clermont)は余りに有名であるが，既に1801年，スコットランドのサイミントンが同じ型の船の製作，実演に成功していたことは案外知られていない。

スクリュー船

鉄船への移行，蒸気機関の発達と並んでもうひとつ船の歴史において重要な出来事は，スクリュー(Screw Propellor)の発明である。すなわち，フランシス・ペティット・スミスが1836年にはじめて，実用にたえるスクリューを創り出したのであるが，これを実地に応用したのがアルキメデス号(Archimedes：1839年進水)である。以上のようなさまざまの技術革新や発明に支えられて製作された船のうち，記念碑的なものは，1843年完成のグレイト・ブリテン号(Great Britain)である。これは，19世紀屈指の技師ブルーネルの設計した，スクリュー使用の最初の鉄船で，長さ98メートル，幅15.5メートル，3200トン余りの大型船である。ただし，帆を補助推進装置として残していたところが，この時代の船の推移を見る上で興味深い。

東洋航路

初期にあっては航続距離の短さに難のあった汽船も，機関の改良と石炭積み込み港の整備等により，次第に長距離航海にも耐えるようになる。エンタープライズ号(Enterprise)は1825年に，喜望峰経由のファルマス―カルカッタ間を113日で航海することに成功したが，これが汽船による東洋航路の開設とみてよいだろう。この成果をふまえて，1834年にはオリエンタル汽船会社(Oriental Line)――40年にはP & O Lineと改称――が設立された。設立当初はスエズ運河(1869)がなかったので，地中海から，陸路紅海に出てインド

に至るルートに依っていたが，後にはオーストラリアまで航路を延ばすことになる。

大西洋航路

　大西洋をはじめて定期航路の汽船として横断したのは，ブリティッシュ・アンド・アメリカン汽船会社（British & American Line）のシリウス号（Sirius）の 1838 年が最初である。その後キュナード汽船（Cunard Line）が 4 隻の姉妹船，ブリタニア号（Britannia），アルカディア号（Arcadia），コロンビア号（Columbia），カレドニア号（Caledonia）を就航させることにより，安定した定期航路として確立された。これらは約 1150 トンの船体を 740 馬力の蒸気機関で駆動する木造外輪船であった。その後，キュナード汽船が鉄船を採用したのは 1855 年，さらにスクリュー船をもったのは，1862 年のことである。

ブルー・リボン

　19 世紀後半大西洋航路はさまざまの汽船会社が競合する舞台となったが，各社は最短の時日で横断した船に授けられる「ブルー・リボン」という架空の勲章を求めて争うこととなる。その結果，航路開設以来百年の間に，めざましく航海所要日数が短縮された。1844 年のブリタニア号は平均 8 ノット，日数にして 14 日余りかかっていたのに対して，1891 年，ホワイト・スター汽船（White Star Line）のチュートニック号（Teutonic）は平均 20.4 ノット，5 日 16 時間，1909 年のキュナードのモレタニア号（Mauretania）に至ってはついに 5 日をきる（平均 26 ノット）という具合である。このモレタニア号の頃になると，いわゆる豪華客船としての設備を整え，スピードも飛躍的に増したが，こうした競争の果てに，悲劇的事件が生じた。すなわち，1912 年処女航海の際に，北大西洋で氷山に衝突して沈没したタイタニック号（Titanic）の事件である。モレタニア号に対抗しようという，ホワイト・スター汽船の悲願をかけて就航したタイタニック号は，安全性を無視した運航操船と無理な設計の犠牲として，2201 名中 1503 名の人命とともに沈んだ。社会に大きな波紋をなげかけたこの事件を機会に，船舶の安全性の基準が見直されたことは言うまでもないが，特に無線

387

設備の発展がうながされたことは注目に値する。これ以後も「ブルー・リボンの戦い」は，ドイツ，フランス等も巻き込んで第二次世界大戦までつづけられたが，戦後は旅客機による乗客輸送が発達し，大西洋航路は衰退してしまった。

ホヴァークラフト

　戦後に開発された乗り物としてホヴァークラフト（Hovercraft）があげられよう。船体の下に噴き出す空気がクッションとなって，海面（地表）から浮き上がって走るホヴァークラフトは，1960年代の半ばに実用化されて，ドゥヴァー海峡横断航路などに就航した。

（山本史郎）

58. 鉄　道　Railway

　鉄道というと頭に浮かぶのは，蒸気機関やディーゼルエンジン，電動モーターを利用した牽引車でひかれた何輛かの列車が，2本の鋼鉄製のレールの上を走るといった姿であろう。このように，機械装置による駆動とレールの構造は不可分に結びついているが，もともとこれら二者の起源は別である。そして，古くから存在したのはもちろん，レールの方であった。

　16世紀にドイツから，2本のレールの上に主として牽引力として馬を用いたトロッコを走らせる構造が輸入されて以後，この新機軸はイングランド各地，特に鉱山と河を結ぶルートに普及していった。18世紀になって初期の蒸気機関が実用化されたとき，これが実地に応用された最初はやはり鉱山で，地下水や掘り出した石炭を地下から揚げる動力としてであったから，今度は輸送の方にも利用できないかと考えたのは当然のなりゆきである。

スティーヴンソンのロケット号

　蒸気機関車ニューカースル号（New Castle）を発明したのは，1804年のトレヴィシックであったが，相当の重量があったため，当時の技術でつくりうる銑鉄のレールではもちこたえることができず，遂に実用化されるに至らなかった。スティーヴンソンはこの先人の失敗を教訓として，ひたすら軽量化やエンジンの効率化につとめ，実用にたえるものを創り出した。これがすなわち，1825年にストックトン―ダーリントン間を走ったロコモーション号（Locomotion）である。この路線はこうして，貨物と乗客の両方を輸送する世界最初の営業路線としての栄誉を担ったのであるが，蒸気機関にひかれる列車は貨物のみで，乗客は依然として馬力の牽引車にひかれていたのである。また当時の有料道路や運河と同じく，軌道レールを敷設してその通行料をとる会社と，列車や牽引車を所有する会社が截然と分かれていた。近年の鉄道民営化の方式は，ある意味でこの原点に戻るものである。

ロケット号

　レール，車輌，並びに駅などの付属施設すべてをひとつの会社が所有運営し，しかも機械の動力を利用して人，貨物の両方を輸送するという近代的な意味での鉄道会社が登場したのは1830年のことである。すなわちこの年に，リヴァプール・アンド・マンチェスター鉄道（Liverpool and Manchester Railway）が，スティーヴンソンの設計製作したロケット号（Rocket）を走らせたのである。盛大に催された開通式は，その後1世紀にわたる鉄道全盛時代の開幕を祝う式典でもあった。

鉄道狂時代

　リヴァプール―マンチェスター間の鉄道の成功に刺激されて，イギリス中に鉄道建設ブームがまきおこった。その結果，首都ロンドンを中心にみた場合，1836年にロンドン―グリニッジ間の路線が開通したのを皮切りに，ロンドン―バーミンガム間が1838年，ロンドン―サウサンプトン間が1840年に開通し，さらに1841年になると有名なグレイト・ウェスタン鉄道（Great　Western

社 会

Railway)がブリストルまでの路線を開設したのである。こうして首都と地方の重要な都市を連絡する新しい輸送の足が着々と確保されてゆくことになる。新路線の建設申請は次々と議会に出され，1844年から1846年の間に許可がおりた路線の計画は総数400にも及んだという。この時代を称して特に「鉄道狂(Railway Mania)時代」と呼ぶのは，こうした非現実的なほどの路線計画の噴出とともに国民が老若男女を問わず，鉄道会社の株券を買い求めたからである。

鉄道王ハドソン

　このように猫も杓子も鉄道熱にうかれて，新線が次々と開通していくと当然のことながら，過当競争が生ずる。そして同じ地域に複数の路線が競合するような事態は早くも1840年代前半に現れ，こうなると，資本力と思いきった経営方針を実行できる企業が生きのこり，弱小の会社を併呑してゆくこととなる。こうした社会的背景に彗星のように登場したのがジョージ・ハドソンである。鉄道のことには完全な素人であったハドソンが，弱小の鉄道会社を買収合併してミドランド鉄道会社(Midland Railway)を築きあげたのは1844年のことである。当時ハドソンが支配した鉄道の総延長は1016マイルで，全土のほぼ半分にのぼっていることを勘案すれば，彼が「鉄道王」の名で呼ばれるのももっともなことであろう。しかし，新星の光芒を放ったハドソンは没落するのもまた早かった。1844年には彼の放漫な経営が暴露され，株式相場に大混乱をひきおこして失脚したのである。このハドソンという新しいタイプの企業家の出現は，ヴィクトリア朝の社会全体に大きな影響を与えた。こうしたドラマを残して過ぎ去った1840年代に建設された鉄道の総延長は4500マイルにも達する。そしてこれに伴って，19世紀前半に全盛をほこった運河や駅馬車が急速にさびれてしまうことになるのである。

1844年の鉄道法

　最初は野放しの状態にされていた鉄道建設に対して，政府が本格的に法的規制を加えようとしたのは，1844年のグラドストン内閣が最初である。このときに可決された鉄道法では，将来鉄道に対する政府の管理を強化し，最終的には

全線国有化という方針が，早くも打ち出されていた。

議会列車
　さらにこの時の法律により，最低料金の旅客に対する保護策が同時に考慮されたことは特筆に値する。すなわち，各社は1マイル当り1ペニー以下の料金で，座席と屋根をそなえた三等客車を必ず，時速20マイル以上で1日1往復を各駅に運行する義務を負ったのである。この指導に沿って走らされた列車は議会列車（Parliament Train）と呼ばれ，貧民の乗り物としてしばしば軽蔑的な口調で語られた。

ロンドンのターミナル
　国家が政策として鉄道敷設を指導推進した日本とは異なり，この国の鉄道は各路線が別々の会社によって設置されたという事情と，それに加えて都市の独立性を守るという思想が一般に強いヨーロッパ都市のひとつであるということから，ロンドンのターミナルは中心部をとりまく円周上に，各路線ばらばらに建設されている。ターミナルは各社を代表する「顔」であり，それぞれ建築物としてさまざまの特色を誇っているが，いずれも上部に旅客の宿泊施設をそなえ，ホテルとなっていたので，機能という点では似かよっている。その主だったものをあげよう。

　ユーストン（Euston）…1837年完成。ロンドン・アンド・バーミンガム鉄道（London and Birmingham Railway）。1846年に他社との合併により，ロンドン・アンド・ノースウェスタン鉄道（London and Northwestern Railway）となり，スコットランド，アイルランド方面への出口となる。

　キングズ・クロス（Kings Cross）…1852年開業。グレイト・ノーザン鉄道（Great Northern Railway）。

　セント・パンクラス（St. Pancras）…1868年開業。ミドランド鉄道。

　ロンドン・ブリッジ（London Bridge）…1836年開業。ロンドン・アンド・グリニッジ鉄道（London and Greenwich Railway）。

　チャリング・クロス（Charing Cross）…1864年開業。サウス・イースタン

社 会

ヴィクトリア駅

鉄道（South Eastern Railway）。19世紀の大陸への出発点。

ウォータールー（Waterloo）…1848年開業。ロンドン・アンド・サウスウェスタン鉄道（London and Southwestern Railway）。

ヴィクトリア（Victoria）…1860年開業。鉄道会社の施設ではなく，独立した停車場会社として建設された。ここを利用したのは，ロンドン・ブライトン・アンド・サウス・コースト鉄道（London, Brighton and South Coast Railway）とロンドン・チャタム・アンド・ドウヴァー鉄道（London, Chatham and Dover Railway）。

パディントン（Paddington）…1838年開業。グレイト・ウェスタン鉄道（Great Western Railway）。ウェールズ方面への出口。

ゲージ

2本のレールの内側の幅をゲージ（gauge）というが，初期の鉄道においては，各社が採用したゲージはまちまちであった。しかしこれではさまざまな理由から不便が生ずるのは明らかで，大勢は，スティーヴンソンがはじめて蒸気機関車に採用した4フィート8インチ半（1.435メートル）のゲージに従うという傾

向にあった。ところがこれに対して，グレイト・ウェスタン鉄道の技師長であったブルーネルは，列車の安定性と速度を重視する立場から，自社の路線には，7フィートのゲージ使用を強硬に主張した。この事態を憂慮した政府はついに，1846年，それ以後新規の路線に関しては，4フィート8インチ半のもの以外認可しないという方針を立てた。こうした経緯を経て，今日世界中で一般的に用いられているゲージが定められたが，グレイト・ウェスタン鉄道会社は自らの伝統を墨守し，19世紀末まで7フィート軌道を残していた。

鉄道の大衆化

1870年までにつくられた鉄道の総延長は13500マイルにも達していたが，1870年代にはサービスの面で新たな動きがみられた。1844年の鉄道法によって産み出された「議会列車」は最初，早朝に1本だけ運行されるといった具合で，どの鉄道会社にも冷遇されていた。実際，鉄道で旅行すること，あるいは旅行そのものが，社会の底辺にいる労働者階級の人間にとってはとんでもない贅沢であった。しかし時代が下って1870年代になると，状況は変化してきた。1872年，ミドランド鉄道は自社の運行するあらゆる列車に三等車を連結するというサービスを開始した。それのみか，次いで1874-75年の改革で，従来の3等級制から2等級制に移行し，もとの三等料金で二等並みの布張りの座席の客車に乗れるようにしたのである。この措置は実質的値下げであり，所得が増し，生活水準が向上した大衆の要求を読みとった名案であった。その後，この2等級制は他社にも大きな影響を与えてゆくことになる。

寝台車と食堂車

1870年代は総体的に，各鉄道会社ともサービスの質の向上に目を向けはじめた時代である。その典型的な例として寝台車と食堂車の出現があげられよう。一等の寝台車がロンドン―スコットランド間に登場したのは1873年のことであり，さらに1879年になると，ロンドン―リーズ間に食堂車がはじめてお目みえする。ともにグレイト・ノーザン鉄道の列車である。

社 会

インターシティ

鉄道会社の統合,民営化

　利用者の側からいうと大衆化が時代の趨勢であったが,経営形態という観点からみると,19世紀後半は群雄割拠していた路線,鉄道会社の統合再編成という傾向がはっきりと現れている。20世紀にはいるとこの傾向はいっそう強くなり,1921年に成立し1923年実施の鉄道法により,4大鉄道会社の時代が到来する。4大鉄道会社とはすなわち,ロンドン・アンド・ノース・イースタン鉄道,ロンドン・ミドランド・アンド・スコティッシュ鉄道,グレイト・ウェスタン鉄道,サザン鉄道の4つである。さらに第二次世界大戦後,労働党内閣のもとで1947年に議会を通過した運輸法により,4大鉄道会社は廃止されてすべて国有化された。いわゆる国鉄,今日のブリティッシュ・レール (British Rail) の誕生である。

　しかし,1980年代から90年代にかけての民営化の流れを受けて,1992年国鉄の民営化が決定された。1993年から実施されたこの民営化は,一般に鉄道運行会社と鉄道施設（レール,駅など）の保有会社とを上下分離する,いわゆるスウェーデン方式にならったといわれる。しかし,スウェーデンの上下分離方式では,鉄道施設保有会社は国有・国営の非営利組織であった。ブリテンの民

394

営化の特徴は，市場競争原理を信頼して，すべての鉄道組織を機能的・地域的に徹底的に分割・細分化して，入札で民間に売却したことにある。1997年に完全民営化が達成されたが，かつての国鉄は，25の運行会社，3つの車両保有会社，1つの鉄道施設保有会社「レールトラック」(Railtrack) など，大小100近くの民間会社に分割され売却された。当初は旅客貨物も増えて順調に見えた経営も，「レールトラック」の破産 (2001) や人員不足や投資不足のために信号無視・レール破損による重大事故の多発などで，黄色信号が灯っている。「レールトラック」の業務は，2002年「ネットワーク・レール」(Network Rail) という非営利組織に引き継がれた。

コンパートメント

鉄道が誕生した当初の一等客車の型は，それまで陸上交通の王様であった駅馬車のものをほとんどそのまま踏襲していた。つまり，3人ないし4人掛けの座席が向かい合い，その中間にドアが付いているといった形である。これをコンパートメント (compartment) という。時の経過とともに列車の1輌の長さが延長されたが，それはコンパートメントをいくつかつなぎ合わせるという方法で行なわれた。しかしこの形式では列車の運行中は互いのコンパートメントの間を行き来することが不可能でいかにも不便であり，また犯罪防止上好ましくないので，19世紀の末頃には側廊 (side corridor) が付けられるようになった。この型の客車が最初に採用されたのは，ロンドン―スコットランド等，長距離を走る特急であったが，次第にこれがスタンダードな型となっていった。旧式の独立したコンパートメント方式の客車は，今日ではローカル線にごくわずか残っている程度である。

地下鉄

近代的な都市交通の先駆けとして，ロンドンに地下鉄が誕生したのは1863年のことであった。各都市から乗り入れてくるターミナルがすべて，ロンドン中心部をとり巻くような形で点在するので，互いの連絡が不便なこと，それに加えて，1850年代のロンドン市内の交通混雑が極度にひどくなっていたことか

社会

ら、これらの問題の解決策として考え出された苦肉の策であった。
　牽引車として蒸気機関のほかには考えられなかった時代のことなので、煙を抜く方法の案出が不可避であった。そして結局採用されるに至ったのは、トンネル自体を浅く掘ったうえで、ところどころに無蓋の部分を残しておいて、そこで煙を集中的に吐き出させるという方法であった。すなわちこれが、地表線（Surface Line）と呼ばれるものとなる。メトロポリタン鉄道（Metropolitan Railway）が、パディントンからファリンドン・ストリートまでの5キロ半に地下鉄を世界に先がけて走らせたのは1863年のことである。その後も、メトロポリタン・ディストリクト鉄道（Metropolitan District Railway）という会社も加わって路線の延長がつづけられ、ターミナルをめぐるようなかたちで、内環状線（Inner Circle）が完成したのは1884年である。
　地上近くを通る地表線は、最初地表に溝を掘り進んでから後で蓋をするという方法で工事が行なわれたが、これに対して、はじめから地下深くに鋼鉄の輪をおしすすめながら掘り抜く方法（シールド工法）が開発された。1890年以降この工法で多くの地下鉄が掘られることになるが、これが可能となったのは、その頃ようやく、電気機関車が実用的なものとなったからである。面白いことに、この新しい牽引車にひかれる客車の方も大きく様相を変えてしまった。つまり、車輛内の両側面に沿って長い椅子が向かい合ってならび、窓が小さく、しかも等級がなくなってしまったのである。また料金も距離に関係なく、1回の乗車が1ペニーとか2ペンスといった具合に定められた。このチューブ（Tube）の場合も、それまでの鉄道会社と同じく、それぞれ別個の会社が路線を築いてゆき、1907年頃までには、現在のセントラル線、ベイカール一線、ピカディリー線、ノーザン線にあたる路線が開通していた。別々の会社によって運行されていた地下鉄は、1933年、市電、市バスとともに統合されて、ロンドン・トランスポート（London Transport）という半官半民の組織になった。なお付言すると、地下深いところを通っている地下鉄が、第二次世界大戦中ドイツ軍の空襲をさけるための防空壕として、ロンドン市民に利用されたことはよく知られている。

ユーロスター

　ユーロスター（Eurostar）は，ドウヴァー海峡トンネル（Channel Tunnel, Eurotunnel）を疾走する旅客専用高速列車である。海峡トンネルは1991年開通，ユーロスターは1994年開業した。カレー経由でロンドン―パリ間を3時間，ロンドン―ブリュッセル間を2時間40分で結んでいる。ヨーロッパ旅客会社（European Passenger Services）が，フランス側とベルギー側の鉄道会社と共同して運営している。車体はフランスの高速列車TGVに似ているが，ロンドン・ウォータールー駅からトンネルまでは，きわめてブリテン的な速度で運転される。　　　　　　　　　　　　　　　　　　　　　　　　（山本史郎）

59. 運 河　Canal

　運河開削の歴史は18世紀半ばに始まる。あたかも時を同じくして，近代社会の到来を告げる産業革命が胎動を開始していたが，このことは単なる偶然に帰すべきことではない。当時生まれつつあった工場のエネルギー源として，また家庭の燃料として石炭の需要が飛躍的に増大し，それに伴って効率的な輸送機関のことが大問題となったが，この情況に対する解答は，せいぜい馬車程度のものしか考えられなかった陸運よりも，同じ馬力に頼るにしてもはるかに効率的な使用の可能な水運にこそ見出されたのである。こういう次第であるから，初期の産業革命の進行と運河の発達史は互いに持ちつもたれつの関係にあったと言っても過言ではなかろう。

ブリッジウォーター運河

　運河設置事業の嚆矢とされるのは，ブリッジウォーター公爵の試みであろう。公爵が，「河川の効用は運河に水を供給することにある」と豪語するほどの土木

社　会

技師ブリンドリーを得て，ワースリー (Worsley) 炭坑とマンチェスター間を結ぶ運河を開通させたのは 1761 年のことであった。この運河は 1767 年にはマージー川 (Mersey) にまで延長されたが，この成功は国中の地主階級の人々を大いに刺激して，各地に次々と運河が掘られるようになったのである。この国の運河建設はこのように，通航料金の徴収を目的とする地主の投資によって行なわれるという，いわば民間主導型で進行していったのが大きな特徴である。

運河狂時代

ブリッジウォーター公はその後リヴァプールとマンチェスター間の運河を計画し，その結果 1772 年には，マンチェスター・アンド・ランコーン運河 (Manchester and Runcorn Canal) が完成した。1777 年にはいわゆるグランド・トランク (The Grand Trunk Canal) が開通するが，これはマージー川とトレント川 (Trent) 間を結ぶもので，この開設により，中部商工業都市の製品をヨーロッパ大陸の商港に向けて直接輸出することが可能となったのである。バーミンガムが産業革命当時の商工業の中心として発展しえた理由のひとつは，ここがロンドン，ブリストル，リヴァプール，ハルという，ブリテン島の東西南北に位置を占める重要な港町からそれぞれ発している河川，運河を結び合わせる水運上の要衝となっているからにほかならない。このようにして，18 世紀後半には各地で運河が掘削され，河川の改修，浚渫が進められたが，これがピークに達したのは 1790 年代の前半である。俗に「運河狂」(Canal Mania) 時代といわれる時期である。そして 19 世紀初頭になると，さらに運河網の整備が進み，主として重くてかさばる物資，つまり石炭を筆頭として，塩，穀物，陶器，銑鉄等の輸送はもっぱら運河が一手にひきうけるという，運河の全盛時代が到来した。

技術的背景

運河建設の動機が産業革命の進行によって与えられていたことは，すでに述べたところであるが，その実現を可能とした技術的背景があったことも忘れてはならない。すなわち，閘門 (Lock)，インクライン (Inclined Plane)，昇降

機（Lift）等の発達である。閘門は，水位の異なる2つの水面の間に船舶を通航させる仕組みである。流れの途中で1対の水門によって，閘室（Lock Chamber）という一種の箱をつくりあげ，その中に船をむかえ入れた際に注(排)水することで高(低)い水位にそろえて船を通過させるようになっている。インクラインは文字通り斜面であり，船を台の上に載せてケーブルで引き上げるのである。この斜面を垂直にした場合の仕掛けが昇降機といえようが，18, 19世紀にこれらの機械の動力源として用いられたのは主として水力であった。以上，水位差を克服するための仕組みを3種類あげたが，これらの中で最も多く用いられたのは閘門である。おおむね平坦な地勢で知られるイングランドではあるが，運河に閘門が設置される例は多く，たとえば，リーズ・アンド・リヴァプール運河（The Leeds and Liverpool Canal）では，総延長142マイルの間に閘門の数は実に91を数えるほどである。

バージ（barge）

　運河航行に用いられる船には多くの種類がある。ナロー・ボート（narrow boat，あるいはmonkey boatともいう），バージ（barge）等が代表的なものである。このうち，バージは吃水が浅い平底の船（はしけ）で，主に石炭などの輸送に用いられていた。これらの船を動かしていたのは，初期の頃は馬力であることが多かった。船首に結んだロープを，運河沿いにしつらえた曳船道路を行く馬が引いたのである。この方法による航行速度は，平均時速1.5-2.5マイル位だったという。これに対して19世紀にはいると，蒸気機関で駆動される船で曳航されるようになった。

運河の衰退

　19世紀の半ばごろになると，鉄道が爆発的な勢いで普及しはじめる。そうして鉄道による輸送コストが下がってくると，もともと閘門等の通過に手間取って輸送時間の上ではとうてい鉄道に太刀うちできない運河に，高い通航料金を払ってまで船を浮かべることの魅力が失せるのは当然である。このような事態に対抗するため，運河所有者は自己の路線に年間あたり見込まれる利潤を競合

社会

テムズ川のナロー・ボート（マーロー）

する鉄道会社に保証させたり，運河そのものを買収させるという手段に訴えた。こうして国内の運河の3分の1が1840年代と50年代の間に，鉄道会社に買い取られ，廃止に追い込まれたのである。そして，1948年1月以降，運河の多くは国有となり，国家の手で管理されている。

　もはや運河は使用されていなかった。……どういう訳か，その褐色によどんだ流れは見るからに不潔でうっとうしく，趣味的な目的でこれを再生させようという試みは何度も行なわれたが，すべて失敗に終わった。マードックは『哲学者の弟子』(*The Philosopher's Pupil*, 1983) の中で，ロンドン近郊のある町の運河をこのように描いている。

　19世紀後半以降現在に至るまで，運河が本来の目的で利用されることは，一部を除いてほとんどなくなっている。ただし，地方の景観をととのえたり，行楽のボートを浮かべるといった目的で，打ち捨てられてきた運河を改修しようという運動が最近とみに高まっていることは，付記しておかねばならない。

〈山本史郎〉

60. 郵　便　Post

　人や物の移動が余り活発でなかった中世において，書状を遠隔地に運ぶ必要度が最も高かったのは，主として国王，政府などの政治的用件によるものであった。揺籃期にある郵便がまず，「王の使者」という形をとったのも当然である。国王や政府は，特別に任命した騎馬や歩行の使者に書状をはこばせたのであるが，その費用はすべて国王の私的な経費によってまかなわれていたのである。この制度はもちろん一般には開放されていなかったので，民間人は旅人や兵士に，通信事項を書いた紙を折りたたんでロウで封印し，簡単な宛名を記して託すよりほかに手段はなかった。

駅逓制度

　郵便が公の制度として確立したのは，ヘンリー八世が，ブライアン・テュークを駅逓の頭（Master of the Posts）に任命したときである。駅逓の施設はそれ以前，特に重要な路線（たとえばロンドン―ドゥヴァー間）に設置されつつあったが，テュークはこれを官営駅逓制度（King's Post）として組織化しようとしたのである。すなわち，幹線道路沿いに大体20キロメートル間隔で宿駅を設け，国王や政府の文書をはこぶ使者に馬や宿を提供するという制度である。多くの場合，宿駅には既にある宿屋を利用し，その主人を長（Postmaster）に任命するといった風であったが，財政難から，実際の運営は困難であった。なおこの制度では，ポスト・ボーイ（post boy）を案内や手伝いとして用いながら，ひとりの使者が最終目的地まで行く方法（Through Post）と書状を宿駅ごとに引き継ぐ方法（Standing Post）とがあったが，後者によれば当時としては最も速い情報伝達が可能であったので，"post"という言葉が，「速い」とか「大急ぎ」といった意味を獲得するに至ったのである。この間民間の郵便物は，官営の制度を利用することが黙認されていたが，別に民営の"common carriers"

と呼ばれるものがあり，こちらの方が能率的であった。

ウィザリングズの改革

17世紀前半，駅遁の頭の職に商人であったウィザリングズが就くと，さまざまな改革が試みられた。彼は郵便料金を輸送の原価計算によって割り出すという考えを打ち出したほか，駅遁路線を拡充して，ロンドンを中心に，エディンバラ，ホリーヘッド，プリマス，ブリストル，ノリッジ，ドウヴァー等の各都市への逓信路の確保に努力した。さらに重要なのは，官営の郵便制度を一般の人も利用することを認めるかわりに，郵便事業の国家による独占という大方針が1635年にうち出されたことである。こうした動きにともなって，郵便事業の総責任者が郵政長官（Postmaster General）と呼ばれるようになったのもこの時代のことである。

ペニー郵便

中世末から徐々に活性化しつつあった人や商品の流れ，都市の発達等にともなって，17世紀後半には人々の郵便に対する需要が高まってきた。ところが官営のサービスでは，郵便物を差し出す場合はロンドンですら市内に数か所しかない引受所（Letter Receiving Office）に行かねばならず，受け取るにも戸別配達はされず，コーヒー・ハウスや宿屋気付としなければならなかった。料金体系も重量，枚数，距離を考慮した複雑なものであることに加えて，最低2ペンスとかなり割高であった。このような状況の中でドックラは法の網をくぐりぬけてペニー郵便（Penny Post）なるサービスをロンドン市内ではじめた。市内に179もの引受所を設け，1日に5，6回郵便物を戸別配達したのである。料金はそれ以前のような受取人払いではなく，市内区域1ペニーの前納制とし，それにともなって料金支払済の印を捺すなど先見性に富むすぐれた事業であったが，度重なる政府の弾圧に負けて1683年廃業に追い込まれた。しかしこのペニー郵便は，ほとんどそのままの形で政府に引き継がれ，ロンドン地区郵便（London District Post）と呼ばれるようになった。これを利用すると，同一人と日に数回手紙のやりとりをすることが可能で，暇をもて余す上流階級の婦人

の間で手紙を書くことが流行したことと相まって，18世紀半ばの書簡体小説（epistolary novel）の全盛を導く下地がつくられたと考えられる。もうひとつ文化的影響ということで忘れてならないのは，このペニー郵便によって新聞が配達されたことである。18世紀前半の有名な『スペクテイター』(*Spectator*)の発刊もこれに負うところが大きいのである。

郵便馬車

18世紀後半には近代的な道路舗装法が確立したことにより，郵便物の輸送速度は飛躍的にアップした。ロンドンを中心に各主要都市との間に駅馬車(stage-coach)が運行されていたが，これを利用して，さらに繁雑な通行料金の支払いを免除する方法を併せ用いることで，輸送の能率改善がはかられた。最初の試みが実行されたのは1784年で，ブリストル―ロンドン間を17時間でつなぐという快挙をなしとげた。これがきっかけとなり，王室の紋章を麗々しく描いた郵便馬車（mail-coach）が短期間のうちに普及し，ポスト・ボーイが鞭を片手に馬を駆る光景は永遠に街道から姿を消してしまった。19世紀前半にはこうして郵便馬車全盛の時代をむかえるが，その間馬車の平均速度も徐々に増し，たとえば1830年代には平均時速10マイル，ロンドンから120マイル程度の場所であれば，差し出した日の翌日には配達されるようになっていた。

ローランド・ヒル

ヴィクトリア女王の治世の間には，郵便事業の面でもさまざまな改革がなされて，ほぼ今日のような姿が出揃うことになるが，その先鞭をつけたのは，社会教育家として自ら任じていたローランド・ヒルである。郵便制度改革を訴えてヒルは1837年，「郵便制度の改革――その重要性と実用性」('Post Office Reform : Its Importance and Practicability') を発表したが，ヒルの主眼は知識の一般への普及という役割における郵便の可能性の追求にあり，そのための料金値下げ，それに付随するさまざまな制度の改革が論じられている。ロンドン市内1ペニーであった最低料金は1794年以来2ペンスに，そしてヒルの時代には4ペンスに引き上げられていたが，これをまず，重量半オンスまで1ペニー

ペニー・ブラック発行150周年記念シート

に引き下げるようヒルは提案する．ヒルの主張で特に革新的なのは，郵便料金を決定するにあたって，距離的要素を捨象し，重量別による全国均一料金を謳っている点である．

ペニー・ブラック

　ヒルの改革案の実現はたちまち国民的要求となり，1840年以降着々と実を結んでいく．技術的な面でヒルの改革の中核をなしていたのは，郵便切手（an adhesive postage stamp）の導入である．世界最初の郵便切手はペニー・ブラック（Penny Black）と呼ばれるもので，ヴィクトリア女王のプロフィールを黒インクで印刷していた．これによって料金の前納制がはじめて徹底し，郵便配達人（letter-man）がいちいち受取人から料金を徴収する手間と時間がはぶかれ，郵便業務の能率化が大いに進んだのである．郵便切手と同時に封筒が正式に使用されるようになったのもこの時期である．なお，郵便切手に元首の横顔をデザインするという伝統も，後代に引き継がれ今日に至っている．

その他の改革

　郵便物輸送の手段という点でも，19世紀中頃は変革の時代であった．従来の

郵 便

かつての逓信省（ロンドン）

　馬車にかわって，鉄道が郵便事業に取り入れられたのは，1838年のことで，鉄道利用は以後急速に拡大し，ついに1858年には郵便馬車が廃止されてしまった。鉄道が利用された場合，それ自体の速度もさることながら，列車内で仕分け作業をすることが可能となったことや，列車を止めずに郵便物を受け渡しする装置も発明されたことにより，一段と能率化がはかられたのは大きなメリットであった。ほかにもさまざまな改革が推進されたが，たとえば，逓信省の官吏であり作家として有名なトロロープの発案になる郵便ポストがロンドン市内に大規模に設置されたのが1855年，また翌56年には，ロンドン市内を，セント・マーティン通りの逓信省本部を中心として10の区域に分け，東西南北と「中央」の頭文字（E, W, S, N, C）を組み合わせて表記する，郵便番号（postcode）制度が導入されたのである。

　このほか，郵便為替（money order）は私的には18世紀末に行なわれていたが，逓信省の管轄となったのが1838年，1848年には印刷物（printed matter）

の低料金制度,そして1861年には郵便貯金の制度(Post Office Savings Bank),1870年に官製の半ペニー郵便はがき,1883年に小包郵便(parcel post)制度などが次々と導入され,ヴィクトリア朝後期ともなると今日の郵便サービスの外観がととのった。19世紀末になって電報や電話が実用化されはじめると,少なくとも日常的な用事はこれらの,より迅速で手軽な手段で済ませる傾向が生じてきたのは当然である。それ以前には郵便を利用した手紙が最も迅速な通信手段であったから,人々は郵便業務の能率向上と拡充を大いに歓迎した。その背景として,一般的教育水準の向上と人々の生活のペース自体が加速されてきたということが考えられよう。また,19世紀の文人や小説家の残した書簡が厖大な数にのぼっているのも,日常の些細な用事,出来事などを手軽に文章化して人に送るという生活習慣が存在したからである。

郵便の現状

20世紀になって航空輸送が発達したが,海外郵便は別として,国内郵便に関する限り,航空機の利用はあまり進んでいない。国土のあまり広くないブリテンでは,列車と自動車の輸送で充分に迅速なサービスが確保されるからである。今日,通常郵便物の90パーセント近くが差出し日の翌日配達が可能であるとされる。

郵便業務は1969年,それまでの300年余りつづいた国家による直接経営という形を捨て,公社(public corporation)化されて郵政公社(Post Office Corporation)となった。ここにはじめて,政府の財政から分離して,サービスの提供の代価として料金をとる公益事業会社として独立した。

さらに,郵便事業法(Postal Service Act 2000)により,政府との事業戦略上の関係は維持しながら,郵政民営化に踏み出した。2001年,政府が全株式を保有する株式(公開)会社(plc = public limited company)「コンシグニア」(Consignia plc)を設立。但し,ロイヤル・メイル(Royal Mail)やパーセルフォース(Parcelforce Worldwide)や郵便局(Post Office)という名称はブランド名として残された。料金1ポンド未満,重さ350グラム未満の封書やはがきの配達事業へも,民間参入が検討されている。

ところが，この「コンシグニア」は，2002年には早くも約11億ポンド（2000億円以上）の赤字を計上して，一層の人員削減に追い込まれた。建て直しのために，会社名を国民になじみの深い「ロイヤル・メイル・グループ」(Royal Mail Group plc)に変更したり，伝統として守ってきた一日2回配達を1回に減らしたり，同じく民営化された鉄道の事故多発のために遅配が目立つ急送小包事業の廃止を検討するなど，いったん始められたブリテンの民営化は迷走を続けている。　　　　　　　　　　　　　　　　　　　　　　　　（山本史郎）

事項索引（和文）

配列は五十音順．但し長音は直前の語の母音に読み替えた．

◆ア行

アーク・ロイヤル　353
アーサー王　75, 110, 341
アーツ・アンド・クラフツ運動　161, 162, 164-166, 167, 188, 201
アーマー司教座　310
アール・ヌーヴォー　162, 166-167
『アイヴァンホー』　26
愛称　269
ITC　81
アイルランド　3, 7, 308, 347, 354, 355, 361
アイルランド教会　309-310
アイルランド自由国　347, 361
赤煉瓦大学　44
『アシニーアム』　74
アジャンクールの戦い　343
アスコット　289
アセンブリー・ルーム　303
アターニー　→　代理人
アパルトヘイト　362, 366
アブキール湾の海戦　345
アフタヌーン・ティー　231, 240
油絵　118
アヘン戦争　346, 349, 351, 360
雨　10
アメリカ独立戦争　338, 358, 364
アリストテレス主義　91
アルマダ　→　無敵艦隊
アロー号　346, 351
アン女王様式　157
アン女王戦争　344, 356
アンセム　110
イーヴニング　303
イースト・アングリア　6, 116, 118, 143
イートン　40, 51, 53, 55
イープルの戦い　346
イーリング・コメディー　137
イヴシャムの戦い　342

医学　100-105
怒れる若者　130, 140
居酒屋　182
板ガラス大学　43
移動祭日　16, 257
イナー・テンプル　57, 62, 324
衣服　201-216
イベリア半島戦争　345
『イラストレイテッド・ロンドン・ニューズ』　74
イレヴン・プラス　34
インヴィンシブル　353
インク壺用語　29
インクライン　398
イングランド教会　242, 308, 309, 310, 315, 317, 319, 320, 321, 322
イングランド銀行　337
イングランド式朝食　241
イングランド式庭園　188
イングランド法　60
イングリッシュ・バロック　151
印刷　164
印紙税法　66, 338
インズ・オヴ・チャンセリー（法学予備院）　323
インタルード　123
インチ　271, 278
『インデペンデント』　69
インド　349, 359, 362
インド航路　384
インド帝国　358
ヴァージナル　109
ヴァイキング　22, 341
ヴィクトリア朝様式　154
ウィスキー　233
ウィッグ（ホイッグ）　301, 307, 337
ウィトビー宗教会議　311
ウィリアム王戦争　344, 356, 363
ウィルトシャー・チーズ　219
ウィンザー・チェア　197

409

ウィンプル　　199, 202, 203
ウィンブルドン　　285, 304
ウーズ川　　5, 6
ヴェール　　203
ウエールズ　　3, 4, 7, 10
ウェールズの大学　　42-43
ウェスト・エンド　　130, 186, 302
ウェストミンスター告白　　317
ウェストミンスター宗教会議　　317
ヴェトナム戦争　　367
『ヴォーグ』　　74
ヴォーテイシズム　　121
内環状線　　396
「内なる光」　　322
運河　　5, 397-400
運河狂時代　　398
エアー　　109
エイヴォン川　　6, 7
エイヴベリー　　142, 143
映画　　132-142
『英語辞典』（ジョンソン博士）　　77
英仏協商　　364
英訳聖書（大聖書）　　315
英蘭戦争　　344
Aレヴェル　　36, 46
英連邦　　361
英露協商　　364
エーカー　　275
エール共和国　　7, 361
駅逓制度　　401
駅馬車　　374, 395, 403
『エコノミスト』　　74
エディントンの戦い　　341
エディンバラ国際芸術祭　　263
『エディンバラ・レヴュー』　　73
エドワード朝　　121
エプソム　　289
エプロン・ステイジ　　126
エリザベス女王公式誕生日　　261
エリザベス朝様式　　149
『エンカウンター』　　74
エンクロージャー　　369
演劇　　123-132
燕尾服　　212
王権神授説　　254, 318
王室費　　237
欧州（ヨーロッパ）連合（EU）　　366, 367
王制回復　　317, 322, 337, 349, 355, 359
王手触り　　254

「王の使者」　　401
王の病　　254
王立協会　　71
王立コヴェント・ガーデン劇場　　127
王立ドルアリー・レイン劇場　　126, 127, 130
オーク材　　195
オークス　　289
オーストリア継承戦争　　344, 356, 364
オーダー　　149
大晦日　　266
オールド・ヴィック劇場　　130
オールドウィッチ劇場　　131
オールド・チェシャー・チーズ　　300
Oレヴェル　　35
丘の霧　　11
オクスフォード運動　　319
オクスフォード英語辞典　　31, 78
オクスフォード大学　　36-41, 46, 133, 318
『オクスフォード版童謡辞典』　　177
オデオン興行系列　　134
『オブザーヴァー』　　67
オレンジ自由国　　346
オレンジとレモンの儀式　　258
音楽　　106-113

◆カ行

『ガーディアン』　　68
カーディガン　　346
懐疑主義　　83
開業医　　105
壊血病　　103
海軍　　351-353
外交　　363-367
外交政策　　360, 364
会葬者　　250
海藻文様　　196
ガイ・フォークス・デイ　　264
解剖（学）　　101, 104
開放耕地　　368
外輪船　　386
カウンシル・タックス（地方議会税）　　340
カウンティー裁判所　　327
家屋税　　337
カカオ豆　　229, 230
科学　　82-91
科学革命　　82
科学技術大学　　44

家具	189-201	機能主義	168
額縁舞台	126	キャッチ	111
火葬	249	キャムデン・タウン・グループ	121
家族団欒図	115	キャンタベリー大司教	310, 312, 314
ガソリン税	380	キャンタベリー大主教	309
学校制度	32-37	キャンタベリー大聖堂	313
学校物語	171	『キャンタベリー物語』	26
合唱	106, 111	ギュイエンヌ	342
カッセル国民文庫	78	休戦記念日	264
かつら	208, 210, 211	宮廷	107, 304-307
カティー・サーク号	384	教育省	32, 46
カトラリー	236-237	教育法	33, 34, 57
カナダ	357, 358, 360, 361	教会会議	321
花粉熱	253	教会議会	319
紙	77	教会法	312
仮面劇	109, 126	教会暦	13
火薬陰謀事件（ガンパウダー・プロット） 264		教区	372
ガラス	155, 161, 162, 163	教訓物語	170
カラベル船	382	共通学力試験（GCE）	35, 36, 46
ガリア地方	310	共通語（リングァ・フランカ）	101
『ガリヴァー旅行記』	169	郷土防衛軍	350
カルヴィニズム	315, 321	居住型植民地	355, 358
ガリオン船	382, 383	霧	11
ガロン	274	ギリシア独立戦争	345
川	5-7	切妻	183, 184
看護	104	ギルド	58
間接税	339, 340	銀	359
元旦	14, 256-257	銀器	236, 237
監督生	53	キングズ・インズ（ダブリン）	64
監督制教会	315, 317, 318	キングズ・クロス	391
カントリー（地方）	306	近代英語	27-31
カントリー・ハウス	157	近代学校	33, 34, 35
寛容	318, 319	欽定訳聖書	77, 109, 316
「寛容法」	318, 322	クエーカー教徒 → フレンド派	
「寛容令」	318	クォータ（割当て）制	133
キープ	144, 178	『クォータリー・レヴュー』	74
気温	8, 9	果物	225
議会派	344, 349	『くまのプーさん』	172
議会列車	391, 393	組合（教会）派	318, 321
気候	8-10	グラスゴウ派	167
騎士団	62	クラブ	301, 302
奇蹟劇	123	グラマー・スクール	32-34, 50, 51, 52, 54
季節	17-18	クラーモント号	386
汽船	386-387	クラレット	234
北アイルランド	7, 350, 361	クリア・レギス	305
北大西洋条約機構	350, 352	グリー	111
祈禱書	107, 315, 316, 317, 319	クリケット	54, 282
ギネス	232	クリスマス	14, 16, 221, 256, 257, 265, 266
		『クリスマス・キャロル』	171

事項索引(和文)　　*411*

クリスマス・プディング　221, 265
クリッパー　384
クリミア戦争　345, 346, 349
グリュエル　222
クルーザー　292
くる病　254
胡桃材　195
グレイズ・イン　57, 63-64, 324
グレイト・ウェスタン鉄道　389, 392
グレイト・スクール　50, 51, 54
グレイト・ノーザン鉄道　391, 393
グレイト・ブリテン島　3, 4, 9, 10, 311
グレイン　273
グレゴリウス暦　13, 14
クレシーの戦い　343
グロスター　219
クロスワード・パズル　296
黒プディング　220
グロウラー　376
グローブ(地球)座　124
軍役　335, 369
軍役代納金　335, 369
軍艦　382, 383
軍備税　335
ゲージ　392
経験論　92, 98
警察　331-334
競馬　289
ゲーム　293-299
毛織物　354, 358
『夏至前夜の夢』　17
化粧漆喰　152
結核　103, 254, 255
結婚　242-248
結婚許可証　242
結婚式　247
ケルト　7, 142, 178, 236, 310, 311
ゲルド　335
ケルムズコット・プレス　78
建艦競争　352
源泉課税方式　339
賢人会議　334-335
ケンブリッジ大学　37-40, 313, 318
建築　142-160
「権利章典」　318
「権利請願」　336
語彙　21, 26, 28, 30, 31
郊外　158
公開大学(オープン・ユニヴァーシティ)
　45
航海法　355, 358
光輝ある孤立　364
後期印象派展　121
高級紙(新聞)　69, 70
公衆衛生　102
公衆劇場　124
抗生物質　105
控訴院長官(記録長官)　327
交通整理員(トラフィック・ウォーデン)
　333
鋼鉄　161, 163
購買税　339
衡平法　64, 323
功利主義　97
古英語　18-22
コート　210
コート・ハウス　151, 231
コーヒー　226, 228-229, 230, 231, 232, 240
コーヒー・ハウス　66, 76, 229, 231, 300
ゴーモン・ブリティッシュ　134, 139
ゴールデン・ハインド号　382
コーンウォール　6, 10
五月祭　260
国王裁判所　57
国王至上法　314, 315
国王派　344
国際クリケット大会　282
黒死病　23, 369
国内郵便　406
『国富論』　42
国民教会　314
穀物法の廃止　358, 370
国立肖像画美術館　114
ココア　229-230, 240
『乞食オペラ』　111
ゴシック　117
ゴシック復興　153
個人指導　41
湖水地方　4, 5, 10
コタルディー　203
国教会　308-320, 321
国教主義　316
コッツウォルド　6
小包郵便　406
コテージ・パイ　221
古典主義　126
「五マイル法」(1665年)　318
コミュニティー・チャージ　340

コモンウェルス　361, 362, 365, 366
コモン・ロー　60, 64, 323, 327, 330
コモン・ロー裁判所　330
ゴルフ　288
コレッツ・イン　64
コレラ　103
コロニアル様式　197
コンスタブル　331
コンストラクティヴィズム　122
コンセプチュアリズム　123
コンパートメント　395
コンピューター　79, 89
コンプリヘンシヴ・スクール　34, 35, 36
婚約式　243, 244, 245, 246

◆サ行

サージャント　61
サージャント・イン　61
細菌学　103
最恵国条項　360
財産課税　340
サイダー　234
裁判所侮辱罪　330
サヴォイ・オペラ　113, 129
杯（さかずき）　235, 236
魚（さかな）　223, 224
魚釣り　290
サクラメント（秘蹟）　242, 321
酒　232-234
『ザ・サン』　70
サッカー（フットボール）　284
殺菌・消毒法　105
雑誌　71-74
皿　234, 235-236
サラトガの戦い　345
サラワク　358
三角貿易　356, 358
産業革命　244, 355, 364, 369, 370, 397, 398
産業資本家　358
懺悔火曜日　15, 17, 257
参事会会議室　309
参事会議長　309
3C政策　361
「三十九信条箇条」　308, 315, 316
三檣五帆　382
『サンデー・タイムズ』　67
三等客車　391, 393
讃美歌　322

3B政策　361
三分割法　369
参謀本部　350
三圃制　368, 369
シールド工法　396
シーン修道院　63
シェイクスピア誕生祭　259
自営農民　→　ヨーマン
ジェイムズ朝　149
シェリー　234
シェリフ（奉行）　330, 334
ジェントリー　52, 54, 61, 108, 230, 302 -304, 324, 326, 330, 369-370
「ジェントリーの世紀」　369
ジェントルマン　8, 152, 188, 300
『ジェントルマンズ・マガジン』　72
塩税　337
磁器　195, 238
私権剝奪令状　330
四旬節　16, 17, 258
私設劇場　124
自然（博物）史　86, 88
思想　91-99
自治権　358
自治植民地　360
自治領　358
七王国　341
七年戦争　338, 344, 356, 364
シティー　58, 150
自動車　380
児童文学　169-173
使徒継承　321
地主　369
地主寡頭支配体制　369
シパーヒ（セポイ）の反乱　346, 359
死亡記事　248
事務弁護士　60, 61, 64, 323, 324, 325, 326, 327
事務弁護士協会　327
シャーロック・ホームズ　212
借地農　369
社交　299-304
社交界　302
ジャコバイト　344
『ジャングル・ブック』　172
週　14, 15
収益税　336
収穫際　262
住居　178-189

宗教改革	93, 107, 114, 314, 369	食事	238-241
「宗教改革議会」	314	食餌療法	103, 104
自由貿易（政策）	338, 358, 360, 364	植民地	354-363
自由貿易帝国主義	351	植民地課税権	338
自由保有権	61	食糧自給率	370
重商主義的租税制度	338	食糧貯蔵室（庫）	178, 180
修道院	62, 312, 315	女性解放運動	247
修道院解散法	64	食器	234-238
修道院の解散	315, 369	ジョッキ	237
修道士	313, 315	初等教育法	33, 54
州・都市警察法	331	所得税	338, 339
十二進法	276	叙任権	313
十二節	257	叙任権論争	312
十分の一税	322, 336	初年度収入税	336
主教	309, 315, 316, 322	女優	126
主教座	309	私掠船	344, 382
主教座聖堂	309, 315	白い肉	239
主教制度	310, 316, 317, 321	ジン	233
宿駅	372, 401	新型軍（ニューモデル軍）	344, 349
受苦日	15, 259	新教徒不在地主	355
主顕節	265	箴言	175
酒税	337	ジン倹約令	338
主題画	119	ジンゴイズム	129
出版	75-79	「信仰の擁護者」	314
種痘	103	信仰復興（運動）	318, 322
首都警察	331, 332	審査法	318, 319
『種の起源』	88	新スコットランド・ヤード	332
狩猟	290	信託	61, 64
巡回裁判官	330	信託統治領	354
小英国主義	360	人頭税	336, 340
荘園（マナー）	179	新年	14
「上官抵抗法」	349	神判	328
障害物競馬	289	新プラトン主義	93
瘴気	102	新聞	65-71
蒸気機関	378, 385, 387, 388, 389, 396, 399	人民予算	339
商業革命	369	水彩画	118
「小修道院解散法」	315	水晶宮	155, 162, 163
ジョージ王戦争	344, 356	水洗	188
使用税	335	水葬	249
商船	382, 383	水道	226
肖像画	114, 115, 116	『数学原理』	98
昇天日	16, 260	スエズ運河	386
少年俳優	126	スエズ戦争	348, 350, 365
乗馬	288	犂（有輪の）	368
小陪審	330	スカッシュ	282, 286
消費税	338, 339	スクーナー	384
上流階級	126, 188	スクラッブル	296
上流社会	302	スクランピー	234
書簡体小説	403	スクリュー船	386, 387

スコーン	220	勢力均衡	364
スコットランド	3, 4, 5, 7, 10	聖霊降臨日	16, 261
スコットランド教会	308, 310, 316, 321	セイロン島	230
スコットランド常識学派	97	セヴァストーポリ要塞	345
スコットランドの大学	41-42	世界恐慌	370
スコラ哲学	91	世界の工場	360, 364
スターター（前菜）	241	石炭	371, 386, 388, 397, 398
スタウト	232	セダン・チェアー	377
スタンフォードブリッジの戦い	341	セミディタッチ・ハウス	158, 189
スティルトン	218, 219	戦時課税	338
ステーキ・アンド・キドニー・プディング	221	戦車	347, 350
ステュアート朝	126	戦争	341-348
ストゥア川	6	全装帆船	382
ストーン（重量単位）	273	セント・アイヴズ派	122
ストーンヘンジ	142	セント・アンドルーズ	288
ストップ	295	セント・オールバンズ	374
ストラトフォード・アポン・エイヴォン	131	セント・オールバンズ大聖堂	310
スノウドン	4	セント・オールバンズの戦い	343
スプーン	236-237	セント・ジェイムズ・スクエア	186
スペイン継承戦争	344, 356, 363	セント・ポール大聖堂	266
『スペクテイター』	66, 72, 403	セントラル線	396
スポーツ	281-292	千人請願	316
スリラー小説	171	船舶税	336
税	334-340	全般的消費税	337
姓名	267-271	洗礼式	269
聖ヴァレンタインの日	257	洗礼者聖ヨハネの祝日	262
制海権	356	洗礼派	321
聖歌隊	111	葬儀屋	250
聖金曜日 → 受苦日		葬式	248-251
聖金曜日協定	360	相続税	338, 339
聖公会	315	総力戦	350
正餐	58, 61, 239, 240	租借地	354
星室庁	76	租税	336, 337
星室庁裁判所	327, 330	租税四原則	338
正字法	29, 30	ソリシター → 事務弁護士	
聖職按手礼	322	ソンム	347
聖職議会	318, 319		
聖職者の裁判権	313	◆夕行	
聖燭節	257		
精神病	255	ダーツ	298
「聖なる島」	311	タート	222
聖灰水曜日	15, 257, 258	ダービー	261, 289
聖バルトロマイ会	63	ターマック方式	380
西部戦線	346	ターミナル	391
聖別	309, 312	第一次世界大戦	346, 350, 352, 361, 370
聖別式	309	第一次帝国	356, 358, 359, 364
聖ヨハネ騎士団	62	体液	100
		大学	37-50
		『大革新』	93

第三世界　366
大衆紙　69-71
「大修道院解散法」　315
大聖書　315
大聖堂　144, 146, 147
大西洋憲章　348
大西洋航路　387, 388
タイタニック号　387
台所　180
大土地所有制　355
第二次世界大戦　347, 350, 352, 361, 364, 370, 371
第二次帝国　359, 360
第二次百年戦争　344
大陪審　330
太平天国　346
大法官裁判所　64, 327
『タイムズ』　67-71
『タイムズ文芸付録』　71
代理人　60, 61
ダイレクト・グラント・スクール　34
『宝島』　171
タキシード　212
タクシー　380-381
タクシー・キャブ（オースティン）　380
打診法　103
『タトラー』　66
『たのしい川辺』　172
タペストリー　180
食物　216-225
卵　217, 259
卵ころがし　259
ダラム大学　42
単一欧州議定書　366
断食　256
ダンディー　303
ダンディズム　167
チーズ　218, 219
治安判事　324, 330, 331, 374
治安判事裁判所　327
「小さな政府」　340
チェインバレン・キャンペーン　339
チェス　296
チェスト　190
チェダー　219
チェッカー　297
地下鉄　395, 396
地球座　124
地条　368

地租　337, 338
乳　227-228
地表線　396
チフス　253
地方警察の長官　332
地方財政　340
地方税　340
茶　223, 226, 230-232, 235, 239, 240, 339, 358, 359, 384
チャップ・ブック　169, 176
チャネル諸島　3
茶碗　235
中英語　22-27
中国趣味　195, 198
昼食　240
忠誠の誓い　309, 312-313
中東戦争　361
中等近代学校　34
中流階級　188
チューブ　396
チュニック　201, 204
懲戒評議会　327
『釣魚大全』　290
朝食　238
聴診法　103
徴税人　337
徴発権　335
徴兵制　347, 350
長老教会　317, 321
長老制度　316, 321
長老派　317, 318, 320, 321
直接税　339, 340
勅選弁護士　326
チョコレート　229, 230
地理　3-7
ツイード　212
ツイン・ベッド　200
痛風　253
綴字　23
通夜　250
ティー・ガーデン　231
ティー・クリッパー（・レース）　384
ティー・デイ　348
定額税　336
泥炭　232
定率税　335
『デイリー・エクスプレス』　70
『デイリー・クーラント』　66
『デイリー・テレグラフ』　67, 69

『デイリー・メイル』　69
ディンギー　292
デーン人　341
デザイン　160-168
鉄船　388, 399
鉄道　161, 362, 366, 373, 388-391
鉄道王　390
鉄道狂時代　389, 390
鉄道国有化　391, 394
『鉄道文庫』　78
鉄道法　390, 393
テニス　285
デビュタント　303
テムズ川　5, 6, 7, 128
テムズ号　383, 384
テューダー朝様式　149
テラス・ハウス　152
テルフォード式舗装法　376
テレビ放送　81, 82
田園趣味　211
田園都市　158
天蓋　194, 200
癲癇　255
電気機関車　396
転地療養　103, 104
天然痘　251, 253
テンプル騎士団　62
典礼　314
『天路歴程』　169
トゥイケナム　285
ドウヴァー　401, 402
ドウヴァー海峡　3, 388, 397
ドゥームズデイ・ブック　328, 335
21（トゥエンティー・ワン）　295
陶器　235, 236, 237-238, 338, 360
動産税　336
同性愛　54
道徳劇　123
道徳哲学　96
糖尿病　101
謄本土地保有農　368
童謡　174-177
東洋航路　386
道路　372-381
トーリー　301, 336
ドキュメンタリー　134, 135
特別税　336
特別陪審　330
特別部隊（ブラック・アンド・タンズ）　347
独立宣言（1776年）　345
独立派　316, 317, 321
床屋外科　101
登山　292
都市　158, 178, 188
都市計画　158
都市大学　43
土葬　249
戸棚　194
土地課税　338, 339
土地税　369
土地単一課税　338
ドミノ　298
ドミニコ会　63, 313
『トム・ブラウンの学校生活』　58, 171
弔いの鐘　250
トラファルガーの海戦　345
トラファルガー広場　266
ドラム（ドラクマ）　276
トランプ　293
とり肉　217
度量衡　271-281
ドルイド教　175
奴隷貿易　356, 357
ドレス　210
ドレッサー　197
ドレッドノート　352
トレント川　5, 398
ドロイダの虐殺　344
トン税　336

◆ナ行

ナーサリー・ライムズ（童謡）　174
名　269
内科医　101
内国消費税　337, 338
内燃機関　378, 380
ナイフ　236
内乱　343
ナヴァリノの海戦　345
長椅子　196, 199
ナショナル・シアター　130
ナショナル・ヘルス・サーヴィス（NHS）　105
名付親　269
「夏は来りぬ」　17, 106
ナロー・ボート　399

南京条約　360
ナンセンス詩　171
二階建て馬車　374
二階建てバス　381
肉　216-217, 240
二国標準　352
西インド諸島　358
日英同盟　352, 364
荷馬車（ステイジ・ワゴン）　374
二圃制　368
日本趣味　200
『ニュー・アトランティス』　94
ニュー・イングランド　358
ニュージーランド　358, 360, 361
『ニューズ・オヴ・ザ・ワールド』　67, 70
ニューマーケット　289
乳製品　218, 240
尿視法　101
二輪馬車（ハンサム・キャブ）　379
ネーズビーの戦い　344
年1ペニー税　336
農業　368-371
農業革命　369
納税者　339
ノーザン線　396
ノーフォーク農法　369
ノット　273
飲物　226-232
乗り合い馬車（オムニバス）　381
ノリッジ派　118
ノルマン人の征服　23, 312
ノルマン様式　142

◆ハ行

バージ　399
ハードウィック法　244, 245
バービカン・センター　131
ハーフティンバード・ハウス　183
パイ　219, 221
陪審　327-331
陪審裁判　327
陪審抱込罪　330
ハイ・ティー　241
梅毒　252
肺病　103, 254
パイント　273
白堊の崖　3
パクス・ブリタニカ　345, 351, 364

白鳥調べ　262
覇権国　364, 367
バス　381
バター　218-219, 227
パターナリズム　337
鉢　235
『蜂の寓話』　96
発音　24
バックギャモン　297-298
ハックニー・コーチ　378
ハドリアヌスの長壁　142, 341
バドニクスの丘の戦い　341
バドミントン　287
花婿付添人　247
花嫁付添人　247
「埴生の宿」　112
バノックバーンの戦い　343
パブ　299, 300
パブリック・スクール　32, 50-57, 171
バラクラヴァの戦い　346
バラ戦争　114, 314, 336, 343
バラッド・オペラ　112
パラディオ主義　152
ハリウッド　116, 137, 138
パリ条約（1763年）　356
バリスター　→　法廷弁護士
バリスター資格試験　59
バルフォア宣言　361
ハロウ　51, 52, 56
ハロウィーン（万聖節前夜祭）　263, 264
パン　219, 220, 240
版画　115, 116, 117
万愚節　259
パンク・ファッション　216
バンク・ホリデイ　256, 259
ハンサム（・キャブ）　379, 380, 381
判事（裁判官）　58, 61, 324
万聖節　263
帆船　385
ハンセン病　251, 252
ハンドレッドウェイト　276
ハンバー川　5
ハンプトン・コート会議　316
万霊節　263
ビアフラ戦争　362
ピーク　5
ピーター・パン　171
『ピーター・ラビットの話』　172, 177
ビートルズ　113

BBC　80, 81
ビール　232
東インド会社　230, 231, 354, 358, 359, 383, 384
ピカディリー線　396
ピクト人　341
非国教徒　318, 320-322
美術　113-123
ビター　232
羊飼いのパイ（シェパーズ・パイ）　221
非物質主義　95
ヒポドローム　129
『百科事典』（チェインバーズ編）　77
百年戦争　23, 313, 336, 343
ピューター　234, 235, 238
ピューリタン（清教徒）　316
ピューリタン革命　109, 316, 321, 337, 349, 355, 369
ビューロー　195, 196
病院　104
病気　251-255
平等派　337
ビリヤード　298
ビルマ　359, 361
広場（サーカス，スクエア，クレセント）　151, 186
貧民法　340
『ファースト・フォリオ』　77
ファーロング　273
ファルツ継承戦争　344, 356
ファンタジー　172
フィッシュ・アンド・チップス　224
風景画　116, 118
風景式庭園　151, 188
ブービーヌの戦い　342
フェン　6
フォーク　236-237
フォークランド戦争　353, 366, 367
付加価値税（VAT）　339
付加税　336
『不思議の国のアリス』　171
舞台　126
復活祭　15, 259
ブッシェル　276
フット　271
フットボール　54, 284
プディング　219-221, 225
船　382-388
フライイング・マシーン　375

ブライトン派　132
プラスチック　201
ブラッグ　295
ブラック・ウィーク　346
ブラックジャック　295
ブラックフライヤーズ座　124
プラッシーの戦い　345
フラット　188
フラッパー　215
プラム・プディング　221
フランシスコ会　313
ブランデー　233, 234
フリー・アンド・イージー　128
フリー・シネマ　139
フリート街　62, 244
フリゲート（艦・船）（小型高速船）　352, 383
ブリストル　315, 390, 398, 402, 403
『ブリタニカ百科事典』　77
ブリッジ　294
ブリッジウォーター運河　397
ブリティッシュ・レイル　394
ブリテン諸島　3, 8, 9, 10
ブリテンの戦い　347
プリンス・オヴ・ウェールズ撃沈　347
ブルームズベリー・グループ　121
フルーメンティ　222
プレストンズ・イン　64
プレパラトリー・スクール　55
フレンチ・インディアン戦争　345
フレンド派（クエーカー教徒）　322
ブレンハイムの戦い　344
風呂　100, 188
ブロードサイド　166
ブロス　222
プロテスタンティズム　314
プロテスタント　318, 319, 320, 350
分析哲学　98, 99
文法　19, 21, 25
分離派　316, 320
米英戦争（1812年，1812-14年）　345
ベイカール―線　396
ペイシェンス　296
ヘイスティングズの戦い　341
『ベーオウルフ』　21
ベーコン　216
ベーコン・アンド・エッグズ　217
ペーパーバック　78
ペスト → 黒死病

ベッド　194
ベツレヘム修道院　255
ペナイン山脈　4, 5
ペニーウェイト　276, 277
ペニー・ブラック　404
ペニー郵便　402, 403
ヘブリディーズ諸島　3, 9
ペンギン・ブックス　78
弁護士二分法　309
弁護士二分主義　323
ベン・ネヴィス　4
ヘンリー競漕　262
ホイスト　294
ホイッグ　→　ウィッグ
ホヴァークラフト　388
法学院　57-64, 323, 324
砲艦外交　351
方言　19, 26, 27
冒険物語　171
法曹　58, 61, 323-327
放送　80-81
法曹一元制　324, 326
法廷代言人　60
法廷弁護士　57-64, 323-327
法廷弁護士評議会　58
防腐法　104, 105
防腐保護（ミイラ）　249, 250
砲兵隊　343
法律教育　60, 62
法律教育評議会　58, 62, 325
ボウルズ　287
ボーア人（ブール人、アフリカーナー）
　　346, 360
ボーア（南アフリカ）戦争　69, 346, 349,
　　350
ポーカー　295
ポーター　232
ボート　291
ボートレース　258
ホール　178, 179, 180
ボーン・チャイナ　238
ボクシング　291
ボクシング・デイ　261, 265
保護貿易主義　360
保護領　354, 361
ポスト・ボーイ　401, 403
ポストモダーン　123
ボズワースの戦い　343
墓石　251

舗装方法　377, 380
「細長い部屋」　52
ポタージュ　222-223, 224, 225
墓地　250
北海油田　353
ホッケー　287
ポップ・アート　123
墓碑銘　251
ポリッジ　222, 241
ポロ　287
ホワイトホール　374
ポンド　273, 274
ポンド税　336

◆マ行

マーケット・スクエア　151
マージー川　6, 398
マーストリヒト条約　366
マーマレード　225
『マイ・フェア・レイディ』　215
マカダム式舗装法　376
マグナ・カルタ　313, 335
マクマホン書簡　361
マザー・グース　174-177
魔女狩り　255
麻疹　251
祭り　255-266
窓税　338
マドリガル　108, 109
マナー　→　荘園
マホガニー材　197
豆プディング　220
豆類　224
マラータ戦争　346
マルヌの戦い　346
マレット　287
マンチェスター　389, 398
マンチェット　219
マン島　3
マントルピース　199
ミカエル祭　263
水　225-226
ミドランド鉄道　156, 393, 394
ミドル・テンプル　57, 59, 62, 324
南アフリカ連邦　361
ミニ・スカート　215
ミュージカル　113
ミュージック・ホール　128, 129

420

ミンス・パイ 221, 222
民兵 349
無敵艦隊 108, 344, 351
メイポール・ダンス 260
名誉革命 337, 349
名誉毀損 331
メキシコ湾流 8
メソディスト 318, 322
メトロポリタン鉄道 396
免許税 380
綿業 359
綿製品 359
喪 251
モータリゼーション 371
モーニング 215, 303
模擬法廷 58, 61
木船 385
木造外輪船 387
木炭 371
木鉄交造船 385
モダニズム 121
モテット 110
モリス商会 164, 165, 201
モンキー・ボート 399

◆ヤ行

ヤード 272
野菜 224-225
宿屋 60, 299, 401
山 4
ユース 60
『ユートピア』 31
唯美主義 120
唯物論（唯物論的合理性） 94
憂鬱病（憂鬱症） 255
郵政長官 402
郵便馬車 376, 403, 405
郵便列車 405
有料道路 375, 389
有料道路法 374
宥和政策 352
雪 10
輸血 105
輸出関税 335, 336
ユトランド沖海戦 347
ユトレヒト条約 356
ユニオニスト 350
ユニット・ワン 122

ユニテリアン教徒 318
輸入関税 337
ユリウス暦 12, 13
様式戦争 156 159
羊毛 369
ヨーク（面積単位） 275
ヨーク家 343
ヨークシャー・プディング 220
ヨーク大主教 309
ヨーマン 368
ヨーロッパ共同体（EC） 365, 366, 367
ヨーロッパ統合 365
寄木細工 196
ヨット 291
「四十二信仰箇条」 315
四大鉄道会社 394
四輪馬車 378

◆ラ行

癩病 → ハンセン病
ラウンダーズ 281
ラグビー 284
ラジオ放送 81
ラスク 239
ラファエル前派（集団） 119-120, 166
ラミー 295
ラ・ロシェルの海戦 343
ランカスター家 343
リアリズム（リアリズム性） 132, 135
リージェンシー様式 154
リーズ・アンド・リヴァプール運河 399
リヴァイヴァリズム 152
リヴァプール 334, 398
リヴァプール・アンド・マンチェスター鉄道 389
陸軍 349-351
リケット 249, 254
リバティー商会 167
略式起訴犯罪 329
リュート 109
料金徴収所 375
領事裁判権 360
リンカンズ・イン 57, 62-63, 324
林業 372
林業委員会 371
臨時税 335
リンディスファーン 311
淋病 253

累進課税　338
ルノー　380
霊柩車　248
礼拝　315, 316
「礼拝統一法」　315, 317, 320
『レヴァイアサン』　94
『レヴュー』　66
歴史画　117, 118
煉瓦　44, 156, 181
錬金術　100
「連合条約」　321
連立内閣　347
ロイヤル・アカデミー　121
ロイヤル・クレセント　303
ロイヤル・シェイクスピア劇場　131
ロイヤル・ソサイエティー → 王立協会
ロースト・チキン　239
ロースト・ビーフ　216, 220, 240
「ローマ・カトリック解放法」　319
ローマ・カトリック教会　310, 318, 319
ローマ・カトリック教徒　318, 319
ローマの長壁 → ハドリアヌスの長壁
ローマ法　60
6年級　54
ロココ風様式　198
炉税（暖炉税）　335, 337
「路上の紳士」　375
ロッキング・チェア　197
露土戦争　360
『ロビンソン・クルーソー』　169
ロビン・フッド　203, 371

ロマネスク　113, 142
浪漫主義　118
ロメ協定　365
ロラード派　313, 321
ロンディニウム　100, 178
ロンドン　6, 8, 11, 227, 372, 374, 377, 378, 380, 384, 389, 391, 392, 393, 394, 395, 396, 397, 398, 401, 402, 403, 405
ロンドン会議　352
ロンドン警視庁　380
ロンドン市警察（首都警察）　331
ロンドン市長就任披露行列　264
ロンドン主教　309
ロンドン大火　150, 377
ロンドン大学　42, 43, 44, 45
ロンドン・タクシー　380, 381
ロンドン・ターミナル　391, 392
ロンドン地区郵便　402
ロンドン・トランスポート　396
ロンドン・ブリッジ　391
『ロンドン・マガジン』　72, 74
論理実証主義　99

◆ワ行

ワーテルローの戦い　345
ワイト島　1
ワシントン会議　352
輪投げ　299
湾岸戦争　348

事項索引（欧文）

語頭の the は省略した

◆A

Act of Supremacy　314, 315
Act of Uniformity　315, 317, 320
A (dvanced)-Level　35, 46
afternoon tea　231, 240
Agricultural Revolution　370
alchemy　100
ale　232, 239
All Fools' Day　259
All Saints' Day　263
All Souls' Day　263
Angry Young Men　130, 140
anthem　110
Appeasement Policy　352
Apostolic Succession　321
Armistice Day　264
Art Nouveau　166-167, 201
Arts and Crafts Movement　161-167, 188, 201
Armada　108, 344, 351, 382
Arrow　346, 351
Ascension Day　15, 260
Ascot　289, 304
Ash Wednesday　15, 258
Assembly Room　303
attorney　60-61, 323
Authorized Version　77, 109, 316
Avebury　142, 143

◆B

backgammon　297-298
bacon and eggs　217
Bakerloo Line　396
ballad opera　111
bank holiday　256
Bank of England　337
Bannockburn　343
Baptists　321
barber-surgeon　101
barge　399
barrister　57-64, 323-327
Battle of Britain　347
BBC　80-81
Beatles　113
Ben Nevis　4
Berbican Centre　131-132
best man　247
Bill of Rights　318
billiards　298-299
bitter ale　232
Black and Tans　347
Black Death　252
black pudding　220
Bloomsbury Group　121
Boat Race　258, 291-292
Boer War　346
bone china　238
Book of Common Prayer　107, 315-317, 319
Boston Tea Party　230
boxing　282, 290-291
Boxing Day　265
breakfast　238, 240
bridesmaid　247
British Isles　3, 8-10
British Rail　394
broadside　169
broth　222
bureau　192, 195

◆C

cabriole legs　193, 197
Calais　68
Camden Town Group　121
Canal Mania　398
Candlemas Day　257

423

canopy 194
Caravel 382-383
cathedral 144-148, 150, 260, 266, 312-313
Celts 142, 178, 236, 310, 311
Central Line 396
Channel 4 81
chapbook 169, 176
Cheddar 218-219
Cheshire 218
chest 190, 192, 194
chief constable 332
Christian name 267, 269
Christmas 14, 16, 221, 256, 257, 265, 266
Church of England 242, 308-310, 314-315, 317, 319-322
Church of Ireland 309-310
Church of Scotland 308-310, 316, 321
cider 234
circus 186
City 150
Civic Universities 43
civil marriage 242
clipper 384-385
club 301-302
coach 378, 381
coalition cabinet 347
coffee house 66, 76, 229, 231, 300
Colonial 197
colony 354-363
Commercial Revolution 370
common law 60, 63, 323, 327, 330
Commonwealth 362, 365-367
community charge 340
commutation 368
compartment 395
concession 354
Congregationalists 317, 321
Consistory 321
constable 331-332
consumption duty 336-339
conversation piece 115-116
Convocation 318-319
copyholder 368
Corn Laws 358, 371
cote-hardie 203
Cotswolds 6, 165, 181
cottage pie 221
council tax 340
country house 151, 157, 302

crescent 186, 303
cricket 53, 281-283
Crimean War 345-346, 349
Crystal Palace 155, 162-163
crossword puzzle 296
crown roast 266
crumpet 220
customs duties 335
cutlery 236-237
Cutty Sark 384-385

◆ D

Daily Courant 66
Daily Mail 69
Daily Telegraph 68-69
dairy product 216, 218, 239
dandy 167, 303
Danegeld 335
darts 298
D-Day 348
Declaration of Indulgence 318
Derby 261, 289
Dictionary of the English Language 31, 77
dinner 58, 61, 239, 240
Disestablishment 320
Dissenters 318, 320-322
documentary 132-137, 139
Domesday Book 328, 335
double-decker 375, 381
doublet 204-207
Dover 4, 55, 68, 392, 397
drawing room 182
Dreadnought 352
dresser 197
Druidism 175

◆ E

Ealing Comedy 136-137
Easter 15, 256, 259
East India Company 230, 231, 354, 358, 359, 383, 384
EC 339, 365-367
Ecclesiastical Calendar 13
Education Act 33-34
egg-rolling 259
embalming 249-250

424

Enclosure   369-370
Encyclopaedia Britannica   77
English breakfast   241
English garden   188
Epiphany   257
Episcopal Church   315, 318
epistolary novel   403
Epsom   261, 289
Equity   63, 323-324
Established Church   308-320
Eton   51-52, 54
EU   366-367
evening dress   303

◆ **F**

family name   267-271
Fidei Defensor   314
First Folio   76
fish and chips   224
Five Mile Act   318
flatware   235
flying machine   376
football   53, 281, 284
free and easy   128
Free Cinema   139-140
frigate   352, 383-384
frumenty   222
full-rigged ship   382
fumage   335

◆ **G**

gable   183-184
Gallion   383
game pie   222
Garden City   158-159
gauge   392-393
GCE   35-36, 46
general practitioner   105
Gentleman's Magazine   72
General Assembly   321
gentry   52, 54, 61, 108, 230, 302-304, 324, 326, 330, 369-370
glee   111
Globe   124-125
Glorious Revolution   94, 337, 349, 363
Gloucester   219
godparents   269

Golden Hind   382
Gothic Revival   153-154, 156-157, 188, 200
grammar school   32-34, 50, 51, 52, 54
grand jury   330
Gray's Inn   57, 63-64, 324
Great Bible   315
Great Exhibition   89, 155, 162, 200
Great School   50, 51, 54
Greek Revival   149, 153-154, 156
Gregorian Calendar   12-14
growler   379
gruel   222
Guardian   68-69
Guiness   232
gunboat diplomacy   351
Gunpowder Plot   264
Guy Fawkes' Day   264

◆ **H**

Hackney-coach   378-379
Hadrian's Wall   142
half-timbered house   183
Hallowe'en   263, 264
Hansom cab   379-381
Hardwicke Act   244-245
Harrow   51-53, 55
hay fever   253
hearth-money   337
Henry Royal Regatta   262, 291
Heregeld   335
high society   302-303
high tea   241
Highway Act   373
Highwayman   376
hill fog   11
Hippodrome   129
history painting   116-118
Hobson's choice   373-374
hollow ware   235
home excise   337
"Home, Sweet home"   112
homosexuality   53
horse racing   289-290
Hundred Years' War   313, 336, 343
hunting and shooting   290

事項索引（欧文）   *425*

◆ I

inclined plane   398
Independent   69
Independents   316, 321
Industrial Revolution   87, 371
Inkhorn terms   28
inn   300
Inner Circle   396
Inner Temple   57, 62, 324
Inns of Court   57-64, 323-325
interlude   123-124
Investiture Controversy   312
Irish Free State   347, 361
Irish Republic Army   347
ITC   81

◆ J

jingoism   129
Julian Calendar   12-13
justice of the peace   324, 330-331, 375
jury   327-331

◆ K

keep   144, 178-179
Kelmscott Press   78
King Arthur   341
King's courts   57
King's Evil   254
King's Inns, Dublin   64
Kirk-session   321

◆ L

Lake District   4
Lammas Day   262
Lancet   104
landed oligarchy   369
landscape garden   151, 188
landscape painting   116, 118-120
leaseholder   368-369
Lent   15-16, 258-259
Liberty's   167
Lincoln's Inn   57, 62-63, 324
Lindisfarne   311
lingua franca   101

Liverpool and Manchester Railway   389
Londinium   100, 178
London Bridge   391
Long Chamber   52
Lord Mayor's Show   264
lunch   240
lute   109

◆ M

madrigal   108-109
Magna Carta   313, 315
mahogany   197
mail-coach   377, 403
manor   179
masque   109
Master of the Rolls   326
May Day   260
Maypole dance   260
melancholia   255
Methodists   318, 322
Michaelmas Day   263
Middle English   22-27
Middle Temple   57, 59, 62, 324
Midsummer Day   262
Millenary Petition   316
mince pie   221, 222
miniskirt   215
miracle   123
Modern English   27-31
modernism   121
modern school   33
monastery   62, 311, 315
morality   123
morning dress   215, 303
motet   110
Mother Goose   174-177
movable feast   15, 259
music hall   128-129
Mutiny Act   349

◆ N

narrow boat   399-400
National Health Service   105
National Portrait Gallery   114
National Theatre   130-132
Navigation Acts   355, 358
Neoclassicism   152, 186, 188, 198-199

New Model Army   344, 349
New Scotland Yard   332
News of the World   67, 70
New Year's Day   256-257
Nonconformists   320-322
Norfolk husbandry   370
Norman Conquest   23, 312
Northern Ireland   350, 361-362
Northern Line   396
Norwich School   118
Nursery Rhymes   174-177

◆ O

oak   182, 191, 195-197
Oak Apple Day   261
obituary   250
Observer   67
Old English   18-22
Old Vic   130
open-timbered roof   180
Open University   45
Opium War   346, 349, 360
Oranges and Lemons Ceremony   258
O(rdinary) level   35-36
Ouse   5-7
Oxford Dictionary of Nursery Rhymes   175, 177
Oxford English Dictionary   31, 78
Oxford Movement   319

◆ P

paddle steamer   386
Paladianism   151-153
parish   373
passing bell   250
Pax Britannica   345, 351, 364
peas pudding   220
People's Budget   339
Penguin Books   79
Pennines   4-5
penny black   404
Petition of Rights   336
petty jury   330
pewter   234-235, 238
Piccadilly Line   396
plague   252
Plate-glass Universities   44

plum pudding   221
poker   295
poll tax   336, 340
polo   287-288
pool   299
Poor Law   340
popular press   69-71
porridge   222, 241
portrait   114-116
pottage   222-223, 224, 225
praeposter   53
preparatory school   54
Pre-Raphaelite Brotherhood   119-120, 166
Presbyterians   316-317, 320-321
primary school   33
privateer   344, 382
private theatre   124
protectorate   354, 361
pub   232, 299-301
public school   32, 34-36, 50-57, 281
public theatre   124
purchase tax   339
Puritans   40, 109, 195, 316-317, 321, 337, 370
purveyance   335

◆ Q

quakers   322
quality paper   69-71

◆ R

Railway Mania   390
Realism   129, 132, 135
Redbrick University   44
Reformation   93, 107, 114, 314-315
Regency style   154-155
Renaissance   93, 101, 106, 124, 149-151, 180, 184, 188
Restoration   40, 110, 114-115, 126, 195, 261, 317-318, 322, 337, 349, 355, 359
revival   152-154, 157, 186-187, 200, 318
roast beef   216, 220, 240
Robin Hood   203, 372
Roman Catholic Relief Act   319
Roman wall   142
rounders   281
rowing   291

Royal Academy of Arts   115-116
Royal Crescent   303
Royal Shakespeare   131
Royal Society   71, 83, 89, 94
Royal Touch   254
rugby   281, 284-285
rummy   295
Rush-bearing   261

◆ S

sailing   291-292
saucer   235
Savoy Opera   112, 129
school story   171
scientific revolution   82-84
scone   220
Scotland Yard   332, 381
scrabble   296
scrumpy   234
scutage   335
sedan-chair   378
semidetached house   158, 189
Separatists   316, 320
serf   368
settee   196, 199
Shakespeare Birthday Celebration   259-260
shepherd's pie   221
sheriff   330, 334
Sherlock Holmes   212
Shipgeld   335
Sixth Form   53
slave trade   354-356
snooker   298-299
Snowdon   4
soccer   53, 281, 284
Society of Friends   322
solicitor   60-61, 323-327
Spectator   66, 403
squash   282, 286
stage-coach   375-377, 381, 390, 403
stage-wagon   374-375
St. Andrews   288
Star Chamber   75
starter   241
steak-and-kidney pudding   221
Stilton   218-219
St. Ives School   122

Stonehenge   142
St. Paul's Cathedral   266
Stratford-upon-Avon   131, 260
St. Valentine's Day   257
subject painting   119
subsidy   336
Suez Canal   386
"Sumer is icumen in"   16, 106
Sunday joints   240
supervision   40
supper   238
surface line   396

◆ T

tailcoat   212
Tarmac   380
tart   222
tavern   181
taxi-cab   380-381
tea   223, 226, 230-232, 235, 239, 240, 339, 358, 359, 384
Tea Clipper   384
Technical Universities   45
terrace house   151-152, 186, 188
Territorial Army   350
Test Act   318
Test Match   282
Thames   128
thatched roof   180
Theatre Royal Covent Garden   127
Theatre Royal Drury Lane   126-127, 130
three-field system   368 , 370
thriller novel   171
timber and plaster   183
Times   67-71
Times Literary Supplement   71
Titanic   387-388
tithe   336
Toleration Act   318, 322
toll-gate   376
Tories   66, 337
Trafalgar Square   266
traffic warden   333
Treaty of Union (1707)   321
triangular trade   356-359
Trick or Treat   263
tripartite system   369
Trooping the Colour   261

428

Tube　396
tunic　201-202, 204, 211
Turnpike Act　375
tutorial　40
tweed　212
Twelfth Day　257
twenty-one　295
two-field system　368

◆ U

Underground　395-396
Unionist　350
Unitarians　318

◆ V

VAT　339
via media　316
Vorticism　121

◆ W

wake　250
walnut　196-197

wardrobe　196
Wars of the Roses　114, 314, 336, 343
watercolour　118-120
West End　130
Whigs　337
whisky　232-233
whiskey　233
whist　294
white cliff　3
Whitehall　374
white meats　218, 239
Whitsunday　15, 261
William and Mary　196, 318
Wiltshire　142, 219
Wimbledon　285
window tax　338
wimple　202-203
Windsor Chair　197
witch-hunting　255

◆ X, Y, Z

yeoman　368
Yorkshire pudding　220

人名索引

姓，名（原綴，生没年）の順に記載。国王の場合は，生没年の後に在位年を示した。
同名の場合，身分，通称などを付し特定の手がかりとしたものもある。
配列は五十音順，但し長音は直前の語の母音に読み替え，二世，三世などは数字順とした。

◆ア行

アーヴィング，ヘンリー（Henry Irving, 1838-1905）　127
アーノルド，トマス（Thomas Arnold, 1795-1842）　53, 171
アイヴォリー，ジェイムズ（James Ivory, 1928-　）　141
アインシュタイン，アルベルト（Albert Einstein, 1879-1955）　90
アウグスティヌス（Aurelius Augustinus, 354-430）　92
アウグストゥス（Augustus, B.C.63-A.D.14）　12
アシュビー，チャールズ（Charles Robert Ashbee, 1863-1942）　165, 166
アスキス，アントニー（Anthony Asquith, 1902-1968）　133, 134
アスキス，ハーバート（Herbert Henry Asquith, 1852-1928）　339
アダム，ジェイムズ（James Adam, ?-1794）　198, 199
アダム，ロバート（Robert Adam, 1728-92）　153, 154, 186
アディソン，ジョゼフ（Joseph Addison, 1672-1719）　66, 72
アナキン，ケン（Ken Annakin, 1914-　）　139
アリストテレス（Aristoteles, B.C.384-322）　82, 84, 91, 92
アルクィン（Alcuin, 735?-804）　312
アルフレッド（大王）（Alfred the Great, 849-99；在位 871-99）　19, 312, 341, 351
アルベルティ，レオン（Leon Battista Alberti, 1404-72）　149
アレクサンダー（大王）（Alexander the Great, B.C.356-323）　293
アン（・ブリン）（Anne Boleyn, 1507?-36）　314
アン（女王）（Queen Anne, 1665-1714；在位 1702-14）　157, 193, 233, 254, 289, 344, 356
アン（デンマークの）（Anne of Denmark, 1574-1619）　108
アン（ボヘミアの）（Anne of Bohemia, 1366-94）　204
アンセルム（Anselm, 1033-1109；キャンタベリー大司教 1093-1109）　312
アンダーソン，リンゼイ（Lindsay Anderson, 1923-94）　139, 140
イーストレイク，チャールズ（Charles Eastlake, 1836-1906）　200
イェイツ，ピーター（Peter Yates, 1929-　）　141
ヴァイスマン，アウグスト（August Weismann, 1834-1914）　89
ウァクリー，トマス（Thomas Wakley, 1795-1862）　104
ヴァンダイク，アントニー（Anthony Vandyke〔Antonis Van Dyck〕, 1599-1641）　114, 207, 304
ヴァンブラ，ジョン（John Vanbrugh〔Vanburgh〕, 1664-1726）　151
ウィールクス，トマス（Thomas Weelkes, 1575-1623）　108
ウィカム，ウイリアム・オヴ（William of Wykeham, 1324-1404）　39
ヴィクトリア（Queen Victoria, 在位 1837-1901）　246, 307, 359, 403, 404
ウィクリフ，ジョン（John Wycliffe, 1330?-84）　313
ウィザリングズ，トマス（Thomas Witherings）　402
ヴィトゲンシュタイン，ルトヴィヒ（Lutwig Wittgenstein, 1889-1951）　98, 99

430

ウィナー, マイケル (Michael Winner, 1935-)　141
ウィリアム (ヨーク公) (William, the Duke of York)　267
ウィリアム一世 (征服王) (William I, the Conqueror, 1027-87 ; 在位 1066-87)　23, 144, 328, 335, 342
ウィリアム三世 (オレンジ公) (William III, Prince of Orange, 1650-1702 ; 在位 1689-1702) 318, 344, 356, 364
ウィリアムズ, ヴォーン (Ralph Vaughan Williams, 1872-1958)　112
ウィリアムソン, ジェイムズ (James Williamson, 1855-1933)　132
ウィルクス, ジョン (John Wilkes, 1727-97)　67
ウィルコックス, ハーバート (Herbert Wilcox, 1891-1977)　136, 137
ウィルソン, ハロルド (Harold Wilson, 1916-)　45, 352
ウィルビー, ジョン (John Wilbye, 1574-1638)　108
ウィングフィールド, ウォルター (Walter Wingfield)　285
ウェーバー, カール (Carl Maria von Weber, 1786-1826)　112
ヴェサリウス, アンドレアス (Andreas Vesalius, 1514-64)　82, 101
ウェスカー, アーノルド (Arnold Wesker, 1932-)　130
ウェスト, ベンジャミン (Benjamin West, 1737-1820)　117
ウェストン, ウォルター (Walter Weston, 1861-1940)　292
ウェスリー, ジョン (John Wesley, 1703-91)　318, 322
ウェスリー, チャールズ (Charles Wesley, 1707/8?-88)　322
ウェッジウッド, ジョサイア (Josiah Wedgwood, 1730-95)　160, 238
ウェッブ, フィリップ (Philip Webb, 1831-1915)　164
ウェリントン (公) (1st Duke of Wellington, 1769-1852)　345
ウェルギリウス (Vergilius Maro Publius, B.C.70-B.C.19)　76
ヴォイジー, チャールズ (Charles F. Annesley Voysey, 1857-1941)　188
ウォーカー, ロバート (Robert Walker, 1600-59)　114
ヴォーン, C.J. (C.J. Vaughan, 1816-97)　54
ウォズワース, エドワード (Edward Wadsworth, 1889-1949)　122
ウォッツ, G.F. (George Frederick Watts, 1817-1904)　121
ウォット, ハリー (Harry Watt, 1906-87)　131
ウォリック (伯) (Earl of Warwick, 1428-71)　343
ヴォルタ, アレサンドロ (Alessandro Volta, 1745-1827)　83
ウォルター一世, ジョン (John Walter I, 1739-1812)　67
ウォルター二世, ジョン (John Walter II, 1776-1847)　67
ヴォルテール (Voltaire, 1694-1778)　81
ウォルトン, アイザック (Izaak Walton, 1593-1683)　290
ウォルトン, ウィリアム (William Walton, 1903-83)　113
ウォルポール, ホレス (Horace Walpole, 1717-97)　135
ウルジー, トマス (Thomas Wolsey, 1475?-1530)　149
エアー, A.J. (Alfred J. Ayer, 1910-)　99
エセックス (Robert Devereux Essex, 2nd Earl of Essex, 1567/66?-1601)　305
エセルバート (Ethelbert, 552-616)　310
エッジワース, マライア (Maria Edgeworth, 1769-1849)　170
エドガー (王) (Edgar, 944-75 ; 在位 959-75)　312
エドワード (懺悔王) (Edward the Confessor, 1004?-66 ; 在位 1042-66)　341
エドワード一世 (Edward I, 1239-1307 ; 在位 1272-1307)　60, 64
エドワード三世 (Edward III, 1312-77 ; 在位 1327-77)　203, 335, 345
エドワード六世 (Edward VI, 1537-53 ; 在位 1547-53)　315
エドワード七世 (Edward VII, 1841-1910 ; 在位 1901-10)　38-39

エプスタイン，ジェイコブ（Jacob Epstein, 1880-1959） 122
エラスムス，デシデリウス（Desiderius Erasmus, 1466-1536） 40
エリザベス一世（Elizabeth I, 1533-1603；在位 1558-1603） 40, 82, 83, 108, 114, 182, 277, 305, 315, 316, 351, 354, 371, 382
エリザベス二世（Elizabeth II, 1926- ；在位 1952- ） 261, 289
エリス，ウィリアム（William Webb Ellis, ） 284
エルガー，エドワード（Edward Elgar, 1857-1934） 112
オーガスティン（キャンタベリーの）（Augustine of Canterbury, ?-604/5） 310
オースティン，ジョン（John Austin, 1911-60） 99
オーデン，W.H.（Wystan Hugh Auden, 1907-73） 135
オウピー，アイオナ（Iona Opie, 1923- ） 175, 177
オウピー，ピーター（Peter Opie, 1918-82） 175, 177
オズボーン，ジョン（John Osborne, 1929-94） 130, 140
オッカム，ウィリアム・オヴ（William of Occam, 1300?-49?） 92
オリヴァー，アイザック（Isaac Oliver, 1564-1617） 114
オリヴィエ，ローレンス（Laurence Kerr Olivier, 1907-89） 130, 134, 136

◆カ行

カーディガン（伯）（7th Earl of Cardigan, 1797-1868） 346
ガーティン，トマス（Thomas Girtin, 1775-1829） 118
カート，ドイリー（Richard D'Oyly Carte, 1844-1901） 129
カードウェル，エドワード（Edward Cardwell, 1813-86） 349
カール（大帝）（Karl der Grossse, 742-814；フランク王 在位 768-814；皇帝 在位 800-814） 312
カエサル，ユリウス（Julius Caesar, B.C.102-B.C.44） 12, 293
カスティリオーネ（Baldassare Castiglione, 1478-1529） 305
カッセル，ジョン（John Cassell, 1817-65） 78
カドワース，レイフ（Ralph Cudworth, 1617-88） 95
ガボー，ノーム（Naum Gabo, 1890-1977） 122
カラタクス（Caratacus） 341
ガリレオ（・ガリレイ）（Galileo Galilei, 1564-1642） 83
カルデコット，ランドルフ（Randolph Caldecott, 1846-85） 177
ガレノス（Galēnos, 129?-99） 100
カント，イマニュエル（Immanuel Kant, 1724-1804） 95
カントール，ゲオルク（Georg Cantor, 1845-1918） 98
カンバーランド，リチャード（Richard Cumberland, 1631-1718） 96
キーツ，ジョン（John Keats, 1795-1821） 104, 255
キート，ジョン（John Keate, 1773-1852） 52
キーブル，ジョン（John Keble, 1792-1866） 318
キーン，エドマンド（Edmund Kean, 1787-1833） 127
ギネス，アレック（Alec Guinness, 1914-2000） 130, 137
キプリング，J.R.（Joseph Rudyard Kipling, 1865-1936） 172
ギボンズ，オーランドウ（Orlando Gibbons, 1583-1625） 108, 109
キャヴェンディッシュ，ヘンリー（Henry Cavendish, 1731-1801） 85
キャクストン，ウィリアム（William Caxton, 1422?-91） 27, 75
キャサリン（アラゴンの）（Catherine of Aragon, 1485-1536） 314
ギャリック，デイヴィッド（David Garrick, 1717-79） 127, 301
キャロル，ルイス（Lewis Carrol〔Charles Lutwidge Dodgson〕, 1832-89） 171

キャンピオン, トマス (Thomas Campion, 1567-1620)　109
キューブリック, スタンリー (Stanley Kubrick, 1928-99)　141
ギリアット, シドニー (Sidney Gilliat, 1908-94)　137
キリグルー, トマス (Thomas Killigrew, 1612-83)　126
キリスト (Jesus Christ)　12, 13, 243, 246, 252
ギルグッド, ジョン (John Gielgud, 1904-2000)　126
ギルバート, ウィリアム (William Gilbert, 1540-1603)　83
ギルバート, W.S. (William Schwenck Gilbert, 1836-1911)　112, 129
ギルバート, ルイス (Lewis Gilbert, 1920-)　139
キング, グレゴリー (Gregory King, 1648-1712)　369
キングズリー, チャールズ (Charles Kingsley, 1819-75)　171
クアント, メアリー (Mary Quant, 1934-)　215
クインズベリー (侯) (8th Marquess of Queensberry,)　291
グーテンベルク, ヨハネス (Johannes Gutenberg, 1398?-1468?)　75
クヌート (一世) (Cnut I, 995?-1035 ; イングランド王 在位 1016-35 ; デンマーク王 在位 1018-35)　341
クラーク, サミュエル (Samuel Clarke, 1675-1729)　96
クライトン, チャールズ (Charles Crichton, 1910-)　137
グラドストン, W.E. (William Ewart Gladstone, 1809-98)　338, 390
グラント, ダンカン (Duncan Grant, 1885-1978)　121
クランマー, トマス (Thomas Cranmer, 1489-1556)　107, 314, 315
グリアソン, ジョン (John Grierson, 1898-1972)　134, 135
グリーナウェイ, ケイト (Kate Greenaway, 1846-1901)　174, 176
グリーナウェイ, ピーター (Peter Greenaway, 1942-)　142
グリーン, グレアム (Graham Greene, 1904-91)　137
グリーン, T.H. (Thomas Hill Green, 1836-82)　98
グリフィス, デイヴィッド (David Wark Griffith, 1875-1948)　133
グレアム, ケネス (Kenneth Grahame, 1859-1932)　172
クレイトン, ジャック (Jack Clayton, 1921-95)　140
クレイン, ウォルター (Walter Crane, 1845-1915)　164, 165, 176
クレール, ルネ (René Clair, 1898-1981)　134
グレゴリウス一世 (Gregorius I, 540-604 ; 教皇 590-604)　310
グレゴリウス十三世 (Gregorius XIII, 1502-85 ; 教皇 1572-85)　13
グロステスト, ロバート (Robert Grosseteste, 1175?-1253)　92, 313
クロムウェル, オリヴァー (Oliver Cromwell, 1599-1658)　94, 109, 114, 208, 317, 321, 334, 349, 355
クロムウェル, トマス (Thomas Cromwell, 1485?-1540)　314, 315
ケアード, エドワード (Edward Caird, 1835-1908)　98
ゲイ, ジョン (John Gay, 1685-1732)　111
ケイヴ, エドワード (Edward Cave, 1691-1754)　72
ケインズ, J.M. (John Maynard Keynes, 1883-1946)　121
ゲインズバラ, トマス (Thomas Gainsborough, 1727-88)　116, 118,
ケプラー, ヨハネス (Johannes Kepler, 1571-1630)　83
ケント, ウィリアム (William Kent, 1684-1748)　193
ゴードン, チャールズ (Charles George Gordon, 1833-85)　346
コール, ヘンリー (Henry Cole, 1808-82)　200
ゴールドスミス, オリヴァー (Oliver Goldsmith, 1730?-74)　72, 301
ゴダール, ジャン=リュック (Jean-Luc Godard, 1930-)　141
ゴドウィン, エドワード (Edward W. Godwin, 1833-86)　201

コプリー,ジョン (John Singleton Copley, 1737-1815)　117
コベット,ウィリアム (William Cobbett, 1763-1835)　66
コペルニクス (Nicolaus Copernicus, 1473-1543)　82, 96
コリンソン,ピーター (Peter Collinson, 1936-80)　141
コルダ,アレクサンダー (Alexander Korda, 1893-1956)　133, 134, 136, 137
コンスタブル,ジョン (John Constable, 1776-1837)　118
コント,オーギュスト (Auguste Comte, 1798-1857)　97

◆サ行

サイミントン,ウィリアム (William Symington, 1763-1831)　386
サヴィル,ヴィクター (Victor Saville, 1897-1979)　134, 136
サッカレイ,W.M. (William Makepeace Thackeray, 1811-63)　171
サッチャー,マーガレット (Margaret Hilda Thatcher, 1925- ; 首相 1979-90)　36, 37, 340, 366, 367
サトクリフ,ローズメリー (Rosemary Sutcliff, 1920-)　173
サリバン,アーサー (Arthur Sullivan, 1842-1900)　112, 129
シーザー,ジュリアス → カエサル
シェイクスピア,ウィリアム (William Shakespeare, 1564-1616)　17, 29, 52, 76, 107, 108, 125, 131, 259, 260, 285
ジェイムズ一世 (James I, 1566-1625 ; 在位 1603-25) ; ジェイムズ 6 世 (James VI, スコットランド王 在位 1567)　64, 108, 150, 184, 288, 316, 376
ジェイムズ二世 (James II, 1633-1701 ; 在位 1685-88)　318, 344
シェーンバーグ,アイザック (Isaac Shoenberg)　81
シェラトン,トマス (Thomas Sheraton, 1751-1806)　198, 199
シェリー,P.B. (Percy Bysshe Shelley, 1792-1822)　255
ジェンナー,エドワード (Edward Jenner, 1749-1823)　103, 253
シッカート,ウォルター (Walter Sickert, 1860-1942)　121
シデナム,トマス (Thomas Sydenham, 1624-89)　102, 103
ジムソン,アーネスト (Ernest Gimson, 1864-1920)　165
シモン・ド・モンフォール (Simon de Montfort, 1208?-65)　343
ジャーマン,デレク (Derek Jarman, 1942-94)　142
シャフツベリー (3rd Earl of Shaftesbury, 1671-1713)　96
シュタール,ゲオルク (Georg Ernst Stahl, 1660-1734)　85
シュレジンジャー,ジョン (John Schlesinger, 1923-)　140
ショー,G.B. (George Bernard Shaw, 1856-1950)　267
ショー,ノーマン (Richard Norman Shaw, 1831-1912)　156, 164
ジョージ (George, 1942-)　123
ジョージ二世 (George II 1683-1760, 在位 1727-60)　344, 356
ジョージ四世 (George IV, 1762-1830 ; 在位 1820-30)　151
ジョージ六世 (George VI, 1895-1952 ; 在位 1936-52)　81
ジョーンズ,イニゴウ (Inigo Jones, 1573-1652)　126, 150, 184
ショパン (Frédéric François Chopin, 1810-49)　112
ジョン (John, Lord Grey of Wilton)　63
ジョン(王) (John, 1167?-1216 ; 在位 1199-1216)　23, 335, 342
ジョンソン,サミュエル (Samuel Johnson, 1709-84)　30, 72, 77, 254, 301
ジョンソン,ベン (Ben[jamin] Jonson, 1572-1637)　109
シリトー,アラン (Alan Sillitoe, 1928-)　140
シンプソン,ジェイムズ (James Simpson,)　227

スウィフト，ジョナサン（Jonathan Swift, 1667-1745）　301
スコーフィールド，ポール（Paul Scofield, 1922- ）　131
スコット，ウォルター（Walter Scott, 1771-1832）　26, 156
スコット，ジョージ（George Gilbert Scott, 1811-78）　156
スコトゥス，ドゥンス（Duns Scotus, 1266-1308）　92, 94
スターリング，ジェイムズ（James Stirling, 1820-1909）　97
スタンバーク，ジョゼフ・フォン（Josef von Sternberg, 1894-1969）　134
スティーヴン（王）（Stephen of Blois, 1097?-1154；在位 1135-54）　342
スティーヴンソン，ジョージ（George Stephenson, 1781-1848）　389, 392
スティーヴンソン，R.L.（Robert Louis Stevenson, 1850-94）　171
スティール，リチャード（Richard Steele, 1672-1729）　66, 72
ステュアート，ジェイムズ（James Stuart, 1713-88）　153
ストリート，ジョージ（George Edmund Street, 1824-81）　156
ストレイチー，リットン（Lytton Strachey, 1880-1932）　121
ストローソン，ピーター（Peter Strawson, 1919- ）　99
スペンサー，エドマンド（Edmund Spenser, 1552?-99）　76
スペンサー，ハーバート（Herbert Spencer, 1820-1903）　89
スミス，アダム（Adam Smith, 1723-90）　96, 301, 337, 338
スミス，ウィリアム（William Smith, 1769-1834）　88
スミス，ジョージ（George Albert Smith, 1864-1945）　132
スミス，ジョン（John Smith, 1554?-1612）　321
スミス，トマス（Thomas Smith, 1513-77）　30
スミス，フランシス（Francis Pettit Smith, 1808-74）　386
スミス，マシュー（Matthew Smith, 1879-1959）　122
スモレット，トバイアス（Tobias Smollet, 1721-71）　72
セオドア（タルソスの）（Theodore of Tarsus, 602?-90）　311
セディング，ジョン（John D. Sedding, 1837-91）　164
セント・ヴァレンタイン（St. Valentine, ?-270?）　257
セント・オールバン（St. Alban）　310
セント・コランバ（St. Columba, 521?-597）　311
セント・ジョージ（St.George, 270?-303?）　259
セント・パトリック（St. Patrick, 389?-461?）　310
ソウン，ジョン（John Soane, 1753-1837）　155

◆夕行

ダ・ヴィンチ（Leonardo da Vinci, 1452-1519）　101
ダーウィン，チャールズ（Charles Darwin, 1809-82）　87, 88, 89, 98
ターナー，J.M.W.（J.M.W. Turner, 1775-1851）　118
ダービー（伯）（12th Earl of Derby）　261, 289
タイラー，ウォット（Wat Tyler, ?-1381）　336
ダヴナント，ウィリアム（William Davenant, 1606-68）　127
ダウランド，ジョン（John Dowland, 1563-1626）　109
タウンゼント，J.R.（John Rowe Townsend, 1922- ）　173
タッカー，エイブラハム（Abraham Tucker, 1705-74）　96
ダッシン，ジュールス（Jules Dassin, 1911- ）　138
タリス，トマス（Thomas Tallis, 1510?-1585）　107
ダルク，ジャンヌ（Jeanne d'Arc, 1412-31）　343
ダン，ジョン（John Donne, 1572-1631）　114

人名索引　*435*

ダンスタブル, ジョン (John Dunstable, 1380/85-1453)　106
ダンスタン (Dunstan, 909?-88)　312
ダンター, ジョン (John Danter)　76
ダンテ (Dante Alghieri, 1265-1321)　117
ダントン, ジョン (John Dunton, 1659-1733)　71, 72
チーク, ジョン (John Cheke, 1514-57)　30
チェインバーズ, ウィリアム (William Chambers, 1723-96)　73, 153
チェインバーズ, エフレイム (Ephraim Chambers, ?-1740)　77
チェインバーズ, ロバート (Robert Chambers, 1802-71)　73, 175
チェンバレン, ジョゼフ (Joseph Chamberlain, 1836-1914)　338, 360
チッペンデイル, トマス (Thomas Chippendale, 1718?-79)　160, 198
チャーチル, ウィンストン (Winston Spencer Churchill, 1874-1965 ; 首相 1940-45, 1951-55)　347
チャールズ一世 (Charles I 1600-49, 在位 1625-49)　114, 207, 316, 336, 344, 347, 377
チャールズ二世 (Charles II, 1630-85 ; 在位 1660-85)　110, 261, 317
チャップリン, チャールズ (Charles [Charlie] Chaplin, 1889-1977)　129, 138
チョーサー, ジェフリー (Geoffrey Chaucer, 1340?-1400)　26, 75
デ・ラ・メア, ウォルター (Walter de la Mare, 1873-1956)　172
デイ, トマス (Thomas Day, 1748-89)　170
デイ, ルイス (Lewis F. Day, 1845-1910)　164
ディアデン, バジル (Basil Dearden, 1911-71)　137
ディーリアス, フレデリック (Frederick Delius, 1862-1934)　112
ディヴァイン, ジョージ (George Devine, 1910-65)　130
ディオクレティアヌス (Diocletianus, 245-313 ; 皇帝 在位 284-305)　310
ディケンズ, チャールズ (Charles Dickens, 1812-70)　171
ディズレイリ, ベンジャミン (Benjamin Disraeli, 1804-81 ; 首相 1868-80)　360
ティペット, マイケル (Michael Tippet, 1905-)　113
ティンダル, ジョン (John Tyndall, 1820-93)　97
デーデキント, ユリウス (Julius Dedekind, 1831-1916)　98
デカルト (René Descartes, 1596-1650)　84, 93
デニー, ヒュー (Hugh Denny)　63
デフォー, ダニエル (Daniel Defoe, 1660?-1731)　66, 72, 116, 169
テューク, ブライアン (Brian Tuke, ?-1545)　401
テルフォード, トマス (Thomas Telford, 1757-1834)　155, 376
ド・フリース, ヒューゴ (Hugo De Vries, 1848-1935)　89
ドイッチュ, オスカー (Oscar Deutsch, 1893-1941)　134
ドーナット, ロバート (Robert Donat, 1905-58)　134
トールキン, J.R.R. (John Ronald Reuel Tolkien, 1892-1973)　172
ドールトン, ジョン (John Dalton, 1766-1844)　85, 87
ドゴール, シャルル (Charles de Gaulle, 1890-1970)　365
ドックラ, ウィリアム (William Dockwra, ?-1716)　402
ドブソン, ウイリアム (William Dobson, 1610-46)　114
トマス・アクィナス (Thomas Aquinas, 1225?-74)　91, 92
ドミトリク, エドワード (Edward Dmytryk, 1908-)　138
トムソン, J.J. (Joseph John Thomson, 1856-1940)　90
トムソン, ヘンリー (Henry Thompson)　249
トムソン, ロイ (Roy Thompson, 1894-1976)　70
ドライデン, ジョン (John Dryden, 1631-1700)　76
トラヴァース, P.L. (Pamela Lyndon Travers, 1906-)　172

436

トリュフォー，フランソワ（François Truffaut, 1932-84）　141
ドレイク，フランシス（Francis Drake, 1540/45?-96）　287, 344, 382
トレヴィシック，リチャード（Richard Trevithich, 1771-1833）　389
トロロープ，アントニー（Anthony Trollop, 1815-82）　405

◆ナ行

ナイティンゲール，フローレンス（Florence Nightingale, 1820-1910）　104
ナイト，チャールズ（Charles Knight, 1791-1873）　73
ナッシュ，ジョン（John Nash, 1752-1835）　155
ナッシュ，ポール（Paul Nash, 1889-1946）　122
ナッシュ，リチャード（Richard Nash, 1674-1762）　207, 303
ナポレオン（Napoléon Bonaparte, 1769-1821；皇帝 在位 1804-15）　345
ナン，トレヴァー（Trevor Nunn, 1940-　）　132
ニコラス（オートルクールの）（Nicolas Autrecourt, ?-1350?）　93
ニコルソン，ベン（Ben Nicholson, 1894-1982）　122
ニューコメン，トマス（Thomas Newcomen, 1663-1729）　84
ニュートン，アイザック（Isaac Newton, 1642-1727）　40, 43, 82, 83, 84, 85, 86, 89, 95, 114, 115
ニューベリー，ジョン（John Newbery, 1713-67）　169, 174, 175
ニューマン，J.H.（John Henry Newman, 1801-90）　319
ニューンズ，ジョージ（George Newnes）　73
ネラー，ゴドフリー（Godfrey Kneller, 1646-1723）　114, 115
ネルソン，ホレイショ（Horatio Nelson, 1758-1805）　250, 345
ノートン，メアリー（Mary Norton, 1903-92）　173
ノックス，ジョン（John Knox, 1505-72）　320
ノルマンディー公ウィリアム → ウィリアム一世（征服王）

◆ハ行

ハーヴィー，ウィリアム（William Harvey, 1578-1657）　83, 101, 102, 250
バーク，エドマンド（Edmund Burke, 1729-97）　117, 153, 301
バークリー，ジョージ（George Berkeley, 1685-1753）　95
バージェス，ウィリアム（William Burges, 1827-81）　157
ハーシェル，ウィリアム（William Herschel, 1738-1822）　84
パーセル，ヘンリー（Henry Purcell, 1658/59-1695）　109, 110, 111, 113
ハート，ジョン（John Hart, ?-1574）　30
バード，ウィリアム（William Byrd, 1542?-1623）　107, 109
ハートリー，デイヴィッド（David Hartley, 1705-57）　96
バーベイジ，ジェイムズ（James Burbage, ?-1597）　125
バーボールド，アンナ（Anna Laetitia Barbauld, 1743-1825）　170
パーマー，ジョン（John Palmer, 1742-1818）　376
ハームズワース，アルフレッド（ノースクリフ卿）（Alfred C.W. Harmsworth, Lord Northcliffe, 1865-1922）　69, 73
バーン=ジョーンズ，エドワード（Edward Coley Burne-Jones, 1833-98）　120, 162, 164, 165
ハイドン（Franz Joseph Hyden, 1732-1809）　112
バイロン（George Gordon, Lord Byron, 1788-1824）　104
パウエル，マイケル（Michael Powell, 1905-90）　136
パウンド，エズラ（Ezra Pound, 1885-1972）　121

パクストン,ジョゼフ (Joseph Paxton, 1801-65)　155
ハスキッソン,ウィリアム (William Huskisson, 1770-1830)　338
バターフィールド,ウィリアム (William Butterfield, 1814-1900)　156
バッキンガム公 (1st Duke of Buckingham, 1592-1628)　306
ハッチソン,フランシス (Francis Hutcheson, 1694-1746)　42, 96
バッハ,クリスチャン (Johann Christian Bach, 1735-82)　112
ハドソン,ジョージ (George Hadson, 1800-71)　390
パトナム,デイヴィッド (David Putnam, 1941-)　141
バトラー,ジョゼフ (Joseph Butler, 1692-1746)　96
バトラー,R.A. (R.A. Butler, 1902-82)　33
バドリー,ロバート (Robert Baddeley, 1733-94)　257
バニヤン,ジョン (John Bunyan, 1628-88)　169, 321
バベッジ,チャールズ (Charles Babbage, 1792-1871)　89
ハミルトン,ウィリアム (William Hamilton, 1788-1856)　97
ハミルトン,ガイ (Guy Hamilton, 1922-)　139
ハミルトン,リチャード (Richard Hamilton, 1922-)　123
ハムデン,ジョン (John Hampden, 1594-1643)　336
パラディオ,アンドレア (Andrea Palladio, 1508-80)　152, 153, 197
ハラルド (Harald III, ノルウェー王 在位 1046-66)　341
バリー,J.M. (James Matthew Barrie, 1860-1937)　171
バリー,チャールズ (Charles Barry, 1795-1860)　156
ハリウェル,J.O. (James Orchard Halliwell, 1820-89)　176
バルコン,マイケル (Michael Balcon, 1896-1977)　134, 136, 138, 139
パレ,アンブロワーズ (Ambroise Pare, 1517-90)　101
ハロルド (Harold II, 1022?-66 ; 在位 1066)　341
ハワード,エベニーザー (Ebenezer Howard, 1850-1928)　158
ハンサム,ジョゼフ (Joseph Aloysius Hansom, 1803-82)　376, 380
ハンズ,テリー (Terry Hands, 1941-)　132
ハンター,ウィリアム (William Hunter, 1718-83)　250
ハント,ジョン (John Hunt, 1910-)　292
ハント,ホウルマン (William Holman Hunt, 1827-1910)　119, 120
ピアス,フィリッパ (Philippa Pearce, 1920-)　173
ビアズリー,オーブリー (Aubrey Vincent Beardsley, 1872-98)　121, 167
ピアソン,ジョージ (George Pearson, 1875-1973)　133
ヒース,エドワード (Edward Heath, 1916- ; 首相 1970-74)　367
ビード (Bede, 673-735)　18, 312
ピール,ロバート (Robert Peel, 1788-1850)　307, 331, 338
ピウス五世 (Pius V, 1504-72 ; 教皇 1566-72)　316
ビショップ,ヘンリー (Henry Bishop, 1786-1855)　112
ヒチコック,アルフレッド (Alfred Hitchcock, 1899-1980)　138-139
ピット,ウィリアム (小ピット) (William Pitt the Younger, 1759-1806)　338, 345
ヒポクラテス (Hippocrates, B.C.460?-B.C.375?)　100
ピュージン,オーガスタス (Augustus Welby Northmore Pugin, 1812-52)　156
ヒューズ,トマス (Thomas Hughes, 1822-96)　58, 171
ビュート(伯) (John Stuart, 3rd Earl of Bute, 1713-92 ; 首相 1762-63)　67
ヒューム,デイヴィッド (David Hume, 1711-76)　92, 95, 96
ピラネージ,G.B. (Giovanni Battista Piranesi, 1720-78)　153
ヒリアード,ニコラス (Nicholas Hilliard, 1537-1616)　114
ヒル,ローランド (Rowland Hill, 1795-1879)　403-404

438

ピンター，ハロルド（Harold Pinter, 1930- ）　130, 141
ファージョン，エリナー（Eleanor Farjeon, 1881-1965）　171
ファラデー，マイケル（Michael Faraday, 1791-1867）　87
フィールディング，セアラ（Sarah Fielding, 1710-68）　170
フィールディング，ロバート（Robert Fielding, 1651?-1712）　207
フィッグ，ジェイムズ（James Figg, ?-1734）　290-291
フィッシャー，ジョン（John Fisher, 1841-1920）　352
フィリップ二世（Philip II, スペイン王 在位 1556-98）　382
フェデー，ジャック（Jacques Feyder, 1887-1948）　134
フォアマン，カール（Carl Foreman, 1914-84）　138
フォークス，ガイ（Guy Fawkes, 1570-1606）　264
フォーブズ，ブライアン（Bryan Forbes, 1926- ）　141
フォックス，ジョージ（George Fox, 1624-91）　322
フッカー，リチャード（Richard Hooker, 1554?-1600）　316
プトレマイオス（・クラウディオス）（Ptolemaios Klaudios, 100?-170）　14, 82
フューリー，シドニー（Sidney J. Fure, 1933- ）　141
フライ，ロジャー（Roger Fry, 1866-1934）　121
ブラウン，F.M.（Ford Madox Brown, 1821-93）　164, 165
ブラック，ジョゼフ（Joseph Black, 1728-99）　85
ブラッドリー，フランシス（Francis Herbert Bradley, 1846-1924）　98
プラトン（Platōn, B.C.427-B.C.347）　92, 94
フラハティ，ロバート（Robert J. Fraherty, 1884-1941）　134
フランシス，デイヴィッド（David S. Francis, ）　175
フリアーズ，スティーヴン（Stephen Frears, 1941- ）　142
プリーストリー，ジョゼフ（Joseph Priestley, 1733-1804）　31, 41, 85, 96
ブリッグズ，R.（R. Briggs, ）　174
ブリッジウォーター（公）（Francis Henry, 3rd Duke of Bridgewater, 1736-1803）　397, 398
ブリテン，ベンジャミン（Benjamin Britten, 1913-76）　113
ブリトン，トマス（Thomas Britton, 1654?-1714）　110
ブリンドリー，ジェイムズ（James Brindley, 1716-72）　398
ブルース，ロバート（Robert [the] Bruce, Robert I, 1274-1329；スコットランド王 在位 1306-29）　343
ブルーネル，I.K.（Isambard Kingdom Brunel, 1806-59）　386, 393
ブルーノ，ジョルダーノ（Giordano Bruno, 1548-1600）　83
ブルック，ピーター（Peter Brook, 1925- ）　131
フルトン，ロバート（Robert Fulton, 1765-1815）　386
ブレイク，ウィリアム（William Blake, 1757-1827）　117, 166
フレーゲ，ゴットロープ（Gottlob Frege, 1848-1925）　98
プレスバーガー，エメリック（Emeric Pressburger, 1902-88）　136
フレデリック二世（Friedrich II, 1194-1250；皇帝在位 1215-50）　313
フレンド，チャールズ（Charles Frend, 1906-77）　137
フロイド，ルシアン（Lucian Freud, 1922- ）　123
ブロートン，ジャック（Jack Broughton）　291
ブロカー，ウィリアム（William Bullokar）　31
ブロンテ姉妹　255
　ブロンテ，アン（Anne Brontë, 1820-49）
　ブロンテ，エミリー（Emily Brontë, 1818-48）
　ブロンテ，シャーロット（Charlotte Brontë, 1816-55）
ベイコン，フランシス（Francis Bacon, 1561-1626）　43, 64, 82, 83, 84, 93-94

ベイコン,フランシス (Francis Bacon, 1909-92)　123
ベイコン,ロジャー (Roger Bacon, 1214?-94)　92, 313
ヘイマー,ロバート (Robert Hamer, 1913-63)　137
ベイリー,ネイサン (Nathan [iel] Bailey, ?-1742)　31
ヘーゲル (Georg Friedrich Wilhelm Hegel, 1770-1831)　99
ペープシュ,ジョン (John Christopher Pepusch, 1667-1752)　111
ペキンパー,サム (Sam Peckinpah, 1925-84)　141
ベケット,トマス・ア・(Thomas à Becket, 1118?-70)　38, 313
ベックフォード,ウィリアム (William Beckford, 1760-1844)　153
ベッヒャー,J.J. (Johann Joachim Becher, 1635-82)　85
ヘップルホワイト,ジョージ (George Hepplewhite, 1760-90)　198, 199
ヘプワース,セシル (Cecil M. Hepworth, 1874-1953)　132, 140
ヘプワース,バーバラ (Barbara Hepworth, 1903-75)　122
ベル,ヴァネッサ (Vanessa Bell, 1879-1961)　121
ベルリオーズ,エクトル (Hector Berlioz, 1803-69)　112
ペロー,シャルル (Charles Perrault, 1628-1703)　174
ベンタム,ジェレミー (Jeremy Bentham, 1748-1832)　42, 97
ヘンデル (Georg [e] Frederick [cke] Händel, 1685-1759)　110-111, 112, 304, 342
ヘンリー一世 (Henry I 1068-1135, 在位 1100?-35)　250, 272, 312, 342
ヘンリー二世 (Henry II, 1133-89 ; 在位 1154-89)　14, 38, 144, 276, 313, 342
ヘンリー三世 (Henry III, 1207-72 ; 在位 1216-72)　313, 328
ヘンリー七世 (Henry VII, 1457-1509 ; 在位 1485-1509)　147, 204, 336, 343, 354
ヘンリー六世 (Henry VI, 1421-71 ; 在位 1422-61, 1470-71)　40
ヘンリー八世 (Henry VIII, 1491-1547 ; 在位 1509-47)　40, 62, 63, 64, 133, 182, 204, 287, 314, 315, 336, 351, 369, 372, 401
ボアディケア (Boadicea, ?-62)　341
ホイル,エドモンド (Edmond Hoyle, 1672-1769)　297
ボイル,ロバート (Robert Boyle, 1627-91)　84
ホウプ,トマス (Thomas Hope, 1770?-1831)　199
ボーア,ニールス (Niels Bohr, 1885-1962)　90
ホーガース,ウィリアム (William Hogarth, 1697-1764)　115-116
ホークスムア,ニコラス (Nicholas Hawksmoor, 1661-1736)　151
ボーザンケット,バーナード (Bernard Bosanquet, 1848-1923)　98
ポープ,アレクサンダー (Alexander Pope, 1688-1744)　301
ボーフォート (公) (Duke of Beaufort)　287
ホール,ピーター (Peter Hall, 1930-)　131
ポール,ロバート (Robert William Paul, 1870-1943)　132
ボールシャム,ヒュー・ド (Hugh de Balsham, ?-1286)　38
ホールデイン (Richard Burdon, Viscount Haldane of Cloan, 1856-1928)　350
ボールティング兄弟　137
　ボールティング,ジョン (John Boulting, 1913-85)
　ボールティング,ロイ (Roy Boulting, 1913-)
ボーン,H.G. (Henry George Bohn, 1796-1884)　78
ボズウェル,ジェイムズ (James Boswell, 1740-95)　301
ポター,ビアトリクス (Beatrix Potter, 1866-1943)　172, 177
ボックス,シドニー (Sydney Box, 1907-83)　137
ホックニー,デイヴィッド (David Hockney, 1937-)　123
ホッブズ,トマス (Thomas Hobbes, 1588-1679)　94, 95, 96
ボニファティウス (Bonifatius, 680-754)　312

ポランスキー, ローマン (Roman Polanski, 1933-)　141
ホルバイン, ハンス (Hans Holbein, 1497-1543)　114, 112-113
ホワイトヘッド, A.N. (Alfred North Whitehead, 1861-1947)　98
ボンド, エドワード (Edward Bond, 1934-)　130
ボンバーグ, デイヴィッド (David Bomberg, 1890-1957)　121

◆マ行

マードック, アイリス (Iris Murdock, 1919-99)　400
マードック, ルパート (Rupert Murdoch, 1931-)　70
マーベック, ジョン (John Merbecke, 1510?-85?)　107
マールバラ (公) → モールバラ (公)
マカダム, ジョン (John Loudon McAdam, 1756-1836)　376, 380
マクドナルド, ジョージ (George MacDonald, 1824-1905)　171
マクマードウ, アーサー (Arthur H. Mackmurdo, 1851-1942)　162, 165, 167
マクミラン, ハロルド (Harold Macmillan, 1894-1986；首相 1957-63)　367
マッキントッシュ, チャールズ (Charles Rennie Mackintosh, 1868-1928)　167, 201
マッケンドリック, アレクサンダー (Alexander Mackendrick, 1912-93)　137
マティルダ (Matilda, 1102-67)　342
マリー, リンドリー (Lindley Murray, 1745-1826)　31
マルカスター, リチャード (Richard Mulcaster, 1530?-1611)　31
マルピーギ, マルチェロ (Marcello Malpighi, 1628-94)　83
マロリー, ジョージ (George Leigh Mallory, 1886-1924)　292
マロリー, トマス (Thomas Malory, 1408-1471)　75
マンデヴィル (Bernard de Mandeville, 1670?-1733)　96
マンロウ, エドマンド (Edmund Munroe)　175
ミル, ジェイムズ (James Mill, 1773-1836)　42, 97
ミル, J.S. (John Stuart Mill, 1806-73)　97
ミルトン, ジョン (John Milton, 1608-74)　76, 109, 117
ミルン, A.A. (Alan Alexander Milne, 1882-1956)　172
ミレイ, ジョン (John Millais, 1829-96)　119, 120
ムア, G.E. (G.E. Moore, 1873-1958)　98
ムア, H. (Henry Moore, 1898-1986)　122
ムテジウス, ヘルマン (Hermann Muthesius, 1861-1927)　165
メアリー (Mary I, 1516-58；在位 1553-58)　76, 315
メイジャー (John Major, 1943- ；首相 1990-97)　366
メンデルスゾーン (Jakob Ludwig Felix Mendelssohn Bartholdy, 1809-47)　112
モートン, チャールズ (Charles Morton)　128
モーペルテュイ (Pierre Louis Moreau de Maupertuis, 1698-1759)　84
モーリー, トマス (Thomas Morley 1557-1608)　108
モールバラ (公) (1st Duke of Marlborough, 1650-1722)　344
モア, トマス (Thomas More, 1478-1535)　31, 369
モア, ヘンリー (Henry More, 1614-87)　95
モリス, ウィリアム (William Morris, 1834-96)　78, 120, 156, 162, 164, 165, 166, 188, 201
モリス (Peter Morice)　227
モレル, オトライン (Ottoline Morrell, 1873-1938)　304

◆ヤ行

ヤング，アーサー（Arthur Young, 1741-1820）　369
ヤング，テレンス（Terence Young, 1915-94）　139
ヨーク公ウィリアム → ウィリアム（ヨーク公）
ヨハネ（バプテスマの）（St. John the Baptist）　261
ヨハネス二十二世（Johannes XXII, 1249-1334）　39

◆ラ行

ライエル，チャールズ（Charles Lyell, 1797-1875）　88
ライス，カレル（Karel Reisz, 1926- ）　139, 140
ライト，バジル（Basil Wright, 1907-87）　135
ライル，ギルバート（Gilbert Ryle, 1900-76）　99
ラヴォアジェ，アントワンヌ（Antoine Laurent Lavoisier, 1743-94）　85
ラウス，ロバート（Robert Lowth, 1710-87）　31
ラウトリッジ，ジョージ（George Routledge, 1812-88）　78
ラザフォード，アーネスト（Ernest Rutherford, 1871-1937）　90
ラスキン，ジョン（John Ruskin, 1819-1900）　120, 162, 164, 165, 171, 188
ラッカム，アーサー（Arthur Rackham, 1867-1939）　177
ラッセル，ケン（Ken Russell, 1927- ）　141
ラッセル，バートランド（Bertrand Russell, 1872-1970）　98, 99
ラティガン，テレンス（Terence Mervyn Rattigan, 1911-77）　137
ラマルク（Lamarck, 1744-1829）　88
ラム，チャールズ（Charles Lamb, 1775-1834）　170
ラム，メアリー（Mary Lamb, 1764-1847）　170
ランク，ジョゼフ（Josef Arthur Rank, 1888-1972）　136, 137
ランサム，アーサー（Arthur Ransome, 1884-1967）　172
ランフランク（Lanfranc, 1010?-89）　312
リア，エドワード（Edward Lear, 1812-88）　171
リー，ヴィヴィアン（Vivien Leigh, 1913-67）　130, 134
リード，キャロル（Carol Reed, 1906-76）　136, 137
リード，トマス（Thomas Reid, 1710-96）　97
リーノ，ダン（Dan Leno, 1860-1904）　129
リーン，デイヴィッド（David Lean, 1908-91）　136
リスター，ジョゼフ（Josef Lister, 1827-1912）　104
リスト，フランツ（Franz Liszt, 1811-86）　112
リチャード（獅子心王）（Richard the Lion-Hearted (Coeur de Lion), Richard I, 1157-99；在位 1189-99）　342
リチャード二世（Richard II, 1367-1400；在位 1377-99）　204
リチャード三世（Richard III, 1452-85；在位 1483-85）　343
リチャードソン，トニー（Tony Richardson, 1928-91）　130, 139, 140
リックマン，トマス（Thomas Rickman, 1776-1841）　144
リトソン，ジョゼフ（Joseph Ritson, 1752-1803）　175
リンカン（伯）（Henry Lacy, Earl of Lincoln〔and Salisbury〕）　63
リンド，ジェイムズ（James Lind, 1716-94）　103
ルイ十四世（Louis XIV, 1638-1715；フランス王 在位 1643-1715）　208
ルイス，ウィンダム（Wyndham Lewis, 1882-1957）　121

ルイス，C.S. (Clive Staples Lewis, 1898-1963)　173
ルース，ヘンリー (Henry Robinson Luce, 1898-1967)　74
ルター，マルティン (Martin Luther, 1483-1546)　314
ルビッチ，エルンスト (Ernst Lubitsch, 1892-1947)　136
レイトン，フレデリック (Frederick Leighton, 1830-96)　121
レイン，アレン (Allen Lane, 1902-70)　78
レヴェット，ニコラス (Nicholas Revett, 1720-1804)　153
レーガン，ロナルド (Ronald W. Reagan, 1911-　，大統領 1981-89)　367
レーリー，ピーター (Peter Lely, 1618-80)　114
レサビー，ウィリアム (William Richard Lethaby, 1857-1931)　165
レスター (伯) (1st Earl of Leicester, 1532?-88)　305
レスター，リチャード (Richard Lester, 1932-　)　141
レノルズ，ジョシュア (Joshua Reynolds, 1723-92)　116, 301
レン，クリストファー (Christopher Wren, 1632-1723)　150, 167, 184
ロイター，パウル (Paul Julius Reuter, 1816-99)　68
ロイド，マリー (Marie Lloyd)　129
ロイド＝ジョージ，デイヴィッド (David Lloyd George, 1863-1945, 首相 1916-22)　105, 339
ローグ (ルーク)，ニコラス (Nichoas Roeg, 1928-　)　141
ローサ，ポール (Paul Rotha, 1907-84)　135
ロージー，ジョゼフ (Joseph Losey, 1909-84)　138, 140
ローチ，ケネス (Ken Loach, 1936-　)　141
ロード，ウィリアム (William Laud, 1573-1645)　316
ロートン，チャールズ (Charles Laughton, 1899-1962)　134
ローレンツ，H.A. (Hendrik Antoon Lorentz, 1853-1928)　90
ローンダー，フランク (Frank Launder, 1907-　)　137
ロスケリヌス (Roscelinus, 1050?-1124?)　92
ロスコー，ウィリアム (William Roscoe, 1753-1831)　170
ロセッティ，D.G. (Dante Gabriel Rossetti, 1828-82)　119, 120, 164
ロック，ジョン (John Locke, 1632-1704)　94, 95, 96, 97, 170, 337
ロバーツ，ウィリアム (William Roberts, 1895-1980)　122
ロバーツ，フレデリック (Frederick Roberts, 1832-1914)　346
ロビンズ (卿) (Lord Lionel Charles Robbins, 1898-1984)　44
ロフティング，ヒュー (Hugh John Lofting, 1886-1947)　172

◆ワ行

ワーグナー，リヒャルト (Wilhelm Richard Wagner, 1813-83)　112
ワイアット，ジェイムズ (James Wyatt, 1746-1813)　153
ワイルド，オスカー (Oscar Wilde, 1854?[56]-1900)　167

[編者略歴]

橋口　稔 (はしぐち　みのる)
1930年生まれ．
東京大学英文科卒業．
東京大学教授，鶴見大学教授を歴任．東京大学名誉教授．
著書　『イギリス・ルネサンスの人々』（研究社），『ブルームズベリー・グループ』（中央公論社），『詩人オーデン』（平凡社），その他．

[写真提供]

橋口稔／秋山嘉／臼杵英一
井上容子 (p.59)／濱家義一 (p.292)／山本あゆ葉 (p.69, p.70)
吉田文久 (p.17)／英国政府観光庁 (pp.342, 381, 394, 400)

イギリス文化事典
ぶんかじてん
Ⓒ HASHIGUCHI Minoru 2003　　　　NDC 002　458p　22 cm

初版第1刷────2003年6月10日

編者────橋口　稔
　　　　　　はしぐち　みのる
発行者────鈴木一行
発行所────株式会社大修館書店
　　　　　〒101-8466 東京都千代田区神田錦町 3-24
　　　　　電話 03-3295-6231（販売部）　03-3294-2355（編集部）
　　　　　振替 00190-7-40504
　　　　　［出版情報］http://www.taishukan.co.jp

装丁者────下川雅敏
地図製作────（有）ジェオ
印刷所────横山印刷
製本所────関山製本

ISBN4-469-01273-4　　　　　　　　Printed in Japan

Ⓡ本書の全部または一部を無断で複写複製（コピー）すること，著作権法上での例外を除き，禁じられています．

THE LONDON COMPANION
ロンドン事典

蛭川久康、櫻庭信之、定松正、松村昌家、ポール・スノードン 編著

二〇〇〇年にわたるロンドンを鳥瞰する大規模な事典

ローマ人の侵入から21世紀まで、

◆見出し
日本人の視点
歴史的・文化的に重要な建造物・道路・施設、霧・大火・ペストの流行・呼び売り商人など時代を象徴する現象・事件・事象を、日本人の視点で選択・立項した。項目数2160。

◆立体構成
生活の中のロンドンを描き出す
パブ、美術館、教会、公園、劇場などは、個別の項目とロンドン全体を概観する項目による立体構成。相互参照も可能。

◆囲み記事
興味深い話題に満ちたロンドン
シティの紋章、道路命名の工夫、公衆便所、A-Z市街図などの話題、チャップリン、ディケンズ、漱石、レン、ヘンデルなどロンドンと関係の深い人物を囲み記事で紹介。

◆図版
楽しい風物誌
本文の理解を助ける図版、ローマ時代のロンドンからミレニアム散歩道にいたる地図など、計220点収録（カラー図版8ページ）。

◆付録
充実した資料
年表、人口の推移、歴代市長、王と女王、シティ同業組合、著名人の住居・記念碑・記念像の所在地、年中行事など、有益な資料満載。日英語の対照表、人名索引完備。

●菊判・上製函入・1,002頁
本体18,000円

大修館書店　書店にない場合やお急ぎの方は、直接ご注文ください。　Tel.03-5999-5434

Nouveau Dictionnaire de Mythologie Celtique
ケルト文化事典

ジャン・マルカル 著　金光仁三郎、渡邉浩司 訳

ケルト文化に「もう一つのヨーロッパ」の起源を探る

ローマ帝国がアルプスを越えるまで、山脈の北はケルト人の世界であった。ケルト文化が「もう一つのヨーロッパ文化」と言われる所以だ。本事典は、ケルト人の流れを汲むブリトン人の著者マルカルが、大陸と島嶼のケルト文化の全体像を解説する。訳出に際し、神話概説とアーサー王物語の解説文を付し、神話関連の系図19枚を作成、さらに立体的にケルト文化が把握できる。

【主要目次】
ケルト文化事典（50音順・約800項目）
ケルト文化案内　ケルト神話概説──剣と森、大地と水のシンボリズム
　　　　　　　　アーサー王物語の淵源をケルトに探る
［資料1］ケルト関係系図／［資料2］前1世紀中葉のガリア地図
参考文献／ケルト関連日本語参考文献／欧文索引

●菊判・250頁
本体4,000円

大修館書店　書店にない場合やお急ぎの方は、直接ご注文ください。　Tel.03-5999-5434

旧州名

スコットランド
- ケイスネス
- サザランド
- ロス・アンド・クロマティー
- ネアン
- マリー
- バンフ
- アバディーン
- インヴァネス
- キンカーディン
- アンガス
- アーガイル
- パース
- ファイフ
- ダンバートン
- スターリング
- クラックマナン
- キンロス
- ウェスト・ロージアン
- ミドロージアン
- イースト・ロージアン
- レンフルー
- ラナーク
- ピーブルズ
- ベリック
- エア
- セルカーク
- ロクスバラ
- ダンフリース
- ノーサンバランド
- カクーブリ
- ウィグタン

イングランド
- カンバランド
- ダラム
- ウェスト・モーランド
- ヨーク
- ランカシャー
- チェシャー
- ダービー
- ノッティンガム
- リンカン
- ラトランド
- スタフォード
- レスター
- ノーフォーク
- シュロップシャー
- ウスター
- ウォリック
- ノーサンプトン
- ハンティンドン
- ケンブリッジ
- サフォーク
- ヘリフォード
- ベッドフォード
- ハートフォード
- エセックス
- グロスター
- オックスフォード
- バッキンガム
- ミドルセックス
- ウィルシャー
- バークシャー
- サリー
- ケント
- サマセット
- ハンプシャー
- サセックス
- デヴォン
- ドーセット
- コーンウォール

ウェールズ
- フリント
- カナーヴォン
- デンビ
- メリオネス
- モントゴメリー
- カーディガン
- ラドノー
- ペンブルク
- カマーゼン
- ブレコン
- グラモーガン
- モンマス